# 주석 교단헌법

정치 · 권징편

조건호 저

한국장로출판사

## 머리말

교단 총회 재판국과 인연을 맺게 된 것은 2017년 1월 총회 재판국 전문위원으로 위촉되고, 그해 9월 제102회 총회에서 총회 재판국원으로 선임되면서부터이다.

총회 재판 업무를 수행하면서 권징재판은 형사재판절차, 행정쟁송은 민사소송 절차와 매우 유사하므로 이와 관련 자료를 통하여 문제를 해결하였으나 신앙과 밀접한 관련 사안 등 교단의 특수한 문제에 관하여는 참고가 되는 자료를 거의 찾아볼 수가 없었다.

현안이 되어 있는 해당 헌법 조항과 관련하여 헌법위원회의 해석이 어떠한지를 찾아보고 싶어도 체계적으로 검색할 길이 없었고, 매 회기의 두꺼운 총회 회의안 및 보고서에 포함된 헌법위원회 해석보고를 일일이 찾아보아야만 하는 상황이었다.

당시 법조인인 나도 어려운데 다른 재판국원들과 일반 법리 부서에 봉사하는 분들은 얼마나 힘들 것인지에 생각이 미치자 재판에 도움이 될 만한 체계적인 교단 헌법해설서의 필요성을 절감하게 되고, 기회가 주어진다면 내가 집필하여야겠다는 생각을 가지게 되었다.

그러던 중 2022년 3월 총회 홈페이지 행정자료실에 제84회기부터 제105회기까지의 총회 헌법위원회의 헌법해석사례가 올라와 있는 것을 발견하고 쾌재를 부르며 곧바로 프린트하여 분석, 요약에 착수하였고, 그중에서 공유할 만한 의미와 가치가 있다고 판단되는 헌법해석사례 700여 건을 본 서에 게재하게 되었다.

이 책을 집필함에 있어서 무엇보다도 총회, 노회 및 당회의 법리 부서에 종사하는 분들은 물론, 공동의회와 제직회 등, 교회 생활을 영위하는 모든 항존직분자부터 평신도에 이르기까지 교단 헌법에 관하여 궁금한 사항을 손쉽게 접할 수 있는 내용을 담으려고 노력하였다.

그리하여 헌법의 조항 순서대로 설명하는 방식과 해당 조항과 관련되는 헌법시행규정을 그 조항에 인용하여 한꺼번에 볼 수 있는 주석서 형식을 채택하는 것을 기본으로 하였다. 가능하면 부득이한 경우 이외에는 헌법해석사례를 수정하지 않고 원문 그대로 소개하며 그 해석의 타당성 여부에 대하여 언급하지 않기로 하였다. 그리고 학문적인 접근보다는 실무에 효과적으로 활용할 수 있도록 하는 것을 지침으로 삼았다.

참고로 하나의 헌법해석사례가 헌법과 시행규정 중 여러 조항과 관련이 되는 경우에 어느 조항에 배치할 것인지의 문제로 많은 어려움이 있었음을 밝힌다. 스스로 미흡하다고 생각되는 부분도 있으며 또 앞으로 예상되는 부족하고 잘못된 부분은 독자 여러분의 조언을 받아 다음 기회에 수정, 보완하고자 하므로 기탄없는 지도와 비판을 바라는 바이다.

이 책의 출간을 통하여 우리 헌법이 더 흠이 없고 완전한 헌법 체계에 다가갈 수 있게 되며 이미 나온 헌법해석사례들이 널리 알려져 분쟁이 사전에 예방되고 우리 교단의 법 문화가 더욱 발전하는 데에 작은 도움이 되었으면 하는 바람이 간절하다.

이 책의 출간을 도와주신 분들에게 감사의 뜻을 전하고자 한다. 공사다망하신 가운데에서도 본 서의 출간을 위하여 추천사를 써 주신 김의식 총회장님과 장로회신학대학교 김운용 총장님에게 먼저 깊은 감사를 드린다. 그리고 평소 저의 부족한 믿음을 지도하고 기도하여 주시는 소망교회 김경진 담임목사님과 한국장로신문 발행인, 한국장로대학원장 등의 일로 바쁘신 와중에도 기꺼이 추천사를 써 주신 교단의 원로이신 박래창 장로님에게 마음으로부터의 감사를 드린다.

처음 이 책의 내용을 설명하고 출간 계획을 밝혔을 때 평소에 바로 이와 같은 책이 필요하다고 생각하였다는 격려와 함께 기꺼이 출판을 맡아 주신 한국장로교출판사 박창원 사장님 이하 직원분들에게도 감사를 드리며 집필에 착수한 때부터 자료수집과 차례 및 헌법해석사례 색인 작성 등의 모든 일을 위하여 헌신적으로 도와준 법무법인 두레의 이보라 대리에게 사의를 표한다.

총회 재판국원의 경험을 살려 교단의 법 문화 발전을 위하여 이 책의 필요성을 강조하며 집필을 적극적으로 권유하신 박영배, 임현철, 이정훈 장로님을 포함한 소망교회 전·현 당회원 여러분의 기도와 후원에 대한 감사의 마음을 빼놓을 수 없으며, 끝으로 이 책 출간의 기쁨을 나의 '뼈 중의 뼈요, 살 중의 살'인 아내 장수복 권사와 나누고자 한다.

다른 그 무엇보다도 이 책의 출간을 처음부터 끝까지 주관하여 주신 하나님 아버지께 감사와 찬양과 영광을 올려 드린다.

2023년 9월
조건호

# Commentaries
# on the Constitution of the PCK

## 추천사 1

　대한예수교장로회총회 헌법은 교단과 산하 교회뿐 아니라 명실상부 한국 교회의 지침이자 기준입니다. 1908년 제2회 독노회를 시작으로 1922년 제11회 총회를 거치며, 헌법은 지금의 틀거리를 이뤘습니다. 그 이후로도 총회는 오랜 시간 교회를 섬기는 일에 숙고하고 연구하여 헌법을 지금에 이르게 했습니다.

　바울 사도의 말을 빌리자면, 하나님께서는 수많은 불신앙과 부도덕 그리고 혼란과 불의로부터 교회를 바로 세우는 일에 교회 밖이 아닌, 교회 안 사람들과 그리스도의 신앙 아래 세워진 규범과 기준에 맡기셨습니다(고전 5 : 11-13).
　그러니 고달프고 힘겨워도 우리 믿음의 선배들은 이 일에 몰두했고 우리 총회는 때마다 몰려드는 수많은 시련과 위기에도 불구하고 성경의 말씀과 교회의 지침이 되는 교단 헌법 가운데 흔들리지 않고 지금처럼 굳건히 자리매김할 수 있었습니다.

　한국 교회를 넘어 세계 교회의 역사를 보더라도, 교회법의 부재는 단순히 교회의 성장만을 저해했던 것이 아니라, 국가와 사회까지도 혼란스럽게 했던 것을 기억합니다. 그러니 한 교단의 기본법이자 최고법인 헌법은 교단 소속 교회는 물론이고 국가와 사회의 성숙 정도를 가늠하는 중요한 시금석이라 할 수 있습니다.

　그런 점에서 지난 시간 총회 법률 전문위원으로서 재판국과 헌법개정위원회 등에서 오랫동안 수고해 주셨던 조건호 장로님의 이번 출간 소식이 얼마나 반갑게 들리는지 모릅니다. 법조인으로서 50여 년 가까이 근무하시면서 느낀 사회 현장에서의 경험과 다양한 총회 법리 부서에서 봉사하며 느낀 필요를 압축하여 "주석 교단헌법"이 출간됐습니다.

    이 책은 총회나 노회 및 당회에서 법리를 다루는 이들은 물론이고, 평신도들도 신앙생활에서 교단 헌법을 손쉽게 접할 수 있도록 친절한 해설과 함께, 실제 헌법해석사례들을 주제별로 일목요연하게 정리했습니다. 이는 그동안 출간된 여타의 헌법 해설서들과 비교할 수 없는 탁월성으로, 교단 헌법의 사용성을 극대화할 수 있는 계기가 될 것으로 생각합니다.

    앞선 믿음의 선배들의 유산을 이어받아 집필된 이번 책이 향후 총회와 한국 교회가 나아갈 방향에 중요한 지침서가 되기를 바랍니다.

    이 일에 지혜와 헌신을 아끼지 않고 쏟아부으신 조건호 장로님의 노고에 존경과 감사를 표하며, 이 책을 통해 하나님께 영광이 되며, 우리 총회와 한국 교회가 다시금 성장할 수 있기를 간절히 바랍니다.

제108회기 총회장 김의식 목사

## 추천사 2

　인간이 모인 곳에는 늘 규정과 법이 만들어집니다. 그것들은 공동체의 평화와 질서 유지에 중요한 역할을 합니다. 사회적 관습, 판례, 필요성 등을 바탕으로 실정법을 만들기도 하고, 시공간을 넘어 인간 본성을 바탕으로 한 보편적인 자연법이 생성되기도 합니다. 그것은 가시적 교회도 마찬가지입니다. 교회에는 자연법과 실정법도 있지만 그보다 상위법인 하나님의 법(말씀)을 통해 건강한 공동체로서 가게 됩니다. 교회법은 성경의 가르침(사랑, 공의, 법정신)을 바탕으로 교회의 조직과 활동, 교회와 신도들과의 관계, 신도들 상호 관계, 신앙생활을 규율하기 위해 만들어진 질서 규범입니다. 그래서 영어권의 교회에서는 교회 헌법을 Book of Order라고 부르기도 합니다. 교회법은 이렇게 교회의 질서를 규정합니다.

　우리는 하나님의 말씀을 따라 교회를 바로 세우려고 했던 개혁교회 전통 위에 서 있습니다. 중세 시대, 막강해진 교회 권력은 교회 타락의 원인이 됐습니다. 종교개혁자들은 교회를 바로 세우기 위해 성경의 진리와 하나님의 공의, 교리에 근거해 규정들을 정비하였습니다. 법 조항보다는 성경이 제시하는 신학적 바른 토대를 구축하려고 했습니다.

　법과 질서가 무너지면 그 공동체는 혼란스러워지고, 본질이 훼손 혹은 파괴된다는 점에서 법의 바른 집행이 요구됩니다. 의롭다 칭함(justification)을 받고 성화(sanctification)의 여정 가운데 있는 죄인들이 모인 공동체이기에 교회 안에서도 많은 문제와 분쟁이 일어나는 것이 사실입니다. 법을 바로 집행하지 않아 공동체의 근간이 흔들리기도 하고, 하나님의 공의와 공정성이라는 측면에서도 문제가 일어나기도 합니다.

본 서는 법조인이자 교회법 전문가인 저자가 노회와 교단에서 중요 역할을 수행하면서 교회법의 바른 이해와 집행을 위해 교과서 형식으로 총회 헌법의 핵심적인 내용인 정치와 권징 부분을 조항별로 주석한 것입니다. 또한 지난 약 40년 동안 총회 헌법위원회에 들어온 질의와 그에 관한 헌법해석사례를 분석하면서 관련 조항을 주석하는 내용도 담았습니다. 실제 교단 치리기관(총회, 노회, 지교회)에서 발생할 수 있는 사안에 대해 구체적이고 실질적인 도움을 줄 수 있는 실무서입니다. 교회법 전문가로 귀한 역할을 하시면서 필요성을 느낀 저자께서 이런 실무서를 발행하여 실제적 도움을 주신 것에 마음 깊이 감사드립니다.

오늘 교회 지도자들의 가장 큰 과제는 '바로' 세워 가는 것입니다. 이 땅에 복음이 전해지고 교회가 세워진 지 140여 년을 지나가면서, 민족과 함께해 온 한국 교회의 신뢰도가 끝없이 추락하고, 언론에는 늘 지탄의 대상이 되고 말았습니다. 그 현상을 가볍게 여기면 서구처럼 박물관 교회로 전락하게 될 것입니다. 사랑과 공의의 공동체인 교회 본질의 회복이 큰 과제로 대두되고 있습니다. 이제 하나님의 말씀의 바른 이해와 실천을 위해 '신학'의 중요성과 교회의 질서를 바로 세워 가기 위한 치리기관의 바른 판단과 치리의 중요성이 함께 요구받고 있습니다. 이러한 상황에서 본 서가 출간된 것을 진심으로 기뻐하고 환영합니다. 본 서가 주님의 교회가 바로 서 가는 데 실질적인 역할을 수행할 것으로 기대합니다. 귀한 책을 발간하신 저자에게 마음 깊은 감사를 드립니다.

장로회신학대학교 총장 김운용

## 추천사 3

한국 교회가 위기에 직면해 있고, 분열하고 있다는 것은 우리 모두의 공감대입니다. 교회의 신뢰도는 저하되고 있으며, 젊은 신앙인들이 실망감으로 교회를 떠나거나, 아예 참석하지 않는 상황입니다. 교회들의 분쟁 소식이 수없이 이어지면서 마음이 아프고, 프로테스탄트 신도로서 어디에서부터 갱신해야 하는지에 대한 고민이 깊어집니다. 그 대답을 찾는 것이 바로 현 시점에서 한국 교회가 직면한 현실입니다.

우리 장로교의 뿌리에는 스코틀랜드 장로교가 있습니다. 스코틀랜드 장로교의 중심에는 "웨스트민스터 신앙고백서"와 "교회치리서"가 있습니다. 당시 장로교 신도들은 이 신앙고백서와 신앙고백서하에서 합의된 교회치리서를 중심으로 자신, 가정 그리고 교회를 세웠습니다. 서양 선교사들로부터 복음을 받은 한국 교회도 완전한 신앙고백 안에서 한국장로교 헌법을 세워, 바른 신앙을 고수하며 영적 부흥을 이끌었습니다. 오늘날 한국 교회의 위기는 다양한 관점에서 해석될 수 있지만, 교회 헌법의 정신과 질서가 무너진 것이 그 원인 중 하나라고 할 수 있습니다. 교회 내 분쟁을 사회 법정까지 가져가는 모습들을 보며, 결국 교회 헌법이 실질적으로 무력화된 것에 대해 자괴감이 듭니다.

교회 헌법은 장로교 성도들이 온전한 신앙고백하에서 합의하여 세운 교회의 질서입니다. 완벽할 수는 없지만, 우리가 세운 교회의 법과 질서를 신뢰하지 못하고 따를 수 없다면, 위기에 직면한 한국 교회를 갱신하고 바르게 하는 일은 더욱 어려워질 것입니다.

이런 상황 속에서, 훌륭한 법관이자 소망교회의 장로로서 은퇴하기까지 성실히 교회를 섬기셨던 조건호 장로님의 "주석 교단헌법"은 본 교단의 '교회 헌법의 해석서'로서, 교회 헌법이 지니고 있는 정신을 명확히 하고 바른 적용을 하는 데 있어서 큰 도움이 될 것입니다.

목회자들뿐만 아니라 성도들도 교단의 교회 헌법을 잘 모르는 경우가 많습니다. 또한 전문성이 부족하여 규율을 적용하는 데 어려움을 겪거나, 때로는 자의적인 해석으로 인해 문제가 발생합니다. 그래서 교회 헌법에 쉽게 접근하고, 객관적인 해석의 틀을 갖게 하는 것이 필요하다고 생각합니다. 이 책은 헌법 제2편의 정치와 제3편의 권징의 각 조항에 이해하기 쉬운 주석을 달아, 각 조항이 지니고 있는 본래의 의미와 정신을 숙고하도록 합니다. 또한 조건호 장로님은 총회 재판국원으로서의 오랜 실무 경험을 바탕으로, 교회 헌법의 적용에 있어서 여러 질의응답에 대한 해석 사례를 분석하고 소개함으로써, 어떻게 적용해야 할지에 대해 실질적인 도움을 주고 있습니다. 노회나 총회에서 재판을 진행하거나, 행정적인 문제를 처리해야 할 분들 그리고 장로교 교회 헌법의 정신을 바르게 이해하고, 그 질서 안에서 교회를 갱신하고 싶어하는 성도들에게 반드시 읽어 보시라고 권하고 싶습니다.

바쁜 와중에서 한국 교회를 생각하는 마음으로 귀한 책을 출간하신 조건호 장로님에게 감사를 드리고, 갱신이 요청되는 한국 교회 안에 이렇게 중요한 저서를 소개하고 권해 드릴 수 있어 기쁘게 생각합니다.

소망교회 담임목사 김경진

## 추천사 4

　이번에 총회 재판국원을 지낸 조건호 장로(변호사)께서 교단 헌법을 해석하고 헌법해석사례를 분석, 요약한 책을 출간한다는 소식을 듣고 기대가 됩니다. 지난 10여 년간 우리 교단 노회, 총회의 정치 중심에 계시던 목사 장로 총대가 대거 교체되는 때에 적절한 지침서가 출간되는 일은 필요하고 시기적으로도 적절하다는 생각과 함께 기쁜 마음으로 축하를 드립니다.

　교단 안밖에서 총회 재정부장, 사회봉사부장, 복지재단 이사장, 한국장로신문사 등의 일을 맡아 오면서 평소 마음 한구석에는 우리 교단이 다른 교단과 비교할 수 없을 만큼 잘 갖추어진 헌법을 제정하여 운용하고 있을 뿐만 아니라, 40년 이상 질의, 회신한 수천 건의 총회 헌법위원회의 헌법해석이 있음에도 방치된 채 제대로 활용하지 못하고 소수의 해석에 의존해 온 과정에서의 부작용이 있었던 것이 사실이었습니다.

　그런데 이번에 정통 학문적·법리적·논리적 해석서가 출간됨을 크게 환영합니다. 교단 일선에서 종사하는 목회자, 장로들이 어려운 문제가 발생하였을 때 해결책을 마련하는 데에 도움을 받을 수 있는 자료가 필요하다는 아쉬움과 바람을 늘 가지고 있었는데, 바로 이에 적합한 책이 나오게 되었다는 사실을 알게 되어 기대가 큽니다.

헌법을 조항 순서로 해석하고 관련 헌법시행규정과 함께 사례 700여 건을 배치하여 총회와 노회의 법리 부서 등 각 분야에서 섬기는 분들은 물론, 평신도에 이르기까지 손쉽게 찾아보고 이해할 수 있는 책을 집필하여 주신 조건호 장로님의 수고를 치하하며, 한국 교회를 섬기시는 분들에게 이 책을 추천합니다.

　　　　　　한국장로신문사 발행인, 한국장로교육원 원장 박래창 장로

## 차 례

머리말 · · · · · · · · · · · · · · · · · · · · · · · · · · · · · · · · · · · · · · · · · · · · · · · · · · · · · · · · · · · · · · · · · · · 2
추천사 1 · · · · · · · · · · · · · · · · · · · · · · · · · · · · · · · · · · · · · · · · · · · · · · · · · · · · · · · · · · · · · · · 6
추천사 2 · · · · · · · · · · · · · · · · · · · · · · · · · · · · · · · · · · · · · · · · · · · · · · · · · · · · · · · · · · · · · · · 8
추천사 3 · · · · · · · · · · · · · · · · · · · · · · · · · · · · · · · · · · · · · · · · · · · · · · · · · · · · · · · · · · · · · · 10
추천사 4 · · · · · · · · · · · · · · · · · · · · · · · · · · · · · · · · · · · · · · · · · · · · · · · · · · · · · · · · · · · · · · 12

### 제2편 정치

제1장 원리 · · · · · · · · · · · · · · · · · · · · · · · · · · · · · · · · · · · · · · · · · · · · · · · · · · · · · · · · · · · · · 16
　　　교단 헌법은 교단 최고의 규범 16 | 시행규정 제3조 적용범위 16 | 상위법규에 위배되는 정관 개정 17 | 노회 재판국 구성의 헌법 위반 18 | 부목사 자동연장조항은 무효 18 | 상회비 미납으로 인한 회원권 정지는 위법 18 | 총회 기관 임원, 대표 파송 18 | 헌법과 시행규정의 적용대상 18 | 구 헌법에 의해 판결받은 자에게 신법 적용 18
　　제1조 양심의 자유 · · · · · · · · · · · · · · · · · · · · · · · · · · · · · · · · · · · · · · · · · · · · · · · · · · 19
　　제2조 교회의 자유 · · · · · · · · · · · · · · · · · · · · · · · · · · · · · · · · · · · · · · · · · · · · · · · · · · 19
　　　교단과 지교회와의 관계에 관한 대법원 판례 19
　　제3조 진리와 행위 · · · · · · · · · · · · · · · · · · · · · · · · · · · · · · · · · · · · · · · · · · · · · · · · · · 21
　　제4조 교회의 직원 · · · · · · · · · · · · · · · · · · · · · · · · · · · · · · · · · · · · · · · · · · · · · · · · · · 21
　　제5조 치리권 · · · · · · · · · · · · · · · · · · · · · · · · · · · · · · · · · · · · · · · · · · · · · · · · · · · · · · · 21
　　제6조 권징 · · · · · · · · · · · · · · · · · · · · · · · · · · · · · · · · · · · · · · · · · · · · · · · · · · · · · · · · · 22

제2장 교회 · · · · · · · · · · · · · · · · · · · · · · · · · · · · · · · · · · · · · · · · · · · · · · · · · · · · · · · · · · · · · 23
　　제7조 교회의 정의 · · · · · · · · · · · · · · · · · · · · · · · · · · · · · · · · · · · · · · · · · · · · · · · · · · 24
　　제8조 교회의 구별 · · · · · · · · · · · · · · · · · · · · · · · · · · · · · · · · · · · · · · · · · · · · · · · · · · 24
　　제9조 지교회 · · · · · · · · · · · · · · · · · · · · · · · · · · · · · · · · · · · · · · · · · · · · · · · · · · · · · · · 24
　　　교회당 밖에서 시위적인 예배를 드리는 행위 24
　　제10조 지교회의 설립 · · · · · · · · · · · · · · · · · · · · · · · · · · · · · · · · · · · · · · · · · · · · · · · 25
　　　지교회 설립의 허가 25 | 지교회 설립 시 아동세례교인 포함 여부 25 | 교회설립 조건 25 | 전도처 26 | 공유교회의 설립 26 | 기존교회와의 거리 제한 26 | 교단과 노회를 탈퇴한 교인들의 교회설립 26 | 교회의 개척시점 26 | 개척지 기도처에 시무하는 전도목사의 증명서 발급 26 |

탈회한 지교회의 무지역노회 가입 허용 사례 27 | 시행규정 제4조 교회의 설립과 가입 27 | 시행규정 제6조 교회의 설립, 분립과 합병, 폐지 청원의 처리 27

### 제11조 지교회의 분립, 합병 ·················································· 28
지교회 분립 합병의 허락 주체 28 | 기도처의 합병 가능 28 | 교회의 분립 개척 29 | 분립(합병) 시의 시무기간 29 | 시행규정 제5조 교회의 분립과 합병청원 29

### 제12조 지교회의 폐지 ························································· 29
기도처로 변경 시 담임목사의 지위 30 | 설립신청서상의 주소지에 교회 부존재 시의 조치 30 | 지교회의 이전 30 | 시행규정 제6조 교회의 설립, 분립과 합병, 폐지 청원의 처리 30

## 제3장 교인 ··············································································· 32

### 제13조 교인의 정의 ····························································· 32

### 제14조 교인의 구분 ····························································· 32
원입교인 33 | 한국에서 세례받은 외국인 노동자 34 | 진중 세례자 적용 34 | 아동세례교인의 추가 34 | 아동세례교인의 입교 불필요 34 | 유아세례교인의 입교 및 세례교인을 13세로 구분할 필요성 여부 34 | 시행규정 제8조 세례 35

### 제15조 교인의 의무 ····························································· 35
치리복종 의무 35 | 공동예배 출석 의무 35 | 봉헌의무 36

### 제16조 교인의 권리 ····························································· 36
입교 전 유아세례교인 및 아동세례교인의 성찬참여 36 | 성찬식 사용 후 남은 포도주 처리 37

### 제17조 교인의 이명 ····························································· 37
타 교회로의 이명의 효과 38 | 교회의 노회 변경 38 | 노회 이관 38 | 시행규정 제10조 타 교단 교인 및 직원의 이명 접수 38 | 교인의 지위 39 | 시행규정 제11조 교인 및 직원의 이명 및 확인 39 | 개교회의 노회 이관 39 | 목사 이명 후 청빙 39 | 시행규정 제12조 이명과 직원 40 | 사실관계 확인서로 이명증서 대체 불가 40 | 시행규정 제13조 교인의 복적 40 | 시행규정 제26조 직원 선택 40 | 이단 이명 및 항존직 임직 불인정 41 | 장로의 이명 41 | 안수집사, 권사의 이명 41 | 항존직 이명절차(이명증서 제출 필수) 41

### 제18조 교인의 출타신고 ······················································ 42

### 제19조 교인의 자격정지 ······················································ 42
장로의 교인 자격과 당회원권 42 | 장로의 사임으로 당회 성수 미달 시 처리 방법 42 | 분쟁 중인 교회의 실종교인 처리 42 | 분립교회 파송장로의 시무 43 | 시행규정 제14조 교인의 자격정지 및 복권 43 | 교회 이탈 후 다른 교회 개척자에 대한 처리 43 | 적법한 실종교인 처리 사례 44

### 제20조 교인의 복권 ····························································· 44

시행규정 제14조 교인의 자격정지 및 복권 44

**제4장 교회의 직원** ·········································································· 45
  제21조 교회의 직원의 구분 ················································· 45
    타 국적 세례교인의 항존직 피선거권 45 | 외국 국적 목사의 교적 46
  제22조 항존직 ········································································· 46
    헌법에서 명시한 연령 기준 46 | 지교회의 정년변경규약의 효력 46 | 조기은퇴 강제 불가 47 | 은퇴 정년 연장 요구의 위헌성 47 | 공동의회 결의사항 수정 47 | 시행규정 제15조 교회의 직원과 유급종사자, 은퇴자 48 | 목사와 교회 직원이 근로자인지 여부에 대한 헌법위원회의 해석(본 시행규정 제4항의 효력) 48 | ① 목사의 근로자성 부정 48 | ② 목사와 노조위원장 겸직 불가 48 | ③ 교회 직원 노동조합 조직 및 가입 불가 48 | ④ 총회 직영 신학대학교 직원 노동조합 조직 불가 49 | ⑤ 노조 회원 노조 결성 시 처벌 여부 49 | ⑥ 노동행정관서에서의 고용보험 등 미가입 시 과태료 부과 49 | 근로자에 대한 대법원 판례의 입장 49 | 대법원 판례 입장과 헌법위원회의 해석의 조화 50 | 목사, 전도사 등의 경우 50 | 유급종사자 등의 경우 50 | 결론 50 | 시행규정 제26조 직원 선택 51 | 항존직에 대한 신임투표 규정은 무효(개정 필요) 51 | 공동의회의 목사 해임결의는 무효 51
  제23조 임시직 ········································································· 52
    시행규정 제18조 부목사, 전도사의 연임청원 52 | 시행규정 제26조 직원 선택 52

**제5장 목사** ······················································································ 54
  제24조 목사의 의의 ······························································· 54
  제25조 목사의 직무 ······························································· 55
    목사 단독으로 할 수 있는 직무 55 | 교회의 인사권 행사 55
  제26조 목사의 자격 ······························································· 55
    이혼 경력의 목사 결격사유 여부 57 | 이혼경력자 처리에 관한 총회 고시위원회의 질의와 헌법위원회의 답변 57 | 시행규정 제27조 무흠의 기산과 적용 58 | 형사처벌과 임직 가능 여부 및 총대 자격 유무 58 | 시행규정 제16조의 4 목사의 자격과 안수 59
  제27조 목사의 칭호 ······························································· 59
    목사의 교인등록 불가 및 성찬 참례권 61 | 동시 청빙 및 동시 시무 62 | 폐당회로 담임목사가 된 후 당회가 구성된 경우 62 | 시무 중인 전도목사의 담임목사 청빙 가능 63 | 담임목사 연임 청원 기산일 63 | 담임목사 연임 청원 부재 시 자동 무임 63 | 담임목사 임기 6년 정관은 무효 63 | 부목사 시무 제한의 취지와 적용범위 63 | 전도목사의 시무처 64 | 미조직교회 담임전도사

목사안수청원 65 | 시행규정 제20조의 1 기관목사 66 | 시행규정 제22조 겸직과 무임의 범위 66 | 신학대학교 총장 승인의 주체 67 | 시행규정 제22조의 의미 67 | 교육목사 제도 도입 배경 및 운영 68 | 제20조의 2 교육목사 68 | 원로목사 추대 및 변경절차 69 | 원로목사제도 폐지론 69 | 시행규정 제21조 원로목사 69 | 원로목사 추대요건 69 | 원로목사, 원로장로 제도 폐지 불가 71 | 공로목사추대 취소절차 71 | 무임목사의 목사직 자동해직을 위한 기산일 72 | 무임목사의 정당한 이유 판단 72 | 자동해직의 통지는 효력발생요건 72 | 시행규정 제19조 무임목사 처리 73 | 군종목사 74

제28조 목사의 청빙과 연임청원 · · · · · · · · · · · · · · · · · · · · · · · · · · · · · · · · · · · · · · · · · · · · · · 75

위임목사의 청빙과 위임투표 76 | 위임목사 청빙 투표방법 76 | 재석 수 미확인 경우 출석회원 기준으로 계산 76 | 담임목사 자동 연임 노회 규칙의 위법성 77 | 담임목사의 청빙 77 | 정상적 당회 개최불능에 대한 노회의 사후판단 필요 77 | 담임목사 청빙서류에 6개월 후 사임한다는 단서 조항 78 | 위임목사 투표 부결 시 담임목사의 임기 78 | 위임투표 시 3분의 2에 미달되어 부결되었으나 찬성이 과반수인 경우 78 | 직계비속 청빙 금지 79 | 본 조 제6항의 효력과 관련한 헌법위원회의 해석 79 | 시행규정 제16조의 1 시무목사 청빙과 연임청원 81 | 총회연금 계속 납입 영수증 첨부 규정의 성격 82 | 시행규정 제16조의 2 전도목사 청빙 82 | 시행규정 제16조의 3 시무목사 청빙 승인 82 | 시행규정 제16조의 5 미조직교회의 목사 청빙 83 | 시행규정 제18조 부목사, 전도사의 연임청원 83

제29조 청빙의 승인 · · · · · · · · · · · · · · · · · · · · · · · · · · · · · · · · · · · · · · · · · · · · · · · · · · · · · · · · · · · · · · 84

무임목사 기산일 84 | 위임목사 시무 자동연장 84 | 시행규정 제16조의 6 노회 폐회 시 목사 청빙 승인 85

제30조 다른 노회 목사의 청빙 · · · · · · · · · · · · · · · · · · · · · · · · · · · · · · · · · · · · · · · · · · · · · · · · · · 85

제31조 다른 교단 목사의 청빙 · · · · · · · · · · · · · · · · · · · · · · · · · · · · · · · · · · · · · · · · · · · · · · · · · · 85

타 교단 교회의 가입 86 | 시행규정 제23조 다른 교단의 목사청빙 86 | 노회 결의로 청목 허락 취소 가능 88

제32조 목사의 임직 · · · · · · · · · · · · · · · · · · · · · · · · · · · · · · · · · · · · · · · · · · · · · · · · · · · · · · · · · · · · · · 89

목사 임직과 노회의 결의 89 | 임직 예식 일시와 장소 90

제33조 목사의 임직식과 위임식 · · · · · · · · · · · · · · · · · · · · · · · · · · · · · · · · · · · · · · · · · · · · · · · 90

제102회기 총회의 '총회 목사임직 예식(안)' 시행결의 90 | 시행규정 제17조 위임식 91

제34조 목사의 전임 · · · · · · · · · · · · · · · · · · · · · · · · · · · · · · · · · · · · · · · · · · · · · · · · · · · · · · · · · · · · · · 91

시행규정 제24조 직원의 전임과 사임 91

제35조 목사의 사임 및 사직 · · · · · · · · · · · · · · · · · · · · · · · · · · · · · · · · · · · · · · · · · · · · · · · · · · · · 92

사임서 처리 전 철회 가능 93 | 위임하기 전 요구하여 받은 각서의 효력 93 | 시행규정 제16조

의 10 유기책벌과 당회장권 94 | 시행규정 제24조 직원의 전임과 사임 95 | 시행규정 제87조 재판계류와 교단탈퇴 95

### 제36조 목사의 휴무 ······················································································ 96
질병으로 사리판단 능력이 없는 목사의 강제휴무 96 | 시행규정 제25조 목사, 장로의 휴무 97

### 제37조 목사의 복직 ······················································································ 97
목사 복직 시 시무처 여부 98 | 시행규정 제19조 무임목사 처리 98

### 제38조 목사후보생 ······················································································· 98
시행규정 제28조 목사후보생 99 | 시행규정 제29조 목사후보생의 이명 99

## 제6장 장로 ······································································································ 100

### 제39조 장로의 직무 ···················································································· 100

### 제40조 장로의 자격 ···················································································· 100
장로의 연령 40세의 기준일 101 | 시무사임하겠다고 예배 때와 공회 앞에서 선언한 장로의 자격 102 | 대표기도의 잘못에 대한 권징은 부적절 102

### 제41조 장로의 선택 ···················································································· 102
분쟁 중인 교회의 장로증원 불가 103 | 여성 할당제 103 | 공동의회 일괄적 가부 103 | 당회의 장로후보자 추천권 104 | 임의기구에서 후보자를 일방적으로 결정하여 당회에 통보 104 | 시행규정 제26조 직원 선택 105 | 중대한 결격사유를 고의로 속인 장로의 처리 108 | 장로에게 귀책사유가 없는 경우(본 시행규정 제9항) 108 | 당회원 구성의 적합성 109 | 2촌 이내로 구성된 당회에 대한 행정지도 110

### 제42조 장로의 임직 ···················································································· 110
교육기간의 미달 110 | 당회장 부재중 장로 피택자 교육 111 | 신뢰보호 원칙과 귀책사유 111

### 제43조 장로의 사임 및 사직 ······································································ 112
권고사임 시 자필 서명 사임서 필요 여부 113 | 자의사임 장로의 지위 113 | 자의사임 여부 113 | 시무장로의 시무사임 청원 114 | 장로직 간주권고사직 또는 의제사직 115

### 제44조 원로장로 ·························································································· 115
원로장로 추대요건 116

### 제45조 은퇴장로 ·························································································· 117
공로장로 추대 불가 117

### 제46조 장로의 휴무 ···················································································· 117
시행규정 제25조 목사, 장로의 휴무 118

### 제47조 장로의 복직 ···················································································· 118

복직한 장로의 서열 119 | 자의사임 후 다른 교회로 이명 간 장로의 복직절차 119

## 제7장 전도사 ········· 121
### 제48조 전도사의 직무 ········· 121
시행규정 제18조 부목사, 전도사의 연임청원 121
### 제49조 전도사의 자격 ········· 122
전도사 고시 응시요건 122

## 제8장 안수집사 및 권사 ········· 124
### 제50조 안수집사의 직무 ········· 124
### 제51조 안수집사의 자격 ········· 124
### 제52조 권사의 직무 ········· 125
### 제53조 권사의 자격 ········· 125
### 제54조 안수집사, 권사의 선택 ········· 125
시행규정 제26조 직원 선택 126
### 제55조 안수집사 및 권사의 임직 ········· 126
항존직의 이명절차 127
### 제56조 안수집사 및 권사의 사임과 사직 ········· 127
### 제57조 은퇴안수집사, 은퇴권사 ········· 127
### 제58조 안수집사, 권사의 휴무 및 복직 ········· 128
### 제59조 집사의 임명 ········· 128

## 제9장 치리회 ········· 130
### 제60조 치리회의 구분 ········· 130
교회 내 장로회 불허 130
### 제61조 치리회의 구성 ········· 130
시행규정 제35조의 2 총회 및 노회 개회 131
### 제62조 치리회의 관할 ········· 131
### 제63조 치리회의 권한 ········· 132
교회수습전권위원회 132 | 노회수습전권위원회 132 | 교회의 최고의사결정 및 집행기관은 당회 132 | 교회명칭 변경 134 | 수습전권위원회 134 | 시행규정 제33조 교회 및 노회 수습 135 | 수습전권위원회 구성 137 | 교회수습전권위원회의 권한행사 방법 137 | 수습전권위원회 활

동시한 137 | 당회 기능, 당회장권, 당회원권 정지에 대한 이의신청 138 | 수습전권위원회의 권한 138 | 사고노회(본 시행규정 제5항) 139 | 사고노회 임원의 피선거권 제한(본 시행규정 제7항)은 위헌 141

## 제10장 당회 ·········· 142

### 제64조 당회의 조직 ·········· 142
목사 본인 문제 투표 가부 143

### 제65조 당회의 폐지 ·········· 143
위임목사와 폐당회 144 | 폐당회 후 당회 구성 시 위임목사 지위 회복 여부 144 | 시행규정 제31조 당회 폐지와 치리권 145 | 당회 폐지와 권고사임 145

### 제66조 당회의 개회성수 ·········· 145
위법 당회에서 결의된 처분은 무효 145 | 담임목사 연임청빙 적법 여부 146

### 제67조 당회장 ·········· 146
당회장 유고 시의 부목사 147 | 후임 청빙을 위한 당회장권 147 | 당회장권의 정지통보를 받은 목사 147 | 당회장의 직무 불이행 148 | 당회장의 임용권 남용 148 | 임시당회장 148 | 대리당회장 149 | 직무정지가처분 인용 150 | 법원이 직무대행자로 변호사를 선임한 경우 150 | 시행규정 제16조의 7 당회장 결원 시 임시당회장 및 위임(담임)목사 청빙 151 | 임시당회장 파송요청 거부 불가 151 | 시행규정 제16조의 8 당회장 유고 시 대리당회장 152 | 당회장이 중병으로 의사소통 불능되어 그 직을 수행할 수 없는 경우 153 | 시행규정 제16조의 9 재판계류 중의 당회장권 153 | 시행규정 제16조의 10 유기책벌과 당회장권 153 | 시행규정 제30조 임시당회장과 대리당회장의 권한 154 | 임시당회장의 권한 154 | 대리당회장의 권한 154 | 권징권 행사의 의미 155 | 인사권 행사의 의미 155 | 부동산 관리권 행사의 의미 155

### 제68조 당회의 직무 ·········· 156
교회 재정장부의 외부 유출 157 | 당회 소위원회 운영의 적법 여부 157 | 당회장의 독선에 대한 견제 157 | 예배 주관자 158 | 당회 분규 여부 158 | 당회의 부동산 관리 158 | 교회재정의 권한과 책임 159

### 제69조 당회의 회집 ·········· 160
당회 소집의 방법 160 | 당회 공개 여부 161

### 제70조 당회록 ·········· 161

### 제71조 당회가 비치할 명부 ·········· 161

## 제11장 노회 ·········· 163

제72조 노회의 의의 · · · · · · · · · · · · · · · · · · · · · · · · · · · · · · · · · · · · · · · · · · · · · · · · · · · · · · · · · · · · · · · · · · · · · · · · · · · 163

제73조 노회의 조직 · · · · · · · · · · · · · · · · · · · · · · · · · · · · · · · · · · · · · · · · · · · · · · · · · · · · · · · · · · · · · · · · · · · · · · · · · · · 163

    당회의 노회 불참 결의는 불법 164

제74조 노회원의 자격 · · · · · · · · · · · · · · · · · · · · · · · · · · · · · · · · · · · · · · · · · · · · · · · · · · · · · · · · · · · · · · · · · · · · · · · 165

    노회비 미납과 기본권 166 | 부노회장의 회장 자동승계 노회규칙의 적법성 166 | 사고노회 임원의 피선거권 제한은 위헌 167

제75조 노회 임원선출 · · · · · · · · · · · · · · · · · · · · · · · · · · · · · · · · · · · · · · · · · · · · · · · · · · · · · · · · · · · · · · · · · · · · · 167

    임원 및 총회총대 입후보 자격 제한 167 | 노회장은 '장로 1회, 목사 3회' 조항에 의한 선출제도의 적법 여부 169

제76조 노회의 개회성수 · · · · · · · · · · · · · · · · · · · · · · · · · · · · · · · · · · · · · · · · · · · · · · · · · · · · · · · · · · · · · · · · · · 170

    긴급한 사항은 임원회의 결의 가능 171 | 수습전권위원회가 소집하는 노회의 개회 정족수 171

제77조 노회의 직무 · · · · · · · · · · · · · · · · · · · · · · · · · · · · · · · · · · · · · · · · · · · · · · · · · · · · · · · · · · · · · · · · · · · · · · · · 172

    노회의 청원사항 변경 가부(교회명칭 변경) 173 | 당회의 청원 없는 노회의 수습전권위원회 구성 요청 173 | 1당회 1총대 원칙의 노회 규칙은 무효 174 | '목사가 총회총대를, 장로가 총회총대를 선출한다'는 노회규칙의 효력 175 | 노회의 여성 총회총대 1인 이상 파송결의 175 | 시행규정 제16조의 11 유기책벌과 직무와의 관계 176 | 시행규정 제87조 재판계류와 교단탈퇴 177 | 목회자가 청빙관계로 노회를 탈퇴한 경우의 교회의 정통성 177 | 시행규정 제16조의 12 정직과 직무와의 관계 178 | 시행규정 제16조의 13 면직 및 출교와 직무와의 관계 178

제78조 노회의 회집 · · · · · · · · · · · · · · · · · · · · · · · · · · · · · · · · · · · · · · · · · · · · · · · · · · · · · · · · · · · · · · · · · · · · · · · · 178

    노회장 허락 없는 부회장의 임원회의 사회 불가 179 | 제2항의 의미 179 | 장로노회장의 개회 예배 설교 권한 179 | 노회 회무 시 또는 지교회 예배 및 임직식 시 장로 설교 179

제79조 노회록 · · · · · · · · · · · · · · · · · · · · · · · · · · · · · · · · · · · · · · · · · · · · · · · · · · · · · · · · · · · · · · · · · · · · · · · · · · · · · · · 180

제80조 노회가 비치할 명부 · · · · · · · · · · · · · · · · · · · · · · · · · · · · · · · · · · · · · · · · · · · · · · · · · · · · · · · · · · · · · · · · 180

제81조 시찰회와 시찰위원회 · · · · · · · · · · · · · · · · · · · · · · · · · · · · · · · · · · · · · · · · · · · · · · · · · · · · · · · · · · · · · 180

    시찰회의 권한 181 | 시찰위원회 중심 시찰회 운영 노회규칙 181 | 시행규정 제9조 경유 181

제82조 노회의 분립, 합병 및 폐지 · · · · · · · · · · · · · · · · · · · · · · · · · · · · · · · · · · · · · · · · · · · · · · · · · · · · · 182

    노회 분립과 합병 시의 결의요건의 차이 182 | 30개처 당회의 의미 183 | 시행규정 제32조 노회의 분립, 합병 183

제12장 총회 · · · · · · · · · · · · · · · · · · · · · · · · · · · · · · · · · · · · · · · · · · · · · · · · · · · · · · · · · · · · · · · · · · · · · · · · · · · · · · · · · · 184

  제83조 총회의 의의 · · · · · · · · · · · · · · · · · · · · · · · · · · · · · · · · · · · · · · · · · · · · · · · · · · · · · · · · · · · · · · · · · · · · · · · 184

  제84조 총회의 조직 · · · · · · · · · · · · · · · · · · · · · · · · · · · · · · · · · · · · · · · · · · · · · · · · · · · · · · · · · · · · · · · · · · · · · · · 184

제85조 총회 임원선출 ·················································································· 185
    장로총회장 선출 문제 186
제86조 총회의 개회성수 ················································································ 187
제87조 총회의 직무 ······················································································ 187
    총회의 노회구역결정권과 관련한 문제 188 | 목사고시의 관장기관 190
제88조 총회의 회집 및 회원권 ······································································ 190
제89조 개회 및 폐회 ···················································································· 191

## 제13장 회의 및 기관, 단체 ········································································ 192

제90조 공동의회 ·························································································· 192
    담임목사 등이 공동의회 회원인지 여부 193 | 당회 결의 없는 공동의회 소집 불가 194 | 목사, 장로에 대한 신임 여부를 묻기 위한 공동의회 소집 가부 195 | 코로나19 감염병으로 인한 공동의회의 소집과 관련한 해석사례 195
제91조 제직회 ······························································································ 196
    제직회의 자주 조직권 198 | 제직회에서의 교단 및 노회 탈퇴 결의는 무효 198
제92조 소속 기관 및 단체, 연합당회 및 연합제직회 ······································· 198
    시행규정 제37조 산하기관, 유관기관, 연합기관 200

## 제14장 재산 ································································································ 202

    교회분열 시의 재산귀속관계 203 | 대법원 2006. 4. 20. 선고 2004다37775 전원합의체 판결 204
제93조 총회의 재산 ······················································································ 208
    시행규정 제34조 재산 208
제94조 노회의 재산 ······················································································ 209
제95조 재산의 보존 ······················································································ 209
제96조 재산 관리 및 용도 ············································································ 210
    시행규정 제6조 교회의 설립, 분립과 합병, 폐지 청원의 처리 211 | 본 시행규정 제7항의 제96조 2항 위반 여부 212
제97조 재단법인에 편입되지 않은 재산 ························································· 212
    지교회의 부동산 관리 213 | 시행규정 제34조 재산 213

## 제15장 선교 동역자 ···················································································· 215

제98조 선교 동역자의 자격 ································································ 215

제99조 총회와 관계된 선교 동역자 ··················································· 215

제100조 선교 동역자의 임무 ······························································ 215

제101조 기타 선교 관계 ···································································· 216

제16장 헌법개정 ···················································································· 217

    시행규정 제36조 헌법위원회의 구성, 권한, 질의해석, 헌법개정 217 | 총회 임원회와의 관계 219 | 헌법해석과 총회장의 행정처분에 대한 노회 반려 불가 220 | 헌법위원회와 총회 재판국의 우열관계 220 | 총회 재판국과 헌법위원회 해석이 다를 경우 221 | 총회 재판국에 계류 중인 사건에 적용할 헌법규정에 관한 해석권 221

제102조 정치, 권징, 예배와 예식의 개정 ············································ 224

    헌법개정의 제안자 224 | 시행규정 제35조의 1 헌법개정안의 노회수의 226

제103조 교리 개정 ············································································ 227

제104조 헌법 개정위원 ····································································· 228

## 제3편 권징

제1장 총칙 ························································································· 232

제1조 권징의 뜻 ··············································································· 232

제2조 권징의 목적 ············································································ 232

제3조 권징의 사유가 되는 죄과 ·························································· 232

    당회장이나 당회원의 의사를 확인하고 한 사무원의 행위 234 | 장로 대표기도의 잘못 235 | 총회의 결의, 총회장의 행정처분 및 행정지시를 위반·불이행한 자 235 | 분쟁상태에서 담임목사 측과 장로 측이 별도로 예배를 드리는 경우 237 | 이단적 행위의 개념 237 | 직무유기 성립 여부 238 | 직권남용 성립 여부 238 | 분규상태 중 재정부장의 동의 없는 회계처리 239 | 파렴치한 행위의 의미 239 | 법원에 민, 형사 소송제기 239 | 시행규정 제37조 산하기관, 유관기관, 연합기관 241 | 공동의회 회의록 거짓 보고 243 | 시행규정 제72조 위탁재판의 청원·책벌(권징) 적용과 범위 243

제4조 재판의 원칙 ············································································ 244

    노회 기소위원회, 재판국 폐지 불가 245 | 타 교단 죄과 피해자도 고소 가능 245

제5조 책벌의 종류와 내용 ································································· 245

    유기 책벌과 출교 병과 247 | 목사와 장로에 대한 시무정지 책벌의 효력 범위 247 | 시행규정

제72조 위탁재판의 청원·책벌(권징) 적용과 범위 249 | 누범가중 제도 250 | 시행규정 제16조의 11 유기책벌과 직무와의 관계 251 | 시행규정 제16조의 12 정직과 직무와의 관계 252 | 시행규정 제16조의 13 면직 및 출교와 직무와의 관계 252 | 면직, 출교판결 받은 전 노회장 252 | 시행규정 제88조 총회결의와 총회장의 행정처분의 효력 253 | 시행규정 제90조 총회결의와 총회장의 행정처분 및 조치의 적용 범위 254

제6조 책벌의 원칙 ·········································· 254
재판 진행 중 기소 없이 즉시 책벌 255 | 당회의 제명처분 결의 불가 255 | 시행규정 제87조 재판계류와 교단탈퇴 255 | 교단, 노회 탈퇴 행위 불인정 256 | 탈퇴자에 대한 제명(본 시행규정 제2항의 입법취지) 256 | 교단 탈퇴에 관한 정관은 불가 256

## 제2장 재판국 ·········································· 257

### 제1절 통칙 ·········································· 258

제7조 재판국의 설치 및 재판관할 ·········································· 258
타 노회 목사에 대한 재판권 258 | 노회원이 아니면서 산하기관 임원인 시무장로의 행위에 대한 관할 258 | 총회 기소위원회 폐지 후의 관할 259

제8조 재판국원의 제척, 기피, 회피 ·········································· 259
고소인도 기피신청에 관여 261 | 제척사유 있는 재판국원 참여 판결의 적법 여부 261 | 시행규정 제38조 제척·기피·회피 261 | 제적 3분의 1 초과 불가의 의미 262 | 시행규정 제61조 기소위원의 임기와 보선 및 제척, 기피, 회피 262 | 당회 기소위원에 대한 기피신청 결정의 주체 263

제9조 상급심 재판의 기속력 ·········································· 263
재판 계속 중 노회를 탈퇴한 자에 대한 총회 재판국의 판결 효력 264

### 제2절 총회 재판국 ·········································· 264

제10조 구성 및 자격 ·········································· 264

제11조의 1 국원의 임기 및 보선 ·········································· 266

제11조의 2 재판부의 설치 및 구성 ·········································· 266

제12조 임원의 선임 및 직무 ·········································· 267
시행규정 제39조 해명권·질문요청권 269 | 시행규정 제40조 소송지휘권 269

제13조 의결방법 ·········································· 270
시행규정 제41조 재판국원의 합의방법 270 | 재판국 재적 인원 기산 270

제14조 심판사항 ·········································· 271
중복제소에 해당하는 사건의 처리 272

제15조 전문위원 ·········································· 272

　　　　재판국의 전문위원은 원, 피고의 변호인 불가 273 | 시행규정 제42조 전문위원 273
　제3절 노회 재판국 · · · · · · · · · · · · · · · · · · · · · · · · · · · · · · · · · · · · · · · · · · · · · · · · · · · · · · · · · · · · · · · · 274
　　제16조 구성 · · · · · · · · · · · · · · · · · · · · · · · · · · · · · · · · · · · · · · · · · · · · · · · · · · · · · · · · · · · · · · · · · · · · · 274
　　　노회 임원의 재판국원 겸임 불가 274
　　제17조 국원의 임기 및 보선 · · · · · · · · · · · · · · · · · · · · · · · · · · · · · · · · · · · · · · · · · · · · · · · · · · · · · 274
　　　책벌 없는 재판국원 전원 교체(부적법) 274
　　제18조 임원의 선임 및 직무 · · · · · · · · · · · · · · · · · · · · · · · · · · · · · · · · · · · · · · · · · · · · · · · · · · · · 275
　　제19조 의결방법 · · · · · · · · · · · · · · · · · · · · · · · · · · · · · · · · · · · · · · · · · · · · · · · · · · · · · · · · · · · · · · · · 275
　　제20조 심판사항 · · · · · · · · · · · · · · · · · · · · · · · · · · · · · · · · · · · · · · · · · · · · · · · · · · · · · · · · · · · · · · · · 275
　　　장로노회원의 가처분신청행위의 관할 275
　　제21조 전문위원 · · · · · · · · · · · · · · · · · · · · · · · · · · · · · · · · · · · · · · · · · · · · · · · · · · · · · · · · · · · · · · · · 275
　　　시행규정 제42조 전문위원 276
　　제22조 겸임금지 · · · · · · · · · · · · · · · · · · · · · · · · · · · · · · · · · · · · · · · · · · · · · · · · · · · · · · · · · · · · · · · · 276
　　　규칙부원의 재판국원, 기소위원 겸임 불가 277
　제4절 당회 재판국 · · · · · · · · · · · · · · · · · · · · · · · · · · · · · · · · · · · · · · · · · · · · · · · · · · · · · · · · · · · · · · · · 277
　　제23조 구성 · · · · · · · · · · · · · · · · · · · · · · · · · · · · · · · · · · · · · · · · · · · · · · · · · · · · · · · · · · · · · · · · · · · · · 277
　　　당회 기소위원회 및 재판국 구성과 재판비용 278 | 임시당회장 및 대리당회장의 재판국장 가능 여부 279
　　제24조 임원의 선임 및 직무 · · · · · · · · · · · · · · · · · · · · · · · · · · · · · · · · · · · · · · · · · · · · · · · · · · · · 279
　　제25조 의결방법 · · · · · · · · · · · · · · · · · · · · · · · · · · · · · · · · · · · · · · · · · · · · · · · · · · · · · · · · · · · · · · · · 279
　　제26조 심판사항 · · · · · · · · · · · · · · · · · · · · · · · · · · · · · · · · · · · · · · · · · · · · · · · · · · · · · · · · · · · · · · · · 279
　　　간이기소 및 간이재판 중 위탁재판 청구 불가 280

제3장 일반소송절차 · · · · · · · · · · · · · · · · · · · · · · · · · · · · · · · · · · · · · · · · · · · · · · · · · · · · · · · · · · · · · · · · · · · 281
　제27조 당사자 능력 · · · · · · · · · · · · · · · · · · · · · · · · · · · · · · · · · · · · · · · · · · · · · · · · · · · · · · · · · · · · · · · 282
　제28조 재판비용의 예납 · · · · · · · · · · · · · · · · · · · · · · · · · · · · · · · · · · · · · · · · · · · · · · · · · · · · · · · · · · 282
　　시행규정 제43조 재판비용 283 | 기소위원회의 불기소 처분 시 재판비용 반환 여부 285 | 총회 재판국에 재상고한 경우의 재판비용 286
　제29조 변론 · · · · · · · · · · · · · · · · · · · · · · · · · · · · · · · · · · · · · · · · · · · · · · · · · · · · · · · · · · · · · · · · · · · · · · · 286
　　공개 여부는 재판국에서 결정할 사항 287
　제30조 변호인의 자격 등 · · · · · · · · · · · · · · · · · · · · · · · · · · · · · · · · · · · · · · · · · · · · · · · · · · · · · · · · 287
　　변호사 자격 있는 장로 288 | 변호사 자격이 있는 경우에도 본 교단의 직원이어야만 하는지 여

부 288 | 동일 사건 피고소인의 변호인 자격 289 | 시행규정 제44조 변호인 선임서 289

제31조 당사자 일방의 불출석 · · · · · · · · · · · · · · · · · · · · · · · · · · · · · · · · · · · · · · · · · · · · · · · · · · · · · · · · · · · · · · · · · 290

어느 일방이 출석하였으나 변론을 하지 아니한 때(출석 무변론) 290 | 시행규정 제45조 답변서·준비서면 291

제32조 판결 선고기간 · · · · · · · · · · · · · · · · · · · · · · · · · · · · · · · · · · · · · · · · · · · · · · · · · · · · · · · · · · · · · · · · · · · · · · · · · · · 291

기간의 효력 292

제33조 재판서의 기재사항 · · · · · · · · · · · · · · · · · · · · · · · · · · · · · · · · · · · · · · · · · · · · · · · · · · · · · · · · · · · · · · · · · · · · · 292

제34조 판결의 확정 · · · · · · · · · · · · · · · · · · · · · · · · · · · · · · · · · · · · · · · · · · · · · · · · · · · · · · · · · · · · · · · · · · · · · · · · · · · · · · · 293

국가 재판과 교단 재판과의 관계 294 | 국가법원의 교단 재판국의 판결에 대한 효력정지가처분의 효력 294 | 교회의 주체 295

제35조 재판의 선고, 고지의 방식 · · · · · · · · · · · · · · · · · · · · · · · · · · · · · · · · · · · · · · · · · · · · · · · · · · · · · · · · · 295

시행규정 제46조 재판서 296

제36조 재판 송달의 기일 · · · · · · · · · · · · · · · · · · · · · · · · · · · · · · · · · · · · · · · · · · · · · · · · · · · · · · · · · · · · · · · · · · · · · · 297

제37조 판결의 정정 · · · · · · · · · · · · · · · · · · · · · · · · · · · · · · · · · · · · · · · · · · · · · · · · · · · · · · · · · · · · · · · · · · · · · · · · · · · · · · · 297

판결문 통보 또는 상소한 이후에도 정정 가능 297 | 시행규정 제47조 판결정정 298

제38조 재판서의 등본·초본의 청구 · · · · · · · · · · · · · · · · · · · · · · · · · · · · · · · · · · · · · · · · · · · · · · · · · · · 298

재판조서 이외의 기록의 송달 및 열람과 복사 298

제39조 재판조서의 작성 · · · · · · · · · · · · · · · · · · · · · · · · · · · · · · · · · · · · · · · · · · · · · · · · · · · · · · · · · · · · · · · · · · · · · · · 299

재판조서의 작성의무자 299 | 시행규정 제48조 재판조서 300 | 배타적 증명력 300

제40조 재판정에서의 속기·녹취 · · · · · · · · · · · · · · · · · · · · · · · · · · · · · · · · · · · · · · · · · · · · · · · · · · · · · · · 301

시행규정 제49조 속기록과 녹취기록 301

제41조 송달의 원칙 · · · · · · · · · · · · · · · · · · · · · · · · · · · · · · · · · · · · · · · · · · · · · · · · · · · · · · · · · · · · · · · · · · · · · · · · · · · · · · · 301

주소지 변경을 노회에 알리지 않은 경우 302

제42조 기간의 계산 · · · · · · · · · · · · · · · · · · · · · · · · · · · · · · · · · · · · · · · · · · · · · · · · · · · · · · · · · · · · · · · · · · · · · · · · · · · · · · 302

제43조 피고인의 소환 · · · · · · · · · · · · · · · · · · · · · · · · · · · · · · · · · · · · · · · · · · · · · · · · · · · · · · · · · · · · · · · · · · · · · · · · · · 302

시행규정 제50조 피고인 소환 302

제44조 증인의 의무 · · · · · · · · · · · · · · · · · · · · · · · · · · · · · · · · · · · · · · · · · · · · · · · · · · · · · · · · · · · · · · · · · · · · · · · · · · · · · · 303

시행규정 제51조 증인적격의 제한 304 | 시행규정 제53조 증인소환 304

제45조 증인의 선서 · · · · · · · · · · · · · · · · · · · · · · · · · · · · · · · · · · · · · · · · · · · · · · · · · · · · · · · · · · · · · · · · · · · · · · · · · · · · · · 304

시행규정 제54조 선서의 절차 306 | 시행규정 제52조 증언거부 306 | 형사책임 염려 있는 내용, 공무상 비밀에 대한 증언거부권 인정 여부 306

제46조 증인신문의 방식 · · · · · · · · · · · · · · · · · · · · · · · · · · · · · · · · · · · · · · · · · · · · · · · · · · · · · · · · · · · · · · · · · · · · · 307

시행규정 제55조 증인신문 참여 통지 307 | 시행규정 제56조 증인의 재판정 외 신문 308 | 시행규정 제57조 증인신문사항의 서면제출 명령 308 | 시행규정 제58조 증인의 인정신문 308 | 시행규정 제59조 증인의 퇴정 308

제47조 화해의 종용 및 조정 ·················································· 309
시행규정 제60조 고발인의 자격, 방식, 취하, 송달과 화해 309

# 제4장 제1심 소송절차 ························································ 311
## 제1절 고소 및 고발 ························································ 311
### 제48조 고소권자 ························································ 312
고소, 고발과 관련하여 대리 가능 여부 312 | 자기 또는 배우자의 직계존속에 대한 고소, 고발 허용 여부 312 | 시행규정 제60조 고발인의 자격, 방식, 취하, 송달과 화해 313

### 제49조 고소기간 ························································ 314
### 제50조 고소의 취하 ···················································· 315
시행규정 제60조 고발인의 자격, 방식, 취하, 송달과 화해 315 | 기탁금 반환의 효력 316

### 제51조 고발 ······························································ 316
시행규정 제60조 고발인의 자격, 방식, 취하, 송달과 화해 317

### 제52조 고발기간과 취하 ················································ 317
### 제53조 고소 및 고발의 형식 ·········································· 317
종전 고소사실과 동일성이 없는 추가 고소 318

### 제54조의 1 고소 및 고발과 조치 ···································· 318
시행규정 제60조 고발인의 자격, 방식, 취하, 송달과 화해 319

### 제54조의 2 기소의뢰 ·················································· 319
기소의뢰 기간 320 | 시행규정 제74조 행정소송의 대상범위 320

### 제54조의 3 고소(고발) 및 기소의뢰의 제한 ······················· 321
기소위원의 직권남용은 책벌 대상 321

### 제55조 당회 기소위원회의 구성 ······································ 321
### 제56조 노회 기소위원회의 구성 ······································ 322
시행규정 제61조 기소위원의 임기와 보선 및 제척, 기피, 회피 323

### 제57조의 1 고소(고발)인의 조사 및 피의자 신문 ················ 323
피의자의 출석의무 323 | 피의자의 진술거부권 인정 여부 및 고지의무 유무 324 | 시행규정 제62조 피의자 신문 325

### 제57조의 2 의결방법 ·················································· 326

### 제2절 기소 · · · · · · · · · · · · · · · · · · · · · · · · · · · · · · · · · · · · · · · · · · · · · · · · · · · · · · · · · · · 326

#### 제58조의 1 기소의 제기 · · · · · · · · · · · · · · · · · · · · · · · · · · · · · · · · · · · · · · · · · · · · · · · · 326

친고죄 주의 327 | 불고불리의 원칙 327 | 기소위원회의 기소독점주의에 대한 예외 327 | 시행규정 제63조 이단적 행위와 적극적 동조행위의 기소 제한 328 | 시행규정 제64조 기소제기의 방식 328 | 시행규정 제72조 위탁재판의 청원·책벌(권징) 적용과 범위 329

#### 제58조의 2 기소제기의 시효 · · · · · · · · · · · · · · · · · · · · · · · · · · · · · · · · · · · · · · · · · · · 330

#### 제58조의 3 기소권자 및 피고인 · · · · · · · · · · · · · · · · · · · · · · · · · · · · · · · · · · · · · · · · · 330

피고인의 진술거부권이 인정되는지 여부 331 | 진술거부권을 피고인에게 고지할 의무 유무 331

#### 제59조 기소제기의 방식과 기소장 · · · · · · · · · · · · · · · · · · · · · · · · · · · · · · · · · · · · · · 331

시행규정 제65조 기소사실의 기재 332

#### 제60조 기소의 취소 · · · · · · · · · · · · · · · · · · · · · · · · · · · · · · · · · · · · · · · · · · · · · · · · · · · · 332

시행규정 제66조 기소취소와 재기소 333

#### 제61조 고소 및 고발에 의한 사건의 처리 · · · · · · · · · · · · · · · · · · · · · · · · · · · · · · · · 333

시행규정 제67조 불기소처분 334

#### 제62조 고소인 및 고발인에 결정통지 · · · · · · · · · · · · · · · · · · · · · · · · · · · · · · · · · · · 336

#### 제63조 고소인 및 고발인에 기소부제기 이유통지 · · · · · · · · · · · · · · · · · · · · · · · 336

#### 제64조 항고 및 재항고 · · · · · · · · · · · · · · · · · · · · · · · · · · · · · · · · · · · · · · · · · · · · · · · · · 336

'재도의 고안' 제도 채택 337 | 재판국의 결정에 대한 기소위원회의 시정은 부당 337 | 불기소처분 후 새로운 증거 발견 338

#### 제65조 재판국의 결정 · · · · · · · · · · · · · · · · · · · · · · · · · · · · · · · · · · · · · · · · · · · · · · · · · · 339

부적법한 기소명령 339 | 시행규정 제67조 불기소처분 340 | 기소명령과 관련하여 예상하여 볼 수 있는 경우 340 | 기소명령 불이행 시 경유절차의 불필요 341 | 상급재판국의 기소명령 제도의 합헌성 341

### 제3절 재판 · · · · · · · · · · · · · · · · · · · · · · · · · · · · · · · · · · · · · · · · · · · · · · · · · · · · · · · · · · · · 343

#### 제66조 기소장부본의 송달 · · · · · · · · · · · · · · · · · · · · · · · · · · · · · · · · · · · · · · · · · · · · · · 343

기소장부본 미송달 343

#### 제67조 재판기일의 지정 및 변경 · · · · · · · · · · · · · · · · · · · · · · · · · · · · · · · · · · · · · · · · 344

#### 제68조 불출석 사유자료의 제출 · · · · · · · · · · · · · · · · · · · · · · · · · · · · · · · · · · · · · · · · 344

#### 제69조 피고인 또는 기소위원의 불출석 · · · · · · · · · · · · · · · · · · · · · · · · · · · · · · · · · 344

#### 제70조 당사자의 재판기일 전의 증거제출 · · · · · · · · · · · · · · · · · · · · · · · · · · · · · · · 345

#### 제71조 피고인의 무죄추정 · · · · · · · · · · · · · · · · · · · · · · · · · · · · · · · · · · · · · · · · · · · · · · 345

무죄추정 원칙의 구체적 적용 346

　제72조 인정신문 · · · · · · · · · · · · · · · · · · · · · · · · · · · · · · · · · · · · · · · · · · · · · · · · · · · · · · · · · · · · 346

　제73조 기소위원장의 모두진술 · · · · · · · · · · · · · · · · · · · · · · · · · · · · · · · · · · · · · · · · · · · · 346

　제74조 피고인의 진술권 · · · · · · · · · · · · · · · · · · · · · · · · · · · · · · · · · · · · · · · · · · · · · · · · · · 347

　제75조 피고인 신문의 방식 · · · · · · · · · · · · · · · · · · · · · · · · · · · · · · · · · · · · · · · · · · · · · · · 347

　제76조 피해자의 진술권 · · · · · · · · · · · · · · · · · · · · · · · · · · · · · · · · · · · · · · · · · · · · · · · · · 347

　제77조 기소장의 변경 · · · · · · · · · · · · · · · · · · · · · · · · · · · · · · · · · · · · · · · · · · · · · · · · · · · 348

　　시행규정 제69조 기소장의 변경 349 | 재판국의 기소장 변경요구의무 유무 349

　제78조 불필요한 변론 등의 제한 · · · · · · · · · · · · · · · · · · · · · · · · · · · · · · · · · · · · · · · · · 350

　　시행규정 제70조 변론의 분리·병합·재개 351

　제79조 증거재판주의 · · · · · · · · · · · · · · · · · · · · · · · · · · · · · · · · · · · · · · · · · · · · · · · · · · · 352

　　엄격한 증명과 자유로운 증명 352

　제80조 자유심증주의 · · · · · · · · · · · · · · · · · · · · · · · · · · · · · · · · · · · · · · · · · · · · · · · · · · · 353

　제81조 당연히 증거능력 있는 서류 · · · · · · · · · · · · · · · · · · · · · · · · · · · · · · · · · · · · · · · 353

　제82조 증거조사의 방식 · · · · · · · · · · · · · · · · · · · · · · · · · · · · · · · · · · · · · · · · · · · · · · · · · 354

　　시행규정 제68조 증거조사 354

　제83조 증거조사 후의 기소위원장 및 피고인의 의견진술 · · · · · · · · · · · · · · · · · · · 355

　제84조 책벌의 선고 · · · · · · · · · · · · · · · · · · · · · · · · · · · · · · · · · · · · · · · · · · · · · · · · · · · · · 355

　제85조 책벌판결에 명시될 이유 · · · · · · · · · · · · · · · · · · · · · · · · · · · · · · · · · · · · · · · · · · 355

　제86조 상소에 대한 고지 · · · · · · · · · · · · · · · · · · · · · · · · · · · · · · · · · · · · · · · · · · · · · · · · 356

　제87조 무죄의 판결 · · · · · · · · · · · · · · · · · · · · · · · · · · · · · · · · · · · · · · · · · · · · · · · · · · · · · 356

　제88조 기소기각의 판결 · · · · · · · · · · · · · · · · · · · · · · · · · · · · · · · · · · · · · · · · · · · · · · · · · 357

　제89조 기소기각의 결정 · · · · · · · · · · · · · · · · · · · · · · · · · · · · · · · · · · · · · · · · · · · · · · · · · 358

　　시행규정 제45조 답변서·준비서면 359

제5장 상소 · · · · · · · · · · · · · · · · · · · · · · · · · · · · · · · · · · · · · · · · · · · · · · · · · · · · · · · · · · · · · · · · · 360

　제1절 통칙 · · · · · · · · · · · · · · · · · · · · · · · · · · · · · · · · · · · · · · · · · · · · · · · · · · · · · · · · · · · · · 360

　　제90조 상소권자 · · · · · · · · · · · · · · · · · · · · · · · · · · · · · · · · · · · · · · · · · · · · · · · · · · · · · 360

　　　고소인의 상소(요청)권 361

　　제91조 일부상소 · · · · · · · · · · · · · · · · · · · · · · · · · · · · · · · · · · · · · · · · · · · · · · · · · · · · · 362

　　제92조 상소의 포기, 취하 · · · · · · · · · · · · · · · · · · · · · · · · · · · · · · · · · · · · · · · · · · · · · 362

　　　제1항의 단서의 모순 363 | 시행규정 제71조 상소 364

## 제2절 항소 · · · · · · · · · · · · · · · · · · · · · · · · · · · · · · · · · · · · · · · · · · · · · · · · · · · · · · 364

 항소심의 재판구조 365

 제93조 항소할 수 있는 판결 · · · · · · · · · · · · · · · · · · · · · · · · · · · · · · · · · · · · · 365

 제94조 항소의 방식 및 제기기간 · · · · · · · · · · · · · · · · · · · · · · · · · · · · · · · · 365

  상소장을 원심재판국에 제출하지 않고 상급재판국에 직접 제출한 경우 366

 제95조 소송기록과 증거물의 송부 · · · · · · · · · · · · · · · · · · · · · · · · · · · · · · · 366

 제96조 소송기록 접수와 통지 · · · · · · · · · · · · · · · · · · · · · · · · · · · · · · · · · · · · 366

 제97조 항소이유서와 답변서 · · · · · · · · · · · · · · · · · · · · · · · · · · · · · · · · · · · · 367

 제98조 항소기각의 결정 · · · · · · · · · · · · · · · · · · · · · · · · · · · · · · · · · · · · · · · · 367

 제99조 항소이유 · · · · · · · · · · · · · · · · · · · · · · · · · · · · · · · · · · · · · · · · · · · · · · · 367

 제100조 항소재판국의 심판 · · · · · · · · · · · · · · · · · · · · · · · · · · · · · · · · · · · · · 369

  항소심의 심리 370 | 상소심에서의 기소업무 수행 370

 제101조 원심재판국에의 환송 · · · · · · · · · · · · · · · · · · · · · · · · · · · · · · · · · · · 371

 제102조 관할 재판국에의 이송 · · · · · · · · · · · · · · · · · · · · · · · · · · · · · · · · · · 371

 제103조 불이익변경의 금지 · · · · · · · · · · · · · · · · · · · · · · · · · · · · · · · · · · · · · 372

 제104조 판결서의 기재방식 · · · · · · · · · · · · · · · · · · · · · · · · · · · · · · · · · · · · · 372

 제105조 준용규정 · · · · · · · · · · · · · · · · · · · · · · · · · · · · · · · · · · · · · · · · · · · · · 373

## 제3절 상고 · · · · · · · · · · · · · · · · · · · · · · · · · · · · · · · · · · · · · · · · · · · · · · · · · · · · · 373

 제106조 상고할 수 있는 판결 · · · · · · · · · · · · · · · · · · · · · · · · · · · · · · · · · · · · 373

 제107조 상고의 방식 및 제기기간 · · · · · · · · · · · · · · · · · · · · · · · · · · · · · · · 373

  노회 관계자의 잘못과 부적법한 상고 373

 제108조 소송기록과 증거물의 송부 · · · · · · · · · · · · · · · · · · · · · · · · · · · · · · 373

 제109조 소송기록 접수와 통지 · · · · · · · · · · · · · · · · · · · · · · · · · · · · · · · · · · 373

 제110조 상고이유서와 답변서 · · · · · · · · · · · · · · · · · · · · · · · · · · · · · · · · · · 374

 제111조 상고기각의 결정 · · · · · · · · · · · · · · · · · · · · · · · · · · · · · · · · · · · · · · 374

 제112조 상고이유 · · · · · · · · · · · · · · · · · · · · · · · · · · · · · · · · · · · · · · · · · · · · · 374

 제113조 상고재판국의 심판 · · · · · · · · · · · · · · · · · · · · · · · · · · · · · · · · · · · · 374

  총회 재판국이 상고장 접수 시 취하여야 할 조치 374

 제114조 기소기각과 환송의 판결 · · · · · · · · · · · · · · · · · · · · · · · · · · · · · · · · 375

 제115조 관할인정과 이송의 판결 · · · · · · · · · · · · · · · · · · · · · · · · · · · · · · · · 375

 제116조 관할위반과 환송의 판결 · · · · · · · · · · · · · · · · · · · · · · · · · · · · · · · 376

 제117조 파기자판 · · · · · · · · · · · · · · · · · · · · · · · · · · · · · · · · · · · · · · · · · · · · · 376

제118조 파기환송 ···································································································· 376
제119조 집행과 종국판결 ························································································ 376
　　시벌(판결의 집행)의 주체 377 | 시행규정 제86조 집행과 종국판결 및 시벌 378

# 제6장 특별소송절차 등 ·························································································· 379
## 제1절 위탁재판 ········································································································ 379
제120조 위탁재판의 청원 ······················································································ 379
　　노회장의 위탁재판 거절 불가 380 | 기소 전단계에서 위탁재판청원 가능 380 | 당회장이 피고소인인 경우 위탁재판청원 필수 380 | 노회에서 총회에 위탁재판청구 가부(재판국 미설치 시 포함) 381 | 시행규정 제72조 위탁재판의 청원·책벌(권징) 적용과 범위 381
제121조 위탁재판청원의 처리 ··············································································· 382
제122조 준용규정 ··································································································· 383
　　위탁재판청원된 사건의 불기소 처분에 대한 항고 가부 383
## 제2절 재심 ················································································································ 383
제123조 재심사유 ··································································································· 385
　　신헌법의 적용을 위한 재심요청 387 | 헌법위원회 해석을 인용하지 않는 경우 387 | 재재심청구 제한적 허용 387 | 재재재심청구 불허 388 | 시행규정 제36조 헌법위원회의 구성, 권한, 질의해석, 헌법개정 388 | 시행규정 제73조 재심청구 389
제124조 재심의 관할 ····························································································· 389
　　시행규정 제73조 재심청구 390
제125조 재심의 청구절차 ······················································································ 391
　　시행규정 제73조 재심청구 392
제126조 재심청구의 기간 ······················································································ 392
제127조 재심청구권자 ··························································································· 392
　　당회장이 건강상 이유로 행정쟁송의 재심청구를 할 수 없는 경우 393
제128조 재심에 대한 심판 ···················································································· 393
　　재심재판국은 파기환송 불가 394 | 시행규정 제73조 재심청구 394
제129조 재심의 심판기간과 공고 ········································································· 394
제130조 준용규정 ··································································································· 395
　　시행규정 제73조 재심청구 395

# 제7장 시벌 및 해벌 ······························································································· 396

제131조 시벌 치리회 · · · · · · · · · · · · · · · · · · · · · · · · · · · · · · · · · · · · · · · · · · · · · · · · · · · · · · · · · · · 396
　　　무임목사의 자동해직과 시벌 종료 396
　　제132조 시벌방법 · · · · · · · · · · · · · · · · · · · · · · · · · · · · · · · · · · · · · · · · · · · · · · · · · · · · · · · · · · · · · · 396
　　제133조 가중시벌 · · · · · · · · · · · · · · · · · · · · · · · · · · · · · · · · · · · · · · · · · · · · · · · · · · · · · · · · · · · · · · 397
　　　본 조의 성격 397 | 시행규정 제86조 집행과 종국판결 및 시벌 399
　　제134조 해벌과 청빙 · · · · · · · · · · · · · · · · · · · · · · · · · · · · · · · · · · · · · · · · · · · · · · · · · · · · · · · · · 399
　　제135조 출교의 해벌 · · · · · · · · · · · · · · · · · · · · · · · · · · · · · · · · · · · · · · · · · · · · · · · · · · · · · · · · · 400
　　제136조 면직의 해벌 · · · · · · · · · · · · · · · · · · · · · · · · · · · · · · · · · · · · · · · · · · · · · · · · · · · · · · · · · 400
　　제137조 해벌 치리회 · · · · · · · · · · · · · · · · · · · · · · · · · · · · · · · · · · · · · · · · · · · · · · · · · · · · · · · · · 400

제8장 행정쟁송 · · · · · · · · · · · · · · · · · · · · · · · · · · · · · · · · · · · · · · · · · · · · · · · · · · · · · · · · · · · · · · · · · · · · · 402
　제1절 통칙 · · · · · · · · · · · · · · · · · · · · · · · · · · · · · · · · · · · · · · · · · · · · · · · · · · · · · · · · · · · · · · · · · · · · · · 402
　　제138조 행정쟁송의 종류 · · · · · · · · · · · · · · · · · · · · · · · · · · · · · · · · · · · · · · · · · · · · · · · · · · · · 402
　　제139조 재판국원의 제척, 기피, 회피 · · · · · · · · · · · · · · · · · · · · · · · · · · · · · · · · · · · · · · · 403
　　제140조의 1 행정소송과 재심 · · · · · · · · · · · · · · · · · · · · · · · · · · · · · · · · · · · · · · · · · · · · · · 404
　　제140조의 2 준용규정 · · · · · · · · · · · · · · · · · · · · · · · · · · · · · · · · · · · · · · · · · · · · · · · · · · · · · · 404
　제2절 행정소송 · · · · · · · · · · · · · · · · · · · · · · · · · · · · · · · · · · · · · · · · · · · · · · · · · · · · · · · · · · · · · · · · · 405
　　제141조 행정소송의 대상 · · · · · · · · · · · · · · · · · · · · · · · · · · · · · · · · · · · · · · · · · · · · · · · · · · · 405
　　　시행규정 제74조 행정소송의 대상범위 406
　　제142조 행정소송의 종류 · · · · · · · · · · · · · · · · · · · · · · · · · · · · · · · · · · · · · · · · · · · · · · · · · · · 407
　　　취소할 수 있는 행정행위와 무효인 행정행위의 구분방법 408 | 시행규정 제80조 행정쟁송과 소제기, 재심 409 | 재판비용 미납상태에서 선고한 판결의 효력 409
　　제143조 재판관할 · · · · · · · · · · · · · · · · · · · · · · · · · · · · · · · · · · · · · · · · · · · · · · · · · · · · · · · · · · · · 410
　　　시행규정 제76조 총회 특별심판위원회의 구성 411
　　제144조 원고적격 · · · · · · · · · · · · · · · · · · · · · · · · · · · · · · · · · · · · · · · · · · · · · · · · · · · · · · · · · · · · 412
　　　시무장로가 목사 대신 행정소송 제기 불가 413
　　제145조 피고적격 및 경정 · · · · · · · · · · · · · · · · · · · · · · · · · · · · · · · · · · · · · · · · · · · · · · · · · · 413
　　　치리회장 유고 시의 피고의 적격 414 | 시행규정 제77조 행정소송의 피고의 경정 414
　　제146조 제3자의 소송 참가 · · · · · · · · · · · · · · · · · · · · · · · · · · · · · · · · · · · · · · · · · · · · · · · · 414
　　　시행규정 제78조 행정소송의 제3자의 소송참가 415
　　제147조 소의 제기 및 제기기간 · · · · · · · · · · · · · · · · · · · · · · · · · · · · · · · · · · · · · · · · · · · · 416
　　　소 제기기간의 성격 416 | 공동의회 결의 없는 정관의 효력 416 | 시행규정 제75조 행정소송의

방식과 판결 417 | 시행규정 제79조 취소소송의 제기기간 417

　제148조 소장의 기재사항 ································································ 418

　　　시행규정 제81조 행정소송의 선정대표자 418

　제149조 청구의 변경 ······································································ 419

　　　청구의 기초 419 | 시행규정 제82조 행정소송의 청구변경 420

　제150조 소의 취하 ········································································· 420

　　　시행규정 제84조 행정소송의 소 취하 421

　제151조 직권심리 ··········································································· 421

　　　행정쟁송의 심리 421

　제152조 취소판결 등의 기속력 ····················································· 422

　　　시행규정 제83조 행정소송과 집행부정지 및 집행정지 423 | 집행부정지의 원칙 424 | 시행규정 제85조 준용규정 424

제3절 결의 취소 등의 소송 ······························································ 425

　제153조 결의 취소의 소 ································································ 425

　　　공동의회 결의 취소의 소 제기는 불인정 426

　제154조 결의 무효확인의 소 ························································· 426

제4절 치리회 간의 소송 ···································································· 426

　제155조 치리회 간의 소송 ····························································· 426

　제156조 소송위원 선정 ·································································· 427

　　　시행규정 제85조 준용규정 427

제5절 선거무효소송과 당선무효소송 ················································ 428

　제157조 선거무효소송 ···································································· 428

　제158조 당선무효소송 ···································································· 429

　제159조 선거무효 및 당선무효의 판결 등 ·································· 429

　　　재검표에 대한 결의 429

　제160조 소송의 처리 ····································································· 430

　제161조 증거조사 ··········································································· 430

　　　증거보전의 신청자 431 | 증거보전의 대상 431

참고문헌 ······························································································ 433
헌법해석사례 색인 ·············································································· 434

# 헌법 제2편 정치

국가 헌법이 국가의 통치조직과 통치작용의 기본원리 및 국민의 기본권을 보장하는 근본 규범이듯이, 우리 교단 헌법은 대한예수교장로회(통합) 교단의 사단법인으로서의 근본적인 조직과 구성원인 교인과 직원의 기본적 권리를 보장하며 치리하는 체계에 관한 최고법이자 신앙단체로서의 교회가 준수하고 추구하는 근본 교리와 예배와 예식에 관한 기본법이라고 할 수 있다.

그리하여 제1편 교리, 제2편 정치, 제3편 권징, 제4편 예배와 예식으로 나누어 규정하며, 특별히 제2편 정치 및 제3편 권징에서 위임된 사항과 그 집행에 필요한 사항을 규정하고 보완함으로써 타당한 법 해석과 시행을 목적으로 제정한 헌법시행규정(이하 '시행규정'이라고만 함)을 두고 있다.

헌법과 시행규정의 관계는 주위적, 부차적 관계라고 할 수 있는데, 실제로 헌법에 규정되어 있으나 시행규정에 규정되면 족한 성격의 규정이 있는가 하면, 반대로 시행규정에 규정되어 있으나 오히려 헌법에 규정되어야만 하는 성격의 규정도 다수 존재하고 있다.

# 제1장 원리

대한예수교장로회 정치 원리는 다음과 같다.

**교단 헌법은 교단 최고의 규범** 교단 헌법은 교단의 교리(제1편), 정치(제2편), 권징(제3편), 예배와 예식(제4편)의 내용을 규정하는 규범으로서 교단의 치리회인 총회, 노회, 지교회의 당회는 물론 교단 산하 모든 지교회와 기관 및 교인들이 신앙생활과 교회정치에 있어서 반드시 지켜야 하는 신앙과 교회정치에 관한 교단 최고의 규범이며, 이를 위반하는 것은 범죄에 해당될 수도 있고, 헌법의 권징 조항에 따라 재판에 회부될 수 있고, 따라서 지교회의 치리회인 당회와 지교회의 직원 및 모든 교인은 헌법을 준수해야 하며, 지교회의 치리회의 조직, 산하기관의 조직, 목사, 장로, 집사, 권사, 서리집사 등 교회직원의 임명은 헌법이 정하는 바에 따라 조직되고 임명되어야 한다.[1]

■ **시행규정 제3조 적용범위**
1. 이 규정은 대한예수교장로회 총회와 총회에 속한 노회, 당회 및 산하기관, 유관기관, 단체 등에 적용한다.
2. 적용순서는 총회헌법, 헌법시행규정, 총회규칙, 총회결의, 노회규칙(정관, 헌장, 규정 등 명칭을 불문한다.)과 산하기관의 정관, 당회규칙(정관, 규정 등 명칭을 불문한다.) 등의 순이며 상위법규에 위배되면 무효이므로 개정하여

---

1) 제97회기-9번.

야 하며 동급 법규 중에서는 신법 우선의 원칙을 적용한다. (개정 2012.9.20)
3. 헌법, 규정, 규칙 등에 근거하여 각 교회는 자체 정관을 제정할 수 있다.
4. 헌법과 이 규정(이하 법이라 한다.)의 적용대상은 대한민국 국민으로서 본 교단에 소속된 자와 이 법에서 본 교단 소속으로 인정하는 자이다. 단, 외국 시민권자라 할지라도 본 교단 소속 교회(기관)의 직원이나 혹은 종교적 이유로 귀국치 못하는 자가 본 교단 소속 신학대학(원)에 재학 중이거나 교회에 직원으로 봉사할 때도 적용된다. (신설 개정 2012.9.20)
5. 다만, 총회 각 행정 직원, 총회 산하 기관 및 단체에 재직 중인 자로 타 교단에 소속된 자가 각종 재정 비리와 부정, 개인 정보와 각종 문서 불법 유출, 폭행 및 기물 파손 등의 죄과가 상당한 자를 책벌할 경우는 본 조항의 1, 4항을 적용받지 않는다. (신설 개정 2014.9.25)

우리 교단은 교회, 노회 및 총회의 3단계의 피라미드 구조를 취하고 있는 관계로 최상위에 헌법, 시행규정, 다음으로 총회에서 제정한 총회규칙 등 각종 규칙, 그다음으로 노회 정관 등 노회에서 제정한 각종 규칙, 그다음으로 교회의 정관 등 지교회에서 제정한 각종 규칙 등의 순서로 효력이 있으며, 상위법규에 위배되는 하위법규는 무효이므로 개정하여야 하며 동급 법규 중에서는 신법 우선의 원칙을 적용한다.

헌법과 시행규정의 인적 적용범위는 원칙적으로 대한민국 국민으로서 본 교단에 소속된 자와 이 법에서 본 교단 소속으로 인정하는 자이며, 예외적으로 외국 시민권자라 할지라도 본 교단 소속 교회(기관)의 직원이나 혹은 종교적 이유로 귀국치 못하는 자로서 본 교단 소속 신학대학(원)에 재학 중인 학생과 교회에서 봉사하는 직원에게도 적용된다.

**상위법규에 위배되는 정관 개정** 본 시행규정 제2항과 관련 상위법규에 위배되는 하위법규는 무효이므로 지교회의 정관과 본 교단의 헌법이 상충될 경우 지교회의 정관이 우선한다는 취지의 지교회 정관은 개정하여야 한다.[2]

---

2) 제102회기-15번, 제101회기-8번.

**노회 재판국 구성의 헌법 위반**  노회 규칙에 기소위원 2인(목사 1인, 장로 1인), 재판국원 5인(목사 3인, 장로 2인)으로 되어 있는 것은 총회 헌법에 기소위원 4인, 재판국원 9인으로 되어 있는 규정에 위반되므로 총회 헌법대로 시행해야 한다. [3]

**부목사 자동연장조항은 무효**  개교회의 규정에 있는 부목사 자동연장조항은 상위법인 정치 제27조 3항에 위배되므로 시행규정 제3조에 근거 무효이며, 반드시 계속청원 절차에 의하여야 하므로 부목사는 계속청원 절차에 의하지 않고는 임기 1년이 자동으로 연장되지 않는다. [4]

**상회비 미납으로 인한 회원권 정지는 위법**  권징 제4조 1, 2항과 총회 규칙 제3조 1항 "모든 회원은 선거권, 피선거권, 발언권, 결의권을 가진다"에 의거 상회비 미납이란 이유로 회원권 정지는 위법이며, 노회규칙에 상회비 미납으로 회원권 정지를 하였다면 당연히 무효이고 개정하여야 한다. [5]

**총회 기관 임원, 대표 파송**  총회 기관 임원, 대표 파송 조례 제7조(파송, 인준, 취임승인 절차) 3항 "……한 노회에서 1개 신학대학교에 2명 이상 선임할 수 없다"에 의거 한 당회에서 같은 학교의 이사로 2인이 있는 것은 합당하지 않으며, 총회 규칙과 총회 헌법정신에 위배되는 것이므로 시행규정 제3조 1, 2항에 의거하여(상위법규에 위배되므로 무효) 즉시 시정하여야 한다. [6]

**헌법과 시행규정의 적용대상**  헌법과 시행규정의 적용대상은 대한민국 국민으로서 본 교단에 소속된 자와 이 법에서 본 교단 소속으로 인정하는 자로서 본 교단을 탈퇴한 자는 헌법과 이 규정이 적용되지 않으므로 재심도 청구할 수 없다. [7]

**구 헌법에 의해 판결받은 자에게 신법 적용**  총회 헌법개정 이전 구 헌법에 의해 판결을 받은 자가 재심청구와 상고를 할 경우 그 재심사유와 상고사유는 본 시행규정 제2항에 따라 신법을 적용하며, 구 헌법에 의해 면직받았거나 해벌을 받은 경우 신 헌법으로 적용한다. [8]

---

3) 제89회기-37번.
4) 제105회기-33번.
5) 제96회기-12번.
6) 제98회기-127번.
7) 제103회기-35번.
8) 제98회기-23번.

### 제1조 양심의 자유

양심을 주재하는 이는 하나님뿐이시다. 그가 각인에게 양심의 자유를 주어 신앙과 예배에 대하여 성경에 위반하거나 지나친 교훈이나 명령을 받지 않게 하였다. 그러므로 누구든지 신앙에 대하여 속박을 받지 않고 그 양심대로 할 권리가 있으니 아무도 남의 양심의 자유를 침해하지 못한다.

양심은 사물의 가치를 변별하고 자기의 행위에 대하여 옳고 그름과 선과 악의 판단을 내리는 도덕적 의식을 말하며, 옳고 바른 것을 추구하는 윤리적, 도덕적 마음가짐으로서 단순한 사유, 의견, 사상, 확신 등과는 다르며, 사람의 양심은 인간 존엄성의 기초요 뿌리라고 평가된다.[9]

국가 헌법 제19조에서도 양심의 자유를 보장하고 있으나 본 조에서는 양심의 자유는 하나님께서 우리 인간에게 내려 주신 것임을 전제하고 있는 점이 다르다.

### 제2조 교회의 자유

개인에게 양심의 자유가 있는 것같이 어떤 교파 또는 어떤 교회든지 교인의 입회 규칙, 세례교인(입교인) 및 직원의 자격, 교회의 정치 조직을 예수 그리스도께서 정하신 대로 설정할 자유권이 있다.

본 조에서의 교회의 자유는 국가 헌법상의 종교의 자유를 규정한 것이 아니라 교회와 노회, 교회와 총회와의 관계에서 교회의 자유를 강조하는 취지이다. 즉 개인에게 양심의 자유가 있는 것같이 교회는 자체의 조직과 운영의 원칙을 결정할 수 있다는 기본적 자유를 선언한 규정이다.

그러나 교회가 본 교단에 소속한 이상 교단 헌법과 규칙 및 노회의 각종 규정을 준수할 의무가 있으므로 그 범위 내에서는 자유가 제한됨은 부득이한 현상으로서 교회가 이를 용인하여야만 한다.

**교단과 지교회와의 관계에 관한 대법원 판례** "법인 아닌 사단으로서의 실체를

---

[9] 허영, 한국헌법론 전정 11판(박영사, 2015), 416-417면

갖춘 개신교 교회는 단독으로 종교활동을 할 수도 있지만, 교리의 내용, 예배의 양식, 신앙공동체로서의 정체성, 선교와 교회행정에 관한 노선과 방향 등에 따라 특정 교단의 지교회로 가입하거나 새로운 교단을 구성하여 다른 지교회의 가입을 유도할 수도 있다. 이때 각 지교회가 소속된 특정 교단은 교리의 내용 등 해당 교단의 고유한 특성과 교단 내에서의 종교적 질서를 유지하는 것을 존립 목적으로 하게 된다. 교단은 존립 목적을 위하여 필요한 경우 교단 헌법을 제정·개정·해석하고, 행정쟁송 등 교단 내의 각종 분쟁을 처리하며, 목사 등 교역자의 자격 요건을 정하며, 소속 지교회를 지휘·감독하는 등의 기능을 수행한다. 종교단체의 자율권 보장의 필요성은 지교회뿐만 아니라 지교회의 상급단체인 교단에도 동일하게 적용되므로, 양 종교단체의 종교적 자율권은 모두 보장되어야 한다. 그런데 경우에 따라서는 지교회와 교단 사이에 종교적 자율권이 상호 충돌할 수 있는데, 이 경우 교단의 존립 목적에 비추어 지교회의 자율권은 일정한 제한을 받을 수밖에 없다. 즉, 교단이 각 지교회의 자율권을 제한 없이 인정하면 해당 교단의 고유한 특성과 교단 내에서의 종교적 질서 유지라는 교단의 존립 목적을 달성하는 것이 곤란하게 된다. 나아가, 지교회가 특정 교단 소속을 유지하는 것은 해당 교단의 지휘·감독을 수용하겠다는 지교회 교인의 집합적 의사의 표현으로 볼 수 있으므로, 소속 교단에 의하여 지교회의 종교적 자율권이 제한되는 경우 지교회로서는 교단 내부의 관련 절차에 따라 문제를 해결하여야 하고, 관련 내부 절차가 없거나 그 절차에 의하여도 문제가 해결되지 않는 경우 지교회로서는 그 제한을 수인할 수밖에 없다. 따라서 지교회의 일반 국민으로서의 권리의무나 법률관계와 관련된 분쟁에 관한 것이 아닌 이상, 교단의 종교적 자율권 보장을 위하여 교단의 내부관계에 관한 사항은 원칙적으로 법원에 의한 사법심사의 대상이 되지 않는다"[10]라고 판시한 이래 "종교단체의 자율권 보장의 필요성은 지교회뿐만 아니라 지교회의 상급단체인 교단에도 동일하게 적용되므로, 양 종교단체의 종교적 자율권은 모두 보장되어야 한다. 그런데 경우에 따라서는 지교회와 교단 사이에 종교적 자율권이 상호 충돌할 수 있는데, 이 경우 교단의 존립 목적에 비추어 지교회의 자율권은 일정한 제한

---

10) 대법원 2014. 12. 11. 선고 2013다78990 판결.

을 받을 수 밖에 없다"[11]라고 같은 취지로 판시하였다.

### 제3조 진리와 행위

진리는 믿음과 행위의 기초다. 진리가 진리 되는 증거는 사람을 성결케 하는 데 있다. 그러므로 진리와 행위는 일치되어야 한다.

### 제4조 교회의 직원

교회의 머리 되신 예수 그리스도께서 그의 지체 되는 교회에 덕을 세우기 위하여 직원을 두어 복음을 전하고 성례를 행하며 교인으로 진리와 본분을 준수하도록 관리하게 하셨다. 그러므로 교회의 직원은 성경 말씀을 믿고 따르는 자로 할 것이다.

교회에 덕을 세우기 위하여 성경 말씀을 믿고 따르는 자 중에서 택하여 항존직 등 직원을 두어 복음을 전하고 성례를 행하며 교인으로 진리와 본분을 준수하도록 관리하게 한다는 일반 원칙을 선언한 조항으로서 구체적으로는 본 정치 제4장 내지 제8장에서 규정하고 있다.

### 제5조 치리권

치리권은 온 교회가 택하여 세운 대표자로 행사한다. 치리권의 행사는 하나님의 명령을 받들어 섬기고 전달하는 것이며, 오직 하나님의 뜻에 따라야 할 것이다.

치리권은 정치권, 행정권 및 권징권으로 구분할 수 있으며, 목사와 장로로 구성되는 당회, 노회원 목사와 장로총대로 구성되는 노회 및 목사총대와 장로총대로 구성되는 총회가 행사한다.[12]

---

11) 대법원 2019. 5. 16. 선고 2018다237442 판결.
12) 이성웅, 헌법정치론(한국장로교출판사, 2013년), 118면.

### 제6조 권징

교회의 질서를 유지하기 위하여 권징을 행사한다. 권징은 신앙과 도덕에 관한 것이요, 국법에 관한 것이 아니다.

권징은 권고하고 징계하는 것을 의미하며(권징 제1조), 일정한 죄과사실에 대하여 책벌을 가하는 방법으로 행사하게 된다. 구체적인 권징내용과 권징절차에 관하여는 제3편 권징에서 자세하게 규정하고 있다.

# 제2장 교회

우리 민법상으로 초개인적 조직으로서 독자적 존재로 인정받는 법적 실체는 일정한 목적을 위하여 결합한 사람의 단체인 '사단'과 일정한 목적을 위하여 결합된 재산의 집단인 '재단', 그리고 2인 이상의 특정인이 서로 출자하여 공동사업을 경영할 목적으로 결합한 단체이지만 구성원의 개성을 초월한 독립한 존재인 사단과는 달리 구성원의 개성이 표면상 강하게 나타나는 '조합'이 있는바, 교회조직은 내부적으로 구성원의 의사를 집결하여 단체의사를 결정할 수 있는 의사결정기관이 있으며, 단체의 업무를 처리하는 업무집행기관이 있고, 대외적으로 단체를 대표할 대표기관이 있을 뿐만 아니라 이러한 조직이 교단 헌법, 개교회의 정관 등으로 서면화되어 있으므로 무엇보다 사단에 가장 적합한 특성을 갖추고 있기 때문에 일찍부터 대법원 판례에서 사단성을 인정받고 있다.[1]

우리나라에는 일본과 달리 종교법인법과 같은 특별법이 제정되어 있지 않으므로 교회가 법인격을 취득하려면 민법상 비영리법인으로서 주무관청인 문화체육관광부의 설립허가를 받아 설립등기를 하여야 하며, 그 절차가 용이하지 않기 때문에 법인등기를 하지 않는 경우가 대부분이어서 비법인 사단, 즉 권리능력 없는 사단으로 존재하는 것이 보통이다.[2]

따라서 교회도 대표자가 있으면 소송에서의 원고, 피고가 될 수 있는 당사자 능력이 있으며(민사소송법 제52조), 부동산 소유권 등의 권리에 대한 등기능력도 인

---

[1] 대법원 1962. 7. 12. 선고 62다133 판결 등 다수.
[2] 백현기, 교회분쟁관계법(법문사, 2017년), 47면.

정받는다(부동산등기법 제26조).

### 제7조 교회의 정의

하나님이 만민 중에서 자기 백성을 택하여 그들로 무한하신 은혜와 지혜를 나타내신다. 이 무리가 하나님의 집(딤전 3 : 15)이요, 그리스도의 몸(엡 1 : 23)이며, 성령의 전(고전 3 : 16)이다. 이 무리는 과거, 현재, 미래에 있는 성도들인데 이를 가리켜 거룩한 공회 곧 교회라 한다.

### 제8조 교회의 구별

교회는 두 가지 구별이 있으니, 보이는 교회와 보이지 않는 교회이다. 보이는 교회는 온 세계에 산재한 교회이고, 보이지 않는 교회는 하나님만 아시는 교회이다.

### 제9조 지교회

1. 예수를 믿는 무리와 그 자녀들이 저희의 원하는 대로 일정한 장소에서 성경의 교훈에 따라 하나님께 예배하고 성결하게 생활하며 그리스도의 나라를 확장하기 위하여 활동한다. 이를 지교회라 한다.
2. 당회가 있는 교회를 조직교회라 하고 당회가 없는 교회를 미조직교회라 한다.

당회는 시무목사와 2인 이상의 시무장로로 구성되어야만 조직교회가 되며, 장로가 없거나 1인인 교회 또는 세례교인 30인 미만인 교회는 미조직교회가 된다(제64조 참조).

**교회당 밖에서 시위적인 예배를 드리는 행위** 기독교의 참된 예배는 하나님의 백성들이 하나님의 창조의 역사와 예수 그리스도를 통하여 구원의 역사를 이룩하신 사실을 깨닫고 감격하여 드리는 행위로서 교회는 반드시 정한 법과 질서를 따라야 함은 예배와 예식 제1장(교회와 예배) 2-1-2-8 "교회는 담임목사나 당회의 허락 없이는 누구도 설교하는 것을 허락하지 아니한다. 담임목사나 당회가 없는 교회는 노회가 설교자를 파송한다. 경건회나 기도회 또는 이에 준하는 기타의 예식에는 성경봉독으로 설교를 대신할 수 있다." 또한 "정치 제68조(당회의 직무) 3항, 5항에 의거 지교회 교인들이 당회의 허락도 없이 교회당 밖에서 의도적으로 시위적인 예배를 드리는 행위는 잘못이며, 더구나 책벌 중에 있는 장로가 이와 같은 예배를 주관하며 설교하는 것은 불법이다."[3]

**목사의 스톨 사용** 대한예수교장로회 예배, 예식서 표준 개정판(551-558쪽)에 의거 목사는 스톨을 사용할 수 있다.[4]

### 제10조 지교회의 설립

공동예배로 모이는 전도처 또는 기도처에 세례교인(입교인) 15인 이상이 있어 지교회를 설립코자 하면 노회에 청원하여 허락을 받아 설립한다.

**노회 가입** 노회 가입은 총회에 가입한 것으로, 총회 탈퇴는 노회 탈퇴이다.[5]

**지교회 설립의 허가** 지교회를 설립하기 위하여는 세례교인이 최소한 15인 이상이 있어야 하며, 노회에 청원하여 허락을 받아야만 하는데 반드시 정기노회 또는 임시노회에서 허락을 받아야 하며, 노회가 폐회 중에는 할 수 없으므로 폐회된 이후 임원회에서는 허락할 수 없다.[6]

**지교회 설립 시 아동세례교인 포함 여부** 제16조의 공동의회 회원권이 있는 18세 이상을 준용하여 아동세례교인은 포함되지 않는다고 봄이 타당하다.[7]

**교회설립 조건** 설립청원 시 담임목사가 있어야 하고 담임목사는 제91회 총회 결의에 따라 개척훈련을 받아야 하며, 다만 담임 교역자가 노회가 인정할 수 있는 정당한 사유로 설립청원 시 개척훈련을 받을 수 없는 경우 향후 받을 것을 전제로 조건부 허락을 할 수 있다.[8]

---

3) 제97회기-24번.
4) 제95회기-69번.
5) 제90회기-5번.
6) 제104회기-11번, 제98회기-91번.
7) 제106회기-33번.
8) 제103회기-86번.

**전도처** 전도목사가 제27조에 근거 노회의 파송을 받아 국내외에서 연합기관과 개척지 또는 군대, 병원, 학원, 교도소, 사회복지시설(양로원, 보육원, 요양원 등), 산업기관, 국내 거주 외국인 등에 전도하는 처소를 말한다.[9]

**공유교회의 설립** 최근 미자립 교회 운영에 있어 임대료 등 어려움을 겪고 있는 바, 이를 해결하고 지속적인 복음 전파를 위해 일부에서 공유교회를 운영하고 있으며 공유교회에 대한 헌법규정은 없으나 교회설립은 본 조에 근거 공동예배로 모이는 전도처 또는 기도처에 세례교인(입교인) 15인 이상이 있고, 시행규정 제4조 및 제6조에 근거 청원서를 작성하여 그 교회에 입회될 교인들이 서명, 날인하고 시찰위원회를 경유하여 노회에 제출하여 설립을 처리하면 되므로 기존 교회건물이라도 해당 교회가 공유교회를 허락하고 노회가 이를 확인한 후 관련법 및 규정에 따라 설립할 수 있다.[10]

**기존교회와의 거리 제한** 제59회, 제68회 총회 결의에 의거 교회설립기준 거리는 '500미터' 이내는 불가하며, 아파트 지역과 같은 밀집지역의 경우 기존 교회와의 거리가 가까울 때에는 기존 교회의 동의서를 첨부하여야 하고,[11] 다만 기도처 설립 시에는 기존교회와의 거리 제한은 적용되지 않는다.[12]

**교단과 노회를 탈퇴한 교인들의 교회설립** 본 조에 의거 교회설립의 조건을 갖추었다고 하더라도 동일한 장소에서 동일한 명칭으로 교회설립 및 가입은 불가하므로 노회 가입을 허락할 수 없다.[13]

**교회의 개척시점** 최초로 개척 예배를 드린 날로 생각할 수 있으나 노회의 허락을 받고 공식적으로 설립 예배를 드리는 날로 보아야 한다.[14]

**개척지 기도처에 시무하는 전도목사의 증명서 발급** 노회 내에 신규로 설립하려는 교회가 세례교인이 15인 미달되어 교회설립을 하지 못하고 기도처로 허락을 받아 노회 국내선교부의 파송 청원에 따라 전도목사로 시무 중에 있는 경우,

---

9) 제103회기-76번.
10) 제106회기-23번.
11) 제98회기-74번, 제84회기-20번.
12) 제93회기-45번.
13) 제98회기-9번.
14) 제96회기-53번.

본 조에 의거 목사의 칭호로 구분할 때는 전도목사이지만, 사역으로 볼 때에는 신분은 담임목사에 해당되기 때문에 노회에서 담임목사 재직증명, 대표자 증명, 소속 증명 등 각종 노회 발행 증명을 교회 이름과 담임목사의 신분으로 발급받을 수 있다.[15]

**탈회한 지교회의 무지역노회 가입 허용 사례** 교회설립에 대해 제10조, 시행규정 제6조에 명시하고 있으나 제87회, 제89회 총회 결의와 제95회 총회에서 '□□노회 경계 밖에 있는 교회는 □□노회 가입은 불가하다. 즉 지역 내 기존교회는 타 지역노회 가입은 불가하다'라고 재결의하였으며, '종전 소속노회와 신규로 가입할 노회가 허락하지 않으면 지역노회에 소속되었던 교회가 무지역노회로 가입하는 것을 인정하지 않은' 해석 사례[16]도 있으나, "질의서에 기재된 'OO교회 현 상황에 따른 부연 설명과 자료 등'을 살펴 판단하건대, 이런 경우 OO교회 성도들이 무지역노회에 가입을 원하여 청원하였고, 무지역노회인 □□노회가 가입청원을 승인하였다면, 무지역노회는 OO교회를 회원명부에 등재해야 할 것이다"라고 해석하였다.[17]

### ■ 시행규정 제4조  교회의 설립과 가입

지교회를 설립하거나 가입하고자 하면 제1호 서식에 의한 청원서를 작성하여 그 교회에 입회될 교인들이 서명날인하고 시찰위원회를 경유하여 노회에 제출하여야 한다.

### ■ 시행규정 제6조  교회의 설립, 분립과 합병, 폐지 청원의 처리

노회는 지교회의 설립, 분립과 합병이 가합하면 이를 허락하고 설립, 분립 및 합병위원을 선정, 그 교회에 파송하며 다음 제1항 내지 제3항의 사항을 처리한 후 노회에 보고하고 지교회 명부에 등재 또는 삭제한다. (개정 2012.9.20)
1. 지교회의 재산의 귀속 문제와 교적부 정리 및 직원을 선임하는 일

---

15) 제101회기-73번.
16) 제98회기-83번.
17) 제100회기-81번.

2. 해당 교회에서 지교회의 설립, 분립, 합병식을 거행하며 교인들로 헌법과 제규정을 준수할 것을 서약케 하는 일
3. 그 예식에서 설립, 분립, 합병됨을 선포하는 일

### 제11조 지교회의 분립, 합병

1. 지교회의 분립 및 합병은 그 지교회의 당회와 공동의회의 결의로 노회의 허락을 받아야 한다.
2. 노회가 허락하면 위원을 파송하여 분립 또는 합병에 필요한 제반 재산 및 행정 처리를 확고히 한다.

**지교회의 분립**  한 지교회가 두 지교회로 분열하는 것을 말하며, 정상적인 상태에서 분립하는 것은 대형교회를 지향하는 현실에서 바람직한 현상이라고 볼 수 있으나 분쟁이 발생하여 그 해결책으로 논의되는 것이 보통이다.

**지교회의 합병**  분립과 반대로 두 개 이상의 지교회가 한 지교회로 통합하는 것을 말하며, 개척교회나 미자립교회가 합병하여 자립교회가 된다는 점에서 권장할 일이지만 그 전제조건으로서 합병 후의 두 시무목사의 관계를 어떻게 원만하게 해소하느냐는 문제가 발생하게 된다.

**지교회 분립 합병의 허락 주체**  ① 제29조 3항과 시행규정 제16조의 6의 논리 해석에 의하면 정기노회 또는 임시노회의 허락을 받아야 하며, 노회 폐회 중 임원회와 정치부에서 허락할 수 없으며,[18] ② 수습전권위원회에서 교회분립을 결정할 수 없다.[19]

**기도처의 합병 가능**  합병은 원칙적으로 지교회 간에 이루어져야 하나 예외적으로 본 조, 시행규정 제6조 1~3항 및 제7조에 의거 기도처의 합병도 교회의 합병에 준하여 가능하며 노회(폐회 중에는 임원회)에서 합병위원을 목사로 선정하여 기도처에 파송하고 파송된 목사는 대리당회장에 준하여 기도처에 속한 교인들로

---

18) 제92회기-58번.
19) 제103회기-80번.

공동의회를 개최하여 제반 사항을 결의한 후 기존교회와 재산 및 행정처리를 하여 합병을 조정하여야 한다.[20]

**교회의 분립 개척**  기존 모 교회에서 갈리어 나와 분립 개척하였다면 총회 국내선교부 총회 교회개척 훈련 교재에 분립개척도 개척교회라고 명시한 바와 같이 개척교회에 해당된다.[21] (총회 국내선교부 총회교회개척 훈련 교재에 개척교회는 분립개척, 자립개척, 기획개척의 3가지 유형으로 구분)

**분립(합병) 시의 시무기간**  법적으로 분립(합병)하였을 때에는 목사, 장로의 이전의 시무기간을 인정해 준다.[22]

■ **시행규정 제5조  교회의 분립과 합병청원**
지교회를 분립 또는 합병하고자 하면 제2호 서식에 의한 청원서를 작성하되 당회와 공동의회의 결의서 사본을 첨부하여 당회장과 분립 및 합병될 교인들이 서명날인하고 시찰위원회를 경유하여 노회에 제출하여야 한다.

### 제12조  지교회의 폐지

1. 지교회의 폐지는 당해 시찰위원회를 경유하여 노회의 허락을 받아야 한다.
2. 지교회가 설립된 후 세례교인(입교인)의 수가 15인 미만의 상태로 2년간 계속되는 경우에는 노회는 이를 기도처로 변경한다.

**기도처**  기도처는 본 조에 근거 세례교인(입교인)의 수가 15인 미만인 경우와 지교회 설립된 후 세례교인(입교인)의 수가 15인 미만의 상태로 2년간 계속되는 경우를 말한다.[23]

**기도처 규정 적용**  제2항의 적용은 평등의 원리와 이에 따른 차별대우 금지의 원칙에 의해 지역에 따라 달라지는 것은 아니므로 농촌교회이든 도시 미자립

---

20) 제92회기-27번.
21) 제97회기-68번.
22) 제90회기-47번.
23) 제103회기-76번.

교회이든 세례교인의 수가 15인 미만의 상태로 2년간 계속되는 경우에는 기도처가 된다.[24)]

**기도처로 변경 시 담임목사의 지위**    제2항 규정에 따라 노회가 지교회를 기도처로 변경하는 경우 담임목사의 지위가 별도의 절차 없이 전도목사가 되는 것이 아니며 필요 시 노회가 전도목사 파송을 해야 한다.[25)]

**설립신청서상의 주소지에 교회 부존재 시의 조치**    지교회의 설립은 제10조에 따라 공동예배로 모이는 전도처 또는 기도처에 세례교인(입교인) 15인 이상이 있어 지교회를 설립코자 하면 노회에 청원하여 허락을 받아 설립하도록 되어 있고, 정치 제1호 서식에 근거 주소지를 기록하도록 되어 있으며, 교회 이전 시에 노회에 청원 허락토록 되어 있는바, 이러한 절차가 없고 해당 주소지에 교회가 존재하지 않는다면 본 조와 시행규정 제6조에 근거 조치하여야 한다.[26)]

**지교회의 이전**    지교회가 같은 노회 관할 구역 안에서 이전하는 경우에는 별다른 절차 없이 노회에 신고하면 족하고, 관할 구역이 다른 지역으로 옮기면서 타 노회로 이전할 경우에는 목사는 이명절차를 밟아야 하며, 교회는 이전할 노회의 가입 허락을 받아야 하는바, 이때 이전하기 전의 노회에 교회폐지의 절차를 밟아야 하는지 여부에 대하여 헌법상 아무런 규정이 없지만 전 노회의 입장에서 지교회가 없어지는 결과가 되므로 지교회 폐지에 준하여 절차를 밟아야 한다는 견해[27)]에 찬성한다.

■ **시행규정 제6조  교회의 설립, 분립과 합병, 폐지 청원의 처리**

4. 헌법 정치 제12조 제1항에 의한 지교회의 폐지는 그 지교회의 당회와 공동의회 결의 또는 당회가 조직되지 않았으면 제직회와 공동의회의 결의로 시찰위원회를 경유하여 노회의 허락을 받아야 한다. (개정 2012.9.20)
5. 전항의 경우 노회가 허락하면 노회 임원회는 3인 내지 5인으로 교회폐지조

---

24) 제92회기-41번.
25) 제106회기-39번.
26) 제106회기-57번.
27) 이성웅, 146면.

사위원회를 구성하여 폐지와 관련한 모든 재산 및 행정 처리를 확고히 처리한 후 임원회에 보고하고, 임원회의 결의로 노회장이 교회폐지를 선포한다. (신설 개정 2012. 9. 20)
6. 전항의 경우 폐지교회의 재산에 대한 교인의 총유권을 인정하지 않으며 교회의 모든 재산은 노회에 귀속시킨다. 부채가 자산을 초과할 시에는 폐지하는 그 교회의 책임으로 한다. (신설 개정 2012. 9. 20)

지교회의 폐지에도 당연히 지교회의 분립, 합병에 있어서와 같이 당회와 공동의회의 결의 또는 당회가 조직되지 않았으면 제직회와 공동의회의 결의로 시찰위원회를 경유하여 노회의 허락을 받아야 하며, 노회 임원회는 3인 내지 5인으로 교회폐지조사위원회를 구성하여 제반 절차를 진행하게 된다.

폐지교회의 청산 후의 모든 재산은 노회에 귀속되며 자산을 초과하는 부채에 대해서는 폐지하는 교회에서 책임을 지게 된다.

## 제3장 교인

### 제13조 교인의 정의

교인은 성부, 성자, 성령 삼위일체이신 하나님을 믿는 자들인데 그리스도인이라 부른다.

외국 국적자도 교인이 될 수 있다.[1]

### 제14조 교인의 구분

교인은 원입교인, 유아세례교인, 아동세례교인, 세례교인(입교인)으로 구분한다. (개정 2021.11.29)

1. 원입교인 : 예수를 믿기로 결심하고 공동예배에 참석하는 자
2. 유아세례교인 : 세례교인(입교인)의 자녀(6세 이하)로서 유아세례를 받은 자 (개정 2021.11.29)
3. 아동세례교인 : 7-12세 이하로서 세례를 받은 자 (신설 개정 2021.11.29)
4. 세례교인(입교인) : 유아세례교인으로서 입교한(13세 이상) 자 또는 원입교인(13세 이상)으로서 세례를 받은 자 (개정 2021.11.29)

본 조에서의 나이는 '만 나이'를 말한다. 학습 교인은 강학상 용어로서 헌법상 교인의 구분에서는 인정되지 않는다.

---

1) 제93회기-65번.

**세례**  죄인이 죄의 용서를 받고, 그리스도의 사람이 되는 하나님의 은총의 표시로서 그리스도의 보혈을 통한 죄의 씻음과 그리스도의 죽음과 부활에의 참여와 중생을 의미하며, 이로써 우리는 성령 안에서 그리스도와 연합하여 그의 몸의 지체가 되고, 우리 자신에 대하여 완전히 죽고 예수 그리스도 안에서 하나님을 위하여 사는 새로운 삶을 살게 되며, 이때부터 교회의 책임적인 구성원이 되어 의무와 권리를 갖게 된다.[2]

**유아세례**  구약시대에 할례를 베풀어 유아도 은총의 언약 아래 있게 했던 것처럼 예수께서 세우신 새 언약에 들어가는 표인 세례를 유아에게 주는 것은 합당한 일이며, 그들이 신앙으로 응답할 수 있기 이전에도 하나님의 사랑을 받고 있는 자녀임을 증거하는 표로서 부모 가운데 한 사람 이상이 세례교인일 때 베풀 수 있다.[3]

**입교**  유아세례를 받은 사람이 장성해서 스스로 예수 그리스도를 구주로 고백하고 하나님의 은총에 대한 개인적인 응답을 하도록 하는 예식이다. 이 입교 예식을 통하여 교회는 그에게 교인으로서 의무와 권리를 부여한다. 목사는 세례의 문답을 통하여 당회 앞에서 신앙을 고백하도록 하며 회중 앞에서 이 사실을 확인하고 세례교인 됨을 공포해야 한다.[4]

**성인세례**  유아세례를 받지 않은 사람이 성인이 된 후에 예수 그리스도를 구주로 영접하고 신앙을 고백하여 교인이 되고자 할 때 세례를 받도록 하는 것이며, 이 세례를 받기 전에 당회는 그에게 기독교 신앙의 본질과 거기에 수반되는 의무와 권리에 대한 교육을 받도록 하고 신앙고백을 포함한 적절한 문답을 한 후, 당회의 결의를 거쳐서 공중예배에서 세례를 받도록 하고, 교인 명부에 기록한다.[5]

**원입교인**  '예수를 믿기로 결심하고 공동예배에 참석하는 자'이므로 세례교인은 아니며,[6] 그 명칭은 입교인(세례교인)이 되기를 원한다는 의미이다.

---

2) 예배와 예식 2-2-2-1.
3) 예배와 예식 2-2-2-4.
4) 예배와 예식 2-2-2-5.
5) 예배와 예식 2-2-2-6.
6) 제91회기-63번.

**한국에서 세례받은 외국인 노동자**  지교회 설립 시 세례교인으로 볼 수 있다.[7]

**진중 세례자 적용**  군에서 진중 세례를 받았다고 하는데 적이 없는 경우 본인에게 발급해 준 세례증서나, 근무했던 부대에서 발급한 세례확인증서를 제출하면 세례자로 인정할 수 있다.[8]

**아동세례교인의 추가**  2021년 헌법개정에서 종전에 교인을 원입교인, 유아세례교인, 세례교인(입교인)으로 구분하던 것에 아동세례교인(7-12세 이하)을 추가하였으며, 유아세례교인을 2세 미만에서 6세 이하로, 유아세례교인으로서 입교할 수 있는 나이를 15세 이상에서 13세 이상으로 변경하였다.

**아동세례교인의 입교 불필요**  아동세례의 경우 유아세례와 달리 부모에 대한 규정이 없는 점과 아동의 자유의지와 신앙고백에 근거하여 아동세례를 실시하는 점 등을 고려할 때 부모의 세례 여부와 교인 여부에 관계없이 세례를 줄 수 있고, 아동세례교인은 입교절차를 거칠 필요가 없다.[9]

**유아세례교인의 입교 및 세례교인을 13세로 구분할 필요성 여부**  '유아세례교인'이 현행법에 근거 13세에 입교하도록 되어 있으나, 13세까지 기다려 입교를 해야 하는 점은, 아동세례교인은 성찬 참례권이 있고 입교절차가 없기 때문에 법적으로 세례교인과 구별할 필요가 없는 점을 감안하면 유아세례교인의 입교 및 세례교인을 13세로 구분할 필요가 없으므로 이에 대한 개정 연구 검토가 필요할 것이다.[10]

**아동세례교인의 성찬 참례권**  제16조에 근거 유아세례교인도 성찬 참례권이 있으므로 아동세례교인에게도 성찬 참례권을 부여함이 타당하나 향후 아동세례교인의 성찬 참례권의 법적 미비를 보완할 필요가 있다.[11]

---

7) 제93회기-39번.
8) 제95회기-30번.
9) 제106회기-16번.
10) 제106회기-16번.
11) 제106회기-16번.

■ **시행규정 제8조 세례**

부모 중 한 사람이 세례교인이면 유아세례를 줄 수 있고(웨스트민스터 신앙고백 28장 4절) 군대나 학원에서 군목이나 교목이 실시하는 세례와 그 교인의 관리는 군대는 군인교회에서, 학원은 교목의 지도 감독 아래 교목의 출석 교회 당회가 하고 학생의 거주 지역 교회에 그 명단을 통고해야 한다.

### 제15조 교인의 의무

교인의 의무는 공동예배 출석과 봉헌과 교회 치리에 복종하는 것이다. (개정 2012. 11. 16)

교인은 공동예배, 즉 주일예배, 찬양예배, 삼일기도회, 새벽기도회 등 교회에서 드리는 모든 공적 예배에 참석하며, 주일헌금, 십일조헌금, 감사헌금 및 각종 절기헌금 등에 참여하고, 교회의 치리, 즉 교회의 행정에 따르고 권징에 복종하여야 한다.

**치리복종 의무** 교인의 의무에 관하여 치리복종 의무는 교인이면 누구나 지켜야 하지만, 공동예배 출석의무와 봉헌의무에 대하여는 아래와 같이 교인의 구분에 따라 의무의 정도를 다르게 해석하는 견해[12]에 찬성한다.

**공동예배 출석 의무** 유아세례교인은 이러한 의무가 없으나 세례교인에게는 필수적 의무이며, 원입교인의 경우에도 성찬 참례권과 공동의회 회원권 등 권리를 누리지 못하는 만큼 법적, 강제적 의무는 아니지만 권고적 의무, 권장사항으로서의 의무를 진다는 것을 전제로 세례교인이 이를 게을리하면 치리의 대상이 되나 원입교인의 경우 치리의 대상이 되지 아니한다.

또 주일예배, 찬양예배는 협의의 공동예배로서 치리의 대상이 되는 법적 출석의무에 해당되나 삼일기도회, 새벽기도회, 구역기도회 등은 광의의 공동예배로서 기도의 성격이 강하고 개인적인 죄의 회개와 하나님의 은총에 대한 감사와 새로운 말씀의 계시를 간구하는 기도 등이 주이기 때문에 법적 구속력이 있다고 하기

---

12) 이성웅, 154-156면.

는 어렵다고 생각된다.

**봉헌의무** 헌금을 주일헌금, 십일조헌금, 감사헌금, 절기헌금(부활절, 추수감사절, 성탄절 헌금 등) 등의 기본적인 헌금과 구제, 장학, 선교, 건축 등 각종 명목의 목적헌금 같은 부수적인 헌금으로 구분하여 전자는 교인의 절대적 의무, 후자는 상대적 의무의 대상으로 보고 이러한 의무의 위반에 대하여 교회법적으로, 원칙적으로 치리의 대상이 되지만 원입교인과 항존직이 아닌 직분자나 초신자에게는 신앙적으로 성숙하여 자발적으로 헌금할 때까지 기다려야 하며, 항존직 특히 장로가 소득이 있는데도 기본적 헌금을 하지 아니하면 본 의무위반으로 치리대상으로 고려할 필요가 있다는 견해가 있으며 타당하다고 사료된다.[13]

### 제16조 교인의 권리

세례교인(입교인) 된 교인과 유아세례교인은 성찬 참례권과 공동의회 회원권이 있다. 단, 공동의회의 회원권은 18세 이상으로 한다. (개정 2019. 12. 19)

성찬예식에 참여하는 성찬 참례권은 세례교인에 대한 정의가 종전에 15세 이상일 때에는 15세 이상의 세례교인(입교인)에게만 참석이 허용된다고 하였으나,[14] 2021년 헌법개정으로 세례교인을 15세 이상에서 13세 이상으로 변경하였으므로 성찬 참례권은 13세 이상의 세례교인(입교인)이면 허용된다고 해석된다. 공동의회의 회원권은 18세 이상으로 제한하고 있다.

**입교 전 유아세례교인 및 아동세례교인의 성찬참여** 2021년 헌법개정 이전에는 아무런 언급이 없었으므로 "유아세례자의 입교 전 성찬참여는 본 조와 상충되므로 이를 허락하기 위해서는 헌법개정이 필요하다"고 해석하였는데,[15] 이번 개정에서 입법적으로 해결한 셈이 되었으며 본 조에 근거 유아세례교인도 성찬 참례권이 있으므로 아동세례교인에게도 성찬 참례권을 부여함이 타당하며, 향후 법

---

13) 이성웅, 156면.
14) 이성웅, 158면.
15) 제102회기-27번.

적 미비를 보완할 필요가 있다고 해석하였다.[16]

**성찬식 사용 후 남은 포도주 처리**   성찬식에 사용하고 남은 포도주를 당회원들이 마신 일에 관하여는 위법하다는 법적 조항은 없으나, 신령상의 문제가 되므로 먹지 않는 것이 가하며,[17] 성찬식 후 남은 성찬물을 당회원들이 당회실에서 처리하는 방법으로 먹었다면 문제가 되지 않으며, 종전에 "신령상의 문제가 되므로 먹지 않는 것이 가하다"라고 한 것은 신령상 먹지 않는 것이 좋다는 의미의 권장사항이므로 권징의 사유가 되지 않는다.[18]

### 제17조 교인의 이명

1. 교인은 특별한 사정으로 인하여 다른 교회로 이명하고자 하는 경우에는 6개월 이내에 소속 당회에 이명 청원을 하여야 한다.
2. 당회는 이명청원서를 접수 후 합당하다고 인정하는 경우 이명 증명서를 발급한다. 당회는 당사자가 이단으로 규정된 교회로 옮기려는 경우, 정당한 이유 없이 이명을 청원하는 경우, 소송계류 중에 있는 경우 등에는 이명 증명서를 발급하지 아니할 수 있다.
3. 책벌 하에 있는 교인의 이명증서에는 책벌사항을 명기하여야 한다.
4. 본 총회가 인정하는 교파에 속한 교인이 본 교단 교회로의 이명을 원하는 경우에는 이명을 허락할 수 있다.

이명이라고 함은 전에 다니던 교회의 적(교적)을 이사 등의 이유로 다른 교회로 옮긴다는 의미이며, 이명을 원하는 교인은 6개월 이내에 당회에 이명 청원을 하여야 한다.

당회는 이명 증명서를 발급하는 것이 원칙이나 제2항 소정의 사유가 있는 경우에는 이를 발급하지 않을 수 있다.

제3항의 '책벌 하에 있는 교인'은 현재 책벌이 진행 중에 있는 교인만을 뜻하는

---

16) 제106회기-16번.
17) 제98회기-51번.
18) 제98회기-62번.

지 아니면 과거에 책벌을 받은 적이 있는 모든 교인을 의미하는지에 대하여는 전자로 해석하는 것이 그 문언으로 보아 타당하다고 본다.

**타 교회로의 이명의 효과**  이명증서를 발급받아 가더라도 이전의 교회에서의 임시직은 물론 항존직분도 소멸되지만 이명증서에 기재된 무흠기간이 합산되는 효과가 있으며, 이명증서를 제출하지 않은 교인은 등록된 후 2년이 경과해야 교회의 서리집사와 전도사 등의 직원이 되거나 구역장, 교사, 찬양대원, 자치단체 임원 등의 직분을 맡을 수 있으며(시행규정 제12조), 항존직 선출 시 무흠기간을 옮겨 간 교회 등록일로부터 새로 기산하여야 하는 불이익을 감수하여야만 한다.

**교회의 노회 변경**  한 개인이 아니라 교회 전체가 소속 노회를 떠나 다른 노회에 가입하고자 하는 경우 목사는 이명절차로 전입절차를 밟아야 하며, 장로 등 항존직은 노회의 가입이 허락되면 모두 그 지위가 그대로 유지되므로 별도의 취임절차를 취할 필요가 없고, 타 교단 소속 교회 전체가 우리 교단 노회에 가입할 경우 목사는 제31조 1항과 시행규정 제23조에 따라 청목과정을 이수하여야 하나 장로의 경우 우리 교단 소속 노회에서 교회가입을 허락한 이상 장로의 지위는 그대로 인정하고 각 교단마다 헌법은 다르므로 헌법과목과 면접시험을 거쳐 취임하면 된다고 해석하는 것이 상당하다.[19]

**노회 이관**  이에 대해서는 헌법에 규정이 없으므로 현 소속 노회에서 이관을 허락하고 새로운 노회에서 가입을 허락하여야 하며 해당 노회간 상호 협의하여 처리함이 적절하다.[20]

■ **시행규정 제10조  타 교단 교인 및 직원의 이명 접수**

타 교단에서 이명해 오는 교인 및 직원에게 이명을 허락할 때는 본 교단의 헌법과 제 규정을 준수할 것을 당회 석상에서 서약케 한 후에 교인명부에 등록한다. 단, 목사의 경우에는 타 교단 노회의 이명증서를 직접 받을 수 없으며 타 교단 총회(폐회 중에는 임원회)의 경유서(확인서)가 첨부되어야 받을 수 있다. (개정

---

19) 같은 취지, 이성웅, 176~177면.
20) 제106회기-31번, 제98회기-83번.

2012.9.20)

**교인의 지위**　담임목사가 행정책임자라 할지라도 본 시행규정 제10조를 준행하지 않았으며, 또 교회에서 새 신자 교육과정 5주 이수과정을 마치지 않아 교인자격이 불충분한 자에게 당회절차도 거치지 않고 임의로 교인증명서를 발급하는 행위는 위법이다.[21]

### ■ 시행규정 제11조  교인 및 직원의 이명 및 확인
1. 헌법 정치 제17조에 따라 처리하며 이명증서는 제3호 서식으로 한다.
2. 이명증서를 받아 교인 및 직원으로 등록되면 즉시 제4호 서식에 의해 이명 접수 통지서를 이명한 교회에 보내야 한다. (개정 2012.9.20)
3. 이명을 허락할 수 없을 경우에는 이명증서를 반송하여야 한다.
4. 목회자의 이명 시 신속한 업무처리를 위하여 이명청원서 송부를 본인 혹은 노회장이 요청했으나 2개월이 경과하여도 송부하지 않을 경우 노회장은 이명확인서를 발급(발송)할 수 있다. (신설 개정 2012.9.20)

**개교회의 노회 이관**　담임목사의 이명에 관하여는 시행규정 제11조에 명시하고 개교회의 노회 이관 청원에 관해서는 명시적인 조항이 없으므로 헌법위원회의 해석이 행정처리의 근거가 될 것이고, ○○노회가 □□교회의 이관청원을 승인하였다면 △△노회는 시행규정 제11조를 준용하여, ○○노회가 □□교회를 회원교회 명부에서 삭제하는 것을 조건으로 가입을 허락하고, △△노회는 ○○노회로부터 □□교회의 회원명부 삭제를 통보받은 시점에서 회원명부에 등재하면 될 것이다.[22]

**목사 이명 후 청빙**　타 노회 목사는 이명 허락이 없으면 청빙 허락이 불가하며, 시행규정 제12조 3항이 적용된다.[23]

---

21) 제100회기-44번.
22) 제98회기-83번.
23) 제92회기-47번.

■ **시행규정 제12조 이명과 직원**
1. 이명증서를 제출하지 않은 교인은 교인으로 등록된 후 2년이 경과해야 교회의 집사와 전도사 등의 직원이 되거나 구역장, 교사, 찬양대원, 자치단체 임원 등의 직분을 맡을 수 있다. (개정 2012.9.20)
2. 항존직 선출 시 이명증서를 제출하지 않은 교인은 무흠기간을 본 교회 등록일로부터 새로 기산하여야 한다.
3. 이명증서를 요구했음에도 2개월 이내에 발부하지 않은 것을 부전지나 내용증명으로 제출한 경우는 제1항의 경우에 바로 직원이나 직분자가 될 수 있고, 제2항의 경우에 항존직은 종전 교회의 무흠기간과 현재 교회의 무흠기간을 합산하여 계산한다. (개정 2012.9.20)
4. 목사의 이명에도 3항을 준용할 수 있다. (신설 개정 2012.9.20)

**사실관계 확인서로 이명증서 대체 불가** 시행규정 제2항의 무흠기간의 적용을 받기 위하여 사실관계 확인서로 이명증서를 대신할 수 없다.[24]

■ **시행규정 제13조 교인의 복적**
이명증서가 발급되었으나 3개월 이내에 반송되어 올 때에는 원 교적에 즉시 복적된다. 직원은 당회의 결의가 있어야 한다.

■ **시행규정 제26조 직원 선택(개정 2012.9.20, 2017.9.21, 2018.9.13, 2022.9.21)**
8. 본 교단 소속 교회에서 이명한 장로는 당회의 장로선택 청원과 노회의 허락을 받은 후 당회의 결의와 공동의회에서 3분의 2 이상의 투표로 신임하며 노회 고시부의 면접 후 취임할 수 있고, 타 교단 소속 교회에서 이명한 장로의 경우는 처음 선택할 때의 절차를 거쳐야 하며 안수는 생략할 수 있다. 단, 세례교인 비례 범위 내에서 선택할 수 있다.

---
24) 제99회기-91번.

**이단 이명 및 항존직 임직 불인정**  이단에서 본 교단으로 이명되지 않으며, 항존직 임명도 인정되지 않으므로 해당 교회 등록일부터 새로 기산하여 항존직 선출을 해야 한다.[25]

**장로의 이명**  본 교단 소속 교회에서 이명한 장로 : 이명한 교회에서 장로가 되려면 일반 절차를 다 거쳐야 하며, 다만 다른 후보와 같이 투표하는 것이 아니고 개별적으로 신임투표(당회의 결의와 공동의회에서 3분의 2 이상의 투표로 신임)를 통하여 결정하고, 노회 고시위원회의 필기시험은 면제받아 면접을 거친 후 안수절차 없이 취임할 수 있으며, 당회의 교육은 필요하지 않다.

타 교단 소속 교회에서 이명한 장로 : 개별적 신임투표로 결정할 수 없고, 처음 선택할 때의 모든 절차, 즉 당회의 결의, 노회의 증원 허락, 공동의회 3분의 2 이상 득표, 4개월 당회 교육, 노회 고시위원회의 필기 및 면접시험 합격, 노회 본회의 보고와 허락 등을 거쳐 취임하여야 하며 다만, 안수는 생략할 수 있다.

**안수집사, 권사의 이명**  본 교단 소속 교회에서 이명한 안수집사와 권사가 이명 온 교회에서 안수집사, 권사가 되려는 경우 일반 절차를 모두 거치되 3개월의 당회 교육은 면제받고, 안수는 생략하여 취임하면 되고, 타 교단 소속 교회에서 이명한 경우는 3개월의 교육도 이수해야 한다.

**항존직 이명절차(이명증서 제출 필수)**[26]  ① 일반 교인과 달리 항존직의 경우에는 무흠 여부 등 자격을 확인하여야만 하므로 이명증서는 반드시 제출하여 이명절차가 완료된 뒤 항존직 피택 및 임직 절차를 시행해야 하며, 만약 이명증서를 제출하지 않았을 경우 시행규정 제12조 2항에 따라 항존직 선출 시 이명증서를 제출하지 않은 교인은 무흠기간을 본 교회 등록일로부터 새로 기산하여야 한다.

② 본 교단 이명장로의 경우 공동의회에서 신임되었을 때에 장로고시 및 안수 절차가 없지만 타 교단의 이명장로일 경우 본 교단의 처음 장로로 임직하는 사람과 동일하나 다만 안수를 받지 않는 점이 다르므로 이명증서는 본 교단 또는 타 교단 장로인지를 확인하는 절차를 위하여 반드시 제출해야 하고 항존직의 경우 자

---

25) 제105회기- 52번.
26) 제103회기-90번.

격을 확인하기 위한 강제규정이라고 봄이 타당하다.
　③ 시행규정 제26조 9항에 근거 항존직의 자격이 원인 무효로 확인되었을 때에 당회장은 즉시 당사자에게 자동 해직되었음을 통지하고 당회에 보고한 후 항존직 명부에서 삭제하며, 귀책사유가 본인에게 있지 않을 때는 해직할 수 없으며, 귀책사유 여부는 사실관계를 확인해야 한다.

### 제18조 교인의 출타신고

교인은 학업, 병역, 직업 등의 사유로 인하여 지교회를 떠나 6개월 이상 경과하게 될 경우에는 소속 당회에 이를 신고하여야 한다.

### 제19조 교인의 자격정지

교인이 신고 없이 교회를 떠나 의무를 행치 않고 6개월을 경과하면 회원권이 정지되고 1년을 경과하면 실종교인이 된다.

**장로의 교인 자격과 당회원권**　장로가 교인으로서 회원권이 정지되었을 경우 당회원권도 정지되므로 당회 개회수에 포함되지 않으며, 실종교인이 되었을 경우 장로명단에서 삭제할 수 있다.[27]

**장로의 사임으로 당회 성수 미달 시 처리 방법**　위임목사 1명, 장로 5명으로 구성된 당회의 장로 3명이 사임서를 내고 교회에 출석하지 않아 당회가 성수가 안 되어서 당회를 열지 못하는 경우, 교회는 제19조와 제64조 1항에 의거 처리하면 된다.[28]

**분쟁 중인 교회의 실종교인 처리**　분쟁 중인 교회에서 어느 일방이 적법절차 없이 실종교인으로 처리할 수 없으며,[29] 교회가 분규로 인하여 집단으로 서로가 예배처소를 달리하고 있다면 실종교인으로 처리할 수 없다.[30]

---

27) 제104회기-43번.
28) 제100회기-53번.
29) 제103회기-28번, 제94회기-8번.
30) 제95회기-76번.

**분립교회 파송장로의 시무** 파송장로에 대한 사항은 헌법에 명시되어 있지 않으나 본 교회가 분립개척을 돕기 위하여 당회에서 파송기간을 정하여 파송할 수 있으므로 파송기간 중 분립교회에서의 행위는 유효하며 실종교인으로 볼 수 없지만, 파송기간 후 당회 연장 승인 없이 잔류할 경우 이후에는 시행규정 제26조 8항에 의한 절차를 거쳐야 한다.[31]

■ **시행규정 제14조 교인의 자격정지 및 복권**
1. 헌법 정치 제19조에 의한 교인의 회원권 정지 또는 실종교인으로 교인의 자격을 정지시킬 때에는 당회장이 당회(당회가 없으면 제직회)의 결의에 의하여 행정행위로 그 처분을 선포하고 교회의 주보나 게시판에 공시함으로 그 효력이 발생한다. 단, 게시판에만 게시할 경우는 1개월 이상 게시하여야 한다. (개정 2012. 9. 20)
2. 헌법 정치 제20조에 의한 교인의 복권도 전항과 같다.

교인의 자격정지는 권징재판을 거칠 필요 없이 교인명부를 정리하는 당회장의 행정행위이며, 위법한 자격정지에 대하여는 당회장을 피고로 하여 노회 재판국에 행정소송을 제기하여 구제를 받아야 한다.

자격정지에는 회원권의 정지와 실종교인 선고라는 두 가지 종류가 있고 회원권의 정지는 공동의회의 회원권이 정지된다는 것이고, 실종교인 선고는 교인의 지위가 소멸되어 교인이 아닌 것으로 간주되는 것을 말한다.

실종교인의 요건은 교인이 신고 없이 교회를 떠나야 하므로 신고를 한 경우에는 해당하지 않으며, 신고하지 않고 떠난 경우에 헌금을 하는 등 의무를 이행한 경우에도 해당이 없게 된다.

**교회 이탈 후 다른 교회 개척자에 대한 처리** 교회를 이탈하여 다른 교회를 개척한 자들에 대한 교적부를 삭제 정리하는 것과 이 내용을 당회의 결의로 게시판

---
31) 제106회기-22번.

에 1개월 이상 게시한 것은 적법하다.[32]

**적법한 실종교인 처리 사례**　7년 동안 교회에 결석하여 교회요람과 신년도 제직명단에서 삭제되었으므로 시행규정 제14조 1항의 절차를 밟은 것으로 간주하여 실종교인으로 처리한 것은 적법하다.[33]

### 제20조 교인의 복권

1. 회원권이 정지된 교인이 다시 본 교회로 돌아온 때에는 6개월이 경과된 후 당회의 결의로 복권시킬 수 있다.
2. 실종교인이 다시 본 교회로 돌아온 때에는 1년이 경과된 후 당회의 결의로 복권시킬 수 있다.

교인의 복권이라 함은 자격정지가 된 교인의 권리가 회복되는 것을 말하며 복권절차는 자격정지 절차와 같으므로 당회장이 당회의 결의에 의하여 행정행위로 그 처분을 선포하고 교회의 주보나 게시판에 1개월 이상 공시함으로 그 효력이 발생한다.

**본 교회의 의미**　본 조 제1항의 본 교회는 "교회를 떠나기 전에 출석하였던 교회"를 말하며 시행규정 제12조 2항에서의 본 교회는 "새로 등록한 교회"를 말한다.[34]

■ **시행규정 제14조 교인의 자격정지 및 복권**
1. 헌법 정치 제19조에 의한 교인의 회원권 정지 또는 실종교인으로 교인의 자격을 정지시킬 때에는 당회장이 당회(당회가 없으면 제직회)의 결의에 의하여 행정행위로 그 처분을 선포하고 교회의 주보나 게시판에 공시함으로 그 효력이 발생한다. 단, 게시판에만 게시할 경우는 1개월 이상 게시하여야 한다. (개정 2012.9.20)
2. 헌법 정치 제20조에 의한 교인의 복권도 전항과 같다.

---

32) 제98회기-47번.
33) 제98회기-75번.
34) 제104회기-12번.

# 제4장 교회의 직원

### 제21조 교회의 직원의 구분

1. 교회의 직원은 항존직과 임시직으로 구분한다.
2. 타국 시민권자는 직원이 될 수 없다. (신설 개정 2012.11.16)
단, 다음의 경우는 예외로 한다.
① 외국인노동자를 위한 선교사역자
② 노회가 인정하는 특별 전문사역 부문(청소년 교육 등)
③ 해외선교사
④ 집사 (신설 개정 2021.11.29)

항존직은 항상 존재하는 직원이라는 뜻을 가지며 70세까지 시무하는 직분이나 은퇴 후에도 항존직을 보유하고 종신토록 계속되는 직분이며, "70세 전, 후로 시무 항존직이냐 은퇴 항존직이냐의 차이뿐"이라고 설명하기도 한다.[1]

항존직 중 목사는 노회 소속이므로 지교회를 떠나서도 목사이지만 지교회 소속인 장로, 권사, 집사는 그 교회를 떠나 다른 교회로 이명하면 직분 자체는 계속 보유할 수 없게 되며 평신도가 된다.

타국 시민권자는 외국의 국적을 취득한 자로서 외국의 영주권만 취득한 자는 포함되지 아니하며, 2021년 헌법개정으로 외국인도 집사가 될 수 있게 되었다.

**타 국적 세례교인의 항존직 피선거권**  타 국적 세례교인은 항존직 피선거권을

---

1) 이성웅, 172면.

가질 수 없다.[2]

**해외선교사와 선교동역자의 의미**  해외선교사란 제27조 6항의 '다른 민족에게 전도하기 위하여 외국에 파송한 목사다. 또한 외국에 있는 동포들에게 전도하는 목사'를 의미하며 '외국에서 우리나라에 들어와서 사역하는 경우'는 제98조 소정의 '선교동역자'이다.[3]

**외국 국적 목사의 교적**  중국 국적을 가지고 국내 신학대학원을 졸업한 후 ○○노회에서 목사 임직을 받은 후 중국 연길시에서 □□교회를 시무하고 있는 경우, 본 조 제2항 단서 2호와 제27조 4항, 시행규정 제16조의 2 규정에 의하여 전도목사로 노회 교적에 있을 수 있다.[4]

### 제22조 항존직

항존직은 장로, 안수집사, 권사이며 그 시무는 70세가 되는 해의 연말까지로 한다. (개정 2022.11.17)

장로에는 두 가지가 있으니

1. 설교와 치리를 겸한 자를 목사라 하고,
2. 치리만 하는 자를 장로라 한다.

　　단, 항존직에 있는 자가 사정에 의하여 70세가 되기 전에 은퇴를 하고자 하는 경우에는 소속 치리회의 허락을 받아 은퇴할 수 있다.

2022년 헌법개정에서 집사를 안수집사로, 서리집사를 집사로 호칭을 변경하였다.

**헌법에서 명시한 연령 기준**  본 교단 헌법에 명시된 연령은 모두 '만 나이'로 계산하므로 항존직의 은퇴 기준은 '만 70세'이다.[5]

**지교회의 정년변경규약의 효력**  지교회에서 정관으로 정년을 65세로 하거나

---

2) 제93회기-65번.
3) 제99회기-3번.
4) 제99회기-4번.
5) 제105회기-42번.

집사, 권사 자격을 35세 이상 65세 이하로 할 수 없으며,[6] (교회 내규상 장로 임기를 7년 후에는 사임한다고 되어 있는바, 자의 사임서를 제출한 바도 없는 경우) 본 조에 의거 70세까지 당회원의 자격이 있으므로 당회에 참석할 수 있으며, 당회 내규를 개정하여야 한다.[7]

**조기은퇴 강제 불가** ① 시무장로의 정년을 65세로 정하여 조기은퇴한다는 교회의 규약은 무효이므로 당사자가 조기은퇴를 거부할 경우 이를 강제할 수 없다.[8]

② 8년 전 시무장로 13명 전원의 일치로 65세에 조기 은퇴하기로 자필서명까지 한 후 당회결의하여 장로, 안수집사, 권사들이 스스로 지켜오며 문제 없이 시행하여 오고 있는 경우 항존직원이 정년 전에 자의로 절차에 의하여 은퇴할 수 있으나 결의에 의하여 은퇴하도록 하는 것은 헌법에 위배되는 것이고, 헌법에 위배된 결의는 무효이다.[9]

**은퇴 정년 연장 요구의 위헌성** 은퇴 정년이 된 담임목사가 은퇴하지 않고 성도들을 앞세워 은퇴 연장을 노회에 계속 요구할 때에는 교단의 치리회인 총회, 노회, 당회는 물론 교단 산하 모든 지교회와 기관 및 직원 그리고 모든 교인이 신앙생활과 교회 정치에 있어서 반드시 지켜야 하는 신앙과 교회 정치에 관한 교단 최고의 규범인 헌법을 위반하는 것으로 범죄에 해당할 수도 있고, 권징 제3조에 따라 재판에 회부될 수 있다.[10]

**공동의회 결의사항 수정** 장로 65세 조기은퇴하기로 당회와 공동의회 결의로 수년째 시행해 오던 지교회에서 '시무장로, 당회원으로서 권리와 의무를 포기하는 조건으로 65세 조기은퇴 유보를 청원하고 70세까지 노회, 총회 활동만 하고자 원하는 경우'에는 본 조에 따라 치리회인 당회의 허락을 받으면 가능하다는 취지로 해석하였다.[11]

---

6) 제93회기-15번.
7) 제98회기-116번.
8) 제106회기-35번, 제105회기-9번, 제103회기-81번, 제102회기-28번.
9) 제101회기-101번.
10) 제100회기-15번.
11) 제96회기-44번.

■ **시행규정 제15조 교회의 직원과 유급종사자, 은퇴자**
1. 항존직에 있는 자가 정년 전에 은퇴하려면 소속 당회나 노회의 허락을 받아 은퇴할 수 있고 정년 전에 복직하려면 자의사직 목사, 장로의 복직절차에 따라 복직하지 않으면 시무할 수 없다.
2. 조기은퇴목사라도 설교는 할 수 있으므로 교회를 개척하여 노회에 가입할 경우 노회는 임시당회장을 파송하여 치리권을 행사케 하고, 정년이 되는 연말까지 설교를 맡길 수는 있다.
3. 은퇴자는 은퇴와 함께 총대, 실행위원, 전문위원, 자문위원, 산하기관의 장, 이사장, 이사, 감사 등의 모든 공직이 종결된다. (개정 2012. 9. 20)
4. 교회의 직원(항존직, 임시직, 유급종사자 포함)은 근로자가 아니며, 노동조합을 조직하거나 가입할 수 없다.

**목사와 교회 직원이 근로자인지 여부에 대한 헌법위원회의 해석(본 시행규정 제4항의 효력)**

① **목사의 근로자성 부정**  목사(위임목사, 담임목사, 부목사, 교육목사 등)는 제25조에 근거, 하나님의 말씀으로 교훈하며, 성례를 거행하고, 교인을 축복하며, 장로와 협력하여 치리권을 행사하는 신앙공동체의 영적 지도자로서 교회 공동체에 의해 청빙(청하여 부름, 청하여 모셔옴)되는 자이므로 교회가 사용자로 근로계약을 맺는 근로자가 아니다. [12]

② **목사와 노조위원장 겸직 불가**  목사와 노조위원장은 겸할 수 없으며 노조위원장은 설교할 수 없고, 임시당회장이 설교케 하는 경우 노회가 중단시킬 수 있으며 목사의 노조활동에 대하여 본 조항에 의거 징계할 수 있고 노회가 목사의 노조위원장의 이중신분을 방치하는 경우 경고조치가 가능하다. [13]

③ **교회 직원 노동조합 조직 및 가입 불가**  직원들이 가입한 노동조합 자체와 노조활동을 인정하여야 하는지에 대하여 시행규정 제15조 4항에 따라 인정할 수

---

12) 제105회기-33번.
13) 제93회기-23번.

없다.[14)]

**④ 총회 직영 신학대학교 직원 노동조합 조직 불가** 총회 직영 신학대학교도 시행규정 제15조 4항, 제3조 제2항 및 제4항에 근거 노동조합을 조직할 수 없으므로 위법이며 이에 따른 처리는 헌법 권징에 따르면 된다.[15)]

**⑤ 노조 회원 노조 결성 시 처벌 여부** 교회 안에서 노조를 결성할 시 처벌할 수 있으나 교회 밖에서의 노조 결성은 처벌할 수 없다.[16)]

**⑥ 노동행정관서에서의 고용보험 등 미가입 시 과태료 부과** "서울지방노동청, 근로복지공단 등 노동행정관서에서는 근로자라고 판단하여 고용보험 등 4대 보험 미가입 시 과태료를 교회에 부과하는데 이 경우 어떻게 대처하여야 하는지"라는 질의에 대하여 "시행규정 제15조 4항에 준한다"고 답변하였다.[17)]

### 근로자에 대한 대법원 판례의 입장

근로기준법 제2조에 "근로자는 직업의 종류와 관계없이 임금을 목적으로 사업이나 사업장에 근로를 제공하는 자"를 말한다고 규정하고 있으며, 이에 대하여 대법원은 구체적으로 "근로기준법상의 근로자에 해당하는지 여부를 판단함에 있어서는 그 계약의 형식이 민법상의 고용계약인지 또는 도급계약인지에 관계없이 그 실질에 있어 근로자가 사업 또는 사업장에 임금을 목적으로 종속적인 관계에서 사용자에게 근로를 제공하였는지 여부에 따라 판단하여야 할 것이고", 종속적인 관계가 있는지 여부를 판단함에 있어 ① 업무 내용을 사용자가 정하는지 여부, ② 취업규칙 또는 복무(인사)규정 등의 적용 여부, ③ 업무수행과정에 있어서도 사용자로부터 구체적, 개별적인 지휘·감독을 받는지 여부, ④ 사용자에 의하여 근무시간과 근무장소가 지정되고 이에 구속을 받는지 여부, ⑤ 근로자 스스로가 제3자를 고용하여 업무를 대행케 하는 등 업무의 대체성 유무, 비품, 원자재나 작업도구 등의 소유관계, ⑥ 보수의 성격이 근로 자체의 대상적 성격이 있는지 여부와 기본급이나 고정급이 정하여져 있는지 여부 및 근로소득세의 원천징수 여부 등

---

14) 제98회기-97번.
15) 제105회기-72번.
16) 제98회기-123번.
17) 제93회기-46번.

보수에 관한 사항, ⑦ 근로제공관계의 계속성과 사용자에의 전속성의 유무와 정도, ⑧ 사회보장제도에 관한 법령 등 다른 법령에 의하여 근로자로서의 지위를 인정받는지 여부, ⑨ 양 당사자의 경제·사회적 조건 등을 종합적으로 고려하여야 한다는 취지로 판시하였다.[18]

### 대법원 판례 입장과 헌법위원회의 해석의 조화

**목사, 전도사 등의 경우** 위 대법원 판례의 입장에서 판단하여 보면, 목사 등은 노회 소속으로 노회에서 지교회에 파송되어 시무하며, 업무 자체가 절대자에 대한 신앙에 기초하여 광범위한 재량권을 가지고 독자적으로 수행하는 점에서 사용자로부터 구체적, 개별적인 지휘·감독을 받지 않으므로 지교회와 종속관계에 있다고 볼 수 없는 등 근로자라고 도저히 볼 수가 없으며, 그들이 받는 사례비는 지교회의 성도가 헌금하여 목회활동에 감사하여 드리는 성격으로서 임금이라고 단정할 수 없고, 나아가 노동조합을 조직하거나 가입할 수 없다고 보아야 한다.

**유급종사자 등의 경우** 사찰, 사무직원, 청소, 환경미화, 식당 취사 및 조리, 차량운전, 전기 및 보일러 관리 등과 같은 단순 노무직에 종사하는 자 등의 유급종사자는 항존직의 직분을 가지고 있더라도 근로기준법상의 근로자라고 할 수 밖에 없으며, 소위 4대 보험(고용, 산업재해, 국민연금, 국민건강)에 가입시켜야 한다. 그리고 헌법과 노동조합 및 노동관계조정법에서 보장되고 있는 노동조합을 조직하거나 가입할 수 있다고 보아야 한다.

**결론** 유급종사자도 근로자가 아니라는 본 시행규정 제4항은 잘못된 입법이며, 부목사, 각종 전도사를 대상으로 한 것으로 국한하여야 한다는 취지의 주장[19]은 타당하고, 유급종사자가 근로자가 아님을 전제로 한 해석은 수정되어야 한다고 사료되므로 총회는 본 시행규정 제4항과 근로기준법 등 노동 관련법규가 충돌, 모순되어 있는 현실에서 교회가 어떻게 대처하여야 할 것인지에 대하여 지침을 내려야만 할 필요성이 있다.

---

18) 대법원 1994. 12. 9. 선고 94다22859 판결, 2001. 4. 13. 선고 2000도 4901 판결 등 다수.
19) 이성웅, 193면.

■ **시행규정 제26조  직원 선택**(개정 2012.9.20, 2017.9.21, 2018.9.13, 2022.9.21)
   7. 헌법 권징 제4조 1항, 제6조 2항에 의거 목사, 장로, 안수집사, 권사를 신임 투표로 사임시킬 수 없다. (개정 2022.9.21)

**항존직에 대한 신임투표 규정은 무효(개정 필요)**   ① 헌법, 규정, 규칙 등에 근거하여 각 교회는 자체 정관을 제정할 수 있으나 본 시행규정 제7항 및 권징 제4조 1항, 제6조 2항에 근거 목사, 장로, 집사, 권사를 신임투표로 사임시킬 수 없고, 시행규정 제3조 2항에 근거 상위법규에 위배되면 하위법규는 무효이므로 목사, 장로, 집사, 권사의 신임 투표에 관한 지교회의 정관 규정은 개정하여야 하며, 상급 치리회는 죄과가 있다고 인정되는 자에 대하여 권징 제51조 2항에 따른 고발 및 권징 제54조의 2에 따른 기소를 의뢰할 수 있다.[20]

② 본 시행규정 제7항에 의거 항존직 재신임 투표는 할 수 없으며, 상위법규인 헌법과 시행규정을 위반한 내규(정관 등)와 그로 인한 모든 회의와 행위는 무효이므로 이에 위반된 경우 위임목사 신분과 권한은 그대로 계속 유지된다.[21]

**공동의회의 목사 해임결의는 무효**   총회 헌법은 교단의 최고 자치규범이므로 노회 및 지교회와 교인은 헌법을 준수할 의무가 있고, 헌법상의 권리를 보장받고 있으며 제22조, 제34조 내지 제37조, 시행규정 제26조 7항 및 권징 제3조, 제4조 1항, 제5조 1항 ④, 제6조 2항은 시무목사는 정년 70세가 되는 해의 마지막 날까지 권징재판으로 해임 등의 책벌을 받지 않고는 시무목사의 의사에 반하여 강제로 해임할 수 없도록 시무목사의 신분을 보장하여 목회에 전념할 수 있도록 헌법이 설치한 강행규정의 성격을 가지고 있으므로 공동의회가 한 목사에 대한 해임결의가 법원의 공동의회 소집허가 결정에 기하여 이루어졌다 하여도 그 결의내용이 시무목사의 신분을 보장하고 있는 위 각 헌법 규정에 위반하고 특히 교회분쟁 중에 이루어진 점에 비추어 그 위반의 정도가 중대하여 공동의회의 해임결의

---

20) 제103회기-72번.
21) 제101회기-108번, 제94회기-30번, 제93회기-61번.

는 무효이다.[22]

### 제23조 임시직

임시직은 전도사, 집사이며 그 시무 기간은 1년이고 연임할 수 있다. 단, 연임되는 경우 70세가 되는 해의 연말까지 시무할 수 있다. (개정 2022.11.17)

2022년 헌법개정에서 종전의 서리집사라는 명칭을 집사로 변경하였다.

■ **시행규정 제18조 부목사, 전도사의 연임청원**
5. 전도사의 소속은 당회이며, 헌법 정치 제23조에 의거 당회의 결의로 연임할 수 있다.

■ **시행규정 제26조 직원 선택(개정 2012.9.20, 2017.9.21, 2018.9.13, 2022. 9.21)**
10. 이미 목사, 장로였던 자 중에서 당회 결의로 협동목사, 협동장로를 세워 당회에 협력하게 할 수 있으나 당회의 회원권(투표권, 결의권)은 없으며 당회의 결의로 언권을 행사할 수 있다. 어떤 경우에도 명예목사, 명예장로를 세우지 못한다. (신설 개정 2012.9.20)
11. 당회의 결의로 세례교인 중에서 협동(명예)안수집사, 협동(명예)권사를 세워 안수집사와 권사의 직무를 협력하게 할 수 있으나 안수는 하지 않는다. 정년까지 집사에 준하여 제직회원의 권리를 행사할 수 있다. (신설 개정 2012.9.20, 개정 2022.9.21)

명예목사와 명예장로는 세울 수 없으나 협동목사와 협동장로는 세울 수 있으며(시행규정 제26조 10항), 이들이 본 시행규정 제10항에서 '당회의 회원권(투표권, 결의권)은 없으며 당회의 결의로 언권을 행사할 수 있다'는 의미는 언권회원

---

[22] 제99회기-81번.

의 자격을 취득하는 것은 아니고 당회의 결의로 그때그때마다 언권을 주는 것이라는 견해[23]가 있다.

안수집사, 권사의 직무를 협력하도록 협동(명예)안수집사, 협동(명예)권사를 안수하지 않고 세울 수 있고 이들은 정년까지 집사에 준하여 제직회원의 권리를 행사할 수 있다.

---

23) 이성웅, 183면.

## 제5장 목사

### 제24조 목사의 의의

목사의 의의는 다음과 같다.

1. 목사는 예수 그리스도의 양인 교인을 양육하는 목자이며(렘 3 : 15, 벧전 5 : 2-4),
2. 목사는 그리스도를 봉사하는 종 또는 사자이며(고후 5 : 20, 엡6 : 20),
3. 목사는 모든 교인의 모범이 되어 교회를 치리하는 장로이며(벧전 5 : 1-3),
4. 목사는 그리스도의 말씀으로 교인들을 깨우치는 교사이며(딛 1 : 9, 딤후 1 : 11),
5. 목사는 구원의 복된 소식을 전하는 전도인이며(딤후 4 : 5),
6. 목사는 그리스도의 설립한 율례를 지키는 자인고로 하나님의 도를 맡은 청지기이다(눅 12 : 42, 고전 4 : 1-2).

**목사의 직무와 역할**  ① 교인을 양육하는 '목자', ② 그리스도를 봉사하는 '종 또는 사자', ③ 교회를 치리하는 '장로', ④ 말씀으로 교인들을 깨우치는 '교사', ⑤ 구원의 복된 소식을 전하는 '전도인', ⑥ 하나님의 도를 맡은 '청지기'로 여섯 가지로 나누어 규정하고 있다. 이 중 목사의 의의로서의 교사와의 혼동을 피하기 위하여 교육부서인 아동부, 중·고등부 등에서 봉사하는 교사를 '반사'로 칭함이 좋겠다는 의견[1]도 있다.

---

1) 이성웅, 212면.

우리 헌법상 성경의 근거가 되는 장, 절수를 표시한 조항이 몇 개 있는데(교회의 정의(제7조), 목사의 자격(26조), 집사의 자격(제51조) 등), 본 조의 목사의 이의 6가지에 대하여서는 성경상의 근거를 하나하나 제시하면서 규정하고 있는 점이 특이하다.

### 제25조 목사의 직무

목사는 하나님의 말씀으로 교훈하며, 성례를 거행하고, 교인을 축복하며, 장로와 협력하여 치리권을 행사한다.

목사는 단독 고유권한으로 말씀 교훈권(설교권), 성례 거행권, 교인 축복권을, 공동 고유권한으로 치리권을 행사한다. 단독 고유권한은 시무정지의 책벌을 받은 경우에는 정지되지 않으며, 시무해임 이상의 책벌을 받은 경우에만 정지된다.

**목사 단독으로 할 수 있는 직무** 장로와 협력하여 치리권을 행사하는 직무 이외에 목사 단독으로 할 수 있는 직무는 기본적 목회권(설교, 성례전, 축도) 이외에 부수적 목회권으로 심방권, 공식예배의 인도(사회)권, 기도권, 광고권 등이 있다.[2]

**교회의 인사권 행사** 제25조 및 제39조 1항에 따라 담임목사는 인사에 관한 건을 당회에서 당연히 논의하여야 한다.[3]

**축도 방법** 성경(민 6 : 24-26, 고후 13 : 13) 본문대로 축도하는 것이 위법이라고 판단할 수는 없으나 본 교단 제74회 총회에서 축도연구위원회가 연구한 보고를 받은 후 동의와 개의를 놓고 투표하여 "있을지어다"를 "축원하옵나이다"로 결의한 대로 하는 것이 바람직하다.[4]

### 제26조 목사의 자격

1. 목사는 신앙이 진실하고 행위가 복음에 적합하며, 가정을 잘 다스리고 타인의 존경을 받는 자(딤전 3 : 1-7)로서 다음 사항에 해당하는 자라야 한다.

---

[2] 제99회기-2번.
[3] 제96회기-76번.
[4] 제103회기-66번.

① 무흠한 세례교인(입교인)으로 7년을 경과한 자
② 30세 이상 된 자로서 총회 직영 신학대학원을 졸업한 후 2년 이상 교역경험을 가진 자. 다만, 군목과 선교목사는 예외로 한다.
③ 총회 목사고시에 합격한 자
2. 이 법에서 무흠이라 함은 권징에 의하여 일반교인은 수찬정지, 직원은 시무정지 이상의 책벌을 받은 사실이 없거나, 국법에 의하여 금고 이상의 처벌(성범죄 포함) 받은 사실이 없는 것을 의미한다. (단, 양심범은 제외) (개정 2019. 12. 19)

  목사의 자격으로서 디모데전서 3 : 1~7에서 들고 있는 15가지의 목사의 자격을 ① 신앙의 진실성, ② 행위의 복음 적합성, ③ 가정 잘 다스림, ④ 타인으로부터의 존경의 4가지 덕목을 갖춘 자임을 전제로 하여, ⑤ 무흠 세례교인으로서의 7년 경과, ⑥ 나이 30세 이상의 신학대학원 졸업 후 교역자 경험 2년 이상, ⑦ 목사고시 합격의 3가지의 요건으로 규정하고 있다.

  금고 이상의 형에는 금고와 징역, 사형이 있으며, 벌금, 구류, 과료와 자격정지 및 상실은 금고 이하의 형에 해당한다(형법 제41조 참조). 금고와 징역은 교도소에 구금되어 자유를 박탈당하는 점에서 같으나 금고는 강제로 노역에 종사하지 않은 점에서 징역과 다르다.

  2019년 헌법개정에서 제2항에서 무흠의 요건으로 '국법에 의하여 금고 이상의 처벌받은 사실이 없는 것'에 '(성범죄 포함)'을 추가하였으나 이는 종전의 금고 이상의 처벌받은 사실에 당연히 성범죄도 포함되어 있다는 점에서 실질적인 변경은 없으며 최근 증가하고 있는 성범죄를 강조하는 의미를 가지는 것에 불과하다고 생각되고, 다만 2019년 헌법개정에서 권징 제3조에서 성범죄의 경우 금고 이상의 형이 확정된 일반 범죄의 경우와는 달리 벌금 이상의 형을 받은 경우에도 처벌하도록 변경하는 과정에서 이와 균형을 맞추는 목적으로 '벌금 받은 성범죄 포함'이라고 본 조를 개정한다는 것이 입법착오로 '성범죄'라고만 한 것은 아닌지 의문이 드는 부분이다.

  제1항 2호의 적용에서 '군목과 선교 목사는 예외로 한다'는 의미는 2년 이상 교

역경험을 가져야 한다는 요건을 갖추지 않아도 된다는 의미이며 30세 이상 된 자로서 총회 직영 신학대학원을 졸업한 자여야 한다는 요건을 갖추어야 하는 것은 물론이다.

**목사안수의 자격**  목사안수는 본 조 및 시행규정 제16조의 4에 근거 자격을 갖추어 받아야 하며 이에 명시되지 아니한 다른 방법으로나 경력으로는 목사안수를 받을 수 없다.[5]

**이혼 경력의 목사 결격사유 여부**  ① 이혼 후 7년이 경과하지 않아도 무흠 7년과는 상관이 없으므로 고시에서 불합격 처리는 적법하지 않다.[6]

② 이혼자 및 재혼자가 목사고시 응시 자격 여부에 대하여 목사고시 응시 자격 및 합격 여부에 관하여는 고시위원회의 소관사항이다.[7]

③ 정신질환 등으로 가족을 보호하기 위하여 전 남편의 귀책사유로 인하여 이혼을 한 지 4년 차인 전도사의 경우 본 조와 시행규정 제27조에 의거 이혼이 목사안수에 결격사유가 되지 않는다.[8]

④ 이혼한 지 2년 5개월 된 목사가 타 노회에서 본 노회로 전입을 원할 때 허락할 수 있는지는 헌법에는 이혼한 목사의 노회 전입을 제한하는 규정이 없기 때문에 허락 여부는 해당 노회의 절차에 따라 처리할 사항이다.[9]

**이혼경력자 처리에 관한 총회 고시위원회의 질의와 헌법위원회의 답변**

질의 요지 : 본 조 제1항 본문의 '가정을 잘 다스리고'와 관련하여 목사고시 과목으로 면접을 진행하면서 고시생의 이혼 여부를 확인하기 위하여 혼인관계 증명서와 소명소견 및 신앙고백서의 질문내용 중에 이혼이나 별거 경험 여부를 작성, 제출토록 하여 이를 기반으로 이혼을 한 목사고시생의 경우에 7년(헌법이 정하는 무흠 7년을 준용)의 자숙기간을 정하여 그 기간이 경과되지 않았으면 해당 고시생은 불합격 처리해 왔는데, 최근의 이슈인 인권문제와 관련하여 정신상태, 범죄 경력

---

5) 제105회기-61번.
6) 제91회기-45번.
7) 제100회기-34번.
8) 제101회기-10번.
9) 제100회기-33번.

등의 문제 중 유독 이혼사유만을 가지고 불합격 처리하는 것은 불평등하다는 주장이 제기되어 '이혼 경력자의 7년 자숙' 제도의 폐지 여부에 대한 의견을 구하다.

답변 요지 : 헌법 교리 제2부(신조) 11조, 제4부(웨스트민스터 신앙고백) 제24장(결혼과 이혼에 관하여), 제5부(대한예수교장로회 신앙고백서) 제5장(인간) 3번, 정치 제26조(목사의 자격), 시행규정 제27조(무흠의 기산과 적용)에 의거 이혼이 무흠과는 관계가 없으나, 고시위원회에서 자숙기간의 의미로 결의(규정)하여 처리하면 된다.[10]

### ■ 시행규정 제27조 무흠의 기산과 적용

1. 직원의 자격 중 무흠의 기산은 책벌(교인은 수찬정지 이상, 직원은 시무정지 이상)을 받은 사실이 있는 경우에는 해벌된 날로부터, 국법에 의한 금고 이상의 처벌을 받은 사실이 있는 경우에는 형의 집행을 종료하거나 그 집행을 면제 받은 날로부터 새로 기산한다.
2. 헌법 정치 제26조 2항의 무흠의 의미는 헌법 제2편 정치와 제3편 권징의 모든 조문에 동일하게 적용된다는 뜻이다.
3. 무흠기간은 항존 직원(목사, 장로, 안수집사, 권사)으로 임직 시에 적용하고 이미 임직되어 시무 중인 자에게는 해당되지 않으므로 시무, 직분, 권리, 신분을 제한할 수 없다. (개정 2022.9.21)

**제3항의 의미** 이미 임직된 자는 시무 중 책벌사유로 책벌을 받았다고 하더라도 그 책벌기간이 종료되었다면 다시 무흠기간을 적용받지 않는다는 것이다.[11]

**형사처벌과 임직 가능 여부 및 총대 자격 유무** ① 뇌물죄로 법원으로부터 집행유예를 선고받은 자가 집사로 현재 임직하고 있을 경우 본 시행규정 제27조에 의거 피택이 되기 전에 처벌을 받은 것이라면 피택할 수 없으나, 이미 무흠으로 집사 피택이 되어 예배 참석 가능할 때 때를 얻어 안수할 수 있도록 당회가 만장일치로

---

10) 제100회기-31번.
11) 제96회기-2번.

결의한 것에 의해 임직된 것이므로 집사로 임직된 것은 유효하며,[12] ② 당회에서 파송한 노회 총대가 법원에서 배임죄로 집행유예를 선고받아 유예기간 중에 있는 경우 본 조에 의거 총대 자격에 아무런 문제가 없다.[13]

■ **시행규정 제16조의 4  목사의 자격과 안수(개정 2012.9.20, 2019.9.26)**
1. 헌법 정치 제26조 1항 2호 중 2년 이상의 교역경험을 가진 자란 전임전도사 경력 2년 이상의 증빙서류를 첨부한 자를 말한다. 이 경우 신학대학원 졸업 후의 교육전도사의 시무기간은 4년, 준전임은 3년으로 인정한다.
2. 전항의 증빙서류는 제5-3호 서식에 의하며 당회장이 발부한다.
3. 목사안수 시 노회 전도사고시 합격증은 첨부하지 않아도 되며, 목사안수 시 한은 목사고시 합격자로 총회에서 발표된 후 첫 노회로부터 5년 후의 가을노회 폐회 시까지 유효하다.

**전임전도사 교역경험 인정**   신대원 졸업 후 노회 관할 지역 내의 대학병원 원목실에서 전임전도사로 2년 사역 후 병원 이사장의 요청으로 원목(전도목사)으로 청빙받을 경우 전임전도사의 경력을 인정하여 줄 수 있다.[14]

**전도사 고시 시취**   교단 직영 신학대학원을 졸업하면 전도사 고시를 시취하지 않아도 교회에서 전임전도사로 시무할 수 있으며, 전임사역이 인정되어 목사 안수를 받을 수 있다.[15]

### 제27조  목사의 칭호

목사의 칭호는 다음과 같다.
1. 위임목사는 지교회의 청빙으로 노회의 위임을 받은 목사다. 위임목사가 위임을 받고 폐당회가 되면 자동적으로 담임목사가 된다. (개정

---

12) 제94회기-28번, 제91회기-22번.
13) 제91회기-37번.
14) 제105회기-8번.
15) 제98회기-44번.

2012.11.16)

2. 담임목사는 노회의 허락을 받아 임시로 시무하는 목사다. 시무 기간은 3년이다.

3. 부목사는 위임목사를 보좌하는 목사다. 임기는 1년이며 연임할 수 있다. 단, 부목사는 위임목사를 바로 승계할 수 없고 해 교회 사임 후 2년 이상 경과 후 해 교회 위임(담임)목사로 시무할 수 있다. (개정 2012.11.16)

4. 전도목사는 노회의 파송을 받아 국내외에서 연합기관과 개척지 또는 군대, 병원, 학원, 교도소, 사회복지시설(양로원, 보육원, 요양원 등), 산업기관, 국내 거주 외국인 등에 전도하는 목사다. 임기는 2년 이내로 하되 연임할 수 있으며 그 임기는 시무처와 노회의 정한 바에 의한다. (개정 2012.11.16, 2021.11.29)

5. 기관목사는 총회나 노회 및 관계 기관에서 교육, 문서 등 사업에 종사하는 목사다. 임기는 그 기관의 정한 바에 의한다.

6. 선교목사는 다른 민족에게 전도하기 위하여 외국에 파송한 목사다. 또한 외국에 있는 동포들에게 전도하는 목사도 이 규정에 준하며 선교목사의 파송은 총회가 한다.

7. 교육목사는 위임(담임)목사를 교육분야에서 보좌하는 목사다. 임기는 1년이며 연임할 수 있고, 청빙에 관한 규정은 헌법 정치 제28조 4항을 준용하고 연임청원은 헌법시행규정 제18조(부목사, 전도사의 연임청원)를 준용한다. (신설 개정 2018.12.20)

8. 원로목사는 한 교회에서 20년 이상을 목사로서 시무하던 목사가 노회(폐회 중에는 정치부와 임원회)에 은퇴 청원을 할 때나 은퇴 후 교회가 그 명예를 보존하기 위하여 추대한 목사다. 원로목사는 당회의 결의와 공동의회에서 투표하여 노회(폐회 중에는 정치부와 임원회)의 허락을 받아야 하고, 그 예우는 지교회의 형편에 따른다. (개정 2012.11.16)

9. 공로목사는 한 노회에서 20년 이상 시무하고 공로가 있는 목사가 노회에 은퇴 청원을 할 때나 은퇴 후 그 공로를 기리기 위하여 노회의 결의로 추대한 목사다. (개정 2012.11.16)

10. 무임목사는 노회의 결의에 의한 시무처가 없는 목사다. 정당한 이유 없이 3년 이상을 계속 무임으로 있으면 목사의 직이 자동 해직된다.
11. 은퇴목사는 정년이 되어 퇴임한 목사다. 정년이 되지 않아도 조기 은퇴하고자 하면 허락할 수 있다.
12. 유학목사는 노회의 허락을 받아 유학하는 목사다. 허락 받은 유학기간이 종료되면 노회의 연장 허락을 받아야 하며 노회의 연장 허락을 받지 않으면 그 시점부터 무임목사가 된다. (신설 개정 2012. 11. 16)
13. 군종목사는 군대에서 시무하는 목사를 말한다. 단, 군종사관후보생 시험에 합격하고 본 교단 직영 신학대학교 및 일반대학 기독교 관련 학과에서 본 교단장 추천을 받고 군종사관후보생 시험에 합격하여 4학년에 재학 중인 자는 재학 중에도 목사고시에 응시할 수 있고 합격하면 본 교단 신학대학원 재학 중에도 군종목사로 안수(해당노회와 협력하여 총회 군경교정선교부 주관으로)하여 시무(경력)확인서를 총회에서 발급해 줄 수 있다. 단, 이 경우 군종목사로 전역하거나 국가기관에 의해 전역과 동등한 인정을 받기 전에는 위 제1항 내지 6항의 목사로는 시무할 수 없다. (신설 개정 2012. 11. 16, 개정 2021. 11. 29)

**위임목사** 위임목사는 당회가 있는 조직교회가 청빙하여 노회의 위임을 받은 목사이다. 위임목사는 정년 만 70세가 되는 해의 말까지 시무할 수 있으며, 노회의 위임을 받은 목사이므로 시무기간이 정년까지이며 계속 청빙의 필요성이 없고, 법적 임기의 시작일은 위임식을 하는 날이고, 정년 이전에 사임할 시에는 소속 노회에서 처리한 날이 기준일이 된다.

**시무목사의 소속** 위임목사, 담임목사는 노회 소속이나 지교회의 청빙으로 지교회에 시무하는 목사이다.[16]

**목사의 교인등록 불가 및 성찬 참례권** 목사(은퇴목사 포함)는 노회 소속이기

---

16) 제104회기-4번.

때문에 개교회의 교인으로 등록할 수 없으나,[17] 제15조의 교인의 의무에 솔선수범하여야 할 것이며 교인의 권리 중 성찬 참례권은 있다.[18]

**동시 청빙 및 동시 시무**  ① 위임목사가 시무하는 교회는 또 다른 목사(부목사) 청빙이 가능하나 임시목사가 시무하는 교회나, 또한 임시목사를 청빙할 때 전도목사까지 동시에 청빙할 수 없으며,[19] ② 위임목사와 부목사는 가능하나 위임목사와 임시목사, 임시목사와 임시목사, 임시목사와 전도목사는 같이 시무할 수 없다.[20]

**타국 시민권자의 위임목사 청빙**  타국 시민권자라도 시민권 포기를 조건부로 위임목사 청빙을 허락할 수 있다.[21]

**폐당회의 경우**  위임목사가 폐당회가 되면 자동적으로 담임목사가 되며 이를 노회에 보고하되, 노회 허락을 받아야 하는 것은 아니다(무임목사가 되는 것은 아닙니다).[22]

**폐당회로 담임목사가 된 후 당회가 구성된 경우**  위임목사가 폐당회가 되어 임시목사로 시무하다가 장로를 임직하여 당회가 구성되면 자동 위임목사가 되는지 아니면 별도의 위임절차가 있어야 하는지에 대하여 처음에는 "노회의 위임목사 승인으로 위임목사가 된다"고 해석하였는데,[23] 그 후 "당회가 폐지됨으로 담임목사가 된 자가 다시 위임목사가 되기 위해서는 절차를 다시 밟아야 하며, 이 경우 위임식은 생략할 수 있다"고 해석하였는바,[24] 이는 노회의 위임목사 승인만으로는 부족하고 해당 교회에서의 위임절차를 다시 밟아야 한다는 취지로 이전의 해석을 변경한 것이라고 판단된다.

**담임목사**  종전의 임시목사라는 칭호를 2012년 헌법개정 시 담임목사로 변경하였다.

---

17) 제103회기-34번, 제103회기-36번, 제101회기-56번.
18) 제101회기-56번.
19) 제96회기-42번.
20) 제94회기-63번.
21) 제103회기-42번.
22) 제104회기-1번.
23) 제91회기-9번.
24) 제99회기-6번.

**시무 중인 전도목사의 담임목사 청빙 가능**  ① 부목사와 전도목사는 청빙절차와 역할이 다르므로 전도목사를 담임목사로 청빙하는 것은 법적으로 가능하며,[25] ② 시무 중인 전임전도사는 후임 담임목사로 청빙이 가능하다.[26]

**담임목사 연임 청원 기산일**  담임목사의 임기는 3년이므로 연임 청원은 매 3년마다 하면 되지만 노회의 허락이 있는 경우 3년 이내에 할 수 있으나 기산일은 노회 허락일을 기준으로 하며, 연임 청원을 위해 개최한 제직회는 노회 동일 회기에 한하여 유효하다.[27]

**담임목사 연임 청원 부재 시 자동 무임**  ① 담임목사가 연임 청원을 하지 않으면 자동 무임이므로 당회의 허락 없이 그 교회에서 계속 목회행위(예배 인도, 설교, 심방, 행정)를 하는 것은 불가하며,[28] ② 제직 임명을 할 수 없다.[29]

**담임목사 임기 6년 정관은 무효**  지교회에서 담임목사의 임기를 6년으로 하고 6년 시무 후에 재신임 투표를 하도록 정관개정을 할 수 없으며 이와 같은 정관은 무효이다.[30]

**부목사**  부목사는 위임목사를 보좌하는 목사이므로 담임목사가 시무하는 교회에서는 청빙할 수 없고 위임목사가 있는 교회에서만 청빙할 수 있다.

**부목사 시무 제한의 취지와 적용범위**  ① 부목사는 해당 교회 사임 후 2년 이상 경과하여야만 해 교회 위임(담임)목사로 시무할 수 있도록 한 취지는 이 규정이 없는 경우에 발생할 수 있는 덕스럽지 못한 일들(가령, 위임목사를 배척하고 후임자로 선정되는 문제 등)을 미연에 방지하기 위한 것이며,[31] ② 이 제한은 부목사에게만 한정되고 다른 부교역자들은 포함되지 않고,[32] ③ 부목사는 무임목사로 2년 이상 경과하더라도 해 교회를 사임하지 않고 계속 시무하였으면 해 교회 위임(시

---

25) 제106회기-3번.
26) 제99회기-27번.
27) 제105회기-82번, 제102회기-1번.
28) 제90회기-20번.
29) 제98회기-31번.
30) 제93회기-15번.
31) 제101회기-35번.
32) 제93회기-54번.

무)목사로 시무할 수 없다.[33]

**부목사 사임일**  시무 사임서 제출일이 아닌 부목사 사임이 허락된 노회결의일로 봄이 타당하다.[34]

**전도목사**  노회의 파송을 받아 전도하는 목사로서 파송받은 시무처가 군대이면 '군목', 학교이면 '교목', 경찰서이면 '경목', 병원이면 '원목', 교도소이면 '형목'이라고 호칭한다. 군목은 민간인 신분인 점에서 군종사관으로서 군인 신분인 군종목사와 다르나 군종목사도 군목으로 통칭된다.

**전도목사의 파송 자격**  전도목사는 노회 파송을 받은 목사로 특수 목회를 위한 별도의 자격증 및 면허증 또는 별도의 과정을 거쳐야 하는 자격 요건을 두고 있지 않으므로 노회가 임기와 시무처에 대한 파송의 필요성, 파송으로 인한 전도 효과 등을 종합적으로 판단하여 결정한다.[35]

**전도목사의 시무처**  ① 노회 경계 밖의 기관에도 파송할 수 있고,[36] ② 개인이 운영하는 곳도 가능하나 단 자신이 기관장일 경우 기관 임원회(이사회 또는 운영위원회) 결의서가 첨부되어야 하며 이에 대해서는 노회가 판단해야 하며,[37] ③ 국내와 국외에도 파송할 수 있는바, 국내의 기존교회는 개척지로 볼 수 없으므로 파송할 수 없으나 국외의 경우는 본 조 제6항 선교목사에 준하여 기존교회(해외한인교회)라도 전도목사로 파송할 수 있고,[38] ④ 노회의 구역 여부에 관계없이 노회에서 정하므로 타 노회 소속 목사의 경우 해당 노회에서 사임서 처리를 전제로 전도목사 청빙을 할 수 있으며,[39] ⑤ 기도원은 전도목사 파송지에 해당되지 아니하므로 전도목사를 파송할 수 없는 것이 원칙이나 파송여부는 노회 국내선교부에서 판단하여 처리할 수 있다.[40]

---

33) 제86회기-8번.
34) 제104회기-55번.
35) 제105회기-35번.
36) 제105회기-14번, 제89회기-15번.
37) 제105회기-14번.
38) 제94회기-21번.
39) 제102회기-36번.
40) 제98회기-27번.

**전도목사의 임기**  파송단체인 노회의 정한 바에 의하나 노회는 반드시 시무처로부터 계속(연임)청원을 원치 않는다는 서면 통지를 접수하기 전에는 시무처의 의사에 반하여 계속 청원할 수 없으므로 전도목사의 계속청원은 기간을 정할 필요가 없고, 시무처에서 시무하는 동안은 자동으로 계속청원된 것으로 본다.[41]

**전도목사 당회장 불가**  전도목사는 교회(개척지)를 담임하고 있다고 하더라도 교회설립 이전이라고 하면 전도목사의 신분이 맞으므로 당회장이 될 수 없으나 사안에 따라 노회 전도부장이나 국내선교부장의 허락하에 임시적으로 당회장권을 행사할 수 있다.[42]

**전도목사 임시당회장 가능**  전도목사도 제67조 2항에 따라 임시당회장으로 파송할 수 있다.[43]

**전도목사 2명 이상 파송 가능**  한 곳의 개척지(기도처)에 숫자를 제한하는 규정이 없으므로 2명 이상의 전도목사를 파송하는 것도 가능하다.[44] 다만, 이 해석에 대하여 기도처는 목회의 예비단계로 세례교인 15인 이상만 확보되면 곧바로 교회설립(가입)신청을 노회에 내고 정식 목회하는 교회로 발전하기 때문에 한 개척지에 2명 이상의 전도목사를 파송하는 것은 절대 불가하다며 잘못된 해석이라는 견해[45]도 있다.

**개척지의 개념**  노회의 허락 여부와 관계없이 본인이 개척하고 있는 곳을 말한다.[46]

**미조직교회 담임전도사 목사안수청원**  미조직교회에서 담임전도사를 담임목사로 청빙할 경우 본 조와 제28조를 준용하여 안수청원할 수 있으며 안수청원의 주체는 파송받으려는 전도처가 아니라 전도목사가 되면 노회 소속인 점, 전도목사를 파송하고 관리하는 곳이 노회 국내선교부인 점을 감안할 때 노회 국내선교

---

41) 제94회기-37번.
42) 제105회기-50번.
43) 제100회기-62번, 제98회기-29번.
44) 제94회기-63번.
45) 이성웅, 231면.
46) 제103회기-76번, 제94회기-9번.

부가 목사 안수청원을 함이 타당하다.[47]

**기도처를 창립한 전도목사**가 세례교인이 15인 이상이 되어 노회로부터 교회설립허락을 받은 경우에 담임목사가 되기 위하여서는 제28조 2항에 의한 담임목사 청빙절차가 필요하다.

**기관목사** 총회의 사무부서에서 근무하는 사무총장, 국장 등, 노회의 사무직원인 총무, 총회와 노회의 관계 기관의 장이나 대학교수, 교직원 등으로 목사 임직을 받은 자를 말한다.

기관목사라는 의미는 본 교단 소속 기관이나 산하기관에서 시무하는 목사를 말하는 것이므로 본 교단 밖의 기관에서 시무할 때는 노회의 겸직 허락을 받을 필요 없다[48](이 해석 이후 2012년 시행규정 개정 시 제22조의 단서에 이 해석내용을 추가함).

**기관목사 임시당회장 가능** 기관목사도 노회의 승인을 받아 지교회의 임시당회장으로 파송받을 수 있다.[49]

■ **시행규정 제20조의 1  기관목사(개정 2021.9.28)**
1. 총회 산하기관의 기관목사는 노회장과 기관장의 허락 없이 교회시무를 겸할 수 없다. (개정 2012.9.20)
2. 기관목사의 청빙 서식은 제7-1, 2호 서식에 의한다.

■ **시행규정 제22조  겸직과 무임의 범위**
목사는 당회(당회가 없으면 제직회)의 청원과 노회(폐회 중에는 정치부와 임원회)의 결의로 총회 산하기관이나 교회에 겸직할 수 있으며 노회의 허락 없이 하는 모든 시무(교회, 기관)는 무임으로 간주한다. 단, 총회 산하기관이 아닌 외부 기관일 경우에는 겸직 허락을 받을 필요가 없다. (개정 2012.9.20)

---

47) 제106회기-32번.
48) 제94회기-58번.
49) 제91회기-55번.

**목사의 겸직** 본 시행규정에서의 겸직이란 말은 목사가 목회란 본직 이외에 다른 직무를 겸한다는 의미일 뿐 노회로부터 목사의 칭호를(임시목사와 기관목사)를 동시에 가질 수 있다는 말은 아니다.[50]

**신학대학교 총장 승인의 주체** 신학대학교는 노회의 소속기관이 아니라 총회의 허락으로 세워진 유관기관으로서 신학대학교에서 위임목사를 총장으로 선출하기로 이사회가 결의하고 이사장이 승인을 요청할 때, 그 요청서를 총회에 제출하여 승인을 받을 것인지 또는 노회까지 제출하여 승인을 받아야 하는지에 대하여 "원칙적으로 겸직은 노회의 허락을 받아야 하나 상회인 총회의(폐회 중에는 임원회)의 허락을 받은 경우에는 노회의 허락을 받은 것으로 간주한다"고 해석하였다.[51]

**시행규정 제22조의 의미** 총회나 노회에 속한 교회와 기관에 시무하는 목사의 무임 여부에 국한되며, 노회 허락 없이 교회나 기관에 시무하더라도 기존의 위임목사의 정년시한이나 임시목사의 잔여 시무기간에 불이익을 주거나 권한을 제한할 수 없고 노회의 허락 없이 하는 교회나 기관의 시무에 대해서는 인정하지 않는다는 말이지 국민의 기본권인 생존권이나 직업선택의 자유권을 제한하여 모든 직무, 직업의 겸직을 허락받아야 한다는 말은 아니므로 노회 허락 없이 시무하는 초등학교 교사직에 대해서는 노회가 못하도록 제한할 수 없으며, 단지 이와 같은 상황을 고려하여 임시목사 연임 청원을 허락할 것인가의 여부는 노회(폐회 중에는 정치부와 임원회)의 권한에 속한다는 취지이다.[52]

**선교목사** 선교목사는 총회에서 다른 민족에게 전도하기 위하여 외국에 파송한 목사이며, 외국에 있는 동포들에게 전도하는 목사도 이에 준하도록 규정하고 있다. 외국에서 복음 전파를 위하여 우리나라로 파송한 목사는 선교 동역자라고 하여 구별하고 있다(제98조 참조).

**교육목사** 위임목사를 교육분야에서 보좌하기 위하여 청빙된 연임 가능한 임기 1년의 목사를 말하며, 2018년 헌법개정으로 신설된 제도이다.

---

50) 제95회기-10번.
51) 제92회기-22번.
52) 제92회기-43번.

**교육목사 제도 도입 배경 및 운영**  제도의 배경은 "본 교단의 무임목사가 1,800명이나 되며 임지를 구하기가 어려워 본 조의 무임목사 규정에 따라 자동해직되는 사람들이 늘어나 담임목사 교회에서도 교육목사를 청원하여 무임목사 문제를 해결하며, 경험있는 사람들로 교회학교 교육의 질적 향상에 도움을 주기 위함"이며, 교육목사 제도 시행의 문제점과 혼란을 최소화하기 위하여 규정이 보완될 때까지 "① 교육목사는 노회의 언권회원이나, 당회와 제직 회원권은 없다. ② 조직교회(위임, 담임)목사는 시행규정 제16조의 4, 1항에 의거 교육목사 청빙 시 안수 후 청빙 청원을 할 수 있으나, 미조직 교회 담임목사는 안수 청원할 수 없다. ③ 교육목사를 청빙하여 전임사역을 맡길 수 없다. ④ 미조직 교회에서는 제직회의 결의로 교육목사 청빙 및 연임청원을 할 수 있다"라고 해석하였으며,[53] 이 해석내용을 2021년 시행규정 개정 시 제20조의 2를 신설하면서 그대로 반영하였다.

■ **제20조의 2  교육목사(신설 개정 2021.9.28)**
헌법 정치 제27조 제7항의 교육목사에 관한 사항은 다음과 같다.
1. 교육목사는 노회의 언권회원이나, 당회원권과 제직회원권은 없다.
2. 조직교회 (위임, 담임)목사는 교육목사 안수청원 시 헌법 정치 제28조 제4항을 준용하여 청빙청원을 할 수 있으나, 미조직교회 담임목사는 안수청원을 할 수 없다.
3. 교육목사를 청빙하여 전임사역을 맡길 수 없다.
4. 조직교회에서는 당회 결의로, 미조직교회에서는 제직회의 결의로 교육목사 청빙 및 연임청원을 할 수 있다. 단, 교육목사는 위임(담임)을 바로 승계할 수 없고 헌법 정치 제27조 제3항을 준용한다.
5. 교육목사의 청빙 서식은 제5-1호 서식을 준용한다.

**원로목사**  한 교회에서 20년 이상 시무한 목사로서 그 명예를 보존하기 위하여 당회와 공동의회의 결의를 거쳐 노회의 허락을 받아 추대한 목사를 말한다. 개

---
[53] 제103회기-49번.

척지 교회가 아닌 전도목사나 기관목사는 20년 이상 근무하여도 원로목사가 될 수 없다.

**원로목사 추대 및 변경절차**  원로목사로 추대된 목사를 지교회 공동의회의 결의만으로 원로목사 추대를 박탈할 수 없으며, 지교회의 형편이 달라졌을 경우 당회 및 공동의회의 결의와 노회의 허락을 받아 원로목사에 대한 예우를 변경, 조정할 수 있다.[54]

**원로목사의 직위 해임**  행정조치로는 할 수 없고, 다만 그 행위가 도저히 묵과할 수 없는 일이라면 고소, 고발을 통하여서만 할 수 있다.[55]

**원로목사제도 폐지론**  원로목사에 대한 예우는 지교회의 재정적 상황 등 형편에 따라 처리하게 되며 총회 때마다 문제가 되고 있으며, 목회자 연금제도가 있어 큰 부담을 덜어 주기도 하지만 지교회에 경제적 부담을 주고 후임 담임목사가 소신 있는 목회를 하는 데 걸림돌이 되어 교회분쟁의 씨앗이 될 수 있으므로 원로목사제도를 폐지하는 것이 옳다는 주장도 있으며,[56] 최근 담임목사 청빙에 있어 원로목사가 될 여지를 남기지 않기 위하여 50세 이상인 목사를 선호하는 경향이 생겨나고 있음도 주목할만한 일이다.

■ **시행규정 제21조  원로목사**
1. 헌법 정치 제27조 8항의 원로목사의 추대는 당회에서 발의하여 공동의회에서 투표 과반수로 가결하고 제8호 서식에 의하여 노회(폐회 중에는 정치부와 임원회)의 허락을 받아 추대한다. 기간의 계산은 그 교회에 실제로 처음 부임한 날부터 합산하여 20년 이상이면 된다. 예우에 관하여는 공동의회에서 가결되면 제직회를 통과한 것으로 본다. (개정 2012. 9. 20)
2. 예식은 당회가 주관하고 선포는 노회가 한다.

**원로목사 추대요건**  ① 원로목사는 한 교회에서 계속하여 시무 20년인지 또는

---

54) 제105회기-56번, 69번.
55) 제101회기-76번, 106번, 제96회기-46번.
56) 이성웅, 233면.

재차 부임하여 시무한 것까지 합산되는지에 대하여 처음 한 교회에서 20년 이상 계속 시무한 기간이고 합산할 수 없다고 해석하였으나,[57] 2012년 시행규정 개정시 '그 교회에 실제로 처음 부임한 날부터 합산하여 20년 이상이면 된다'는 내용을 추가하였다(본 시행규정 제1항).

② 원로목사는 본 교단 시무기간만 인정되나(타 교단 시무기간 미포함),[58] 예외적으로 설립자(개척자)가 교회와 함께 교단 가입을 할 경우 교단 가입 전 시무기간도 원로목사 추대 기준인 20년 기간에 포함되며,[59] ③ 시무정지 기간은 20년 기간 산정에서 제외하여야 한다.[60]

**공동의회가 만장일치로 원로목사 추대를 청원할 경우** 지교회 공동의회의 청빙결의를 기준으로 하면 시무기간이 20년 충족되나 노회의 청빙허락 결의를 기준으로 하면 약간 부족하지만 당회, 공동의회가 만장일치로 결의하여 원로목사 추대를 청원할 경우 노회가 허락하면 원로목사 추대가 가능하다고 해석하였다.[61]

**원로목사 추대 시기** ① 한 교회에서 20년 이상을 시무한 목사가 교회에서 조기은퇴나 정년은퇴를 구분하지 않고 은퇴청원을 할 때나 은퇴 후 또는 시무 사임한 후일지라도 본 조에 의거 원로목사 추대할 수 있으며,[62] ② 은퇴까지는 시무기간이 남아 있는 목사로서 정확히 20년이 차지 않을 때에 미리 공동의회를 통해서 원로목사를 추대하는 행위는 불법이 아니라고 해석하였다.[63]

**조기은퇴로 원로목사 추대 후 무임목사로 연금 완납한 경우** 한 교회에서 20년 이상을 위임목사로 시무한 목사가 조기은퇴 의사를 밝혀 시무교회의 당회와 공동의회에서 만장일치로 원로목사 추대 결의를 하였으나, 목사의 연금기간 부족으로 노회에 사임서를 제출하고, 무임목사로 2년 동안 연금을 완납한 후 완전 은퇴했을 경우에 원래 교회가 원로목사 추대 결의한 대로 소속 노회에 청원하여 원로

---

57) 제86회기-9번.
58) 제93회기-37번.
59) 제93회기-57번.
60) 제100회기-70번.
61) 제95회기-2번.
62) 제106회기-13번, 제99회기-61번.
63) 제101회기-23번.

목사로 세울 수 있다.[64]

**임시목사,[65] 부목사,[66] 미조직교회 목사[67]의 원로목사 추대**  원로목사로 추대할 수 있으며, 70세 이전에 사임할 때 원로목사로만 추대받고 노회에 은퇴청원을 하지 않았다면 다른 곳에 가서 전도목사나 기관목사가 될 수 있다.[68]

**원로목사 추대 예식 주관**  당회가 하여야 하고, 그 원로목사 선포는 해당 노회장 이름으로 함이 가하다.[69]

**원로목사는 당회 및 노회의 언권회원**  원로목사는 제27조 8항의 지교회와의 계속 관계 등 당회의 언권회원이 되며,[70] 2012년 헌법개정에서 은퇴목사의 자격으로 노회의 언권회원 자격이 부여되었다(제74조 2항).

**원로목사, 원로장로 제도 폐지 불가**  지교회에서 원로목사 및 원로장로 제도를 폐지할 수 없다.[71]

**공로목사**  ① 공로목사는 한 노회에서의 시무기간이 통산되며,[72] ② 목사로서의 시무기간만 계산하여 20년 이상이 되어야 하며 목사 이전의 담임 전도사 사역기간을 포함할 수 없고,[73] ③ 임원회와 정치부에서 추대할 수 없으며 노회에서 추대해야 한다.[74]

**공로목사추대 취소절차**  노회에서 추대된 공로목사에게 중대한 결격사유(전 시무교회의 분규사건으로 시무정지 2개월의 징계받은 사실)가 발견된 경우, 재판(결의무효 확인의 소)에 의해서만 공로목사 추대를 무효로 할 수 있다.[75]

---

64) 제101회기-118번.
65) 제96회기-39번.
66) 제93회기-17번.
67) 제99회기-64번, 제98회기-45번.
68) 제96회기-34번, 제95회기-4번.
69) 제84회기-23번.
70) 제89회기-2번.
71) 제93회기-15번.
72) 제86회기-9번.
73) 제106회기-10번.
74) 제94회기-45번.
75) 제98회기-7번, 제97회기-61번.

**공로목사는 노회 언권회원**  공로목사에게 2012년 헌법개정으로 노회의 언권회원 자격이 부여되었다(제74조 2항).

**무임목사**  노회 결의에 의한 시무교회나 기관이 없는 목사이며, 이때의 노회 결의는 무임에 대한 결의가 있어야 한다는 의미가 아니라 노회에서 적법한 절차를 밟아서 시무하는 교회나 기관이 없는 경우를 뜻한다.[76]

**무임목사의 권한**  무임목사는 노회의 언권회원이고(제74조 2항) 회원이 아니므로 결의권은 없으며, 부서에 공천되어 부서 활동을 할 수 없고, 선거권과 피선거권이 없으나 대리당회장은 맡을 수 있다.[77]

**무임목사의 목사직 자동해직을 위한 기산일**  제35조에 근거 자의에 의한 시무사임의 경우 노회에서의 사임처리일 이후 타 교회에 청빙받을 수 있으며, 다만 무임목사의 목사직 자동해직을 위한 기산일은 제29조 1항 및 3항을 준용하여 승인 후 첫 노회 개회일로 봄이 타당하다(참고로 무임목사 3년 기산일은 정기노회 결의일로 보아야 한다는 표현을 한 해석[78]도 있음).[79]

**무임목사의 정당한 이유 판단**  ① 본 조 제10항에서의 '정당한 이유'에 대한 사항은 노회가 판단할 사항으로서 이에 대하여 분쟁이 있다면 당사자 간 쟁송을 통하여 결정할 사항이고,[80] ② 현재 총회 재판국의 연임 청원에 대한 재판이 진행 중이라고 한다면 '정당한 이유'가 있다고 판단되므로 노회 헌의위원회의 청원서류반려와 노회의 무임목사 결의는 적법하다고 볼 수 없다.[81]

**자동해직의 통지는 효력발생요건**  정당한 이유 없이 무임목사로 3년이 경과하면 자동해직의 필요요건은 갖춰지지만 자동해직의 효력발생은 노회장이 당사자에게 자동해직이 됨을 통지하고 노회에 보고한 후 무임목사 명부에서 삭제한 때에 발생하므로 자동해직 통지는 해직의 필요조건은 아니지만 자동해직의 효력발

---

76) 이성웅, 239면.
77) 제86회기-13번.
78) 제104회기-35번.
79) 제106회기-44번.
80) 제104회기-32번.
81) 제103회기-28번, 43번.

생요건이다.[82]

■ **시행규정 제19조 무임목사 처리**
1. 헌법 정치 제27조 10항에 의해 정당한 이유 없이 무임목사로 3년이 경과하면 노회장은 즉시 당사자에게 자동 해직이 됨을 통지하고 노회에 보고한 후 무임목사 명부에서 삭제한다.
2. 목사의 자격이 원인 무효로 확인되었을 때에도 또한 같다. (개정 2012. 9. 20)
3. 무임목사로 해직된 후 복직하려면 헌법 정치 제37조(목사의 복직) 절차를 준용한다.

**은퇴목사** ① 은퇴목사는 노회의 허락으로 되는 것이지 은퇴식과 은퇴목사의 선포의 예식과는 관계가 없으며,[83] ② 목사는 정년이 되어 은퇴목사가 되지만 정년이 되지 않아도 노회의 허락을 받아 조기은퇴할 수 있고 조기은퇴에 연령제한은 없으며(50대 목사도 은퇴가능),[84] ③ 조기은퇴한 목사는 다른 교회 시무목사 청원이나 전도목사 청빙을 할 수 없고,[85] ④ 정년이 지난 목사는 한시적으로 설교를 맡길 수 있으나 치리권이 없으므로 치리는 할 수 없으며,[86] ⑤ 은퇴목사는 노회 소속이며 교회 소속이 아니므로 노회와 교회의 허락을 받아 한시적으로 설교를 맡길 수 있으나 노회의 허락 없이 교회에 강단권이 있다고 주장하면서 설교를 하는 것은 적법하지 않다.[87]

**은퇴목사는 노회 언권회원** 종전에는 은퇴목사는 언권이 없다고 해석하였으나,[88] 2012년 헌법개정에서 노회의 언권회원 자격을 부여하였다(제74조 2항).

**유학목사** 2012년 헌법 개정에서 신설하였다. 선교목사는 노회 회원권이 구비

---

82) 제102회기-24번.
83) 제92회기-56번.
84) 제104회기-35번, 제97회기-20번.
85) 제86회기-1번.
86) 제105회기-48번.
87) 제105회기-53번.
88) 제89회기-2번.

되어 개회정족수에 포함되나, 유학하고 있는 목사는 무임목사로 노회 언권회원이므로 개회정족수에 포함되지 않는다.[89]

이에 대하여 유학목사를 신설하면서 제74조 1항에서는 노회원의 자격을 주지 않았으나 '허락받은 유학기간이 종료되면 노회의 연장 허락을 받아야 하며 노회의 연장 허락을 받지 않으면 그 시점부터 무임목사가 된다'는 본 조 규정을 종합 검토하여 보면, 유학목사는 무임목사가 되기 전까지는 노회원이고 단지 유학기간 동안 노회원 자격이 정지되고 있는 것이라는 견해[90]에 찬성한다.

**군종목사** 2012년 헌법개정에서 신설하였다. 제74조 1항에서는 노회원의 자격을 주지 않은 점으로 보아 노회원인 점은 변함없으나 군종사관의 복무기간 동안 노회원 자격이 정지되고 있는 것으로 해석하여 개회 성수의 계산에 포함되지 않는다고 함이 타당하다는 견해[91]가 있다.

2021년 헌법개정에서 종전에 "군종사관후보생 시험에 합격하고 본 교단 직영 신학대학원에 재학 중인 자는 재학 중에도 목사고시에 응시할 수 있고 합격하면 재학 중에도 군종목사로 안수하여 시무(경력)확인서를 총회에서 발급해 줄 수 있다"고 되어 있던 것을 "군종사관후보생 시험에 합격하고 본 교단 직영 신학대학교 및 일반대학 기독교 관련 학과에서 본 교단장 추천을 받고 군종사관후보생 시험에 합격하여 4학년에 재학 중인 자는 재학 중에도 목사고시에 응시할 수 있고 합격하면 본 교단 신학대학원 재학 중에도 군종목사로 안수(해당노회와 협력하여 총회군경교정선교부 주관으로)하여 시무(경력)확인서를 총회에서 발급해 줄 수 있다"라고 변경하였다.

이는 그동안 본 교단 출신 군종사관들이 목사 안수시기가 늦어짐에 따라 군입대 이후 타 종교인 카톨릭 교회의 군종신부, 불교의 군종법사는 물론 기독교의 다른 교단 출신 군종사관과의 계급상의 불균형으로 인한 사실상의 불이익을 당하여 온 불합리한 현실을 직시하고 이를 시정하기 위함이다.

여기에서의 교단장은 본 교단의 총회장을 의미한다.

---

89) 제86회기-19번.
90) 이성웅, 389면.
91) 이성웅, 244면.

### 제28조 목사의 청빙과 연임청원

1. 조직교회는 위임목사를 청빙할 수 있다.
2. 위임목사의 청빙은 당회의 결의와 공동의회의 출석회원 3분의 2 이상의 찬성을 얻어야 한다. 청빙서는 공동의회에 출석한 세례교인(입교인) 과반수가 서명날인을 한 명단, 당회록 사본, 공동의회 회의록 사본, 목사의 이력서를 첨부하여 노회에 제출하여야 한다.
3. 담임목사의 청빙과 연임청원은 다음과 같다. (개정 2012.11.16)
   ① 담임목사의 청빙은 당회의 결의와 제직회 출석회원 과반수의 찬성을 얻어야 한다. 청빙서는 제직회 출석회원 과반수가 서명날인을 한 명단, 당회록 사본, 제직회 회의록 사본, 목사의 이력서를 첨부하여 노회에 제출하여야 한다. 다만, 연임청원은 당회록과 제직회 결의록을 첨부하여 연임 청원서를 대리당회장이 노회에 제출한다. 당회 미조직교회는 제직회 회의록을 제출한다.
   ② 매 3년마다 담임목사의 연임청원 시 만장일치로 연임을 찬성하면 투표를 생략할 수 있으나 1인이라도 투표를 원하면 투표해야 한다.
   ③ 연임청원 시 당회장을 제외한 당회원이 장로만 2인일 경우에 한하여 투표 결과 찬성과 반대가 각각 1인이면 공동의회 출석 과반수의 결의로 담임목사의 연임 여부를 결정한다.
4. 부목사의 청빙은 당회의 결의와 제직회의 동의를 얻어야 한다. 청빙서는 제직회 출석회원 과반수가 서명날인을 한 명단, 당회록 사본, 제직회 회의록 사본, 목사의 이력서를 첨부하여 노회에 제출하여야 한다. 계속 청원은 당회의 결의로 하며 당회 회의록을 노회에 제출한다. (개정 2012.11.16)
5. 기관목사의 청빙은 그 기관(이사회)의 결의로 대표자가 청빙서를 노회에 제출하여야 한다. 시무기간은 그 기관이 정한다.
6. 위임목사 또는 담임목사 청빙에 있어, 아래 각호에 해당하는 이는 위임목사 또는 담임목사로 청빙할 수 없다. 단 자립대상교회에는 이를 적용하지 아니한다. (신설 개정 2014.12.8)
   ① 해당 교회에서 사임(사직) 또는 은퇴하는 위임(담임)목사의 배우자 및

　　　　직계비속과 그 직계비속의 배우자
　　② 해당 교회 시무장로의 배우자 및 직계비속과 그 직계비속의 배우자

**위임목사의 청빙과 위임투표**　① 본 조 제1항 '조직교회는 위임목사를 청빙할 수 있다.'는 규정에 의거 미조직교회는 위임목사를 청빙할 수 없으며,[92] ② 위임목사 청빙절차(조직교회, 당회 결의, 공동의회 결의)는 사후에 거쳐서는 안 되며 반드시 사전에 거쳐야 하고,[93] ③ 본 조 제1, 2항에 의거 위임목사는 1차 투표밖에 할 수 없으며,[94] ④ 위임투표결과 1차 당회에서 부결되었을 때 차회 당회에서 재위임투표를 할 수 있는지에 대하여 본 조 제1항에 의해 가능하나, 동일 회기 내에는 불가능하다(시행규정 제16조의 2 2항).[95]

**위임목사 청빙 투표방법**　당회에서 투표방법에 대하여 논의 없이 공동의회에서 거수를 묻지 않고 동의, 재청으로 가부를 물어 만장일치를 결의할 수 있는지에 대하여 "위임목사 청빙투표에 관한 방법은 헌법에는 규정이 없고 장로회, 각 치리회 및 산하기관 등의 회의규칙(이하, '장로회 등 회의규칙'이라고만 함) 제12조 4항 '인사문제 표결은 무기명 비밀투표로 해야 한다.'에 의거 위임목사 청빙 결의도 무기명 비밀투표로 함이 원칙이나 시행규정 제4장 부칙 제5조 '헌법과 이 규정에 계수를 필요로 할 때라도 안건결의 시 찬성과 반대를 차례로 물었을 때 1명의 반대도 없으면 만장일치로 가결된 것으로 본다'는 규정과 입법취지를 준용하여 동의, 재청으로 가부를 물어 만장일치로 결의할 수 있다"는 것으로 해석하였다.[96]

**재석 수 미확인 경우 출석회원 기준으로 계산**　위임목사 투표 시 회의장에 남아있는 회원에 대한 정확한 재석 수를 확인할 수 없었을 때는 개회 시 출석회원(456명)과 총투표자(414명)에 차이가 크고 그 기준에 따라 위임목사 결의 정족수에 대한 기준이 다르게 되는 상황에서 '총투표자 3분의 2 이상'으로 해야 할 아무

---

92) 제99회기-34번, 63번.
93) 제99회기-63번.
94) 제90회기-42번.
95) 제90회기-69번.
96) 제92회기-64번.

런 법적 근거가 없는 이상 본 조에 근거 '공동의회의 출석회원 3분의 2 이상'으로 결의함이 적법하므로 공동의회 개회 당시 출석회원 456명을 기준으로 해야 하며, 이는 재석회원이 투표에 참여하지 않고 기권으로 의사를 표시할 수 있으므로 재석회원 중 총투표자수로 결의할 경우 기권자의 의사가 반영되지 않아 결과가 왜곡될 수 있고 우리 교단 헌법에서는 출석회원과 총투표수를 구분하여 적용하고 있는 점을 감안할 때 출석회원과 총투표수를 동일하게 보지 않는 것이 합리적으로 판단된다((출석회원 : 제28조, 44조, 47조), (총 투표수 : 제41조), (투표수 : 제54조))고 해석하였다.[97]

**담임목사 자동 연임 노회 규칙의 위법성**  노회 규칙 시행규정에 "담임목사는 3년마다 연임 청원한다. 단 지교회에서 이의가 없으면 자동 연임된다"고 규정한 것은 위법이므로 본 조 제3항에 따라 '자동 연임 된다'는 규정을 개정하여야 하며, 연임청원서는 반드시 제출하여야 한다.[98]

**담임목사의 청빙**  ① 당회의 가결을 전제로 제직회의 가결이 필요하며,[99] ② 임시목사는 임시목사의 시무기간 동안은 위임목사 청빙 부결에 관계 없이 임시목사로 시무하게 되고,[100] ③ 담임목사가 시무하고 있던 교회가 후임 목사를 청빙함에 있어 전도목사로 청빙하여 그 전도목사로 하여금 후임목사로 시무케 하는 것은 불가하나 다른 기관의 전도목사로 시무하던 목사를 담임목사로 청빙하여 후임 담임목사로 시무케 하는 것은 적법하다.[101]

④ 담임목사의 연임 청빙이 제직회에서 부결된 경우 제직들의 재론 없이 목사 단독으로 광고하고 다시 재론하여 결의할 수 있는지에 대하여 대리당회장의 사회로 진행이 되었다면 적법하다(이러한 해석이 가능한 것은 담임목사는 노회 한 회기 내에 투표 1회만 가능한 위임목사와 다르기 때문이다).[102]

**정상적 당회 개최불능에 대한 노회의 사후판단 필요**  ① 교회가 계속된 분규로

---

97) 제92회기-64번.
98) 제99회기-84번.
99) 제92회기-45번.
100) 제85회기-9번.
101) 제102회기-19번.
102) 제95회기-1번.

인하여 부득이하게 정한 기간 내에 정상적인 당회(당회 미조직 교회 제직회)를 개최할 수 없어 연임여부를 결정하지 못한 경우 담임목사는 적법한 연임청빙절차를 종료할 때까지 자동연장된다고 봄이 타당하나 분규 여부에 대한 판단은 노회가 판단한 후에 연임청빙 문제를 결정할 수 있다.[103]

② 본 조에 근거 담임목사는 매 3년마다 연임 청원의 절차를 거쳐야 하며, 다만 시행규정 제18조 3항(부목사 자동연장)을 준용하여 "정당한 사유"로 "정상적인 당회를 개최하지 못하여" 매 3년에 연임청원을 하지 못하였을 경우 자동으로 연장된다고 보기 어렵고, 차기 노회에서 "정당한 사유" 및 "정상적인 당회를 개최하지 않은" 여부를 판단하여 담임목사 연임 청원을 허락할 수 있다.[104]

**담임목사 청빙서류에 6개월 후 사임한다는 단서 조항** 해당 단서 조항이 있었다고 하여도 본 조 제3항에 근거 담임목사의 임기는 3년이므로 이는 적법하지 않은 것으로 노회가 결의하였다고 하면 위 조항에 근거 3년으로 결의한 것으로 본다.[105]

**위임목사 투표 부결 시 담임목사의 임기** 잔여임기(노회 담임목사로 청원한 날짜를 기준으로 3년)인지, 위임투표 날짜를 기준으로 3년인지에 대하여 위임목사 청빙이 공동의회에서 부결되면 담임목사 임기는 노회 허락일을 기준으로 기산하여 3년이다.[106]

**위임투표 시 3분의 2에 미달되어 부결되었으나 찬성이 과반수인 경우** 제직회에서 담임목사 연임투표를 생략하고 연임 청원이 가능한지에 대하여 담임목사 연임청원은 본 조 제3항에 근거 당회와 제직회 결의를 거쳐야 하고, 위임목사 청빙은 본 조 제2항에 근거 당회와 공동의회 결의를 거쳐야 하는바, 공동의회는 정치 제90조 2항에 근거 당회의 결의로 당회장이 소집하되 일시, 장소, 안건을 한 주일 전에 교회에 광고하도록 되어 있어 위임목사 투표를 위한 공동의회가 담임목사 연임투표를 대신할 수 없다.[107]

---

103) 제105회기-17번.
104) 제104회기-4번.
105) 제103회기-79번.
106) 제103회기-99번.
107) 제103회기-99번.

**직계비속 청빙 금지** ① 민법 제768조 규정에 비추어 본 조 제6항에서의 직계비속에 형제자매는 들어가지 않으며,[108] ② 본 조 제6항 1호는 교회에서 사임(사직) 또는 은퇴하는 위임(담임)목사의 배우자 및 직계비속과 그 비속의 배우자에 대하여 은퇴 전에 위임(담임) 청빙 시 영향력을 행사하여 세습하는 것을 막기 위한 것으로, 위임목사도 아닌 전도사는 입법 미비 및 법의 명확성 부족으로 제한할 수 없다.[109]

③ 본 조 제6항 제정 당시 총회(2014년, 제99회)의 헌법개정 상정안에는 "해당 교회에서 이전에 사임(사직) 또는 은퇴한 위임(담임)목사 및 장로의 배우자 및 직계비속과 그 직계비속의 배우자에게도 동일하게 적용한다."는 조항도 있었으며, 재석 1,054명 중 찬성 610명으로 재석 3분의 2 미달로 부결된 것은 사실이나(참조, 제99회 총회(2014.9.22-25, 소망교회당, 총회 회의록 p.46)), 이 조항을 삭제한 근본적인 이유는 사임 혹은 은퇴 이후 오랜 기간이 지난 경우(가령 전임자의 사임(사직, 은퇴) 후 아무런 영향력이 없는 환경 등에서)처럼 '목회세습(목회지 대물림)'과는 전혀 상관없는 청빙에까지 이 조항을 동일하게 적용하여 금하는 것은 너무 엄격하다는 등의 의견을 받아들였기 때문이었다.[110]

**본 조 제6항의 효력과 관련한 헌법위원회의 해석** 제1차 해석 : 목사 청빙에 관해 장로교는 성도들의 권리이므로 제1조, 제2조에 입각하여 교단이 교회의 자유(교인들의 권리)를 침해할 수 없다 할 것이다. 장로교 원칙에 토대를 두어야 한다. 장로교는 감독정치가 아니라 대의정치와 회중정치에 근거한 교파이기 때문에 당회의 결의와 제직회, 공동의회의 결정으로 노회에 청원하여 노회가 인준하고 있다. 그럼에도 본 조 제6항은 본 교단이 헌법에서 채택하고 있는 제1편 교리 제4부 제20장, 정치 제2조, 제4조, 제90조 5항 ①호를 위배한 기본권 침해의 소지가 있고, 본 조 제1항, 2항, 3항과 충돌되고 있다. 이와 같이 본 조 제6항은 그리스도 정신이 정한 내용에 합당치 않고, 뿐만 아니라 본 교단이 채택하고 있는 웨스트민스터 신앙고백과 정치 원리(장로교 법 취지 등) 등에 합당치 않아 기본권 침

---

108) 제100기-1번.
109) 제102회기-3번.
110) 제101회기-35번.

해의 소지가 있는 것으로 사료되어 수정, 삭제, 추가, 즉 보완하는 개정을 하여야 할 것이다.[111]

제2차 해석 : 본 조 제6항 1호는 법 조항으로 현재도 효력이 있다. 헌법 자체에 대해서는 헌법위원회 해석이 있다고 해도 헌법 자체를 위헌으로 판단할 수 없는 것으로 개정안을 낼 수 있을 뿐이다. 위헌의 판단은 헌법을 기준으로 헌법시행규정과 총회 규칙 등이 맞지 않을 때 위헌 결정을 할 수 있는 것이다. 다만 본 조 제6항은 그리스도 정신이 정한 내용에 합당치 않고 뿐만 아니라 본 교단이 채택하고 있는 웨스트민스터 신앙고백과 정치 원리(장로교 법취지 등) 등에 합당치 않아 기본권 침해의 소지가 있는 것으로 사료되어 수정, 삭제, 추가, 즉 보완하는 개정을 하여야 할 필요가 있다는 것이다. 즉 현재는 효력이 있으나 수정, 삭제, 추가 등 개정하여야 하는 것이다. 따라서 제101회기 총회 헌법해석 95번으로 갈음한다.[112]

제3차 해석 : 우리 교단 헌법은 제1편 교리, 제2편 정치, 제3편 권징, 제4편 예배와 예식으로 구성되어 있으며 헌법이 내용적으로 국가 민법적 요소(정치편)와 형사소송법적 요소(권징편) 등을 포함하고 있어 헌법으로서 역할보다 법률적 역할이기에 '제1편 교리'만을 헌법으로 보고 위헌을 결정해야 한다고 하나 총회 헌법(제1편-제4편)은 규범적, 형식적으로 '헌법'으로 구분되어 있고, 운영되고 있기에 총회 헌법으로서 가치와 권위를 가진다. 헌법위원회에서 '합헌, 위헌의 판단'은 '헌법'을 기준으로 하여 하위법인 헌법시행규정, 총회규칙, 총회결의, 노회규칙(정관, 헌장, 규정 등 명칭 불문)과 산하기관의 정관, 당회규칙(정관, 규정 등 명칭 불문)이 헌법에 위반되는지 안 되는지를 판단하여 '합헌과 위헌의 판단'을 할 수 있는 것이다. 또한 질의에서 "제101회기 헌법위원회 위헌심판 결정문"이라고 하였으나, 총회 헌법위원회는 재판의 일종인 '위헌심판'제도가 없고, '합헌과 위헌의 판단'이 있을 뿐이다. 본 조 제6항에 대한 헌법위원회의 해석이 있었다고 하여도 헌법위원회가 헌법 자체를 위헌으로 판단한 것이 아니다. 만약 위헌 판단을 할 수 있다고 하면, 헌법이 헌법을 기준으로 헌법을 위헌이라고 하는 모순이 된다. 또한

---

111) 제101회기-95번.
112) 제102회기-5번.

질의에서 헌법위원회 해석을 헌법시행규정 제36조 6항에 의거 지체 없이 시행해야 한다고 하였지만 '기본권 침해 소지'가 있으므로 수정, 삭제, 추가 즉 보완 등 개정해야 할 필요가 있을 뿐, 총회와 노회가 지체 없이 시행할 결정 사안은 아니다. 본 조항이 헌법 정치 제2조 교회의 자유와 헌법 정치 제28조 1항, 2항 성도의 권리 등에 대해서 "기본권 침해의 소지가 있는 것으로 사료되어 수정, 삭제, 추가 즉 보완하는 개정을 하여야 할 것이다"라는 제101회기 헌법위원회 해석(95번)과 관련하여 많은 논란이 있는 것이 사실이나 이 해석(95번)은 위헌이라거나, 기본권 침해가 있다고 단정한 것이 아니라 '침해의 소지'가 있다는 해석이며 이는 '침해의 혐의', '침해의 가능성', 즉 개연성이 있다고 해석한 것이다. 이는 헌법이 헌법 자체를 위헌이라고 판단한 것이 아니고, 기본권 '침해의 소지'가 있는 것으로 사료되니 더 연구하고 검토하여 그 결과에 따라 수정, 삭제, 추가, 즉 보완 등 개정해야 할 필요가 있다고 판단한 것이다. 따라서 헌법 정치 제28조 6항 1호, 2호에 대한 효력 여부에 대해서는 기해석 통보한 대로 개정 전까지 효력은 유지된다.[113]

■ **시행규정 제16조의 1  시무목사 청빙과 연임청원(개정 2012.9.20)**

1. 위임목사, 담임목사, 부목사를 청빙코자 하면 제5-1, 2호 서식에 의하여 시찰위원회를 경유하여 노회장에게 제출한다.
2. 위임목사의 위임 투표는 노회의 동일 회기 내에는 1회만 가능하며 부결 시 담임목사가 된다.
3. 위임목사, 담임목사, 개척지 교회의 전도목사가 자기의 후임목사(임시, 대리당회장 포함)를 청빙코자 할 때에는 대리당회장의 선임이나 파송 없이 본인이 당회장으로서 사회하고 결의할 수 있다.
4. 헌법 정치 제28조에 의거 목사(위임, 담임, 부목사, 전도, 기관) 청빙과 연임청원 시에 총회연금 계속납입 영수증을 별도로 첨부하여야 한다. (신설 개정 2018.9.13)

---

[113] 제102회기-44번.

**총회연금 계속납입 영수증 첨부 규정의 성격** 목사(위임, 담임, 부목사, 전도, 기관)청빙과 연임청원 시에 총회연금 계속납입 영수증을 별도로 첨부하여야 한다는 본 시행규정 제4항은 강제규정이지만 제28조 3항과 제29조에 근거 보완이 필요하며, 보완 시까지 권고규정으로 봄이 타당하다. [114]

### ■ 시행규정 제16조의 2 전도목사 청빙

전도목사는 노회 경계 밖이라도 학원, 병원, 기타 전도 가능한 기관의 기관장(이사장)의 요청으로 파송할 수 있으며 제6-1, 2호 서식에 의한 요청서를 작성하여 노회장에게 제출해야 한다.

**전도목사의 청빙** 조직교회에 전도목사의 청빙은 헌법에 전도목사 운영 목적과 부합하지 않으므로 청빙할 수 없고, 본 시행규정의 '기타 전도 가능한 기관'에는 교회가 포함된다고 볼 수 없고, 다만 제12조 2항에 해당하는 기도처에는 노회가 파송할 수 있으며, 파송에 대해서는 노회가 판단할 사항이다. [115]

### ■ 시행규정 제16조의 3 시무목사 청빙 승인

목사 청빙 승인은 노회 소집통지서가 발송된 후에는 임원회와 정치부에서 할 수 없다.

**목사 사임서 처리** 목사 사임서 처리는 노회 소집통지서가 발송된 후일지라도 목사 청빙과 달리 노회가 개회 때까지 자의사임 사직서 처리를 미루는 것은 자의사임의 뜻에 반하는 것으로 정치부를 경유하여 임원회의 허락을 받아 처리할 수 있다. [116]

---

[114] 제104회기-22번, 제103회기-18번.
[115] 제105회기-22번.
[116] 제102회기-4번.

■ **시행규정 제16조의 5  미조직교회의 목사 청빙**

당회 미조직교회나 당회원 1명인 교회의 목사 청빙(연임청원 포함)은 헌법 정치 제28조 3항과 제67조 4항에 의거 대리당회장의 사회와 제직회 참석 과반수로 결정하며 이 경우 대리당회장이 서명한 제직회의록으로 당회록을 겸한다.

■ **시행규정 제18조  부목사, 전도사의 연임청원**

1. 위임목사가 공석일 경우 임시당회장은 이미 시무 중인 부목사의 연임청원을 할 수 있으나 신규 청원은 하지 못한다. (개정 2012.9.20)
2. 담임목사는 부목사의 연임청원을 할 수 없으나 위임(담임)목사 공석 전부터 이미 시무 중인 부목사의 연임청원, 시무 중인 전도사의 목사 안수 및 청빙은 할 수 있다. (개정 2012.9.20)
3. 정상적인 당회가 개회되지 못하면 부목사의 임기는 자동 연장되며 부목사의 연임청원이 임기 만료 전에 당회에서 부결되면 그 후 처음 개회되는 정기노회 폐회일의 다음날부터 무임목사가 된다. (신설 개정 2012.9.20)
4. 부목사는 시무교회의 당회장(대리당회장)이 될 수 없고 제직회장도 될 수 없다.
5. 전도사의 소속은 당회이며, 헌법 정치 제23조에 의거 당회의 결의로 연임할 수 있다.

**본 시행규정 제1항의 '신규'의 의미**  ① 임시당회장 노회 파송일 또는 담임목사로 노회의 허락을 받은 날 이후 부목사를 청빙할 수 없다는 의미이다.[117]

② 제27조 3항에 근거하여 당회가 있는 교회의 담임목사의 부목사 청빙은 담임목사 부임 후 이전 위임목사 때부터 시무하던 부목사에 대해서는 담임목사 부임 후 첫 임기 동안(3년 동안) 부목사 연임청원을 할 수 있다고 봄이 타당하고, 담임목사로 노회의 허락을 받은 날 이후 신규 부목사는 청빙할 수 없다.[118]

---

117) 제104회기-29번.
118) 제105회기-23번, 제104회기-29번.

**본 시행규정 제3항의 '정상적인 당회'** 합법적인 절차에 의하여 당회가 소집될 수 있는 당회를 의미하며,[119] 수습전권위원회가 대리 당회장을 파송하여 당회 소집절차가 이루어지고 있어 정상적인 당회가 운영될 수 있는 경우 사고교회로 볼 수 없다.[120]

### 제29조 청빙의 승인

1. 청빙서를 접수한 노회는 노회의 결의로 청빙을 승인한다.
2. 노회가 청빙의 승인을 결의한 경우에는 노회장은 청빙서를 청빙 받은 목사에게 교부하여야 한다.
3. 노회의 폐회 중에는 위임(담임)목사 청빙에 한하여 노회 정치부의 결의를 거쳐 임원회가 청빙 승인을 할 수 있다. 이 경우 기간의 기산일은 승인 후 첫 노회 개회일이다. (개정 2012. 11. 16)

**무임목사 기산일** 본 조 제3항에 따라 무임목사 기산일은 노회에서 전도목사로 파송(연임)허락을 받은 날로부터 3년이 되는 노회기간까지 연임청원을 허락받지 못하면 3년이 되는 노회 개회 시부터 무임목사가 된다.[121]

**임시목사의 임기 기산일** 노회 본회의에서 허락받은 경우에는 그 노회 개회일이 기산점이 되며, 노회 폐회 중 정치부와 임원회에서 허락을 받은 경우에는 허락 받은 후 첫 노회 개회일부터 기산한다.[122]

**위임목사 시무 자동연장** 지교회에서 정기노회가 지나서 위임목사(임시목사) 청빙을 하고 정치부와 임원회도 열리지 못하고 다음 회기로 청빙이 미루어지는 경우에는 정상적인 회의가 이루어질 때까지 무임목사가 아니며, 위임목사로서의 시무는 자동연장된다.[123]

---

119) 제98회기-110번.
120) 제98회기-85번.
121) 제100회기-24번, 제98회기-35번.
122) 제92회기-74번, 제93회기-5번.
123) 제93회기-5번.

■ **시행규정 제16조의 6  노회 폐회 시 목사 청빙 승인**

헌법 정치 제29조 3항은 노회 폐회 시 그 교회에서 요청한 목사의 청빙 승인을 할 수 있음을 말함이므로 이외에는 노회 폐회 중이라도 정치부와 임원회는 헌법, 규정, 규칙, 총회나 노회의 결의에 의해 위임된 것에 한하여 폐회 중에 처리할 수 있고 노회에서 이미 결의 및 유안된 안건에 대하여는 다르게 처리할 수 없고 본회의에서만 처리할 수 있다.

노회 폐회 시에는 위임목사, 담임목사, 원로목사만 청빙을 승인할 수 있다.[124]

### 제30조  다른 노회 목사의 청빙

1. 다른 노회 소속 목사를 청빙코자 하는 교회나 기관은 제28조 제2항, 3항의 규정에 의한 청빙서를 노회에 제출하여야 한다.
2. 청빙서를 접수한 노회는 노회의 결의로 청빙을 승인하고, 청빙서를 청빙 받은 목사가 소속한 노회로 송부하여야 한다.
3. 청빙서를 송부 받은 노회는 그 청빙이 가하다고 인정한 때에 청빙허락의 공문과 이명증서를 청빙한 노회로 송부하여야 한다.
4. 청빙허락의 증서를 송부 받은 노회는 청원한 노회에 즉시 이명접수 회신을 하여야 한다.

타 노회의 목사가 본 노회의 경내에 교회를 개척하고자 하는 경우에는 본 조에 의거 처리하면 된다.[125]

### 제31조  다른 교단 목사의 청빙

1. 본 총회가 인정하는 다른 교단에 속한 목사로서 본 총회 직영 신학대학원 졸업자와 동등한 자격을 가지고 있는 자의 청빙절차는 헌법시행규정으로

---

124) 제97회기-74번.
125) 제101회기-43번.

정한다. (개정 2012.11.16)

2. 외국에서 임직된 장로교회 목사도 제1항의 규정에 의한 요건을 구비한 경우에 청빙 받을 수 있다. 단, 타 교단에서 이명 온 목사는 청목기간은 치리권을 가지지 못한다.

**청목기간 중의 권한** 치리권은 불가하고 설교권과 축도권만 줄 수 있다.[126]

**타 교단 교회의 가입** 타 교단 교회가 본 교단에 가입을 원할 때 먼저 총회가 인정하는 교단이어야 하고, 노회가 이를 확인 후 허락하였을 경우 기존 장로의 신분은 그대로 인정하고 다만 각 교단마다 교회 헌법상의 규정이 다를 수 있기에 본 교단 소속 노회 고시위원회에서 시행하는 헌법 과목 시험과 면접만 통과하면 인정할 수 있다.[127]

### ■ 시행규정 제23조 다른 교단의 목사청빙

1. 헌법 정치 제31조의 다른 교단 소속 목사의 청빙 절차는 다음과 같다. 다른 교단 목사가 본 교단 소속 교회나 기관에서 청빙을 받으면 그 노회에 가입을 청원하고(제9호 서식), 가입이 허락되면 추천을 받아(제10호 서식) 총회 직영 신학대학교(신대원)에 입학하여 소정의 과정(헌법 2학점을 포함한 30학점 이상)을 이수하고 목사고시에 합격하여야 한다. (개정 2017.9.21)
2. 외국에서 임직된 장로파 및 개혁파 목사의 청빙 절차도 타 교단 목사와 같이 한다.
3. 타 교단 목사를 청목으로 받아들일 수 있는 교단은 다음과 같다. (개정 2012.9.20)
    1) 대한예수교장로회(합동) 목사로 총신대학원 졸업자
    2) 대한예수교장로회(고신) 목사로 고신대학원 졸업자
    3) 대한예수교장로회(대신) 목사로 대신대학원 졸업자
    4) 한국기독교장로회 목사로 한국신학대학원 졸업자

---

126) 제98회기-43번.
127) 제97회기-17번.

5) 기독교감리회(기감) 목사로 감신대학원 또는 목원대학원 졸업자

6) 기독교대한성결교회 목사로 서울신학대학원 졸업자

7) 기독교한국침례회 목사로 침신대학원 졸업자

8) 예수교대한성결교회(예성) 목사로 성결교신학대학원 졸업자

9) 대한예수교장로회(합신) 목사로 합동신학대학원 졸업자

10) 대한예수교장로회(백석) 목사로 기독신학대학원 졸업자

11) 기독교대한하나님의 성회(기하성) 목사로 한세대학교 신학대학원 졸업자

4. 다음의 외국 교단의 직영 신학대학에서 신학석사과정(M. Div.)을 이수하여 목사 안수를 받고 우리 총회 소속 교회나 기관에서 청빙을 받게 될 경우, 본 교단 직영 신학대학교에서 헌법 2학점을 포함하여 30학점 이상을 이수하고 "목사고시에 합격하여야 한다". (개정 2012.9.20, 2014.9.25, 2017.9.21)

1) 미국장로교회(Presbyterian Church〈USA〉)

2) 해외한인장로회(Korean Presbyterian Church Abroad)

3) 캐나다장로교회(The Presbyterian Church in Canada)

4) 캐나다연합교회(The United Church in Canada)

5) 호주장로교회(The Presbyterian in Australia)

6) 호주연합교회(The Uniting Church in Australia)

7) 미국개혁교회(The Reformed Church in America)

8) 뉴질랜드장로교회(The Presbyterian Church of Aotearoa New Zealand)

5. 청목 시 고려사항은 다음과 같다. (개정 2012.9.20, 2017.9.21, 2021.9.28)

1) 위 3, 4항의 교단에서 목사 안수를 받았더라도 위 교단의 직영 신학대학원 졸업자에 한하여 청목과정으로 받아줄 수 있다.

2) 3항의 교단과 학교를 졸업하고 4항의 교단에서 시무 중에 청목과정을 신청할 때는 3항의 학교를 우선하여 청목과정을 적용한다.

6. 해외한인장로회에서 신학을 이수한 경우는 한인들로 구성된 협력교단임을 감안하나 미국 나성(LA) 혹은 뉴욕(NY)에 소재한 해외한인장로회 직영 신학대학원(M. Div.) 본교에서 2년 이상 신학석사(M. Div.) 과정을 이수한 자

에 한하여 청목으로 받아줄 수 있다. (개정 2021. 9. 28)

1) 이 경우 본 교단 직영 신학대학원에서 청목과정 중에 헌법 2학점을 이수하고 행정기관 발행 가족관계증명서를 첨부하면 총회 목사고시 없이 총회 고시위원회의 면접으로 대신할 수 있다. (개정 2021. 9. 28)
2) 2년 미만 수학 후 졸업자나 타 지역 또는 타국 소재 직영 신학대학원 졸업자, 또한 온라인 수강자는 불허한다. (개정 2021. 9. 28)
3) 해외한인장로회 직영 신학대학원 중 미국 소재 해외한인장로회 직영 신학대학원 [미국 나성(LA) 혹은 뉴욕(NY)]에서 신학석사과정(M. Div.)을 이수한 전도사의 경우에도 본 교단 직영 신학대학원에서 청목과정 중에 헌법 2학점을 이수하고 행정기관 발행 가족관계증명서를 첨부하면 본 총회 직영 신학대학원 졸업자와 동등하게 대우하여 본 교단 소속 교회(기관)에 시무할 수 있고, 전도사의 소속은 당회이므로 당회장의 추천으로 총회 목사고시에 응시할 수 있다. (개정 2021. 9. 28)

7. 3항에 해당되는 교단이라 할지라도 반드시 해당 교단의 직영 신학대학원(M. Div.)을 졸업한 후 3항이나 4항에 해당되는 교단에서 안수를 받은 자만 청목과정이 가능하다.
8. 우리 총회 산하 노회에서 목사임직을 받고 해외 협력교단으로 이명해 간 자가 본 총회 소속 교회나 기관에서 청빙을 받게 될 경우 이명을 받을 수 있다.

**노회 결의로 청목 허락 취소 가능**  본 시행규정에 근거 다른 교단의 목사 청빙의 경우 본 교단 직영 신학대학원에서 청목과정 중에 헌법 2학점을 포함하여 30학점 이상을 이수하고 목사고시에 합격하여야 하나 우리 교단 직영 신학대학원 졸업자일 경우 비록 목사 안수를 본 총회가 인정하는 다른 교단에서 받았다고 해도 청목의 취지가 우리 교단의 헌법과 교리를 이해하도록 하는 취지인 점을 감안하여야 하고, 따라서 예전에 우리 교단 헌법 과목을 이수했을지라도 그간 헌법개정 등을 감안하여 청목과정 헌법 2학점을 이수하여야 하며,[128] 정당한 사유가 인정된

---

128) 제105회기-62번, 제103회기-100번, 제104회기-38번.

다면 노회(폐회 중에는 임원회)의 결의로 청목 허락을 취소할 수 있으며, 취소되면 설교권과 축도권을 행사할 수 없다.[129]

**다른 교파의 목사 청빙** 본 시행규정 소정의 신학대학의 신학부가 아니라 신학대학원 졸업자라야 하며, 또한 독립 교단에서 안수받은 경우에는 가입이 불가하다.[130]

**본 시행규정에 속하지 않은 교단의 이명청원** 본 교단 노회에서 무임목사로 있는 목사에 대하여 본 시행규정에 속하지 않은 교단에서 이명청원을 하여 온 경우 이명을 해 줄 수 없다.[131]

### 제32조 목사의 임직

목사의 자격이 구비된 자가 목사로 청빙을 받은 경우에 노회에서 임직한다. 단, 사고노회 시 군종목사에 한하여 총회 수습전권위원회 주관으로 임직할 수 있다. (개정 2021. 11. 29)

목사 임직은 정기노회나 임시노회의 본회의 석상에서 하는 것이 원칙이나 2021년 헌법개정에서 군종목사의 경우 특수한 사정을 고려하여 사고노회 시 총회 수습전권위원회 주관으로 임직할 수 있도록 예외를 허용하였다.

**목사 임직과 노회의 결의** ① 목사 안수, 임직은 노회의 결의를 반드시 전제하며, 노회 결의 없이는 노회 석상에서의 임직이 절대 불가하고,[132] ② 노회 결의 없이는 목사 임직이 절대 불가하기 때문에 목사 임직식을 정기노회 이전에 행하기로 하는 노회 결의와 규칙은 적법하지 않으며,[133] ③ 목사 임직(안수)식 거행과 노회 회원의 정족수 미달 여부와는 상관이 없다(임직식은 회의가 아니고 예식이기 때문이다).[134]

---

129) 제98회기-117번.
130) 제93회기-3번.
131) 제91회기-42번.
132) 제98회기-2번.
133) 제101회기-24번.
134) 제101회기-57번.

**임직 예식 일시와 장소**  ① 목사임직 예식을 엄숙하고 거룩하게 진행하기 위하여 노회의 결의로 노회 회의 후 첫 주일에 목사임직 예식을 거행한 데 대하여 노회의 결의로 임원회에 일임하여 다른 장소에서도 목사 임직식을 할 수 있으며,[135] ② 임직은 정기노회나 임시노회의 본회의 석상에서 하는 것이 원칙이나 꼭 필요한 경우 노회의 결의로 다른 장소에서도 목사 임직식을 할 수 있다.[136]

### 제33조 목사의 임직식과 위임식

노회는 목사의 임직식과 위임식을 주관한다. 예법은 별도로 정한다. 다만, 군목과 선교목사의 임직식은 노회의 위임을 받아 노회임원회가 주관할 수 있다.

목사 임직은 노회가 주관하는 것이 원칙이나 군목과 선교목사의 경우 특수한 사정을 고려하여 노회의 위임을 받아 노회임원회가 주관할 수 있도록 예외를 허용하였다.

**위임국장**  목사 위임식에서 노회장이 아니어도 위임국장이 될 수 있고, 장로가 노회장일 때 장로도 위임국장을 할 수 있다.[137]

**제102회기 총회의 '총회 목사임직 예식(안)' 시행결의**  본 조는 목사의 임직식과 관련하여 "노회는 목사의 임직식과 위임식을 주관한다. 예법은 별도로 정한다."라고 규정하고 있으므로, 총회가 그 예법에 관한 세부사항을 정하여 시행하기로 했다 하더라도 이것은 의무(강제)사항이라고 보기 어려우며, 제102회기 총회에서 '총회 목사임직 예식(안)'을 2017년 가을 노회부터 시행될 수 있도록 결의를 했을지라도 위 예식(안)은 총회의 권고사항이라고 보는 것이 타당하므로 목사의 임직식은 노회가 주관하여 거행하면 되고, 예식에 관한 사항도 노회가 결정한 바에 따라 거행하면 되나 위 예식(안)은 총회가 교단 전체의 사정을 감안한 총회 결의사항으로 각 노회에서는 이를 준수하는 것이 바람직하다.[138]

---

135) 제98회기-80번, 제97회기-46번.
136) 제104회기-27번.
137) 제85회기-32번.
138) 제104회기-40번.

■ **시행규정 제17조 위임식**
1. 위임목사의 직무는 위임식을 거행함으로 시작되며 위임식 전의 목사의 칭호는 담임목사이다. 단, 위임식 전이라도 위임목사 청빙을 노회에서 허락하면 부목사의 청빙이나 연임청원을 할 수 있다. (개정 2012.9.20)
2. 위임식은 노회 승인 후 1년 이내에 하여야 한다. 단, 노회의 승인을 받으면 1년 동안 연장할 수 있다.

**위임목사의 직무**는 위임식을 거행함으로 시작되나, 단 위임식 전이라도 위임목사 청빙을 노회에서 허락하면 부목사의 청빙이나 연임 청원을 할 수 있으며,[139] 청빙 광고는 청빙위원회 이름으로 할 수 있다.[140]

**위임목사 위임식 시한만료 시 절차**  1년 이내에 위임식을 하지 못하고 노회의 연장도 받지 못하였다고 하면 다시 제28조에 따라 당회의 결의와 공동의회 출석회원 3분의 2 이상의 찬성을 얻어야 한다.[141]

노회에서 위임목사 임직을 허락받은 후 그 교회의 장로가 목사 위임식 전에 사망하여 장로가 1인이 된 상황에서도 본 조에 의거 위임식을 할 수 있다.[142]

**위임식 연기 승인**  노회에서 필요시 할 수 있고, 승인할 때는 1년 단위로 하여야 한다.[143]

## 제34조 목사의 전임

목사는 소속 노회의 허락을 받아 전임할 수 있다.

■ **시행규정 제24조 직원의 전임과 사임**
1. 목사의 전임에 따른 청원서는 제11-1, 2, 3호 서식에 의한다. 직원의 사임서

---

139) 제98회기-60번, 제95회기-26번, 제95회기-38번.
140) 제98회기-60번.
141) 제104회기-16번.
142) 제94회기-47번.
143) 제93회기-1번.

도 이에 준한다. (개정 2012. 9. 20)

전임은 목사가 시무처인 교회나 기관을 옮겨 다른 곳으로 옮기는 것을 뜻하며, 같은 노회 내에서 옮기는 경우와 다른 노회로 옮기는 경우 모두 전임에 해당하므로 노회의 허락이 필요하다.

### 제35조 목사의 사임 및 사직

1. 자의사임 : 목사가 부득이한 사유로 인하여 시무사임을 원할 때 노회에 사임서를 제출하고 당회의 결의와 노회의 허락을 받아 사임케 할 수 있다. 다만, 노회 폐회 중에는 정치부를 경유하여 임원회의 허락을 받아야 한다.
2. 권고사임 : 목사가 교회에서 불미스러운 행위를 한 사실이 확인될 때에는 당회 및 공동의회의 결의에 의하여 교회는 시무사임의 권고를 노회에 건의할 수 있으며, 노회는 권고사임의 건의내용을 상세히 조사하여 시무사임을 권고할 수 있고, 권고에 따라 당사자가 사임서를 제출하면 노회는 처리할 수 있다.
3. 자의사직 : 목사가 부득이한 사유로 인하여 목사직의 사직을 원할 때 노회에 사직서를 제출하고 노회(폐회 중에는 임원회)는 이를 심사하여 사직케 할 수 있다. (개정 2012. 11. 16)

목사의 사임은 항존직으로서의 목사의 직위는 보유하고 목사의 시무만 그만두는 것이고, 사직은 시무와 직위를 모두 그만두는 것을 말하며, 사임에는 자의사임 이외에 권고사임이 있으나 사직에는 자의사직만 있고 재판에 계류 중이 아닌 항존직원이 총회나 노회를 탈퇴한 경우 권고사직으로 간주(시행규정 제87조 1항 참조, 간주권고사직 또는 의제사직[144])하는 이외에는 권고사직은 없다.

**자의사임**  ① 목사가 자의사임 허락을 받았다면 무임목사 신분으로서 언권회

---

144) 이성웅, 274면.

원이므로 부, 위원회 임원 또는 위원의 직을 계속할 수 없으며,[145] ② 목사의 소속은 노회이므로 목사가 교회에 사임서를 냈을 때 당회는 확인하고 사임서는 노회가 처리하며,[146] ③ 교회에서 사임한 후 노회의 사임허락이 되지 않은 상태는 시무교회 소속 목사이다.[147]

**사임서 처리 전 철회 가능** 담임목사가 교회 주일예배 시 자신의 사임을 공식 선언했을 경우나 사임서를 노회에 제출했을 경우라도 사임서가 처리되기 전에는 윤리적으로는 흠이 될 수 있으나 법적으로는 사임서를 철회하는 것이 가능하다.[148]

**사임서 제출 상태** 부목사의 사임서가 노회에서 처리되기 전까지는 그 교회의 부목사 신분이라 할 수 있어도 이미 사임서를 제출한 상태라면 당회에 참석할 의무도, 또한 참석을 강요받을 필요도 없다.[149]

**권고사임** 권고사임은 일종의 '권고에 의한 자의사임' 제도로서 교회의 권고가 있다고 해서 사임의 효과가 발생하는 것은 아니며 권고에 따라 목사가 사임서를 제출하는지 여부에 따라 사임 여부가 결정된다.

**불미스러운 행위** 권징 제3조 소정의 죄과사실이 있는 경우가 이에 해당한다고 보아야 할 것이다.

노회에 고소하여 재판 계류 중에 있고, 경찰에 고소하여 조사 중에 있다는 사실만으로 본 조 제2항의 '불미스러운 행위'로 간주할 수 없으며,[150] 당회 및 공동의회의 결의가 없는 경우 위임목사의 권고사임은 유효하지 않다.[151]

**위임하기 전 요구하여 받은 각서의 효력** 지교회에서 장로들이 목사로부터 위임하기 전 요구하여 받은 각서로 권고사임을 요청하는 경우 당사자 중 일방이 유리한 위치에서 불리한 위치에 있는 상대방에게서 받은 각서에 대하여 공정성을 인

---

145) 제106회기-52번.
146) 제90회기-65번.
147) 제99회기-70번, 제97회기-37번.
148) 제97회기-37번.
149) 제96회기-34번.
150) 제99회기-85번, 86번.
151) 제103회기-6번.

정할 수 없으며 목사의 자필사임서 없이는 사임을 강요할 수 없다.[152]

> ■ **시행규정 제16조의 10 유기책벌과 당회장권(개정 2012.9.20)**
> 4. 시무해임이나 정직을 받은 담임목사는 남은 시무기간이 있을 때에는 즉시 복귀하여 남은 기간을 시무할 수 있다.
> 5. 전항의 경우 유기책벌 중에 시무기간이 경과할 때에는 반드시 연임 청원기간에 대리당회장이 당회 또는 당회 없을 시 제직회를 소집하여 의사를 물어야 한다.
> 6. 전항의 경우 출석과반수의 결의로 담임목사 연임청원이 부결되면 사임된 것으로 본다.
> 7. 부목사와 개척지 교회의 전도목사도 전항과 같다.

시무해임이나 정직을 받은 담임목사가 책벌기간 중에 시무기간이 경과할 때에는 반드시 연임 청원기간에 대리당회장이 당회 또는 당회 없을 시 제직회를 소집하여 의사를 물어야 하고 출석 과반수의 결의로 담임목사 연임청원이 부결되면 사임된 것으로 보게 되므로 일종의 간주자의사임 또는 의제사임[153]이라고 할 수 있다.

이 규정이 없는 경우에는 유기책벌기간 중에 있는 담임목사는 치리권을 행사할 수 없으므로 당회를 소집할 수 없어 연임 청원도 할 수 없는 상황에 놓이게 되며 따라서 시무기간이 종료되어 무임목사가 될 운명에 처하게 되므로 이 시행규정을 통하여 연임 청원할 기회를 부여받아 시무기간을 연장하여 구제를 받게 되지만 연임 청원이 부결될 경우에는 사임된 것으로 보게 된다는 것이다.

이와 같은 문제는 시무정지기간 중에 있는 담임목사에게도 발생할 수 있으므로 시무정지를 제외할 이유가 없다고 판단된다.

시무기간이 있는 부목사와 개척지 교회의 전도목사에게도 해당이 되나(본 시행

---

152) 제94회기-51번.
153) 이성웅, 274면.

규정 제7항) 시무기간이 없는 위임목사에게는 해당이 없다.

### ■ 시행규정 제24조  직원의 전임과 사임
2. 헌법 정치 제35조 2항의 경우에는 반드시 먼저 본인의 자필 서명 사임서가 첨부되어야 하며 사임서 없이는 처리하지 못한다.

권고사임의 경우에는 이 제도가 악용될 위험이 있으므로 반드시 먼저 본인의 자필 서명 사임서의 제출을 요구하고, 본 시행규정의 반대해석으로 자의사임과 자의사직의 경우에는 자필 서명이 아닌 대필과 기명날인도 가능하다고 보아야 할 것이다.

### ■ 시행규정 제87조  재판계류와 교단탈퇴
1. 본 교단 헌법과 이 규정에 의한 재판국의 재판에 계류 중에 있는 자(교회, 단체 포함)가 총회나 노회를 탈퇴한 경우에는 변론없이 항존직원은 헌법 권징 제5조 제1항 제9호 면직책벌로 판결할 수 있으며 재판에 계류 중이 아닌 항존직원은 권고사직이 된 것으로 본다. (개정 2012.9.20, 2019.9.26)

목사의 사직에는 자의사직만 있고 권고사직은 없으나 권징법상 유일하게 본 시행규정에서 권고사직으로 간주하는 일종의 간주권고사직 또는 의제사직을 규정하고 있다.

재판에 계류 중이 아닌 항존직원이 총회나 노회를 탈퇴한 경우 우리 권징법상 인정하지 않고 있는 권고사직이 된 것으로 본다고 하는 것보다 교단을 탈퇴하는 목사는 우리 교단의 목사직을 자의에 의하여 그만두는 것을 당연히 전제로 하고 있으므로 권징법상 인정하고 있는 자의사임한 것으로 보는 것이 그 의사에도 부합하므로 더 자연스럽다고 사료된다.

교단 탈퇴에 관하여는 본 조 이외에 정치편 제77조(노회의 직무), 권징편 제6조(책벌의 원칙), 교단의 탈퇴 및 변경에 관하여는 정치편 제14장 재산에 관한 부분에서 기술한 내용을 함께 참조 바란다.

### 제36조 목사의 휴무

1. 시무 중에 있는 목사가 다음 각 호의 하나에 해당하는 사유로 3개월 이상 휴무를 원하는 경우에는 당회의 결의와 노회의 허락을 받아 휴무할 수 있다.
   ① 해외유학을 하게 된 때
   ② 연구기관이나 교육기관 등에서 연수하게 된 때
   ③ 신체·정신상의 휴양을 요할 때
   ④ 기타 이에 준하는 사유가 있을 때
2. 휴무기간은 1년 이내로 한다. 다만, 필요한 경우 1년 단위로 연장을 허락할 수 있으나 3년을 초과할 수 없다. (개정 2012.11.16)

**안식년 규정** 격무와 스트레스에 시달리는 지교회 목사와 장로의 건강과 영적 재충전을 위하여 안식년을 갖도록 하는 의무규정에 대해 헌법상 제한규정이 없고 본 조와 제46조, 시행규정 제25조에 비추어 (교회) 내부 규정에 의한 안식년 규정은 헌법에 위배되지 않는다.[154]

**무임목사의 경우** 본 조 제1항 2호에 의거 무임목사는 시무 중에 있는 목사가 아니므로 휴무허락은 받을 수 없고, 노회의 허락을 받아 국내 연수기관이나 교육기관 등에서 연수하게 된 때에는 그 기간은 무임으로 기산하지 아니한다.[155]

**대리당회장의 권한** 당회장의 휴무기간 중 대리당회장을 선임하였는데 당회장이 대리당회장의 사회로 열리는 당회의 결의도 없이 위탁재판을 청원하는 것은 위법이다.[156]

**질병으로 사리판단 능력이 없는 목사의 강제휴무** 2년 이상 질병으로 인하여 병원에 입원 중으로 신체, 정신상의 사리판단 능력이 없는 시무목사에 대하여 본 조 제1항 3, 4호에 의거 목사가 의사결정 능력과 사무판단 능력이 없다고 의사 진단으로 판단될 경우, 임시당회장이 당회와 제직회의 결의를 거쳐 노회의 허락을

---

154) 제101회기-19번.
155) 제93회기-19번.
156) 제102회기-42번.

받아 휴무케 할 수 있다.[157]

■ **시행규정 제25조  목사, 장로의 휴무**
1. 헌법 정치 제36조의 사유로 목사가 휴무를 하려면 제12호 서식에 의한 청원서를 노회에 제출하여 허락을 받아야 한다.
2. 휴무 중에 있는 목사의 생활 대책은 당회가 정한다.
3. 목사의 휴무 시는 기간을 정하여야 하고 휴무가 끝나면 자동적으로 시무하며 휴무연장 허락을 받지 않을 경우 무임이 된다. (개정 2012.9.20)

### 제37조  목사의 복직
1. 자의사직을 한 목사가 복직을 원하는 경우에는 그 노회 목사 2인의 추천서를 첨부하여 노회에 복직청원서를 제출하고 노회는 출석회원 3분의 2 이상의 결의로 복직을 허락할 수 있다. 단, 성범죄로 자의사직이나 면직된 경우는 복직할 수 없다. (개정 2019.12.19)
2. 복직을 허락하는 경우에는 임직의 경우와 같이 노회에서 서약을 하도록 한다.

목사의 복직은 자의사직한 목사나 자동해직된 무임목사가 목사직을 회복하는 것이며, 사임(자의사임과 권고사임)한 목사는 목사직이 유지되고 있으므로 복직이 필요 없다.

2019년 헌법개정에서 "성범죄로 자의사직이나 면직된 경우는 복직할 수 없다"는 단서 조항이 추가되었으나 복직 불허에 성범죄로 면직된 경우도 포함시킬 필요가 있는지 의문스럽다. 왜냐하면 복직제도 자체가 자의사직한 경우만 전제로 하고 있으며 면직된 경우는 해당이 없기 때문이며 오히려 권징편의 해벌관련 규정에서 성범죄로 면직된 경우에는 해벌할 수 없다고 규정하는 것이 적절하다고 사료된다.

---

157) 제92회기-53번.

**복직 불허**  소위 간주권고사직 내지 의제사직의 경우(시행규정 제87조)에는 법 규정에 따른 강제사직이므로 복직이 허용되지 않는다.[158]

**목사 복직 시 시무처 여부**  목사 복직 청원 시 복직청원서만 제출하여 먼저 노회에서 복직허락을 받은 후 시무지를 구하여 청빙청원을 할 수 있는지에 대하여 "무임목사로 해직되어 복직하려고 할 때에도 본 조를 준용하지만 제27조 10항에 근거 무임목사에서 해직된 목사가 시무처가 없이 복직하는 것은 복직과 동시에 무임목사가 되는 것이고 이전 무임목사 3년으로 자동해직된 것에 비추어 적법하지 않다"고 해석하였다.[159]

### ■ 시행규정 제19조 무임목사 처리

3. 무임목사로 해직된 후 복직하려면 헌법 정치 제37조(목사의 복직) 절차를 준용한다.

무임목사가 해직된 후 복직하려고 할 때 본 조 제1항에 따른 절차에 따라 복직을 허락할 수 있으며, 먼저 청빙처의 청빙이 있거나, 본인이 개척을 했을 시 노회에서 동시에 처리할 수 있다.[160]

### 제38조 목사후보생

목사후보생은 목사직을 희망하는 자로서 노회의 자격심사를 받고 그 지도 아래 신학대학원에 재학 중이거나 졸업한 전도사이며 개인으로는 그 당회 아래 있고 직무상으로는 노회 아래 있다.

신학대학의 수가 많아지고 신학생이 대폭 증가함에 따라 총회 목사고시 합격자가 대거 배출되어 목사의 공급은 늘어나는데 비하여 이들을 수용할 사역처는 오히려 줄어드는 상황에서 목사후보생에 대하여 더 큰 관심을 가지는 것과 함께 철

---

158) 같은 취지, 이성웅, 275면.
159) 제106회기-6번.
160) 제95회기-28번.

저한 관리가 요구된다.

이와 같은 관점에서 목사고시의 수준을 지금은 폐지되었지만 종전의 사법시험 수준(1차 객관식, 2차 논문 위주의 주관식, 3차 면접)으로 올려 목사의 자격심사와 지도를 엄격히 하여야 한다는 견해[161]도 나오게 되었다.

### ■ 시행규정 제28조  목사후보생

1. 목사후보생은 무흠 세례교인(입교인)으로서, 당회장의 추천으로 노회장의 허락을 받아 신학대학원에 재학 중이거나 졸업한 전도사로서 소속은 당회에 있고 노회 목사후보생지도위원회의 지도 감독을 받아야 하며, 목사안수 시 면접(시취)은 노회 정치부가 담당한다. 단, 신학대학원 졸업 전 담임전도사가 되려면 노회 정치부에서 면접을 거쳐야 한다.
2. 목사후보생이 학업과 신덕이 불량하거나 노회의 지도 감독을 따르지 아니할 때에는 노회장의 허락을 취소할 수 있다.

### ■ 시행규정 제29조  목사후보생의 이명

목사후보생이 소속 노회(당회)를 옮기려면 그 노회의 허락을 받고 이명하여야 한다. 이때 당회장과 노회장의 연명 확인서로 이명증서를 대신할 수 있다.

---

161) 이성웅, 278면.

# 제6장 장로

### 제39조 장로의 직무

장로의 직무는 다음과 같다.
1. 장로는 교회의 택함을 받고 치리회의 회원이 되어 목사와 협력하여 행정과 권징을 관장한다.
2. 장로는 교회의 신령상 관계를 살핀다.
3. 장로는 교인들이 교리를 오해하거나 도덕적으로 부패하지 않도록 교인을 권면한다.
4. 장로는 권면하였으나 회개하지 않는 자가 있으면 당회에 보고한다.

장로는 ① 목사와 행정과 권징의 공동 관장, ② 교회의 신령상 관계의 감찰, ③ 교인들의 교리 오해, 도덕적 부패 방지에 대한 권면, ④ 무회개자에 대한 당회 보고 등의 직무를 수행하며, 치리회인 당회의 회원의 지위를 가지고 상급 치리회인 노회와 총회의 총대로 선출될 수 있는 자격을 가진다.

본 교단 소속 교회의 장로직이나 타 교단 강도사직 시무를 택일하여야 한다.[1]

### 제40조 장로의 자격

장로의 자격은 상당한 식견과 통솔의 능력이 있는 자로 무흠 세례교인(입교인)으로 7년을 경과하고 40세 이상 된 자라야 한다.

---

1) 제86회기-6번.

장로는 ① 학식이 높고 견문이 넓어 사물을 분별하는 능력이 상당하여야 하며, ② 다수를 이끌어 갈 수 있는 지도력을 갖추고, ③ 무흠 세례교인으로서 7년을 경과하여야 하고, ④ 40세 이상이어야 한다.

무흠이라 함은 권징에 의하여 일반 교인은 수찬정지, 직원은 시무정지 이상의 책벌을 받은 사실이 없거나, 국법에 의하여 금고 이상의 처벌(성범죄 포함) 받은 사실이 없는 것을 의미한다(제26조 2항).

**소속 교회를 떠난 장로의 지위**  어느 교단이고 장로는 교회 소속이기에 교회를 떠나면 교회법상 장로가 아니다.[2]

**장로의 연령 40세의 기준일**  처음에는 연령제한이 없다가 27세, 30세로 변경되었으며 1995년 헌법개정에서 40세 이상으로 제한하였는데, 40세의 기준일에 관하여 구체적으로 규정하지 않고 있으므로 당회 추천일, 공동의회 투표일, 노회 고시일, 장로 임직일 등 여러 주장이 있을 수 있는바, 장로임직일을 기준으로 하는 것이 임직 시 40세 이상임을 요한다는 본 규정의 취지에 가장 부합하며 합리적이라고 생각되기도 하지만 피택 이후부터 당회의 지도 아래 교육을 받고 또 노회 교육을 받아야 할 뿐만 아니라 실제로 피택장로로서의 지위가 주어지는 점 등을 감안하면 공동의회 투표일을 기준으로하는 것이 가장 타당하다는 견해[3]에 찬성하며, 실제로 지교회에서 가장 많이 시행하고 있기도 하다.

**장로의 자격(이명증서 미제출 등)**  ① 장로 취임 당시 이명증서를 제출하지 않았고 현재까지도 제출되지 않은 상황이라면 본 조 및 시행규정 제12조 2항, 제26조 9항은 강행규정이므로 철저하게 준수하여야 할 사항으로서 항존직 자격을 결하였기 때문에 원인무효에 해당되며, 이명증서 제출에 대한 귀책사유는 당사자인 해당 장로에게 있으므로 본인에게 귀책사유가 있을 때에는 무흠의 기산과 적용에 관한 시행규정 제27조 3항은 적용하지 않는다.[4] ② 이명증서를 제출하지 않고 등록 5년 만에 장로로 피택되어 임직하였는데 무흠 7년 기간상의 하자가 발생한 경우 하자가 충족될 때까지 시무가 정지되고, 충족된 후에 신임투표를 거쳐 시

---

2) 제103회기-90번.
3) 이성웅, 286면.
4) 제101회기-105번.

무할 수 있다.[5]

**시무사임하겠다고 예배 때와 공회 앞에서 선언한 장로의 자격**  ① 사임서를 제출하지 않았으나 교회예배 때 교회에 다니지 않겠으며 두 번이나 공회에서 선언하고 9개월이나 교회 출석 등을 하지 않았고 장로복권에 대한 적법한 절차를 거치지 않았다면(당회가 사임처리 결의를 함) 시무장로로 인정할 수 없으며,[6] ② 이와 유사한 경우에 만약 그렇게 해석하지 않는다면 당사자에게 정년이 될 때까지라도 사임서 제출을 요구하여야 하고 제출하지 않는 경우 개회성수, 의결정족수, 당사자의 신분정리, 업무처리 등에 불확실한 상태가 계속되어 여러 가지로 곤란한 일이 발생될 수 있기에 공식 회의석상에서 구두로 사임의사를 밝힌 경우에는 회원 과반수로 결의하면 사임된 것으로 보고 처리할 수 있다.[7]

**대표기도의 잘못에 대한 권징은 부적절**  장로의 대표기도의 잘못으로 인하여 교인들이 소란하고 예배가 방해를 받은 경우에도 "예배는 예배의 처음부터 끝까지 경건한 마음으로 질서를 지켜야 하며, 하나님께 드리는 기도의 잘잘못에 대하여 인간은 판단할 수 없다"고 하여 권징의 대상은 아니라고 해석하였다.[8]

### 제41조 장로의 선택

1. 장로의 선택은 당회의 결의로 노회의 허락을 받아 공동의회에서 총 투표수의 3분의 2 이상의 득표로 선출한다.
2. 당회에서 후보자를 추천할 수 있다. (개정 2012.11.16)
3. 장로의 선택을 위한 투표는 3차까지만 할 수 있다.

**노회의 세례교인 숫자 확인요청**  장로증원 청원 시 노회 정치부가 반드시 세례교인 숫자를 확인할 필요는 없으나 특별한 경우 확인을 요청하면 입증자료를 제

---

5) 제95회기-29번.
6) 제100회기-17번.
7) 제95회기-65번.
8) 제101회기-34번.

출하여야 한다.[9]

**분쟁 중인 교회의 장로증원 불가** 교회가 분쟁 시에는 장로증원을 청원할 수 없으며, 분쟁 전 정상적인 당회에서 결정한 것은 유효하지만 현재 분쟁 중에 있다면 장로증원 청원을 할 수 없으며, 분쟁 중이라는 것은 정상적인 당회 및 공동의회를 할 수 없거나 수습전권위원회를 파송하는 경우라고 볼 수 있다.[10]

**총 투표수** ① 본 조의 총 투표수라고 함은 유효한 투표수만을 의미하는 것이 아니라 그날 그 시간 그 자리에서 투표한 전체의 투표수(유효, 무효, 기권 포함), 즉 재석하여 투표한 사람의 수를 말하며,[11] ② 총 투표수는 재석하여 투표용지를 받은 사람이 아니라 재석하여 투표함에 투표한 사람이다.[12]

**여성 할당제** 여성 할당제를 적용하여 남녀 후보자를 따로 추천하여 투표할 수 없다.[13]

**공동의회 일괄적 가부** ① 당회에서 장로 후보를 추천할 수 있으나, 공동의회에서 일괄적 가부로 선출할 수 없으며, 개별적으로 찬반 표시하여 총투표수의 3분의 2 이상의 찬성을 얻어야 하며,[14] ② 당회가 구성되어 있지 않은 교회에서 투표를 생략하고 박수로 인준한 경우에 대하여 공동의회에서 일괄적 가부로 선출할 수 없으며, 개별적으로 찬반 표시하여 총투표수 3분의 2 이상의 찬성을 얻어야 한다고 해석하였다.[15]

**노회가 허락한 장로 선택 수와 당회 추천한 장로 후보자 수가 같은 경우** 시행규정 제4장(부칙) 제5조에 의하여 공동의회에서 찬성과 반대를 차례로 물어서 1인도 반대가 없으면 만장일치로 결정된 것으로 보아야 하며, 다시 선택을 위한 무기명 비밀투표를 하지 않아도 된다.[16]

---

9) 제96회기-11번.
10) 제105회기-46번, 제98회기-124번.
11) 제101회기-77번.
12) 제94회기-23번.
13) 제93회기-33번.
14) 제99회기-76번, 제98회기-19번.
15) 제100회기-4번.
16) 제97회기-55번.

**당회의 장로후보자 추천권**  ① 당회에서 결의한 후보자 추천을 공동의회에서 변경할 수 없으며,[17] ② 당회에서 장로후보자 추천을 하여 공동의회에 상정하여 부결되었음에도 다시 당회를 열지 않고 공동의회 즉석에서 장로자격자 전원을 대상으로 피택한 것은 장로선택의 당회 의결권, 장로선택의 당회 추천권을 위반한 것이므로 무효이다.[18]

③ 항존직 모임에서 당회가 결의한 장로, 안수집사, 권사 피택예정자 수의 배수를 투표하여 당회가 추천하는 것은 본 조 제3항, 시행규정 제26조 1항에 부합하다.[19]

④ 항존직분자들을 선출할 때에 당회가 안수집사와 권사들과 함께 교회가 아닌 제3의 장소에 가서 투표로 배수를 선정하여 서열을 매겨서 이를 공동의회에서 그 서열을 보고 투표하도록 하여 장로, 안수집사 및 권사를 피택한 경우에 대하여 "시행규정 제26조 1항에 의거 항존직분자 선출을 위한 선거 방법은 해 당회의 권한이다"라고 답변하였다.[20]

⑤ 제68조, 제90조 6항 및 시행규정 제26조 1, 2, 3항에 의거 교회의 전반적인 유익을 위하여 항존직 후보자를 추천할 수 있는바, 기존의 항존직 분포와 균형을 맞추기 위해 연령대별로 가점을 부과한 것은 다소 문제가 될 수 있으나, 헌법을 위반했다고 할 정도는 아니며 또 추천을 위한 당회원들의 투표행위는 가능하며, 당회에서 추천을 위한 투표를 1차 투표라는 말로 규정한 것은 오해의 소지가 있으므로 추천을 위한 투표란 말로 변경함이 좋을 듯하며, 공동의회원들의 판단을 돕기 위해 당회 투표시의 득표 순위대로 명단을 추천하는 것도 헌법에 위배된다고 할 정도는 아니므로 항존직 투표행위는 유효하다.[21]

**임의기구에서 후보자를 일방적으로 결정하여 당회에 통보**  당회장이 '목양행정위원회'(당회장의 뜻을 관철할 수 있는 인사로 구성 : 행정목사 1인, 교구목사 4인,

---

17) 제91회기-32번.
18) 제92회기-32번.
19) 제100회기-32번.
20) 제94회기-19번.
21) 제95회기-25번.

당회 서기 및 부서기 장로 등 7인)라는 임의기구를 만들어 후보자를 심의, 결정하여 당회에 일방적으로 통보함으로써 나머지 21명 장로들의 뜻을 반영할 수 없었으며, 장로후보자 심의기준과 개인별 점수를 공개하라는 요구가 일어나는 상황에 대하여 "본 조 제2항에 의거 후보자 추천은 당회의 전권결의사항이므로 장로후보자 심의기준과 개인별 점수 공개는 해 당회에서 알아서 할 일이되, 객관적이고 합리적 기준에 의하여 신중하게 추천을 하여야 한다"[22]라고 해석하였다.

**당선을 위한 전화행위** 당회의 정관이나 선거조례에 당선을 위한 전화행위가 특별히 불법이라고 규정되어 있지 아니하는 한 일반적으로 당선을 위한 전화행위가 불법이라고 볼 수 없으므로 선거 자체를 무효화시킬 수 없다.[23]

**기록능력이 없는 자의 대필허용** 기록능력이 없는 자(연로하며, 글씨를 쓸 수 없는 자)를 위하여 대필을 할 수 있는 것으로 당회 결의가 있었다면 교인의 기본권 행사의 편의성을 제공하는 것으로 부당하다고 볼 수 없다.[24]

■ **시행규정 제26조 직원 선택**(개정 2012.9.20, 2017.9.21, 2018.9.13, 2022.9.21)

1. 장로, 안수집사, 권사를 선택할 때 당회에서 후보자를 추천할 수 있다. 헌법 정치 제41조 2항(당회 추천)의 경우 반드시 당회장(대리당회장)이 참석하여야 하고, 헌법 정치 제64조 2항(세례교인 비례)을 지켜야 한다. 단, 최초 당회 조직 시 장로 2인을 동시 선택 못한 경우 혹은 1인이 결원일 경우에는 후에 1인을 선택할 수 있다. (개정 2022.9.21)

2. 당회에서 교육을 한 후에도 당회의 결의에 의하여 전항의 직원 임직을 보류할 수 있다.

3. 장로는 피택된 후 1년 이내에 노회 장로고시에 응시하여야 하고, 만일 응시하지 못했거나 불합격한 경우에는 1차에 한하여 1년 이내에 다시 응시할 수 있으며, 이 경우에도 불합격하면 노회의 장로고시 허락을 다시 받아야 한다.

---

22) 제99회기-55번.
23) 제92회기-70번.
24) 제92회기-70번.

4. 장로는 고시에 합격한 후 1년 이내에 임직하여야 하며 만일 임직하지 못할 경우에는 당회의 결의로 1년간 연기할 수 있다.
5. 장로, 안수집사, 권사를 선택하는 투표는 1회에 연속하여 혹은 한 노회 기간 동안 투표횟수를 합하여 3차까지 할 수 있고, 투표방법(변경포함)은 남은 횟수에 한하여 당회와 공동의회가 투표장에서도 정할 수 있다. (개정 2022.9.21)
6. 같은 직임을 2인 이상 선출(투표)할 때에는 연기명으로 할 수 있다.
7. 헌법 권징 제4조 1항, 제6조 2항에 의거 목사, 장로, 안수집사, 권사를 신임투표로 사임시킬 수 없다. (개정 2022.9.21)
8. 본 교단 소속 교회에서 이명한 장로는 당회의 장로선택 청원과 노회의 허락을 받은 후 당회의 결의와 공동의회에서 3분의 2 이상의 투표로 신임하며 노회 고시부의 면접 후 취임할 수 있고, 타 교단 소속 교회에서 이명한 장로의 경우는 처음 선택할 때의 절차를 거쳐야 하며 안수는 생략할 수 있다. 단, 세례교인 비례 범위 내에서 선택할 수 있다.
9. 항존직의 자격이 원인 무효로 확인되었을 때에 당회장은 즉시 당사자에게 자동 해직되었음을 통지하고 당회에 보고한 후 항존직 명부에서 삭제한다. 단, 귀책사유가 본인에게 있지 않을 때는 해직할 수 없다. (신설 개정 2012.9.20)
10. 이미 목사, 장로였던 자 중에서 당회 결의로 협동목사, 협동장로를 세워 당회에 협력하게 할 수 있으나 당회의 회원권(투표권, 결의권)은 없으며 당회의 결의로 언권을 행사할 수 있다. 어떤 경우에도 명예목사, 명예장로를 세우지 못한다. (신설 개정 2012.9.20)
11. 당회의 결의로 세례교인 중에서 협동(명예)안수집사, 협동(명예)권사를 세워 안수집사와 권사의 직무를 협력하게 할 수 있으나 안수는 하지 않는다. 정년까지 집사에 준하여 제직회원의 권리를 행사할 수 있다. (신설 개정 2012.9.20, 개정 2022.9.21)
12. 동성애자 및 동성애를 지지하고 옹호하는 자는 성경의 가르침에 위배되며 동성애자 및 동성애를 지지하고 옹호하는 자는 교회의 직원 및 신학대학교 교수, 교직원이 될 수 없다. (신설 개정 2017.9.21)

13. 당회원 중 2촌 이내의 자나 배우자가 당회의 과반수를 차지하지 못한다. (신설 개정 2018. 9. 13)

**장로 피택의 무효**  공동의회에서 피택된 장로가 당회의 타당한 사유로 고시를 하지 못한 채 1년이 경과하였다면 피택 자체가 무효가 된다.[25]

**임직 보류**  본 시행규정 제1항에 의거 장로 5개월(헌법개정으로 현재 4개월) 당회 교육의 목적은 앞으로 장로로서 교인들에게 신앙적, 인격적, 사회적 모범을 보이도록 하기 위한 교육이므로 설령 피택 후 당회에서 5개월 교육을 받고 노회 고시에 합격하였다고 하더라도 당회는 정당하고 객관적 사유가 있으면 임직을 보류할 수 있다.[26]

**1년 이내 3차 투표의 의미**  ① 본 조 및 시행규정 제26조 3, 4항에 의거 장로를 위한 투표는 1년 이내에 3차 투표까지 할 수 있다는 취지이며,[27] ② 본 시행규정 제5항에서의 3차의 의미에 대하여 직원 선택을 위한 공동의회에서 1회에 3차까지 할 수 있다는 것인지, 직원이 선출되지 않았을 경우(3명 중 1명이 당선되고, 2명이 당선되지 않음) 직원 선택을 위한 공동의회를 3회까지 할 수 있다는 것인지는 "본 시행규정의 조항에 의거해 당회가 방법을 정하고 공동의회가 결의가 있을 시 회기 내에는 가능하다"고 해석하였다.[28]

**당회와 공동의회가 정할 수 있는 범위**  본 시행규정 제5항에 근거 당회와 공동의회가 투표장에서 정할 수 있는 것은 몇 명까지 기록하도록 할 것인지, 유효표 여부, 표시방법(이름 표시, ○× 표시), 몇 차까지 할 것인지 등 구체적인 투표방법과 투표방법 변경까지이며, 장로와 안수집사, 권사 선출을 위한 투표수(장로는 본 조에 근거 총투표수의 3분의 2 이상의 득표, 안수집사, 권사는 제54조에 근거 투표자의 과반수 득표)까지를 의미하는 것은 아니다.[29]

---

25) 제96회기-6번.
26) 제96회기-6번.
27) 제100회기-13번.
28) 제106회기-12번, 제103회기-59번, 제100회기-13번, 제96회기-41번, 제90회기-64번.
29) 제103회기-59번.

**장로 불신임은 무효**  당회장과 당회원 2명이 모여 다른 2명의 당회원의 신임 여부를 제직회와 공동의회에 물어 불신임시키고 3명의 장로를 증선하여 임직한 경우 (본 시행규정 제7항에 의하여) 장로 불신임절차가 당연 무효로 효력이 없고 또한 장로 불신임이 유효임을 전제로 증선된 장로의 임직 역시 당연무효이다.[30]

**이명한 장로의 복귀절차**  ① 장로가 다른 교회로 이명하여 그 교회에서 시무장로로 시무하다가 원래 교회로 복귀할 경우 그 장로는 원래 교회의 장로로 복직하는 것이 아니라 원래 교회로 이명하는 것으로 보는 것이 타당하므로 본 시행규정 제8항의 규정에 따라 장로로 취임하는 절차를 거쳐야 하며,[31] ② 정년 전에 은퇴한 장로가 다른 교회에 등록하려면 본 시행규정 제8항에 의거 교인 이명절차를 마친 후 적법절차에 따라 노회 고시부의 면접 후 취임할 수 있다.[32]

**항존직 자격 원인무효의 의미**  ① 본 시행규정 제9항에 의거 항존직의 자격이 무효로 확인되었다는 뜻은 행정소송을 통하여 판단되었다는 것을 의미하므로 자격 유무는 행정소송을 통하여 확인되었을 때 통보한 것이며,[33] ② 본 시행규정 제9항에 근거 자동해직되는 것은 권징 제5조에 의한 권징이 아니며 항존직 자격 자체가 원인무효되었기에 취임이 취소된 것이므로 자동해직된 장로가 제직회원이 되기 위해서는 제직회원으로 임명받아야 한다.[34]

**중대한 결격사유를 고의로 속인 장로의 처리**  지교회에 등록한 교인(장로)이 합법적인 절차에 따라 장로로 취임을 했으나, 장로로 취임할 수 없는 중대한 결격사유를 고의적으로 속인 것이 밝혀져서 본 시행규정 제9항에 의거 당회장이 당사자에게 장로취임이 자동해직되었음을 통지한 후 당회에 보고하고 명부에서 삭제 처리하기로 결의를 했다면 적법하게 행정처리를 한 것이다.[35]

**장로에게 귀책사유가 없는 경우(본 시행규정 제9항)**  ① 피택장로가 정상적으로 당회 교육을 마치고 시찰회에 고시청원을 하였으나 타당한 이유 없이 응시 기

---

30) 제91회기-2번.
31) 제102회기-17번.
32) 제97회기-49번.
33) 제99회기-29번.
34) 제102회기-43번, 제101회기-105번.
35) 제97회기-26번.

회를 허락하지 않아 1년이란 기간이 경과되었다면 그 귀책사유가 응시자 본인에게 있지 않고 시찰회에 있으므로 1년이란 유예기간의 적용을 받지 않으며,[36] ② 장로고시 무효 확인판결에도 불구하고 귀책사유가 본인들에게 없는 경우에는 시무장로의 직위는 유지되고,[37] ③ 위임목사를 청빙할 수 없는 미조직교회에서 위임목사로 청빙되어 위임이 무효가 된 무임목사의 위치에서 장로 임직을 실행할 수 없으나 본 시행규정 제9항에 의거 귀책사유가 장로 본인에게 있지 않으므로 임직은 적법하다.[38]

**협동장로** ① 제67조 4항과 본 시행규정 제10, 11항에 의거 당회가 폐지된 미조직교회에서도 협동장로를 세울 수 있고, 협동장로는 정년까지 서리집사에 준하여 제직회원의 권한을 행사할 수 있으며,[39] ② 본 시행규정 제10항에 의거 새로 신설된 협동장로는 장로란 호칭을 가지지만 이명간 교회에서 적법절차에 따라 취임하기 전에는 항존직분자라 할 수 없다.[40]

**미조직교회의 제직회** 당회가 없는 미조직교회의 경우에는 담임목사 연임청원을 제직회에서 결의하므로 당회를 대신하여 제직회에서 담임목사를 연임 청원하는 상황임을 감안하면, 의사결정에 치우침이 없도록 본 시행규정 제13항을 준용해야 한다.[41]

**당회원 구성의 적합성** ① 당회원 12명 중 부부 장로 3가정의 경우 본 시행규정 제13항에 근거 과반수가 넘지 않을 경우 당회원이 될 수 있으며,[42] 여자 목사가 담임하고 있는 교회(최초 당회 구성)에서 남편 1명만을 장로로 세우기 위하여 공동의회 선택을 받고 현재 장로고시 허락 가부에 대하여 장로가 되는 것을 제한할 수 없으나 본 시행규정 제13항에 해당하는 경우에는 당회원이 될 수 없고,[43]

---

36) 제96회기-6번.
37) 제99회기-35번.
38) 제99회기-34번.
39) 제98회기-22번.
40) 제97회기-32번.
41) 제105회기-30번.
42) 제103회기-9번.
43) 제103회기-13번.

② 담임목사 배우자를 포함 2인이 피택되어 노회에서 장로고시에 합격하여 임직이 허락된 경우에 대하여 장로가 되는 것을 제한할 수 없으나 본 시행규정 제13항에 해당하는 경우에는 당회원이 될 수 없으므로 조직교회가 될 수 없고, 따라서 위임목사 당회 결의는 유효하지 않고 노회는 위임목사로 허락해선 아니 된다.[44]

**2촌 이내로 구성된 당회에 대한 행정지도**  본 시행규정 제13항 신설 이전에 장로가 된 경우에 소급해서 적용할 수는 없으나 관련 조항이 신설된 후, 2촌 이내로 구성된 당회는 시행규정 취지에 적합하지 않으므로 노회에서 본 조항 취지를 따라 신규충원하도록 행정지도를 해야 한다.[45]

### 제42조 장로의 임직

1. 피택 된 자는 4개월 이상 당회의 지도 아래 교육을 받은 후 노회고시에 합격하여야 한다. (개정 2012.11.16)
2. 노회고시에 합격한 자를 지교회는 장로임직을 행한다. 예법은 별도로 정한다.

**교육기간(코로나19 감염병 심각단계)**  "제42조 1항에 근거 장로로 피택된 자는 4개월 이상 당회의 지도 아래 교육을 받은 후 노회고시에 합격하여야 한다. 그러나 국가적 재난 상황(코로나19에 따른 감염병 심각단계)에 따라 정기노회가 연기되었거나 노회에서 장로피택을 허락받았음에도 공동의회 소집이 어려웠다면 헌법 정치에 근거한 교육일정을 맞출 수 없는 상황이므로 코로나19 종식 전까지 '4개월 이상 당회의 지도아래 교육'은 받게 하되 4개월이 경과되지 않았더라도 노회의 판단에 따라 노회고시를 치룰 수 있으나 반드시 4개월 교육 이수 후 임직해야 한다"라고 해석하였다.[46]

**교육기간의 미달**  ① 장로 피택자는 교육을 받은 후 노회 고시에 응시할 수 있

---

44) 제106회기-36번.
45) 제103회기-87번.
46) 제104회기-37번.

으며,[47] ② 피택된 자는 5개월(2012년 헌법 개정으로 현재 4개월) 이상 당회의 지도 아래 교육을 받은 후 노회고시에 합격하여야 하므로 교육기간 3일이 부족하면 임직할 수 없고,[48] ③ 며칠 미달된 경우에도 임직할 수 없다.[49]

**공동의회에서 피택된 날로부터 4개월의 기준일** 본 조 제1항에서 공동의회에서 피택된 날로부터 4개월의 기준일이 고시일이 되는지 아니면 정기노회일이 되는지에 대하여 "원칙적으로 피택자는 피택일로부터 5개월 후에 고시를 할 수 있으나, 고시일은 각 노회마다 시험일이 각각 다르기 때문에 장로고시 응시자는 노회에 따라 차등 적용되거나 불이익을 주는 경우도 있으므로 다음의 정기노회 개회일을 기준으로 피택된 후 당회에서 5개월 이상 소양교육을 받으면서 노회고시를 치를 수도 있다"는 것으로 해석하였다.[50]

**당회장 부재중 장로 피택자 교육** 피택장로 교육을 실시하고 있던 중 담임목사의 사임으로 당회장 부재중 남은 교육을 부목사와 장로들이 맡아 계속할 수 없고, 당회장 아래 교육을 하여야만 하는바, 당회장의 결원에 해당하므로 노회로부터 임시당회장을 파송받아 당회가 교육을 실시하여야 한다.[51]

**신뢰보호 원칙과 귀책사유** ① 교회수습위원회가 구성되었을지라도 장로로 피택된 당사자가 문제가 없다면 장로 고시에 응시할 수 있으며,[52] ② 노회가 장로고시를 허락하고 임직은 담임목사와 장로대표가 화해한 다음에 허락하기로 결정하였다 하더라도 장로 임직을 허락한 이상 노회가 제시한 조건이 성취되었는지 여부와는 상관없이 그 교회의 장로 임직은 유효하며,[53] ③ 노회 고시의 합격 여부는 노회에 보고한 후 최종 확정되므로 노회 보고 후에 장로 임직식을 할 수 있으나 이미 임직한 장로의 경우 그 귀책사유가 당회 또는 노회에 있을 경우 장로 임

---

47) 제93회기-36번.
48) 제94회기-31번.
49) 제93회기-7번.
50) 제92회기-48번.
51) 제92회기-16번.
52) 제98회기-15번.
53) 제102회기-30번.

직식은 유효하고,[54] ④ 공동의회에서 결의된 방법대로 선출되어 본 조에 근거 노회 고시 및 고시합격을 노회에 보고한 후 이를 근거로 임직식까지 마쳤을 경우 당사자의 귀책사유가 없다면 신뢰보호의 원칙이 적용되어 장로 임직은 유효하다.[55]

**노회 폐회 후 재고시 불가**  노회 고시위원회에서 제○회 시 장로고시에 응시하여 불합격된 피택장로를 노회 폐회 후 재고시를 할 수 있는지는 제○회 노회는 폐회하였으나 다음 노회 개최 전일까지 계속되므로 노회 폐회 후 재고시는 불가하다.[56]

### 제43조 장로의 사임 및 사직

1. 자의사임 : 장로가 부득이한 사유로 시무사임을 원하여 당회에 사임서를 제출한 경우 당회의 허락을 받아 사임케 할 수 있다.
2. 권고사임 : 장로가 교회에서 불미스러운 행위를 한 사실이 확인된 때에는 당회 및 공동의회의 결의에 의하여 시무사임을 권고할 수 있다. 권고에 따라 당사자가 사임서를 제출하면 당회는 처리한다.
3. 자의사직 : 장로가 부득이한 사유로 인하여 장로직의 사직을 위해 당회에 사직서를 제출하는 경우에 당회는 이를 심사하여 사직케 할 수 있다.

장로의 사임은 당회원으로서의 직무를 수행하지 않는 등 시무를 하지 아니하고 장로의 직은 유지되는 것이며, 사직은 장로의 직을 그만두는 것을 말한다.

① 사임에는 자의사임 이외에 권고사임이 있으나 사직에는 자의사직만 있고 재판에 계류 중이 아닌 항존직원이 총회나 노회를 탈퇴한 경우 권고사직으로 간주하는(시행규정 제87조 1항 참조) 이외에는 권고사직은 없는 점, ② 권고사임은 일종의 '권고에 의한 자의사임' 제도로서 교회의 권고가 있다고 해서 사임의 효과가 발생하는 것은 아니며 권고에 따라 장로가 사임서를 제출하는지 여부에 따라 사임여부가 결정되는 점, ③ 권고사임에 있어 '불미스럽다'는 것은 권징 제3조 소정

---

54) 제102회기-64번.
55) 제106회기-1번.
56) 제92회기-11번.

의 죄과사실이 있는 경우는 모두 이에 해당한다고 보아야 하는 점은 목사의 사임, 사직에 있어서와 같다(제35조).

**권고사임 시 자필 서명 사임서 필요 여부**　권고사임에 반드시 자필 서명 사임서를 첨부하여야 한다는 시행규정 제24조 2항은 장로의 권고사임에 적용이 없다는 견해[57]가 있으나 권고사임의 경우 본인의 진심에 의한 사임이라는 사실을 명백히 하여야 할 필요성은 장로의 경우에도 목사의 경우와 다를 바 없으므로 장로의 권고사임에도 위 시행규정을 유추적용하는 것이 타당하다고 사료된다.

**자의사임 장로의 지위**　① 장로 사임은 본 조 제1항에 의거 당회 결의 없이 제직회나 공동의회에서 사임 처리할 수 없으며,[58] ② 자의사임한 장로의 직위는 장로이므로 장로 직분은 유지되나 시무는 할 수 없고 제직회에 언권회원으로 참석할 수 있으며, 은퇴장로는 아니므로 주보 기재 여부는 당회의 결의로 할 수 있고,[59] ③ 자의사임한 장로는 복직되기 전에는 당회의 언권회원이 될 수 없으며,[60] ④ 정년 70세에 이르기 전에 자의사임한 장로의 예우는 은퇴장로의 지위와 호칭 부여가 타당하다.[61]

**자의사임 여부**　① 당회에 사임서를 제출하지 않았다면 사임으로 볼 수 없으므로 즉시 당회에 복귀시켜야 하며,[62] ② 지교회의 시무장로가 적법절차에 의하여 사임서를 당회에 제출하고 당회가 사임서를 허락하기 전에 사임철회를 요구했음에도 불구하고 사임을 강행처리했다면 그 처리는 위법이며 무효이고,[63] ③ 시무장로가 사임을 할 경우 자의사임의 의미는 어떤 강요나 권유가 아닌 본인의 자유로운 판단에 의한 결정이어야 하는데 장로가 당회에 사임서를 제출한 사임의 배경에는 당회의 요구에 따라 사임서를 제출하게 되었다고 한다면 자의사임이라고 볼 수 없으며, 또한 헌법규정에 조건부 사임이라는 용어 자체도 없는 이 사임서는

---

57) 이성웅, 302면.
58) 제101회기-91번.
59) 제98회기-50번.
60) 제98회기-73번.
61) 제93회기-20번.
62) 제99회기-25번.
63) 제97회기-22번.

사임의 효력이 없으며 이와 같이 효력도 없는 사임서를 처리한 당회의 결정도 위법이며 무효이다.[64]

**장로 사임서 수리절차**  시무장로 5명 중 4명만 사임서를 제출하고 1명은 제출하지 않은 상태에서 당회장 직권으로 4명의 사임서를 수리했다면 위법이며, 이미 시무사임서를 제출한 장로는 사임서 수리 여부에 대한 결의권을 행사할 수 없고, 시무사임서를 제출한 후 본인이 철회서를 제출했다면 그 사유를 들어보고 수리 여부를 결정해야 한다.[65]

**시무장로의 시무사임 청원**  ① 시무장로의 시무사임을 위한 공동의회 개회 청원의 건을 제직회에서 결의하여 당회에 청원하였을 경우 제90조 3항의 공동의회 소집에는 해당되나 이는 제91조 5항의 제직회 결의사항에 위배되므로 불가하며,[66] ② 입교인 139명 중 82명이 시무장로의 시무를 원하지 않아 서명, 날인하여 당회에 장로의 시무사임을 청원하였을 때 당해 장로가 그 건에 대한 당회의 소집 구성원이 될 수 있는지에 대하여 제88조 3항 제3호에 의거 청원할 수 있고 제66조에 의거 당회 소집 구성원이 될 수 있고,[67] ③ 당회를 소집하였음에도 개회를 못하도록 하기 위하여 의도적으로 담합하여 참여하지 않으므로 당회원으로서 계속 직무유기를 할 경우에도 제90조 3항에 따라 당회 결의 없이는 공동의회 소집은 불가하다고 해석하였다.[68]

**권고사임 사유**  시무장로가 '목사가 교회에 제출한 청빙 이력서의 학위와 경력 허위기재' 문제를 당회에 알린 것은 제39조에 규정된 장로의 직무의 범주에 속하며, '교회에서 불미스러운 행위를 한 사실이 확인된 때'의 범주에 속하지 않는다.[69]

**미조직교회에서의 권고사임**  목사 1인, 장로 1인의 미조직교회에서는 노회 총대 선정권은 당회장이 행사할 수 있고, 공동의회에서 장로 권고사임안을 결의하더라도 권고는 어디까지나 권고이므로 노회 총대권과 장로직무권의 제한은 불가

---

64) 제96회기-14번.
65) 제96회기-2번.
66) 제84회기-9번.
67) 제84회기-9번.
68) 제84회기-9번.
69) 제100회기-74번.

하다.[70]

**자의사직한 장로의 지위**  ① 자의사직한 장로는 장로직을 상실하였기 때문에 타 교회로 이적하여 무흠에 해당될지라도 당회 결의로 협동장로로 세울 수 없고,[71] ② 장로가 자의사직하고 타 교회로 이적하여 무흠에 하자가 없고 적법절차에 의하여 선택되었다면 처음 장로장립 때처럼 임직하되, 안수는 하지 않는다.[72]

**장로직 간주권고사직 또는 의제사직**  장로의 사직에는 자의사직만 있고 권고사직은 없는 점, 권징법상 유일하게 시행규정 제87조에 재판에 계류 중이 아닌 항존직원이 총회나 노회를 탈퇴한 경우 권고사직으로 간주하는 제도를 두어 일종의 간주권고사직 또는 의제사직을 규정하고 있으나 교단을 탈퇴하는 장로는 우리 교단의 장로직을 그만두는 것을 전제로 하고 있으므로 권징법상 인정하고 있지 않는 권고사직으로 보는 것보다 권징법상 인정하고 있는 자의사임한 것으로 본다고 하는 것이 그 의사에 부합한다는 점은 제35조(목사의 사임 및 사직)에서 기술한 바와 같다.

### 제44조 원로장로

1. 원로장로는 한 교회에서 20년 이상 장로로 시무하고 은퇴하는 경우에 교회가 그의 명예를 보존하기 위하여 추대한 장로이다.
2. 원로장로는 공동의회의 출석회원 과반수의 결의로 추대한다.

원로장로의 추대요건은 한 교회에서 20년 이상 시무하고 은퇴하는 경우이므로 같은 노회 소속이더라도 다른 교회에서의 시무기간은 합산의 대상이 되지 않는다.

원로장로로 추대하기 위하여 특별한 공로가 있어야 할 필요는 없으며, 한 교회에서 20년 이상 장로로 봉사하였다는 것 자체가 명예이며 보존할 가치가 있으나 시무기간 중 권징의 책벌을 받았거나 국법에 의한 금고 이상의 형을 받은 전과가 있으면 장로 자격에는 영향이 없으나 원로장로로 추대하기에는 보존할 명예가 부

---

70) 제92회기-67번.
71) 제97회기-21번.
72) 제97회기-21번.

족하다는 견해[73]에 찬성한다.

　권고사임을 받아들여 사임한 장로가 계속 그 교회에 출석하여 70세에 은퇴하면 제45조의 은퇴장로의 지위와 호칭을 누릴 수 있으나 '계속 시무하고 은퇴하는 경우'라는 자격을 요하는 원로장로는 될 수 없다고 하는 견해[74]에 대하여는 결론에는 이의가 없으나 권고사임할 당시 이미 20년 계속 시무의 요건을 갖추었다고 하더라도 권고사임 자체가 불미스러운 행위를 한 사실이 확인되었을 때 이루어지는 것이므로 권고사임하였다는 사실 자체로 원로장로로 추대하기에는 보존할 명예가 부족하다고 판단된다.

　**원로장로 추대요건**　① 한 교회에서 20년 이상 시무하고 조기은퇴한 후라도 원로장로로 추대할 수 있으며,[75] ② 은퇴식을 한 장로에 대하여 몇 개월이 지난 후에 다시 공동의회의 결의를 거쳐 원로장로로 추대할 수 있다.[76]

　③ 신규 설립한 교회에서 시무한 경력이 전혀 없거나 시무 경력이 채 2년도 되지 않았음에도 이전 공동체(전에 다니던 교회)에서 기히 은퇴한 장로 및 은퇴기간(만 70세가 되는 해 12월 말일)이 경과한 장로들을 대상으로 공동의회를 개최하여 원로장로로 추대한 사안에 대하여 "이전 공동체(전에 다니던 교회)에서 은퇴한 장로 및 은퇴 기간이 경과한 장로들이라 할지라도 이런 경우에는 지교회가 원하고 당회와 공동의회에서 결의를 하면 할 수 있다"고 해석하였고,[77] ④ 1982년 12월 장로로 임직받고 임직받은 교회에서 13년간 시무하다가 개인 사정으로 같은 노회 다른 교회의 장로로 이명등록(무흠)(1995. 10. 1)을 허락받고, 협동장로로 출석하다가 공동의회에서 신임결의 받은 후 현재까지 시무하며, 2016년 말에 은퇴하는 경우 한 교회에서 장로로 21년 이상이 되나 공동의회에서의 신임결의일을 기준으로 하면 만 20년이 약간 부족한 사안에 대하여 "무흠 장로의 이명서를 그 당회에 접수하여 허락받고 등록한 날로부터 20년 이상이면 지교회의 당회, 공동의회의 결

---

73) 이성웅, 309면.
74) 이성웅, 302면.
75) 제96회기-3번, 제94회기-17번.
76) 제90회기-30번.
77) 제100회기-50번.

의가 있는 경우 원로장로로 추대할 수 있다"고 해석하였다. [78]

**휴무기간 미포함**   장로로서 시무한다는 것은 제39조의 장로의 직무와 제68조 당회원으로서의 직무를 감당하는 것을 의미하며, 장로가 제46조에 의하여 휴무하게 되면 그 장로는 장로와 당회원의 직무를 감당하지 않게 되므로 장로 휴무기간은 본 조에 기재된 장로 시무기간에 포함되지 않는다. [79]

**증경 노회장이 아닌 원로장로**   증경 노회장이 아닌 원로장로는 노회의 언권회원이 될 수 없다. [80]

**당회에서 부결된 안건**   공동의회에 '원로장로 추대안건' 상정 여부를 위한 당회에서 부결된 경우 부결된 안건을 공동의회 안건으로 상정하지 않은 것은 적법하다. [81]

### 제45조  은퇴장로

은퇴장로는 당회와 제직회의 언권회원이 된다.

장로의 조기은퇴 청원은 시무 사임을 전제로 하므로 조기은퇴 허락에는 시무 사임 허락 의사표시가 포함되어 있다고 보아야 한다.

은퇴장로는 당회와 제직회의 회원이 아니며 다만, 언권회원이기 때문에 언권만 있을 뿐, 안건 표결, 성안에 동의하거나 안건 찬반 토론에 참여할 수 없고, 찬반 의사표시도 할 수 없다. [82]

**공로장로 추대 불가**   제44조, 45조에 의하여 노회에서 노회적으로 공적이 있는 장로가 은퇴할 때에 공로장로로 추대할 수 없다. [83]

### 제46조  장로의 휴무

장로가 특별한 사정에 의하여 휴무코자 하면 당회의 결의로 할 수 있다.

---

78) 제100회기-71번.
79) 제102회기-25번, 제91회기-23번.
80) 제85회기-1번.
81) 제102회기-39번.
82) 제101회기-102번.
83) 제90회기-17번.

여기서의 '특별한 사정'은 질병으로 장기간 입원하여야 하는 경우, 사업차 장기간 해외 출장을 가야 하는 경우, 공무상 해외 유학을 가는 경우 등으로 시무가 어려운 경우를 말하며, 휴무기간은 시무기간에서 제외되므로 원로장로의 시무 요건 20년 이상의 기간 계산에서 포함되지 않고, 휴무장로는 당회원의 개회성수에 계산되지 않는다.

**휴무장로의 지위** ① 장로의 휴무는 휴무기간 동안 시무장로의 권한과 책임을 일정 기간 쉬는 것이므로 휴무 중인 장로는 노회 장로총대 및 총회총대가 될 수 없으며,[84] ② 장로가 휴무한 기간은 전체 시무기간에 포함되지 않으나 장로의 서열은 전과 동일하다.[85]

■ **시행규정 제25조 목사, 장로의 휴무**

3. 목사의 휴무 시는 기간을 정하여야 하고 휴무가 끝나면 자동적으로 시무하며 휴무연장 허락을 받지 않을 경우 무임이 된다. (개정 2012. 9. 20)
4. 헌법 정치 제46조에 의하여 장로가 휴무하려면 제12호 서식에 의한 청원서를 당회에 제출하여 당회의 허락을 받아야 하고 휴무의 기간, 기간 연장, 자동 복귀, 무임에 관하여 전항을 준용한다. (신설 개정 2012. 9. 20)

본 시행규정 제4항 및 3항은 장로는 휴무가 끝나면 자동적으로 시무하게 되는데, 휴무장로가 기간이 끝나도 복귀하지 아니하거나 휴무기간 연장 허락을 받지 못하는 경우 무임장로가 된다는 취지이며 무임장로는 당회의 성수 계산에 포함하지 않으며 원로장로 20년 기간에 포함되지 않는다.

### 제47조 장로의 복직

1. 자의사임을 한 장로가 복직을 원하는 경우에는 당회원 3분의 2 이상의 결의로 복직할 수 있다.

---

[84] 제102회기-69번.
[85] 제98회기-28번.

2. 권고사임이 된 장로가 복직을 원하는 경우에는 그 권고사임 사유가 해소되어야 하며, 당회원 3분의 2 이상의 찬성으로 결의하고, 공동의회에서 출석회원 3분의 2 이상의 복직 결의를 받아야 하며, 임직 때와 같은 서약을 하여야 한다.
3. 자의사직을 한 장로가 복직을 원하는 경우에는 당회원 3분의 2 이상의 결의로 공동의회에서 출석회원 3분의 2 이상의 복직 결의를 받아야 하며, 임직 때와 같은 서약을 하여야 한다.

자의사임한 장로는 당회원 3분의 2 이상의 결의만으로 복직이 되고, 임직 때와 같은 서약은 필요가 없는 점에서 권고사임하거나 자의사직한 장로는 당회원 3분의 2 이상의 결의 이외에 공동의회에서 출석회원 3분의 2 이상의 복직 결의가 필요하며, 임직 때와 같은 서약을 필요로 하는 점에서 다르며, 특히 권고사임한 장로의 복직의 경우 '불미스러운 행위'인 권고사임 사유가 해소되어야 한다.

**조기은퇴 장로의 시무복직** 당회나 공동의회에 서면으로 보고되어 은퇴가 확실한 경우에는 복직할 수 없다.[86]

**복직한 장로의 서열** ① 자의사임한 장로는 복직한 경우 주보나 교회 수첩과 요람 등에 등재하는 장로의 서열은 최초 장로 임직일을 기준으로 정하여 사임 전의 서열을 회복하지만,[87] ② 권고사임하거나 자의사직한 장로는 복직되더라도 사임 또는 사직하기 전의 상태로 돌아가지 않으며 위 주보 등에 등재하는 장로의 서열은 신규 임직서약을 한 날을 기준으로 다시 결정되며, 자의사임하고 그 교회를 떠나버리면 자의사직과 같은 결과를 초래하므로 장로 서열도 자의사직한 장로가 복직한 경우와 같다고 보아야 한다.[88]

**자의사임 후 다른 교회로 이명 간 장로의 복직절차** 자의사임하고 다른 교회로 이명간 장로가 5년 후에 본 교회로 돌아왔을 때에는 정상적으로 이명해 갔으므로 본 교회에 계속 출석하는 경우에 적용하는 자의사임에 따른 복직절차를 적용

---

86) 제90회기-46번.
87) 같은 취지, 제97회기-11번.
88) 이성웅, 305면 및 306면.

할 수 없고 제41조와 제47조 3항에 따라 당회의 결의로 공동의회에서 투표수 3분의 2 이상의 득표로 시무신임을 얻어야 하며, 임직 때와 같은 서약을 하여야 한다는 해석[89]과 자의사임, 권고사임, 자의사직한 장로가 다른 교회로 이명한 후 다시 본 교회로 적법하게 이명을 하였다면 역시 본 조에 의하여 복직하면 된다는 해석[90]이 있는바, 전자는 공동의회에서 투표수 3분의 2 이상의 득표로 시무신임을 얻어야 함에 대하여 후자는 당회원 3분의 2 이상의 결의로 복직할 수 있게 되는 결과가 되므로 이에 대하여 해석을 통일할 필요가 있다.

**장로 전원이 사직하여 폐당회된 후 다시 피택된 경우** 장로 3인 전원이 자의사직하였고 폐당회가 된 상태에서 자의사직한 장로 2인이 적법절차에 의하여 다시 장로로 피택되었다면 본 조 제3항에 준하여 임직때와 같이 서약만 하면 된다.[91]

**시무장로 전원 사직으로 폐당회된 경우** 시무장로 전체가 스스로 사직하기로 결의까지 한 후 수개월이 지난 뒤 다시 복직을 원한다 하더라도 복직을 결의할 주체가 없는 즉 폐당회가 된 상태이기에 복직 자체가 불가능하다.[92]

---

89) 제90회기-15번.
90) 제97회기-48번.
91) 제97회기-10번.
92) 제96회기-57번.

# 제7장 전도사

### 제48조 전도사의 직무

전도사는 당회 또는 당회장이 관리하는 지교회에서 시무하는 유급 교역자이다. 미조직교회에서는 당회장의 허락으로 제직회 임시 회장이 될 수 있다.

전도사는 목사를 보좌하며 목사의 직무를 도와주는 자로서 목사의 성례거행권, 교인 축복권, 치리권을 대행할 수 없으나, 설교는 담임목사나 당회의 허락이 있으면 대행할 수 있다.

전도사의 소속은 당회이며, 당회의 결의로 연임할 수 있고 시무 기간은 1년으로서 70세가 되는 해의 연말까지 시무할 수 있다(제23조).

담임목사 재직 시 시무 전도사로 있던 자가 담임목사 사임 후 목사 안수를 받아 임시목사 청빙이 적법하며,[1] 목사고시를 합격하고 전도사로 시무하고 있던 중 당회장의 파송으로 총회가 인정한 타 교단 교회(시행규정 제23조)에서 담임사역을 한 경우 타 교단의 사역기간을 전임경력으로 인정할 수 없다.[2]

■ **시행규정 제18조 부목사, 전도사의 연임청원**
5. 전도사의 소속은 당회이며, 헌법 정치 제23조에 의거 당회의 결의로 연임할 수 있다.

---

1) 제93회기-35번, 54번, 제91회기-35번.
2) 제99회기-57번.

### 제49조 전도사의 자격

전도사의 자격은 다음과 같다.
1. 25세 이상 된 자로서 신학교 또는 성서학원 졸업자
2. 무흠 세례교인(입교인)으로 5년을 경과한 자
3. 노회 전도사고시에 합격한 자. 다만, 시무장로는 전도사직을 겸할 수 없다.

본 조의 전도사는 신학대학교 또는 성서학원 졸업자로서 노회 전도사 고시에 합격한 자를 말하며, 교회학교에서 아동부나 중, 고등부 등의 교육 사역을 담당하는 교육전도사를 의미하는 것은 아니다.

목사의 자격으로 총회 직영 신학대학원을 졸업한 후 2년 이상 교역경험을 가진 자임을 요하는데, 이는 목사 임직 전 2년 이상 전임전도사로서 교육경험을 쌓아야 한다는 의미이다.

**신학대학원 졸업자** 2007년 헌법개정에서 신학대학원을 졸업시 총회에서 전도사 자격을 이미 인정하였으므로 신대원 졸업자는 전도사 고시를 치르지 않아도 되게 되었다(시행규정 제16조의 4 3항에서 목사 안수시 전도사 고시 합격증은 첨부하지 않아도 되게 규정하고 있음).

**전도사 고시 응시요건** ① 본 조의 자격을 갖추었다고 해도 임지가 없으면 전도사 인허 또는 시취를 받을 수 없으며,[3] ② 남편이나 부인이 교회 출석을 하지 않는 경우에는 제26조 1항(가정을 잘 다스리고)을 준용하여 전도사 고시에 응할 수 없다.[4]

**시무장로와 전도사** 시무장로는 전도사가 되려면 자의사직할 필요는 없으나 사임하여야 한다는 견해[5]가 있으며, 헌법위원회는 휴무장로는 전도사로 시무할 수 있다(시행규정 제25조 4항에 따른 장로휴무에 필요한 소정의 절차를 완료하여야 함)고 해석[6]하여 사임할 필요 없이 휴무하여도 된다고 보았다.

---

3) 제100회기-65번.
4) 제100회기-67번.
5) 이성웅, 317면.
6) 제105회기-14번.

**시무장로의 전도사직 겸직금지**  시무장로의 전도사 겸직을 금지한 이유는 시무장로가 목사의 보조 교역자의 역할을 하는 데에 여러 어려움이 있을 수 있기 때문이다.

# 제8장 안수집사 및 권사

### 제50조 안수집사의 직무

안수집사는 교회의 택함을 받고 제직회의 회원이 되며, 교회를 봉사하고 헌금을 수납하며, 구제에 관한 일을 담당한다. (개정 2022.11.17)

### 제51조 안수집사의 자격

안수집사는 단정하고 일구이언을 하지 아니하며 깨끗한 양심에 믿음의 비밀을 가진 자로서(딤전 3 : 8-10) 다음의 사항에 해당하는 자라야 한다. (개정 2022.11.17)

1. 무흠 세례교인(입교인)으로 5년을 경과한 자
2. 35세 이상 된 남자 (개정 2012.11.16)

안수집사는 남자, 권사는 여자로 한정하고 있으므로 여자는 안수집사가 될 수 없고, 남자는 권사가 될 수 없다.

2012년 헌법개정 이전에 집사, 권사의 자격 연령이 30세 이상으로 되어 있는 때에 지교회에서 집사, 권사의 자격을 35세 이상 65세 이하로 하는 것은 불가하다고 해석하였다.[1]

명예안수집사, 명예권사 제도는 헌법상 인정하는 직분은 아니었으나, 2012년

---

1) 제93회기-15번.

헌법개정에서 신설하였다(시행규정 제26조 11항).[2]

### 제52조 권사의 직무

권사는 교회의 택함을 받고 제직회의 회원이 되며 교역자를 도와 궁핍한 자와 환난 당한 교우를 심방하고 위로하며 교회에 덕을 세우기 위해 힘쓴다.

### 제53조 권사의 자격

권사는 단정하고 참소하지 아니하며 절제하고 모든 일에 충성된 자로서(딤전 3 : 11) 다음의 사항에 해당하는 자라야 한다.
1. 무흠 세례교인(입교인)으로 5년을 경과한 자
2. 35세 이상 된 여자 (개정 2012.11.16)

권사는 여자에만 한정되며, 남자에게도 권사를 허용하는 교단도 있다.
제69회 총회 결의 중 정치부보고서 "외국영주권 및 시민권 소지자는 모든 공직에서 시무할 수 없다"는 결의는 모든 항존직에 적용되며 권사 피택자가 미국 시민권자인 경우 시민권을 포기할 때는 임직이 가능하다.[3]

### 제54조 안수집사, 권사의 선택

안수집사, 권사의 선택은 당회의 결의로 공동의회에서 투표수의 과반수 득표로 선출한다. (개정 2022.11.17)

장로의 선택은 노회의 허락을 받아야 하나 안수집사, 권사의 선택은 노회의 허락을 받을 필요 없이 당회의 결의로 선택 여부와 인원수를 결정할 수 있으며, 공동의회에서 총 투표수의 과반수 득표로 선출된다.

---

2) 제88회기-14번.
3) 제84회기-6번.

■ **시행규정 제26조  직원 선택**(개정 2012.9.20, 2017.9.21, 2018.9.13, 2022.9.21)

1. 장로, 안수집사, 권사를 선택할 때 당회에서 후보자를 추천할 수 있다. 헌법 정치 제41조 2항(당회 추천)의 경우 반드시 당회장(대리당회장)이 참석하여야 하고, 헌법 정치 제64조 2항(세례교인 비례)을 지켜야 한다. 단, 최초 당회 조직 시 장로 2인을 동시 선택 못한 경우 혹은 1인이 결원일 경우에는 후에 1인을 선택할 수 있다. (개정 2022.9.21)
2. 당회에서 교육을 한 후에도 당회의 결의에 의하여 전항의 직원 임직을 보류할 수 있다.
5. 장로, 안수집사, 권사를 선택하는 투표는 1회에 연속하여 혹은 한 노회 기간 동안 투표횟수를 합하여 3차까지 할 수 있고, 투표방법(변경포함)은 남은 횟수에 한하여 당회와 공동의회가 투표장에서도 정할 수 있다. (개정 2022.9.21)
6. 같은 직임을 2인 이상 선출(투표)할 때에는 연기명으로 할 수 있다.
9. 항존직의 자격이 원인무효로 확인되었을 때에 당회장은 즉시 당사자에게 자동 해직되었음을 통지하고 당회에 보고한 후 항존직 명부에서 삭제한다. 단, 귀책사유가 본인에게 있지 않을 때는 해직할 수 없다. (신설 개정 2012.9.20)
11. 당회의 결의로 세례교인 중에서 협동(명예)안수집사, 협동(명예)권사를 세워 안수집사와 권사의 직무를 협력하게 할 수 있으나 안수는 하지 않는다. 정년까지 집사에 준하여 제직회원의 권리를 행사할 수 있다. (신설 개정 2012.9.20, 개정 2022.9.21)
12. 동성애자 및 동성애를 지지하고 옹호하는 자는 성경의 가르침에 위배되며 동성애자 및 동성애를 지지하고 옹호하는 자는 교회의 직원 및 신학대학교 교수, 교직원이 될 수 없다. (신설 개정 2017.9.21)

**제55조 안수집사 및 권사의 임직**

1. 피택된 자는 3개월 이상 당회의 지도 아래 교양을 받아야 한다.
2. 안수집사 및 권사는 당회결의로 교회가 임직한다. (개정 2022.11.17)

2007년 헌법개정에서 안수집사, 권사에 대한 당회에서의 시취제도를 삭제하여 시험은 필요가 없게 되었다.

"예법은 별도로 정한다"는 규정도 삭제하여 안수가 필요 없는 것 같으나 개정의 역사성에 의하여 예식서에 따라 안수절차가 필수적이며, 차후 개정시 이 문구를 삽입하여야 한다는 견해[4]도 있다.

**항존직의 이명절차** 안수집사로 피택된 자가 임직 없이 타 교회(교적부에 등재)로 갔다가 종전 교회로 다시 전입하였을 경우에는 이미 다른 교회에 가서 등록하였다면 종전 교회의 교인 자격은 상실되어 피택은 유효하지 않으며, 피택절차 없이 타 교회로 가기 전 피택된 것으로 임직하였을 경우 시행규정 제26조 3항, 4항, 8항에 합당하지 않고, 원인무효 및 다시 선출 여부는 해당 치리회에서 당시 상황 및 절차의 위반 등을 세밀하게 검토한 후 결정해야 할 것이라고 해석하였다.[5]

### 제56조 안수집사 및 권사의 사임과 사직

1. 자의사임 : 안수집사 및 권사가 부득이한 사유로 인하여 시무사임을 원할 때 사임서를 제출하면 당회의 결의로 사임케 할 수 있다. (개정 2022.11.17)
2. 권고사임 : 안수집사 및 권사가 교회에서 불미스러운 행위를 한 사실이 확인된 때에는 당회의 결의에 의하여 시무사임을 권고할 수 있다. 권고에 따라 당사자가 사임서를 제출하면 당회는 권고 사임케 한다. (개정 2022.11.17)
3. 자의사직 : 안수집사 및 권사가 부득이한 사유로 인하여 당회에 사직서를 제출하는 경우에 당회의 결의로 사직케 할 수 있다. (개정 2022.11.17)

### 제57조 은퇴안수집사, 은퇴권사

은퇴안수집사, 권사는 정년이 되어 퇴임하거나 특별한 사정에 의하여 정년이 되기 전에 퇴임한 집사, 권사이다. 제직회의 언권회원이 된다. (개정 2012.11.16, 2022.11.17)

---

[4] 이성웅, 334-335면.
[5] 제103회기-90번.

### 제58조 안수집사, 권사의 휴무 및 복직

1. 안수집사, 권사가 특별한 사정에 의하여 휴무코자 휴무서를 제출하는 경우에는 당회의 결의로 휴무케 할 수 있다. (개정 2022.11.17)
2. 자의사임을 한 안수집사, 권사가 복직을 원하는 경우에는 당회원 3분의 2 이상의 결의로 복직할 수 있다. (개정 2022.11.17)
3. 권고사임이 된 안수집사, 권사가 복직을 원하는 경우에는 그 권고사임 사유가 해소되어야 하고, 당회원 3분의 2 이상의 결의로 공동의회에서 과반수의 득표로 복직 결의를 받아야 하며 임직 때와 같은 서약을 하여야 한다. (개정 2022.11.17)
4. 자의사직을 한 안수집사, 권사가 복직을 원하는 경우에는 당회결의로 공동의회에서 과반수의 득표로 복직 결의를 받아야 하며, 임직 때와 같은 서약을 하여야 한다. (개정 2022.11.17)

장로의 경우 시행규정 제25조 4항 및 3항에 따라 장로는 휴무가 끝나면 자동적으로 시무하며 휴무연장 허락을 받지 않을 경우 무임장로가 되고, 무임장로는 당회의 성수 계산에 포함하지 않으며, 안수집사, 권사의 경우는 휴무사유가 해소되어 복귀할 의사가 있으면 언제라도 복귀할 수 있다는 견해[6]가 있다.

본 조의 '임직 때와 같은 서약을 하여야 한다'는 의미는 당회 앞에서가 아니라 전교인 앞에서 서약해야 한다는 의미이다.[7]

### 제59조 집사의 임명

집사는 25세 이상 된 진실한 무흠 세례교인(입교인)으로서 1년을 경과하고 교회에 등록한 후 1년 이상 교인의 의무를 성실하게 이행한 자 중에서 당회의 결의를 거쳐 당회장(임시, 대리당회장 포함)이 임명한다. (개정 2012.11.16)

---

6) 이성웅, 336조.
7) 제89회기-39번.

2022년 헌법개정에서 서리집사를 집사로 호칭을 변경하였다. 집사는 제직회의 회원이며, 당회장이 당회의 결의를 거치지 않고 공동의회의 결의로 집사를 임명할 수 없다. 집사에게는 은퇴의 개념이 없으며 은퇴안수집사나 은퇴권사와 달리 제직회의 언권회원도 아니다.

# 제9장 치리회

### 제60조 치리회의 구분

치리회는 당회, 노회, 총회로 구분한다.

치리회는 위계적 조직으로 당회, 노회, 총회의 단계적, 기능적 3단계이며, 상급 치리회를 상회(上會), 하급 치리회를 하회(下會)라고 하고, 하급 치리회에서 상급 치리회로의 제안을 헌의(獻議), 상급 치리회에서 하급 치리회로의 제안을 수의(垂議)라고 한다.[1]

**교회 내 장로회 불허** 장로는 당회 치리회원이므로 지교회에서 장로회를 조직할 수 없다.[2]

### 제61조 치리회의 구성

모든 치리회는 목사와 장로로 구성한다.

당회는 시무목사와 시무장로, 노회는 노회원 목사와 노회 총대장로, 총회는 총대목사와 총회 총대장로로 구성되어 회집된다.

---

1) 이성웅, 341-342면.
2) 제95회기-42번, 제93회기-12번.

■ **시행규정 제35조의 2  총회 및 노회 개회(신설 개정 2021.9.28)**
치리회(총회, 노회) 준비 중 국가법(전쟁 및 소요, 천재지변, 감염병 등)에 의하여 개회가 불가능하거나, 현저히 곤란할 경우에는 온라인을 통하여 개회할 수 있다.

2021년 시행규정의 개정으로 신설되었으며 지난 3년간의 미증유의 코로나19 감염병으로 국가법에서 집회를 금지하거나 현저히 곤란하게 한 경우의 경험을 살려 전쟁 및 소요, 천재지변, 감염병 등의 국가 재난상황에서 총회를 비롯한 치리회 개최를 대면 방식에서 정보 및 통신기술의 발달로 가능하게 된 비대면의 온라인 방식으로 개회할 수 있는 근거를 부여한 것이다(제90조(공동의회)에서 인용한 제105회기-13번, 제104회기-33번 해석 참조 바람).

### 제62조  치리회의 관할

1. 각급 치리회는 헌법이나 규칙에 대하여 이견이 있을 때는 상회의 유권적 해석에 의할 것이며 성경의 교훈대로 교회의 성결과 평화를 위하여 처리한다.
2. 각급 치리회는 각기 사건을 법대로 처리하기 위하여 관할 범위를 정한다.
3. 각급 치리회는 고유한 특권이 있으나 순차대로 상급 치리회의 지도 감독을 받는다.
4. 각급 치리회는 모든 결정을 법대로 조직한 치리회로 행사한다.

헌법과 그 시행규정에 대하여는 총회 헌법위원회에, 규칙, 규정, 정관 등에 대하여는 상회인 노회, 총회의 규칙부에 질의를 하여 유권적 해석을 받는다.
당회는 지교회의 교인들에 대한 치리권을, 노회는 그 지역적 경계구역 내에 있는 지교회에 대하여 관할하고, 총회는 전국에 산재하여 있는 모든 노회와 그 지교회를 관할하며, 치리회의 위계조직의 특성상 상회는 하회를 지도, 감독하고, 치리회의 구성원인 목사, 장로 개인이 치리권을 행사하는 것이 아니라 우리 헌법과 규칙에 따라 조직된 치리회가 치리권을 행사한다.

### 제63조 치리회의 권한

1. 치리회는 교인으로 하여금 도덕과 영적 사건에 대하여 그리스도의 법에 복종케 하는 것이다.
2. 치리회는 교회의 평화와 질서를 유지하며 행정과 권징의 권한을 행사한다.
3. 각급 치리회는 헌법에 규정하는 바에 의하여 자체의 규칙을 제정할 수 있다.
4. 치리회는 분쟁사건을 조정하기 위하여 당회 및 노회임원회가 구성하는 수습위원회와 노회 및 총회(폐회 중에는 임원회)가 구성하는 수습전권위원회를 둘 수 있다. 이에 대하여는 헌법시행규정으로 정한다. (개정 2012.11.16)
5. 수습전권위원회의 요청에 의하여 노회(폐회 중에는 임원회)가 파송한 대리당회장은 수습에 관한 일만 수행하고 인사 및 직원임명을 할 수 없다. (개정 2012.11.16)
6. 고소(고발)장, 소장이 아닌 접수서류(진정서, 탄원서, 건의서 등)에 대하여는 치리회(폐회 중에는 임원회)가 임의로 처리할 수 있다. (신설 개정 2012.11.16)
7. 치리회 간의 행정적인 결의 등이 상충될 때는 상급 치리회의 결의(지시)에 따른다. (신설 개정 2012.11.16)

**수습위원회(교회수습위원회 및 노회수습위원회)**  지교회 또는 노회의 비교적 경미한 분쟁을 조정하기 위하여 당회 또는 노회 임원회가 구성하는 기구로서 강제권이 없다.

**교회수습전권위원회**  노회 또는 총회가 구성하며 당회장권, 당회원권, 당회의 기능을 정지시킬 수 있고, 대리당회장 파송을 요청할 수 있으며, 회의록 열람권과 고발권을 행사할 수 있다.

**노회수습전권위원회**  사고노회로 판단되어 총회가 구성하며 노회의 직무와 기능 정지, 수습노회 소집 후 노회장 및 임원 선출 등으로 노회 정상화 시도 등 강제권을 행사할 수 있으므로 그 권한과 기능에 큰 차이가 있다.

**교회의 최고의사결정 및 집행기관은 당회**  헌법위원회는 당회에 대하여 "교회를 다스리는 권한인 치리권은 정치 제5조에서 규정하는 온 교회가 택하여 세운 대표자로 행사하는 권리로서 하나님의 명령을 받들어 섬기고 전달하는 교회의 가장 중요한 사명과 기능에 관한 권리이며 이 권리는 치리회에 속한다. 치리회는 총회, 노회, 지교회의 당회이며(제60조), 당회는 지교회의 평화와 질서를 유지하며 행정과 권징을 담당하고, 헌법에 규정하는 바에 의하여 치리회 자체의 규칙을 제정할 수 있는 기구로서 지교회의 최고의 정책 결정 및 의사결정기관인 동시에 행정, 재판권(권징) 및 규칙 제정권을 갖는 기관이다(제63조). 따라서 지교회에서는 당회가 최고 의사결정기관인 동시에 집행기관인 조직이며 지교회에 당회가 조직된 경우에는 그 교회는 조직교회라 하고 당회가 없는 교회를 미조직교회라 한다(제9조 2항). 헌법에는 치리회인 당회 외에 지교회의 기관으로서 공동의회와 제직회가 규정되어 있는바, 공동의회는 흠이 없는 세례교인으로 구성되고, 제직회는 당회에 의하여 선임 및 임명되는 교회직원을 회원으로 하여 조직되어 헌법이 규정하는 특정사항에 대하여 당회의 감독하에 의사결정을 하거나 집행을 하게 되어 있는 당회 산하기관이기 때문에 교회의 최고 의사결정기관과 집행기관은 당회뿐이다"라고 해석하였다.[3]

**교회 정관의 개정과 변경**  본 조 제3항에 의거 교회 정관의 개정이나 변경은 당회의 소관이므로 공동의회에서 개정할 수 없고, 시행규정 제30조에 의거 대리당회장이 공동의회에서 교회 정관이나 자체의 규칙을 개정 및 변경은 할 수 없으며, 공동의회의 효과도 없다.[4]

**당회의 선교사 이단성 검증**  2012. 7. 24. 예장총 제96-942에 근거하여 타 교단 선교사에 대한 검증은 할 수 없다는 통보를 받았음에도 당회가 선교사의 이단성 검증을 위하여 상정안건으로 채택하여 결의하는 것은 본 조 제6항에 의거 적법하다.[5]

**노회 임원회의 위원회 구성**  본 조 제6항에 의거하여 권징(재판)에 관한 사항이 아니면 노회 임원회가 위원회를 구성할 수 있으므로 회관관리위원회, 회계처

---

3) 제97회기-9번.
4) 제99회기-86번.
5) 제99회기-2번.

리위원회를 구성할 수 있다.[6]

**진정과 탄원은 개인 제출 가능**  ① 본 조 제6항과 시행규정 제36조에 의거 청원과 헌법질의는 반드시 노회장의 공문을 첨부하여 질의해야 하나, 진정과 탄원은 개인도 제출할 수 있으며,[7] ② 진정서는 해당 교회에 우선 제출하여야 하나 노회에 제출할 수 있고 이 경우 노회는 본 조 제6항에 근거 고소, 고발장, 소장 아닌 서류에 대하여는 치리회(폐회 중에는 임원회)가 임의로 처리할 수 있다.[8]

**교회명칭 변경**  당회의 결의로 할 수 있으나, 사회통념상 중요한 사항이므로 당회 결의 후 공동의회를 거쳐 노회의 허락을 받아서 함이 가하다.[9]

**수습전권위원회**  ① 노회 임원회가 구성하는 수습위원회는 임원들로만 구성할 필요 없이 어떤 대상자를 특정하지 않고 임원회 권한으로 구성할 수 있으며,[10] ② 수습전권위원회에서 파송한 임시당회장이 제직회를 소집한 것은 적법하나, 담임목사를 재청빙한 것은 적법하지 않고,[11] ③ 본 조 및 시행규정 제33조 1항에 의거 노회의 결의에 의해 구성된 수습전권위원회를 총회재판국이 해체하라고 할 수 없으며,[12] ④ 수습전권위원회가 교회의 분쟁을 수습하지 못한 책임으로 사임할 경우 노회에서는 몇 차례 수습전권위원회를 구성할 수 있는지는 노회에서 판단하여 결정할 사항이고,[13] ⑤ 노회 수습전권위원회의 결정으로 위임목사의 당회장권을 3개월 정지시킨 상태에서 성도들의 고소, 고발이 접수된 경우 수습전권위원회는 대리당회장을 통하여 노회에 위탁재판청구를 해야 하며,[14] ⑥ 수습위원회에서 위임목사의 당회장권을 3개월 정지시킨 상태에서 노회에서 파송한 대리당회장이 목사의 교회 출입을 막고 담임목사실을 폐쇄하는 것은 본 조 제5항 및 시행규정 제

---

6) 제98회기-1번.
7) 제98회기-17번.
8) 제106회기-14번.
9) 제96회기-48번.
10) 제103회기-31번.
11) 제101회기-9번.
12) 제101회기-46번, 제100회기-43번.
13) 제101회기-51번.
14) 제99회기-97번.

30조 2항에 의거 불법이다.[15]

■ **시행규정 제33조 교회 및 노회 수습**

1. 분규가 발생한 교회를 수습하기 위하여 노회는 수습전권위원을 파송하여 수습케 할 수 있다. 노회 폐회 중에는 임원회가 수습전권위원회를 구성할 수 없다.
2. 노회의 의뢰가 있고 상당한 이유가 있을 경우 총회(폐회 중에는 임원회)의 판단으로 개교회와 노회에 수습전권위원을 파송하여 수습케 할 수 있다.
3. 교회수습전권위원회는 필요한 경우 3개월 이내의 기간만 당회장권, 당회원권, 당회의 기능을 정지시킬 수 있고, 당회장권이나 당회의 기능을 정지시켰을 때 당회장권이나 당회에서 요청한 대리당회장권은 동시에 정지(소멸)되고 노회 임원회는 수습전권위원회의 요청으로 대리당회장을 파송할 수 있으며 대리당회장의 권한은 제30조 2항에 준하여 행사할 수 있다. 단, 권한과 기능의 정지처분은 1차에 한하여 3개월 범위 내에서 연장할 수 있다. (개정 2012.9.20)
4. 기이 조직된 당회의 당회장권이나 당회원권이 정지되어도 조직교회이다.
5. 치리회의 사고 여부는 치리회장의 임기 만료 후에도 합법적으로 후임 치리회장이 선출되지 못한 경우 또는 이에 준하는 경우를 기준으로 판단한다. 이 경우 치리회 임원의 임기는 적법한 임원개선 시까지 자동 연장된다. (개정 2012.9.20)
6. 수습전권위원 중에서는 대리당회장을 맡을 수 없다.
7. 사고노회로 규정된 노회는 직무를 포함한 그 기능이 정지되며 사고노회가 되는 시점의 노회 임원 및 분쟁의 당사자는 수습노회 시 피선거권을 제한한다. (개정 2017.9.21)
8. 교회나 노회의 수습은 관계자들을 주 안에서 신앙적으로 권유하여 화해에 의한 수습을 위해 우선적으로 노력하되 필요하다면 각종 회의록을 열람할 수

---

15) 제99회기-86번.

있고, 그 사본을 청구할 수 있다. 수습전권위원회가 업무를 수행하는 중 알게 된 범죄에 대하여는 그 교회나 노회에 추가 고발할 수 있으나 직접 기소는 하지 못한다. (개정 2012.9.20)

9. 노회수습전권위원회는 필요할 경우 총회장 명의로 수습노회를 소집하여 노회장 및 임원을 선출하여 노회를 정상화시킨다.
10. 총회수습전권위원회를 구성할 때는 헌법위원과 규칙부원 중 각 1인을 포함시켜야 한다.
11. 그 치리회의 수습전권위원회 활동시한은 최종 판결 전까지이며 최종 판결 즉시 자동 해체된다. 단, 판결 확정 후에 새로이 구성된 수습전권위원회는 정한 기한까지 계속 활동하고, 수습전권위원회가 추가 고발한 경우에는 그 사건의 판결 확정 시까지 계속 업무를 수행할 수 있다. (개정 2012.9.20)
12. 재판국의 판결과 다른 수습전권위원회의 결정은 판결 즉시 결정의 효력을 상실한다.
13. 수습전권위원회는 당회장권을 정지시켰을 때에라도 최종 판결 확정 시까지는 무죄 추정이므로 임시당회장을 파송할 수 없으며 제33조 3항에 의거 수습전권위원회의 요청이 있을 때 그 치리회(폐회 중에는 임원회)의 결의로 대리당회장을 파송할 수 있으며, 이때 대리당회장은 제30조 2항에 준하여 권한을 행사해야 한다. 당회원권을 정지시켰을 경우에는 헌법 정치 제67조 4항에 의하여 당회장이 제직회 혹은 공동의회를 소집하여 헌법과 이 규정에 정한 사항을 처리할 수 있으며 이 경우 당회를 통과한 것으로 간주한다. (개정 2012.9.20)
14. 당회 기능, 당회장권, 당회원권 정지에 대하여 수습전권위원회를 파송한 치리회의 재판국에 이의신청을 할 수 있고 재판국은 1개월 이내에 정지 여부에 대한 결정을 하여야 하며 정지해제 결정 즉시 정지는 해제된다. 노회 재판국에서 이의신청이 기각되면 재판서를 받은 날부터 10일 이내에 총회 재판국에 재이의신청을 할 수 있으며, 총회 재판국은 1개월 이내에 결정을 하여야 한다. (개정 2012.9.20)

**수습전권위원회 구성**  노회는 정기노회이든 임시노회이든 수습전권위원회를 구성할 수 있으나 폐회 중의 임원회는 수습전권위원회를 구성할 권한이 없으며, 총회와 폐회 중의 임원회는 교회 수습전권위원회를 구성할 권한이 있으나 노회의 요청이 있고 상당한 이유가 있을 때에만 파송이 가능하다.

① 교회에 분규가 발생하지 않거나 예배를 정상적으로 드릴 수 없는 상황이 아니라면 수습전권위원회를 구성할 수 없으며,[16] ② 수습전권위원회는 분규가 발생한 교회나 분쟁 사건을 조정하기 위하여 노회가 파송하는 것이므로 치리회장이 행한 헌법 또는 규정에 위반한 행정행위에 대하여 제기하는 행정소송 건에 대하여 수습전권위원회를 파송하는 것은 위법이다.[17]

**교회수습전권위원회의 권한행사 방법**  당회장권, 당회원권, 당회의 기능을 정지시킬 수 있는 권한을 일괄 행사 또는 그중 일부만 행사할 것인지, 3개월 이내의 기간 중 필요한 기간을 결정할 수 있다. 이때 최초에 1개월 권한 정지시키고 다음에 남은 2개월을 다시 사용하여 권한을 정지하는 것과 같이 3개월의 기간을 여러 차례 나누어 행사할 수 없다는 견해[18]가 있다.

교회나 노회가 분쟁원인과 책임 및 이와 관련된 문제로 인하여 재판국에 사건이 계속 중에 있을 때에도 재판국의 업무와 수습전권위원회의 업무는 그 성격이 다르므로 노회와 총회는 수습전권위원회를 파송할 수 있다고 본다.[19]

**노회 폐회 후 미진안건 처리(수습전권위원회 구성)**  노회 폐회 중에는 임원회가 수습전권위원회를 구성할 수 없으나(본 시행규정 제1항), 노회 임원회는 미진안건(노회 보고서에 안건으로 등재되어 있는 경우로서 토의가 미진한 안건을 뜻하며 상정되지 않은 새로운 안건이 아님)은 처리할 수 있으므로 미진안건인 경우에는 수습전권위원회를 구성할 수 있다.[20]

**수습전권위원회 활동시한**  치리회의 수습전권위원회 활동시한은 최종 판결 전

---

16) 제98회기-1번.
17) 제97회기-36번.
18) 이성웅, 349면.
19) 같은 취지, 이성웅, 353면.
20) 제105회기-12번.

까지이므로 최종 판결 즉시 자동 해체되지만 판결확정 후에 새로이 구성된 수습전권위원회는 정한 기한까지 계속 활동하고, 수습전권위원회가 추가 고발한 경우에는 그 사건의 판결확정시까지 계속 업무를 수행할 수 있다.

**당회 기능, 당회장권, 당회원권 정지에 대한 이의신청**  당회 기능, 당회장권, 당회원권 정지에 대하여 수습전권위원회를 파송한 치리회의 재판국에 이의신청을 하여 정지해제 결정 즉시 정지는 해제되며, 총회 재판국의 기각에 대하여는 더 이상 다툴 수 없으나 노회 재판국의 기각에 대하여는 총회 재판국에 재이의신청을 할 수 있다.

**수습전권위원회의 권한**  당회장권, 당회원권을 정지시킨다는 것은 분쟁의 원인을 제공하거나 분쟁조정에 협조하지 아니하는 당회장이나 당회원의 권한을 행사하지 못하게 하는 것을 의미하며, 당회의 기능을 정지시킨다는 것은 필요한 경우 제68조 소정의 당회 직무의 전부 또는 일부를 정지시키는 것을 말한다.

① 수습전권위원회는 모두 합산하여 3개월 이내의 기간만 당회장권, 당회원권, 당회의 기능을 정지할 수 있으며,[21] ② 수습전권위원회가 분쟁교회의 당회장권을 정지할 경우 담임목사가 임시목사일 경우 그의 시무 잔여기간은 처음 청빙시의 기간으로 보고,[22] ③ 수습전권위원회는 본 시행규정 제3항에 의거 당회장의 행정권은 정지시킬 수 있으나 목회권(설교, 심방, 기도, 광고, 헌금기도, 축도) 정지는 할 수 없으며, 위임목사, 시무장로 권고사임을 위한 공동의회를 소집할 권한은 없으므로 권한 없는 자가 한 행위(그 투표 결과)는 무효이고,[23] ④ 본 시행규정 제3항에 따라 노회 수습전권위원회는 당회장권, 당회원권은 정지시킬 수 있으나 다른 부서의 활동을 제한할 수 있는 것은 아니므로 당해 교회의 담임목사의 노회 정치부장직의 정지를 노회 임원회에 요청할 수 없다.[24]

⑤ 수습전권위원회가 서리집사를 임명할 수 없으며 정치 제59조에 따라 교회

---

21) 제93회기-31번.
22) 제98회기-95번.
23) 제101회기-117번.
24) 제95회기-39번.

직원은 당회에서 임명하며,[25] ⑥ 노회 임원회에서 위임한 수습전권위원회의 구성과 동 위원회의 고소에 터잡아 이루어진 기소절차는 적법하므로 재판 진행에 지장이 없다.[26]

⑦ 총회 수습전권위원회가 구성되어 있는 상황일지라도 노회는 당회원 과반수의 요청이 있을 시 임시당회장을 파송하는 것은 가능하며,[27] ⑧ 임시목사의 연임 청빙을 받지 못함으로 인하여 교회에 분규가 생겨 정기노회에서 수습전권위원회를 구성한 후 당회원권을 정지시킨 상태에서 수습전권위원이나 임시당회장이 제 직회를 통하여 임시목사를 청빙할 수 있는지에 대하여 "본 시행규정 제3항에 의거 수습기간 중이므로 임시목사를 청빙할 수 없다"는 것으로 해석하였다.[28]

**사고노회(본 시행규정 제5항)** ① 임시목사의 임기는 3년이나 교회가 계속된 분규(분쟁)로 인하여 정한 기간 내에 당회가 모이지 못해서 연임 청빙이 되지 않은 사유로 정기노회에서 수습전권위원회가 구성되어 분규교회에 파송되었다면 본 시행규정 제5항을 준용함과 동시에 당회가 정상화될 때까지 임시목사의 임기는 자동적으로 연장된다.[29]

② 본 시행규정 제5항에 근거 사고노회인지 여부는 상급 치리회 또는 노회 등 어느 주체에 의해 결정되는 것이 아니라 '치리회장의 임기 만료 후에도 합법적으로 후임 치리회장이 선출되지 못한 경우 또는 이에 준하는 경우'가 발생하면 그것을 기준으로 사고노회가 되며 다만, 본 시행규정 제2항에 근거 총회가 수습전권위원을 파송하여 수습케 할 수 있으며, 제7항에 근거 총회 임원회가 사고노회로 규정한 경우는 노회를 포함한 그 기능이 정지된다.[30]

③ 노회장이 회기 기간에 두 번이나 사임을 표명하고 현재 부노회장이 대행하고 있으나 노회장 권한을 행사하지 않고 있으며 수차례 소속 교회에 임시당회장 파송을 위한 임원회도 정상적으로 시행하지 못하는 사태가 발생하였고 노회 사무실에

---

25) 제89회기-3번.
26) 제91회기-52번.
27) 제97회기-70번.
28) 제93회기-41번.
29) 제96회기-54번.
30) 제103회기-40번.

서 부노회장이 이단에게 폭행당하는 상황에 이른 경우에도 본 시행규정 제5항에서 말하는 사고노회는 아니다. [31]

④ 노회 임원 9명 중 4명이 노회 현안문제로 사퇴한 경우 본 시행규정 제5항 소정의 사고노회라고 할 수 없으므로 각 부서 활동 및 사업비를 지출할 수 있으며, 필요한 증명서도 발급할 수 있다. [32]

⑤ 본 시행규정 제5항에 의거하여 치리회장의 임기만료 후에도 합법적으로 치리회장이 선출되지 못할 때부터 사고노회가 되는 것이며, 적법한 절차에 의해서 임원개선이 되면 자동적으로 정상노회가 된다. [33]

⑥ 정기노회가 파행으로 사고노회가 되어 임원선출을 하지 못하였을 때에는 노회가 정상화되어 신임 임원을 선출할 때까지 구 임원과 부서는 업무를 수행해야 하지만 불가피한 안건만 처리할 수 있다. [34]

⑦ 본 시행규정 제5항의 적용은 선출에 의해 임기가 있는 치리회장을 대상으로 하는 것이 합리적이며 청빙에 의한 당회장까지 적용하는 것은 적절하지 않다. [35]

⑧ 노회가 분규를 위해 수습전권위원회 또는 화해조정위원회 등을 구성하여 노력한 점과 분쟁 중 발생한 당회원 장로 중 1명이 면직, 출교의 권징을 받은 점, 그리고 당회장이 예, 결산 당회를 소집하여도 응하지 않은 점 등과 화해조정위원회의 화해를 거부한 점을 볼 때 정상적인 담임목사 연임청빙이 이루어질 수 없음으로 적법한 연임청빙절차가 종료될 때까지 담임목사의 임기가 연장된다. [36]

⑨ 본 시행규정 제5항의 적용은 선출에 의해 임기가 있는 치리회장을 대상으로 해석하는 것이 일반적이나, 교회가 계속된 분규(분쟁)로 인하여 부득이하게 정한 기간 내에 정상적인 당회(당회 미조직교회 제직회)를 개최할 수 없어 연임청빙 여부를 결정하지 못한 경우 담임목사는 적법한 연임청빙 절차를 종료할 때까지 자동 연장된다고 봄이 타당하며, 다만 교회 분쟁으로 교회 절차를 진행할 수 없는 경우

---

31) 제100회기-61번.
32) 제99회기-83번.
33) 제98회기-59번.
34) 제96회기-35번, 37번.
35) 제105회기-11번, 제104회기-65번.
36) 제105회기-43번.

에는 위의 해석이 유효하나, 본 시행규정 제5항의 적용은 선출에 의해 임기가 있는 치리회장을 대상으로 한다는 헌법해석을 감안할 때, 분쟁 중임에도 노회에서 아무런 행정조치(수습위원회 또는 수습전권위원회, 기타)를 취하지 않고 있을 경우 이를 무기한으로 적용할 수는 없으며, 따라서 ○○교회의 경우 담임목사가 청빙에 관련하여 노회에 진정을 하였으나 반려된 점, 노회가 사고 교회로 인식하였음에도 적극적으로 수습위원회 또는 수습전권위원회를 파송하지 않은 점, 노회가 연임청원을 보류하여 회기가 지나도록 청빙을 승인하지 않은 점 등을 감안할 때 제27조 2항 및 제28조 3항에 근거 '담임목사 연임청원을 하지 않아 연임기간을 넘겼다면 그의 신분은 무임목사로 봄이 타당하므로' 무임목사 신분에서 대리 당회장을 청하여 연임 청빙을 위한 제직회를 하였다면 적법하지 않다.[37]

**수습전권위원은 임시당회장 불가** 본 시행규정 제6항과 13항 규정의 논리해석으로 수습전권위원은 임시당회장을 맡을 수 없으며, 무자격자인 임시당회장의 결의는 원칙적으로 무효이다.[38]

**사고노회 임원의 피선거권 제한(본 시행규정 제7항)은 위헌** 시행규정은 상위법인 헌법에 합치하여야 하나 제102회 총회 결의로 개정된 본 시행규정 제7항은 재판에 의하지 않고 회원권(결의권, 선거권, 피선거권)을 제한하는 것으로 제74조 1항에 위배되어 위헌이므로 개정 및 삭제가 필요하고, 절차에 따라 개정 및 삭제 때까지 이를 적용하지 않음이 상위법인 제74조 1항의 취지에 맞다.[39]

---

37) 제105회기-21번.
38) 제92회기-63번.
39) 제102회기-83번.

# 제10장 당회

　지교회의 당회는 교단과의 관계에 있어서 노회, 총회로 이어지는 치리회의 계층 구조상 제1단계의 역할을 하고 있으며, 다만 노회와 총회는 독립한 비법인사단으로서의 지위도 가지고 있으나 당회는 독립한 단체가 아니라 지교회의 핵심적인 기관이라는 점에서 차이가 있다.

　당회는 지교회의 신앙과 정치를 관장하여 치리하는 최고정책 결정, 의사결정기관인 동시에 집행기관으로서 지교회의 정치, 행정, 정치권을 관장하고 규칙제정권을 가진 조직이라는 해석[1]에 대하여 당회는 최고정책결정기관이지 집행기관이 아니므로 당회 산하의 각종 위원회는 제직회의 관련 부서에 대하여 정책 결정, 기획, 지도, 감독, 감사 등을 진행하는 부서로서 특별한 예외를 제외하고는 원칙적으로 직접 집행을 담당하여서는 아니 된다는 견해[2]가 있다.

### 제64조 당회의 조직

1. 당회는 지교회에서 시무하는 목사, 부목사, 장로 2인 이상으로 조직하되, 당회 조직은 세례교인(입교인) 30인 이상이 있어야 한다.
2. 최초의 세례교인(입교인) 30인에 한하여는 장로 2인을 동시에 혹은 1인을 선택 후 추후에 1인을 선택할 수 있으며, 그 외의 장로는 세례교인(입교인) 30인당 1인씩 증원할 수 있다. (개정 2012. 11. 16)

---

[1] 제97회기-9번.
[2] 이성웅, 359면.

당회가 조직되려면 부목사는 없어도 최소한 시무목사 1인, 장로 2인이 있어야 한다.

**당회조직 및 장로피택** ① 세례교인 30명이 되었을 때 장로 2인을 동시에 피택하지 못하였을 경우 추후에 61명 이전이라도 1인을 추가 피택할 수 있으며,[3] ② 최초의 세례교인(입교인) 30인으로 장로 2인을 선택하여 임직하고 조직 당회가 되었다가 수 년 후 장로 1인이 은퇴를 한 경우 장로 1인을 증원할 수 있다.[4]

**파트타임(준전임)목사 지위** 파트타임목사(준전임목사)를 제28조 4항에 근거하여 청빙하였다면 본 조의 부목사에 해당하는 것으로 볼 수 있으며, 파트타임목사(준전임목사)의 명칭과 지위는 헌법개정을 통해 해결하는 것이 바람직하다.[5]

**목사 본인 문제 투표 가부** 현재 시무하고 있는 목사인 위임목사, 담임목사, 부목사는 노회에서 파송되어 지교회 교인 자격을 겸하므로 당회, 제직회, 공동의회의 회원권이 있으나 제28조 3항 및 시행규정 제16조의 1 3항을 보면 본인의 문제를 다루는 회의에 참석하는 것은 법 정의개념이나 도덕적인 측면과 교우들의 자유로운 의사 표명을 방해할 수 있어 적절하지 않다는 것이 최근의 일관된 해석이다[6](위 해석 이전에는 "부목사도 당회원이므로 투표권이 있고, 자기 문제와 관련하여서도 제한규정이 없으므로 투표할 수 있다"라는 반대해석[7]도 있었다).

### 제65조 당회의 폐지

당회 조직 후 시무장로가 1인도 없으면 1년 후 첫 노회부터 폐당회가 되고, 장로 2인 미달 또는 세례교인(입교인) 수가 30인 미달로 3년 경과한 후 첫 노회부터 당회가 폐지된다. (개정 2012.11.16)

폐당회는 시무장로가 1인도 없는 경우 1년 후 첫 노회부터 적용이 되며, 당회의

---

3) 제105회기-6번.
4) 제103회기-32번.
5) 제102회기-33번, 제100회기-49번.
6) 제106회기-39번, 제102회기-48번, 제102회기- 62번, 제96회기-73번.
7) 제95회기-45번, 제93회기-4번.

폐지는 장로가 1인만 있거나 또는 장로는 2인 있으나 교세가 감소하여 세례교인(입교인) 수가 30인 미달 시에 3년 경과한 후 첫 노회부터 적용이 된다.

**미조직교회의 항존직 및 제직회** ① 미조직교회에서도 장립집사, 권사를 임직할 수 있으며,[8] ② 당회가 없는 미조직교회의 경우 교회의 중요 결의사항 등은 당회를 대신하여 제직회에서 결의하며 따라서 제직회의 결의로 담임목사가 행정상 처리한 사항에 대해서는 권징 제54조의 3에 근거 책벌 대상이 되지 않으며,[9] ③ 당회가 폐지된 교회의 장로는 장로의 직은 유지되나 본 조와 시행규정 제31조에 의거하여 치리권을 행사할 수 없으며 상회 총대권도 없으나,[10] ④ 당회 폐지 전까지 상회 총대권은 인정된다.

**위임목사와 폐당회** ① 위임목사는 폐당회로 자동으로 임시목사가 되며 시무기간은 폐당회 시점으로부터 3년이고,[11] ② 위임목사가 위임을 받고 폐당회가 되면 자동적으로 담임목사가 되기에 이를 노회에 보고하되, 노회에 담임목사 청원서를 내어 허락을 받아야 하는 것은 아니다(무임목사가 되는 것은 아니다).[12]

**폐당회 및 위임목사 청빙 가부** 지교회에 시무장로가 3인이었으나 1년 전에 2명이 은퇴하여 현재는 목사 1인과 시무장로 1인이 되었을 경우에 목사위임을 위한 당회 결의나 투표 또는 위임식을 할 수 있는지에 대하여 "장로 2인 미달 상태가 4년(2012년 헌법개정으로 3년이 됨) 경과되면 당회가 폐지되어 기존의 위임목사는 임시목사가 되지만 장로 2인 미달이 되어 미조직교회가 되면 4년이 경과하지 아니하여도 그 즉시 미조직교회가 되므로 위임목사 청빙을 할 수 없다"라고 해석하였다.[13]

**폐당회 후 당회 구성 시 위임목사 지위 회복 여부** 폐당회가 되어 임시목사로 시무하다가 장로를 임직하여 당회가 구성되면 자동 위임목사가 되는지 아니면 별도의 위임절차가 있어야 하는지에 대하여 처음에는 "노회의 위임 목사 승인으로

---

8) 제88회기-14번.
9) 제105회기-28번.
10) 제98회기-5번, 제88회기-29번, 제86회기-18번, 제85회기-20번.
11) 제86회기-3번.
12) 제104회기-1번.
13) 제92회기-54번.

위임 목사가 된다"고 해석하였는데,[14] 그 후 "당회가 폐지됨으로 담임목사가 된 자가 다시 위임목사가 되기 위해서는 절차를 다시 밟아야 하며, 이 경우 위임식은 생략할 수 있다"[15]고 해석하였다.

이전의 해석을 바꾸어 해당 교회에서의 위임절차부터 다시 밟아야 하는 것인지 아니면 전의 해석과 같이 위임절차부터 다시 밟을 필요는 없이 노회의 승인을 받으면 족한 것인지 분명한 해석이 필요하다고 본다.

■ 시행규정 제31조 당회 폐지와 치리권

헌법 정치 제65조에 의하여 당회가 폐지되면 위임목사는 담임목사가 되고 해당 시무장로는 장로의 직은 유지되나 치리권은 행사할 수 없다. 3년 경과의 기산은 노회에 보고된 후 첫 정기노회로부터 시작된다. 장로가 1인일 경우에는 당회 미조직교회가 되며, 이 경우 첫 노회부터 시무장로는 치리권이 없다. 단, 당회 폐지 전까지 상회 총대권은 인정된다. (개정 2012.9.20)

**당회 폐지와 권고사임** 본 시행규정에 근거 장로가 1인일 경우에는 첫 노회부터 시무장로는 치리권이 없으므로 제67조 4항에 근거 공동의회에서 장로 1인에 대한 권고사임 결의를 할 수 있고, 공동의회 서기는 당회 서기가 없을 경우 공동의회 동의를 받아 임시서기를 선임할 수 있다.[16]

### 제66조 당회의 개회성수

당회는 당회장을 포함한 당회원 과반수의 출석으로 개회한다. 단, 대리당회장은 성수에 포함되지 않는다.

**위법 당회에서 결의된 처분은 무효** 당회 개최 시 당회원 반수 가량에게 당회 개최사실을 통보하지도 않고 열린 당회에서 이루어진 실종교인 및 회원권 정지 교

---

14) 제91회기-9번.
15) 제99회기-6번.
16) 제106회기-47번.

인 처분은 위법 당회에서 결의된 처분으로서 무효이다. [17)]

**담임목사 연임청빙 적법 여부**  시무장로가 2인인 교회에서 담임목사 연임청원을 위한 당회에 연임을 반대하는 장로 1인이 불참함에 따라 당회장과 장로 1인으로 당회를 개회하고 당회장 본인의 인사문제로 대리당회장이 당회를 진행하여 장로 1인의 찬성이 있었다고 하면 "연임청원 시 당회장을 제외한 당회원이 장로만 2인일 경우에 한하여 투표 결과 찬성과 반대가 각각 1인이면 공동의회 출석 과반수의 결의로 담임목사의 연임 여부를 결정할 수 있다"는 제28조 3항 3호 규정을 적용하여 제90조 3항 4호에 근거한 노회 지시에 따라 공동의회를 개최하여 결의한 담임목사 연임 청빙 청원은 적법하다. [18)]

### 제67조 당회장

당회장은 다음과 같이 노회가 임명한다.
1. 당회장은 그 교회 시무목사(위임목사, 담임목사)가 된다. (개정 2012. 11. 16)
2. 임시당회장은 당회장이 결원되었을 때 당회원 과반수의 결의(합의 혹은 연명)로 요청한 해 노회 목사를 노회가 파송한다. (개정 2012. 11. 16)
3. 대리당회장은 당회장이 유고할 때 또는 기타 사정이 있을 때 당회장이 위임한 자 또는 당회원이 합의하여 청한 자로 당회장직을 대리케 할 수 있다. 대리당회장은 결의권이 없다.
4. 미조직교회의 당회권은 당회장이 행사한다.
5. 대리당회장은 은퇴목사에게도 이를 맡길 수 있다. (개정 2012. 11. 16)

당회장은 노회가 임명하며 조직교회의 당회장(협의의 당회장), 임시당회장, 대리당회장, 미조직교회의 당회장으로 나누어진다.

**임시당회장 파송**  당회장이 결원 즉 사망, 사임, 사직, 전임, 정년 등으로 공석이 된 경우 당회원 과반수의 결의(합의 혹은 연명)에 의하여 노회에 파송 요청하

---

17) 제101회기-11번.
18) 제104회기-2번.

여 해 노회에서 파송한 목사이다.

**대리당회장의 위임 또는 파송**  당회장이 결원이 아니고 존재하고 있지만 질병, 해외여행, 안식년, 장기출타 등으로 유고할 때 또는 유고에 준하는 기타 사정이 있을 때 원칙적으로 당회장의 위임을 받아 당회장직을 대리하는 자를 말하며 또는 현 당회장이 대리당회장을 위임하지 않고 당회장이 행방불명, 질병, 출국이나 여행 등 장기출타나, 고의적으로 당회를 소집하지 않거나 당회에 불참하여 6개월 이상 당회가 그 기능을 하지 못하는 경우 당회원 과반수가 합의(연명)하여 노회 또는 폐회 중 임원회에 청원하여 파송받아 당회장직을 대리하는 자(시행규정 제16조의 8 4항)를 말한다.

**당회장**  ① 제69회 총회와 제87회 총회의 결의에 의하여 외국 시민권자는 당회장이 될 수 없으며(외국 영주권자는 될 수 있음),[19] ② 치리권 중 권징권 행사는 재판에 의하지만, 행정권의 행사는 당회의 결의로 당회장이 재판 없이 할 수 있고,[20] ③ 당회 및 제직회에서 의장은 동의에 재청으로 성립된 안건이 아닌 경우에는 다루지 않을 수 있으며,[21] ④ 재정에 관하여 당회장의 결재를 받아야 하는데 다만, 교회의 내규가 있으면 내규에 따를 수 있다.[22]

**당회장 유고 시의 부목사**  당회장 유고 시라도 부목사는 시무교회의 당회장(대리당회장)이 될 수 없고 제직회장도 될 수 없으므로 제직회를 소집하여 의결 집행할 수 없다.[23]

**후임 청빙을 위한 당회장권**  정년은퇴를 앞둔 당회장이 후임 목사 청빙을 위한 당회와 공동의회를 개회하여 후임 목사 청빙을 결의하는 것은 제90조 3항, 제67조 1, 5항에 의하여 적법하다.[24]

**당회장권의 정지통보를 받은 목사**  당회에 참석하여 의견발표와 결의사항에 참여할 수 없으며, 제직회, 공동의회에 참여하여 교인으로서 투표권을 행사할 수

---

19) 제90회기-37번.
20) 제91회기-62번.
21) 제98회기-72번.
22) 제89회기-4번.
23) 제86회기-20번.
24) 제90회기-93번.

없다.[25]

**당회장의 직무 불이행** 당회장이 정상적으로 처리해야 할 당회의 직무를 고의적으로 이행하지 않는 경우에 본 조 제3항의 "기타 사정이 있을 때"로 간주하여 당회장을 제외한 당회원의 합의로 대리당회장을 청하는 것은 적법하지 않다.[26]

**당회장의 임용권 남용** ① 당회장이 종전 서리집사 28명 중 23명을 제외하고 5명 만을 임명한 경우는 임용권 남용이며,[27] ② 서리집사 임명 당시 그 이름을 호명하고 성부, 성자, 성령의 이름으로 선포하고 기존의 서리집사 28명을 위해 기도하고, 불참자는 서리집사에서 제외한다는 언급 없이 임명을 마친 사안에 대하여 임명 당시 불참했다는 이유로 6개월이 지난 후 제직이 아니라 할 수 없으며(제직이며), 회장(당회장)이 일방적으로 제직회 장소에서 퇴장시킬 수 없다.[28]

**미조직교회의 당회권 행사** 본 조 제4항에 따라 미조직교회의 당회권은 당회장이 행사하지만 미조직교회라도 교회 재산권에 관한 사항 및 교인의 권리 및 의무에 관한 사항과 교회 명의로 청원, 헌의, 문의, 진정하는 사항 등을 당회장 혼자 결정하기보다 제77조 8항을 준용하여 제직회에 상정하고 보고한 후 제출함이 법과 원칙에 부합한다.[29]

**임시당회장** ① 임시당회장도 당회장권을 행사할 수 있으므로 대리당회장을 임명할 수 있으며, 임시당회장이 당회(제직회) 결의로 은퇴 목사에게 설교를 맡길 수 있으나 한 회기까지 맡길 수 있다.[30]

② 임시당회장이 대리당회장을 둘 수 있으나 은퇴목사는 임시당회장이 될 수 없으며[31], ③ 무임목사는 노회의 언권회원이고 회원이 아니므로 결의권이 없으며 따라서 대리당회장은 가능하나 임시당회장은 될 수 없고,[32] ④ 전도목사도 노회

---

25) 제98회기-40번.
26) 제95회기-34번.
27) 제91회기-27번.
28) 제100회기-69번.
29) 제105회기-51번.
30) 제98회기-70번.
31) 제93회기-59번.
32) 제88회기-10번, 제100회기-62번.

소속 지교회의 임시당회장으로 파송할 수 있다.[33]

**임시당회장의 파송절차**  시행규정 제16조의 7 1항에 근거 본 조 제2항의 당회장 결원 시 노회 또는 노회 폐회 중 임원회에서 그 교회 당회원 과반수의 결의(합의 혹은 연명) 또는 당회가 없을 시 제직회의 과반수의 결의(합의 혹은 연명)와 요청이 있어야 임시당회장을 파송할 수 있으므로 노회 폐회 중에는 노회 정치부를 거치지 않고 노회 임원회가 임시당회장을 선임하여 파송할 수 있다.[34]

**대리당회장**  ① 소속 노회 목사에게 맡기는 것이 좋으나 부득이한 경우 타 노회 은퇴목사에게 맡기는 것도 가능하며,[35] ② 대리당회장은 본 교회 원로목사에게도 맡길 수 있고,[36] ③ 기도처(개척교회) 전도목사도 대리당회장을 할 수 있다.[37]

④ 본 조 제3항에서의 '결의권이 없다'는 의미는 대리장회장은 성수에 포함되지 않는 것과 마찬가지로 의사정족수 뿐만 아니라 의결정족수에도 포함되지 않으며 구체적으로 안건의 표결에 참여할 수 없다는 것을 뜻한다.[38]

⑤ 본 조 제3항에 따라 당회장이 자신의 원로목사 추대를 위하여 대리당회장 없이 당회장 본인이 당회와 공동의회 사회를 보는 것은 합당하지 않으며, 은퇴 직전의 목사가 은퇴 후에도 대리당회장 명의로 계속 시무하기 위하여 대리당회장을 초청하여 당회를 열어 은퇴 후 본인을 대리당회장으로 의결하여 현재 시행하고 있는 것은 합당하지 않고, 시무기간 중에 내린 본인의 인사 문제에 대한 결의는 무효이다.[39]

⑥ 지교회에서 원로목사 추대 청원 시 현 시무목사가 사임을 하지 않아도 본 조 3항에 따라 대리당회장을 초청해서 당회와 공동의회를 거치면 원로목사 청원을 할 수 있다.[40]

---

33) 제100회기-62번, 제98회기-29번.
34) 제106회기-41번, 제105회기-15번.
35) 제102회기-18번, 제93회기-9번.
36) 제99회기-42번.
37) 제86회기-3번.
38) 제92회기-33번.
39) 제101회기-49번.
40) 제99회기-43번, 제97회기-6번.

**직무정지가처분 인용**  법원에서 위임(담임)목사의 직무정지가처분 신청이 인용되었더라도 당회장의 직무는 정지되나 지위는 유지되므로 당회장의 사망 또는 사직, 직위가 상실되었을 경우인 '결원'이 아닌 '유고'로 봄이 타당하며, 직무정지가처분 신청이 인용된 당회장이 직접 대리당회장 파송을 요청할 수 있는지에 대한 사항은 판결문 송달로 인한 효력 발생 이전이라면 가능하다.[41]

**법원이 직무대행자로 변호사를 선임한 경우**  시행규정 제16조의 8에 따라 본조 제3항 당회장의 유고 및 기타 사정의 경우에는 결원이 아닌 상태이므로 노회 또는 폐회 중의 임원회는 임시당회장이나 대리당회장을 파송할 수 없으나 당회장은 자신에 대한 직무정지가처분 인용 결정문이 송달되기 이전에는 시행규정 제16조의 8 2항에 의거 직접 대리당회장을 위임할 수 있고, 현 당회장에 대한 직무정지가처분결정문 송달 이후에는 현 당회장이 위임한 대리당회장은 대리당회장권을 행사할 수 없으므로 가처분인용 결정문이 송달된 이후에는 시행규정 제16조의 8 4항에 의거 당회원 과반수가 합의(연명)하여 노회 또는 폐회 중 임원회에 청원하여 파송 받은 대리당회장으로 하여금 업무를 처리하게 하며,[42] 이 경우의 대리당회장의 권한은 시행규정 제30조 2항에 준하여 행사하며, 본 교단의 헌법 규정이 있고 그 규정에 의한 절차나 과정이 있음에도 불구하고 이를 거치지 않고 법원에 의해 직무대행자라는 이름으로 일반 변호사가 당회장 기능을 한다는 것은 국가가 종교단체에 대하여 조직과 운영에 관한 자율성을 최대한 보장해야 함에도 이를 침해하는 행위이며, 따라서 법원의 판결이라고 하여도 종교단체에 보장되는 종교활동의 자유와 자율성이 심각하게 침해되는 것으로 목사가 아닌 일반 변호사를 직무대행자로 선임하고 이 직무대행자가 당회장의 역할을 하는 것은 본 조에 위반되는 것으로 용인할 수 없으므로 일반 변호사로 직무대행자가 되어 시무장로들을 소집한 모임은 본 조 및 제66조를 위반한 것으로 교단 헌법에 의한 당회로 볼 수 없고 또한 이를 당회로 보고 결의한 사항은 무효이다.[43]

---

41) 제103회기-55번.
42) 제103회기-70번, 제103회기-71번.
43) 제103회기-70번, 제104회기-9번.

■ **시행규정 제16조의 7 당회장 결원 시 임시당회장 및 위임(담임)목사 청빙 (개정 2012.9.20)**

1. 헌법 정치 제67조 2항의 당회장 결원 시 노회 또는 노회 폐회 중 임원회에서 그 교회 당회원 과반수의 결의(합의 혹은 연명) 또는 당회가 없을 시 제직회의 과반수의 결의(합의 혹은 연명)와 요청이 있어야 임시당회장을 파송할 수 있다.
2. 전항의 결의(합의 혹은 연명)로 대리당회장을 청빙하여 당회(제직회)를 할 때는 노회에 요청하지 않아도 되나 3개월이 경과하여도 임시당회장을 요청하지 않거나 대리당회장을 청빙하지 않을 때는 노회(폐회 중에는 임원회)에서 임시당회장이나 대리당회장을 직접 파송하여 업무를 처리할 수 있다.
3. 제1항의 임시당회장의 임기는 그 교회에서 청빙한 시무목사가 노회 또는 노회 폐회 중 정치부와 노회 임원회의 결의로 청빙 승인되는 때까지이며 청빙된 시무목사가 헌법 정치 제67조 1항에 의거 바로 당회장이 된다.
4. 임시당회장의 파송 시까지는 대리당회장을 통해 업무를 처리하며 부목사의 연임청원도 할 수 있고, 이 경우의 대리당회장의 권한은 제30조 2항에 준하여 행사한다.

**임시당회장의 임기** ① 청빙된 시무목사가 본 조 제1항에 의거 바로 당회장이 된다는 규정에 따라 그 교회에서 청빙한 시무목사가 노회 또는 노회 폐회 중 임원회의 결의로 당회장 청빙 승인되는 때까지이며(본 시행규정 제3항), 1년을 초과했을 경우 노회(폐회 중에는 임원회나 정치부)의 허락을 받아야 하며,[44] ② 임시당회장 사임시점은 원칙적으로 임원회의 결의시점으로 기산하나 정당한 사유 없이 사임을 수리하지 않을 경우 사임을 통고하여 접수한 날로 소급하여 기산할 수 있다.[45]

**임시당회장 파송요청 거부 불가** 임시당회장은 재판계류 중과 상관없이 청원

---

44) 제99회기-5번.
45) 제98회기-105번, 106번.

할 수 있으며 당회의 임시당회장 파송요청을 노회 임원회에서 거부할 수 없다.[46]

본 시행규정 제2항은 당회의 결의가 아닌 당회원 과반수의 결의(합의 또는 연명)이므로 이 결의를 위하여 대리당회장의 청빙은 필요 없고 당회원(재적) 과반수의 결의로 요청하면 된다.[47]

### ■ 시행규정 제16조의 8  당회장 유고 시 대리당회장(개정 2012.9.20)

1. 헌법 정치 제67조 3항 당회장의 유고 및 기타 사정의 경우에는 결원이 아닌 상태이므로 노회 또는 폐회 중의 임원회는 임시당회장이나 대리당회장을 파송할 수 없다.
2. 전항의 경우 우선적으로 현 당회장이 대리당회장을 위임할 수 있다.
3. 전항의 위임 받은 대리당회장은 교회에 분쟁이 발생하여 수습전권위원회가 구성, 파송이 되고 수습전권위원회의 요청으로 새로이 대리당회장이 파송되면 그 임무와 임기는 자동 만료된다.
4. 현 당회장이 대리당회장을 위임하지 않고 당회장이 행방불명, 질병, 출국이나 여행 등 장기 출타나, 고의적으로 당회를 소집하지 않거나 당회에 불참하여 6개월 이상 당회가 그 기능을 하지 못하면 당회원 과반수가 합의(연명)하여 노회 또는 폐회 중 임원회에 청원하여 파송 받은 대리당회장으로 업무를 처리하게 하며 이 경우의 대리당회장의 권한은 제30조 2항에 준하여 행사한다.

**임시당회장의 유고 아닌 경우의 대리당회장 선임**  노회에서 임시당회장으로 파송되어 임무를 수행하던 중 2015년 1월 10일 노회장에게 사임서를 제출하였으나 노회 임원회에서 반려하기로 하여 2월 16일자로 반려된 경우, 본 시행규정 제1항에 의거 임시당회장의 유고로 볼 수 없으므로 대리당회장을 청할 수 없으며, 대리당회장을 선임하여 당회 및 제직회를 주관하여 처리한 안건은 효력이 없다.[48]

---

46) 제95회기-46번.
47) 제99회기-53번.
48) 제99회기-66번.

**당회장이 중병으로 의사소통 불능되어 그 직을 수행할 수 없는 경우**

당회장이 중대한 질병(뇌출혈 수술 후 회복이 힘든 상황)으로 장기간 의사소통이 되지 않아 당회장직을 수행할 수 없어 교회운영에 중대한 어려움을 겪게 되는 경우 노회가 임시당회장을 직권으로 파송하여 정상적 교회운영을 할 수 있는지와 대리당회장을 통하여서도 할 수 있는지에 대하여 "헌법시행규정 제16조(청빙 및 행정처리) 8항(현재의 본 시행규정 제1항 및 4항으로 개정됨)에 의하면 이 경우 당회장 결원이 아닌 상태이므로 노회가 임시당회장이나 대리당회장을 파송할 수 없다. 당회장의 행방불명, 질병 등으로 3개월 이상 의사표시가 불가능할 경우에는 당회원이 합의하여 청한 대리당회장으로 업무를 처리할 수 있으며, 이때의 대리당회장의 권한은 시행규정 제30조 2항에 의하여 위임받은 범위 내의 권한만을 행사하여야 한다"라고 해석하였다.[49]

### ■ 시행규정 제16조의 9 재판계류 중의 당회장권

당회장이 재판에 계류 중일 때는 헌법 권징 제71조(판결 확정 전 무죄 추정)에 의거 최종 판결 확정 시까지 노회 임원회는 임시, 대리당회장을 파송할 수 없고 당회장이 계속 당회장권을 행사한다.

### ■ 시행규정 제16조의 10 유기책벌과 당회장권(개정 2012.9.20)

1. 헌법 권징 제5조에 의한 당회장이 시무정지, 시무해임, 정직의 유기책벌을 선고 받고 최종 확정되면 유기책벌 기간에 한하여 당회원 과반수의 연명으로 청빙한 대리당회장이 제30조 2항에 의하여 권한을 행사하여야 한다.
2. 유기책벌이 만기 또는 해벌이 된 경우 위임목사는 즉시 당회장으로 복귀한다.
3. 유기책벌이 만기 또는 해벌이 된 경우 시무정지를 받은 담임목사는 즉시 당회장으로 복귀한다.
4. 시무해임이나 정직을 받은 담임목사는 남은 시무기간이 있을 때에는 즉시 복귀하여 남은 기간을 시무할 수 있다.

---

49) 제92회기-3번.

5. 전항의 경우 유기책벌 중에 시무기간이 경과할 때에는 반드시 연임 청원기간에 대리당회장이 당회 또는 당회 없을 시 제직회를 소집하여 의사를 물어야 한다.
6. 전항의 경우 출석과반수의 결의로 담임목사 연임청원이 부결되면 사임된 것으로 본다.
7. 부목사와 개척지 교회의 전도목사도 전항과 같다.

■ **시행규정 제30조  임시당회장과 대리당회장의 권한**
1. 임시당회장은 헌법 정치 제68조의 권한을 행사한다.
2. 헌법 정치 제67조 3항(당회장의 유고 또는 기타 사정)에 의거 우선적으로 당회장이 대리당회장을 위임하거나 혹은 이 규정 제16조의 8의 4항의 사유로 당회원이 합의하여 대리당회장을 청한 경우, 대리당회장은 위임 받은 범위 내의 권한만을 행사하여야 한다. 그러나 범위를 정하지 아니하거나 포괄적으로 위임 받은 때에도 헌법 정치 제68조 4항 장로, 안수집사, 권사 임직권과 제7항 권징권, 제8항 부동산 관리권은 행사할 수 없다. 단, 당회의 결의로 집사를 임명하지 못하였을 경우에 한하여 임명할 수 있으며 그 외의 인사권은 행사할 수 없다. (개정 2012. 9. 20, 2022. 9. 21)
3. 대리당회장은 목사로서 사회권은 있으나 결의권(투표권)은 없다.

**임시당회장의 권한**  ① 당회장과 같은 권한인 결의권이 있고 임기만 유동적일 뿐 당회장의 모든 권한을 행사할 수 있으며,[50] ② 제68조 4항과 본 시행규정에 의거하여 임시당회장은 장로선택허락 청원이 가능하고,[51] ③ 임시당회장은 장로, 집사, 권사임직 및 부목사 연임청원까지는 할 수 있으나, 다만 새로운 부목사 청원은 담임목사 부임 후 처리하는 것이 원만하다.[52]

**대리당회장의 권한**  대리당회장은 범위를 정하지 아니하거나 포괄적으로 위

---

50) 제100회기-17번.
51) 제98회기-6번.
52) 제96회기-1번, 16번.

임받은 때에도 "제68조 4항 장로, 집사, 권사 임직권과 제7항 권징권, 제8항 부동산 관리권은 행사할 수 없다"고 규정되어 있으나 그 이외에는 대리당회장이 당회 결의 없이 임의대로 할 수 있다는 의미가 아니며 더욱이 당회 결의권이 없는 대리당회장이 제68조에 근거 일부 대리당회장의 직무를 수행할지라도 당회 결의를 통하여 하여야 한다.[53]

**권징권 행사의 의미** ① 본 시행규정 제2항에서 '대리당회장은 권징권을 행사할 수 없다'는 의미는 범죄자가 있을 경우 당회 재판국이나 기소위원회를 구성해서 권징은 할 수 없지만, 노회 재판국에 위탁재판 청원은 할 수 있다는 것이며,[54] ② 본 시행규정에 근거 대리당회장은 제68조 7항 권징권은 없지만 교인의 자격을 정지시키는 것은 당회의 결의에 의한 행정행위로 대리당회장이 주재한 당회에서 회원권 정지 결의가 가능하다.[55]

**인사권 행사의 의미** ① 대리당회장의 경우 본 시행규정 제2항에 근거한 권한만을 행사할 수 있으며 특히 인사권은 행사할 수 없다고 규정되어 있으나 시무사임 권고는 권고사항으로 여기서의 인사권에 해당하지 않으며,[56] ② 기존 서리집사 480명 중 293명을 제외하고 187명만 임명한 것은 대리당회장의 임용권의 남용이고 그 위법성의 정도가 중대하고 명백하여 위법이다.[57]

**부동산 관리권 행사의 의미** ① 본 시행규정 제2항에서 제68조 8항 "부동산 관리권은 행사할 수 없다"에 의거 대리당회장이 담임목사를 당회장실에서 퇴거하라는 내용의 당회 결의는 명백한 규정 위반으로 무효이며,[58] ② 대리당회장은 부동산 관리권을 행사할 수 없으나 소송권은 제한할 수 없고,[59] ③ 대리당회장이 주재한 당회에서 교회재산을 금융기관에 담보 제공하여 대출받기로 하는 결의를 할

---

53) 제105회기-74번.
54) 제97회기-43번.
55) 제104회기-42번.
56) 제102회기-8번.
57) 제100회기-75번.
58) 제100회기-75번.
59) 제93회기-62번.

수 있는지에 대하여 당회, 제직회, 공동의회의 결의로 가능하다고 해석하였다.[60]

### 제68조 당회의 직무

당회의 직무는 다음과 같다.
1. 당회는 교인의 신앙과 행위를 통찰하며 세례, 입교할 자를 문답하며 세례식과 성찬식을 관장한다.
2. 당회는 교인의 이명, 세례, 입교, 유아세례 증서를 교부하며 접수한다. 이명 증서를 접수한 때는 즉시 발송한 당회에 접수 통지를 해야 한다.
3. 당회는 예배를 주관하고 소속 기관과 단체를 감독하고 신령적 유익을 도모한다.
4. 당회는 장로, 안수집사, 권사를 임직한다. (개정 2022. 11. 17)
5. 당회는 각종 헌금을 수집할 방안을 협의하여 실시케 하며 재정을 감독한다.
6. 당회는 노회에 파송할 총대장로를 선정하고 교회 상황을 보고하며 청원 건을 제출한다.
7. 당회는 범죄한 자를 소환 심문하고 증인의 증언을 청취하며 범죄한 증거가 명백할 때는 권징한다.
8. 당회는 지교회의 토지, 가옥 등 부동산을 관리한다.
9. 기타(제직회나 공동의회 직무와 상충되지 않는 범위 내에서) 필요한 사항 (신설 개정 2012. 11. 16)

당회에서 감독하는 제3항의 소속 기관은 교회학교, 찬양대, 노인대학 등이며, 자치단체는 남선교회, 여전도회, 권사회, 청년회 등과 같이 그 단체의 장과 임원을 자치적으로 선출하고 자율적으로 운영하는 단체를 말한다.

제4항의 항존직은 공동의회에서 투표로 선출하지만 임직을 위한 계획에서부터 임직 예식에까지 필요한 절차(노회 청원과 승인, 후보자 추천과 투표 진행, 피택자 교육)들을 주관하여야 한다.

---
60) 제91회기-38번.

목사는 노회 소속 노회원이므로 현 제도에서는 노회총대로 선정될 필요 없이 당연직 노회원으로서 노회에 참석할 권리가 있지만 장로는 당회 소속이므로 장로총대를 파송하여야 하며, 목사와 장로의 수를 각각 750명으로 구성하여 균형을 이루고 있는 총회와는 달리 노회는 당회가 세례교인 수에 따라 파송되는 장로총대 수와 불균형을 이루게 되므로 총회와 같이 목사, 장로 동수로 구성하자는 주장[61]이 제기되어 오고 있다.

당회는 상회인 노회에 목사청빙 청원, 장로선택 및 증원 청원, 장로고시 청원 등 각종 청원을 올려 승인을 받아야 한다.

당회는 고소, 고발이 제기되면 기소위원회를 구성하여 조사를 진행하여 기소 여부를 결정하고, 재판국을 조직하여 기소된 사건에 대한 재판을 통하여 권징을 행하게 된다.

제8항에서의 부동산 관리는 단순히 부동산을 유지, 관리하는 것만을 뜻하는 것이 아니라 부동산의 매도, 매수를 비롯한 사용, 수익 등을 포함하는 개념이며, 부동산의 매매는 제직회의 결의사항이기도 하다.

제9항은 당회는 제1~8항의 구체적인 사항 이외에도 제직회, 공동의회 직무와 상충되지 않는 범위 내에서 필요하다고 판단하는 사항은 무엇이든지 논의하여 결의할 수 있다는 포괄적인 권한을 가지고 있음을 선언한 규정이라고 할 수 있다.

**장로 노회원** 당회에서 결의되지 않은 장로는 노회의 회원이 될 수 없다.[62]

**교회 재정장부의 외부 유출** 반드시 당회의 결의가 있어야 한다.[63]

**당회 소위원회 운영의 적법 여부** 지교회의 당회가 편의를 이유로 전체 당회원이 아닌 소위원회나 대표 당회원만으로 회의를 진행하거나 결의하는 것은 적법한 당회에서 과반수 찬성으로 위임한 것에 한하여 진행하고 결의할 경우 유효하다.[64]

**당회장의 독선에 대한 견제** 당회장이 노회 참석을 저지할 목적으로 당회원 반수 이상이 당회 소집요구를 하였음에도 고의로 당회를 소집하지 않아 노회에 파송

---

61) 이성웅, 387면.
62) 제99회기-11번.
63) 제88회기-39번.
64) 제88회기-30번.

할 총대를 선정하지 못해 노회에 참석을 하지 못한 경우 당회장의 행위는 "제68조 6항에 의거 노회원권과 노회 피선거권을 제한하는 것"이며, 당회장이 계속 당회 개최를 거부하여 노회에 파송할 장로 총대를 선정하지 못했다면 "제69조 2, 3항, 시행규정 제33조 3항에 의거 처리할 수 있다"고 해석하였다.[65]

**예배 주관자**  당회장이 모든 예배를 독선으로 주관하면서 당회 결의 없이 예배회수 폐지, 시간 변경, 순서, 담당(장로 대표기도 배제)을 임의로 결정하는 것은 "본 조 제3항에 의거 예배 순서는 소수의 인원이 담당하므로 목사의 고유 권한으로 정할 수 있으나, 예배회수 폐지, 시간변경 등은 다수의 인원에게 영향을 끼치므로 당회의 결의를 거쳐야 한다"라고 해석하였다.[66]

**당회 분규 여부**  당회원 일방이 당회를 회피하거나 방해하여 당회를 개최할 수 없다는 객관적인 증명에 따라 제63조 4항 및 5항, 시행규정 제33조에 근거 수습위원회와 수습전권위원회가 구성될 때 분규로 보아야 하고, 그 외에 어느 일방에 의해 분규로 규정할 수 없으나 분규는 아니지만 수년간 당회가 정상화되지 않을 때는 전년도를 기준으로 예산, 결산, 서리집사, 각 부서장을 임명하여 교회를 운영할 수 있다.[67]

**당회와 제직회 기능**  ① 상호 견제기능이 아니라 협력하고 보완적인 관계이며 당회는 본 조 제3, 5항에 근거 소속 기관과 단체 및 재정을 감독하므로 시위 등으로 정상적인 제직회 개최가 어려운 경우 재정집행 등에 대하여 한시적으로 위임받아 처리할 수 있으며,[68] ② 교회운영의 필요에 따라 제직회에서 신 안건이 상정되어 결정한 후에 당회에 정식 안건으로 제출하여 의결할 수 있다.[69]

**당회의 부동산 관리**  ① 본 조 제8항의 의미는 당회는 지교회에 속한 부동산을 사용목적에 합당하게 관리한다는 뜻이며,[70] ② 교회 건축 여부 결정은 당회의 결

---

65) 제94회기-53번.
66) 제94회기-53번.
67) 제105회기-81번, 제100회기-53번, 제96회기-63번.
68) 제102회기-65번.
69) 제93회기-18번.
70) 제95회기-24번.

의와 제직회의 동의를 얻어야 하고,[71] ③ 유지재단에 편입되지 않은 교회의 부동산에 대한 자체 처분(매매, 증여, 기부) 시 교회 정관에 따른 부동산관리위원회(재산관리위원회)가 있다 하더라도 본 조 제8항에 따라 당회의 결정이 있어야 하며,[72] ④ 교회 정관에 운영위원회를 두고 그 결의로 교회재산을 처분하거나 중요사항을 결의하여 시행할 수 있는지에 관하여 본 조 제8항에 따라 당회 결의 없이는 매수 및 매도를 할 수 없다(헌법개정 후에는 제직회 결의도 필요).[73]

**사임권고받은 장로가 사직서 미제출하는 경우** 권고사임이 결의된 장로가 이미 본인에 대한 고소가 있으나 당회가 되도록 재판을 하지 않기 위해 고소를 접수하지 않고 있는 상황을 고려하면서 교회 건덕을 위해 공중예배 기도와 제직회 부서나 교회봉사사역을 일정 기간 내려놓도록 당회가 행정처리한 결의는 유효하다.[74]

**성례에 관한 건은 당회의 권한** 성례주일에 성찬위원들(장로, 안수집사)이 당회실, 친교실에서 기다리고 있다가 TV를 통하여 성찬 예식 시간을 알고 '예식시간에만 예배실에 들어가서 성찬예식을 마치고 예배가 끝나기 전에 예배실을 나오는 행위'에 대하여 "본 조에 의거 성례에 관한 건은 당회의 권한이다"라고 해석하였다.[75]

**교회재정의 권한과 책임** ① 총회 교회회계기준에 따르면 재정관리 조직체계(결제라인)는 당회장, 재정부장(재정위원장), 회계 순이며,[76] ② 교회재정의 모든 권한과 책임은 위임목사(당회장)에게 있으나 교회의 실정과 형편상 업무량이 과다하여 목회활동에 지장이 있을 때에는 그 권한과 책임의 일부를 재정부장(회계)에게 위임하여 그로 하여금 전결, 처리케 할 수 있지만 교회재정 관리에 있어서 일어나는 모든 일에 대하여 궁극적으로 법적, 도의적 책임을 져야 하고,[77] ③ 금전출

---

71) 제88회기-32번.
72) 제95회기-44번.
73) 제95회기-61번.
74) 제94회기-66번.
75) 제94회기-19번.
76) 제101회기-38번.
77) 제101회기-38번.

납은 반드시 수입결의서(입금전표)와 지출결의서(출금전표)를 사용하되, 지출은 예산에 의하여 집행하여야 하며 지출결의서에 따라 결재를 받아 회계가 지출하고 그 내용을 장부에 기장하여야 하며,[78] 재정부장의 임무는 위임목사(당회장)를 명령과 지휘, 감독을 받아 재정사무를 관장하고 위임목사(당회장)를 보좌하며 재정부장, 회계는 교회의 직원 중에서 당회장(제직회장)이 임명한다.[79]

**헌금수집 및 헌금함을 설치할 권한**  당회가 정상적으로 운영되는 교회에서는 제68조 5항에 의하여 당회가 각종 헌금을 수집할 방안을 협의하여야 하지만 당회가 사고당회로 정상적으로 운영되지 않을 경우에는 협의 불가능이므로 당회가 정상화될 때까지 내부 갈등 이전대로 행하면 되고, 그렇지도 못할 경우에는 교회에 헌금함을 설치할 권한은 당회장에게 있으며 당회장이나 재정부장의 권한으로 헌금을 수집한다고 해서 위법이라고 할 수 없다.[80]

### 제69조 당회의 회집

당회는 다음의 경우에 당회장이 소집하되 연 2차 이상을 회집하여야 한다.
1. 당회장이 당회를 소집할 필요가 있을 때
2. 당회원 반수 이상이 당회 소집을 요구할 때
3. 상회가 당회 소집을 지시할 때

당회 소집을 요구할 수 있는 당회원은 당회장을 제외한 당회원의 반수, 즉 2분의 1을 의미하며 과반수가 아니다.

**당회 소집의 방법**  당회는 본 조에 근거하여 소집하며, 소집에 대해서는 전화, 문자, 광고 등 다양한 방법으로 안내할 수 있으나 특정 당회원들에게만 통보하였다면 적법하지 않고, 적법하지 않은 당회에서 결의한 것은 무효이나 당회에서 전 교인 기도회를 결의했고, 몇 주에 걸쳐 주보에 광고하여 전 교인이 모인 기도회에서 당회장이 당회 소집을 광고했다면 제66조에 근거 당회원 과반수 출석으로 개

---

78) 제101회기-38번.
79) 제101회기-38번.
80) 제97회기-15번.

회하여 결의한 것은 적법하다.[81]

**당회 공개 여부**　'장로회 각 치리회 및 산하기관 등의 회의규칙' 제36조(안건 공개와 비공개)에 따라 당회원의 과반수 이상이 공개 당회를 원치 않으면 공개할 수 없다.[82]

원로목사는 제27조 8항, 제44조, 제45조의 유추적용에 의하여 당회의 언권회원 자격이 있으며,[83] 은퇴목사는 노회 소속이며 언권이 없다.[84]

### 제70조  당회록

당회록은 회집 일시, 장소, 회원, 결의 안건 등을 명백히 기록하고 당회장과 서기의 날인을 요하며 연 1차씩 노회의 검사를 받는다.

본 조는 기록의무만 규정하고 있으나 보관할 의무를 당연히 전제로 한다고 보며, 다만 보관기관은 개교회에서 결정할 수 있다고 본다. 이와 관련하여 당회록뿐만 아니라 교회의 모든 기관, 단체는 회의록을 잘 작성, 보관하여야 한다는 견해[85]가 있으며 타당하다고 본다.

**당회록의 적법성 판단**　당회록이 단순히 규칙부의 검사를 받았는지 여부로 증빙서류의 합당성을 판단할 수 없으며, 조작의 의문에 관한 것은 재판국에서 판단할 일이다.[86]

### 제71조  당회가 비치할 명부

당회가 비치할 명부는 다음과 같다.
1. 세례교인(입교인) 명부
2. 유아세례교인 명부

---

81) 제102회기-77번.
82) 제93회기-34번.
83) 제91회기-18번, 제90회기-32번, 제89회기-2번.
84) 제89회기-2번.
85) 이성웅, 382면.
86) 제99회기-47번.

3. 책벌 및 해벌 교인 명부
4. 실종교인 명부
5. 이명교인 명부
6. 혼인 명부
7. 별세 명부
8. 비품 대장
9. 교회의 부동산 대장

# 제11장 노회

### 제72조 노회의 의의

그리스도의 몸 된 교회에 여러 지교회가 있으므로(행 6 : 1-6) 서로 협력하여 교리를 보전하고, 행정과 권징을 위하여 노회가 있다.

노회는 목사가 회원인 치리회로서 당회의 상회이고 총회의 하회이고, 총회와 당회의 중간에 위치하여 이들을 연결하는 매개체 역할을 하는 핵심적이고 중추적인 치리회이며, 비법인사단으로서의 지위를 가지는 노회와 의사결정기관으로서의 노회라는 두 가지 개념으로 사용되며 이를 단체조직, 회의체조직으로 나누기도 한다.[1]

개교회가 연합하여 노회를 구성하므로 개교회를 지교회라고 한다면 노회는 본교회 또는 원교회이며, 목회 활동이 없는 교회라고 할 수 있다.[2]

2022년 9월 열린 제107회 총회는 당시 전국 69개 노회로 구성되어 있었다.[3]

우리 교단의 노회에 대비되는 기관으로 기독교대한감리회에서는 연회, 성결교단에서는 지방회가 있다.

### 제73조 노회의 조직

1. 노회는 일정한 구역 안에 있는 시무목사 30인 이상과 당회 30처(조직교

---

[1] 이성웅, 384, 386, 414면.
[2] 이성웅, 383-385면.
[3] 제107회 총회 회의안 및 보고서, 13면.

회) 이상과 세례교인(입교인) 3,000인 이상이 있어야 조직할 수 있다. (개정 2012.11.16)
2. 노회는 노회 소속 목사와 당회에서 파송한 총대장로로 조직한다.
3. 당회에서 총대장로 파송 규정은 다음과 같다. (개정 2012.11.16)
   ① 세례교인(입교인) 100인까지 1인
   ② 세례교인(입교인) 101인~200인까지 2인
   ③ 세례교인(입교인) 201인~400인까지 3인
   ④ 세례교인(입교인) 401인~700인까지 4인
   ⑤ 세례교인(입교인) 701인~1,000인까지 5인
   ⑥ 세례교인(입교인) 1,001인~2,000인까지 6인
   ⑦ 세례교인(입교인) 2,000인을 초과할 때에는 매 1인 이상 1,000인까지 1인씩 증원 파송할 수 있다.
4. 선교목사가 해외에서 시무하는 교회의 관리를 위하여 권역별 선교위원회를 둘 수 있다. 이의 조직과 기능 등은 총회 규칙으로 정한다. 단, 목사고시의 시행 및 목사 안수와 총회 총대 파송은 할 수 없고 위원장(대리로 서기)은 총회 언권회원이 된다. (신설 개정 2012.11.16)

노회는 총회가 확정한 일정한 토지관할이 있는 노회인 지역노회가 대부분이나 토지관할이 없이 전국을 대상으로 하는 무지역노회도 있으며, 평양, 평북, 용천, 함해노회가 그 예이다.

**노회 분립 요건 30처 당회** 본 조에서의 30처 당회란 당회 조직교회(완전당회)만을 의미하는 것이 아니고, 현재 30개 당회 중 당회 미조직교회(장로 1인)가 1개처 포함되어 있다고 해서 문제가 될 것이 없기에 노회분립 결의는 유효하다.[4]

**당회의 노회 불참 결의는 불법** 합법적인 정기노회에 지교회 당회가 불참하기로 결의하는 것은 불법이다.[5]

---

4) 제96회기-64번.
5) 제85회기-3번.

**노회원 자격 성립시점**  당회에서 파송한 총대장로에 대해서는 서기가 명부를 접수하면 회원권이 성립된다.[6]

### 제74조  노회원의 자격 (개정 2012.11.16, 2021.11.29)

1. 위임목사, 담임목사, 부목사, 전도목사, 기관목사, 선교목사, 선교 동역자, 군종목사는 회원권이 있다. 단, 선교목사 재적수 산정은 노회규칙에 따른다. 재판(책벌) 외의 방법으로는 회원권(결의권, 선거권, 피선거권)을 제한하지 못한다.
2. 교육목사, 유학목사, 무임목사는 언권회원이 된다. (신설 개정 2021.11.29)
3. 공로목사, 은퇴목사, 장로 전 노회장·부노회장은 언권회원이 된다.
4. 총대 장로는 서기가 총대명부를 접수하면 회원권이 성립된다.

노회원은 목사로서 노회의 회원권이 정식으로 구비되어 결의권, 선거권, 피선거권이 있는 노회원 목사, 당회에서 노회에 파송한 장로로서 노회 서기가 총대명부를 접수함으로써 회원권이 성립되는 총대장로, 은퇴목사, 공로목사, 무임목사, 증경노회장(장로노회장 포함)에게 인정되는 출석하여 발언할 권리만 있는 노회 언권회원으로 나눌 수 있다.

**외국 국적 목회자의 노회 가입 허용 여부**  ① "제69회 총회 결의 중 정치부 보고 시 '외국 영주권 및 시민권 소지자는 모든 공직에서 시무할 수 없다'와 제87회 총회 결의 중 '영주권 소지자는 해제'에 따라 완전히 정리(시민권 말소, 국적취득)되기까지는 불가하다"고 해석하였으며,[7] ② 그 후 타 국적 목회자의 국내 목회활동 시 노회 가입은 불가하다고 해석하였다.[8]

**당회장권 일시정지에 따른 노회원권 제한 여부**  수습전권위원회로부터 당회장권이 3개월 정지되어도 본 조 제1항 단서의 책벌에 의하지 않고는 노회원권(결의

---

6) 제105회기-55번.
7) 제89회기-7번.
8) 제93회기-65번.

권, 선거권, 피선거권)을 제한할 수 없으므로 시찰장 당선은 유효하다.[9]

**노회비 미납과 기본권** 본 조 제1항에 근거 노회비 미납에 대한 기본권(선거권, 피선거권, 발언권 등) 제한은 위법이며, 단 청원권은 상회비 완납까지 보류할 수 있다.[10]

**시무장로가 신대원에 입학한 경우** 시무장로라도 목사후보생고시(신대원입학자격고시)에 합격하여 신대원에 입학하여 공부할 수 있으므로 시무장로로 소속 교회에서 장로 총대로 파송받았다면 그의 신분은 장로이며, 지교회의 노회총대 파송권한이 있는 당회에서 파송했을 경우 노회 장로총대가 되며, 노회 결의로 총회총대로 선출이 될 수 있다.[11]

**부노회장의 회장 자동승계 노회규칙의 적법성** "노회장은 사회의 지탄을 받는 행위를 한 경우나 총회 헌법에 의해 책벌을 받을 죄과로 인해 기소가 제기되어 재판에 계류 중이거나 책벌이 확정된 경우, 또는 노회장으로서의 직무를 수행할 수 없는 사유가 있는 경우와 같은 특별한 결격 사유가 없는 한 목사 부노회장이 자동승계한다"는 취지(부노회장의 회장 자동승계)로 규정되어 있는 노회 규칙에 대하여 제74조 1항 노회원의 자격은 "재판 외의 방법으로는 회원권(결의권, 선거권, 피선거권)을 제한하지 못한다"고 되어 있으며, 제75조는 "노회 임원은 노회에서 선출한다. 임원선출에 관한 사항은 노회 규정으로 정한다"고 되어 있으므로 제74조 1항에 위반되지 않는 임원선출을 위한 노회 규정은 노회에서 정할 수 있으나 목사 부노회장의 자동승계에 의한 노회장 선출이 노회원들 입장에서 볼 때 대상자가 합당하지 않다고 생각함에도 노회원으로서 선거권을 행사할 수 없다고 하면, 결과적으로 노회원들의 선거권을 제한하는 결과를 가져오는 것이고 또한 자동승계 대상자에 대하여 결격사유(재판절차에 의하여 확정 판결되지 않는 사항 및 사회의 지탄을 받는 행위 등을 결격사유로 할 경우 무죄추정 원칙에 위배되고 기준이 모호함)를 이유로 피선거권을 박탈하는 것도 제74조에 위반될 소지가 있으므로 노회원들의 선거권과 자동승계 대상자의 피선거권이 충돌되지 않도록 노

---

9) 제106회기-2번.
10) 제103회기-1번, 제101회기-6번, 제95회기-45번, 제96회기-12번, 제90회기-83번, 91번.
11) 제100회기-14번.

회에서 이를 검토하여 개정함이 타당하다.[12]

**사고노회 임원의 피선거권 제한은 위헌** 사고노회가 되는 시점의 노회의 임원 및 분쟁의 당사자에 대하여 수습노회 시 피선거권을 제한한다는 규정(시행규정 제33조 7항 후단)은 본 조 제1항 후문에 위배되어 위헌이므로 개정 및 삭제가 필요하고, 절차에 따라 개정 및 삭제 때까지 이를 적용하지 않아야 한다는 헌법위원회 해석(제102회기-83번)이 있었음은 제63조에서 기술한 바와 같다.

### 제75조 노회 임원선출

노회 임원은 노회에서 선출한다. 임원선출에 관한 사항은 노회 규정으로 정한다.

**임원 및 총회총대 입후보 자격 제한** ① 노회 임원 및 총회총대 선거 조례로 임원 및 총회총대 입후보 자격을 "교회부동산을 노회 유지재단에 가입한 자로 한다"고 규정하여 제한하는 것은 제97조에 근거 지교회 부동산을 노회유지재단 가입을 강제할 수는 없으므로 적법하지 않다.[13]

② 노회 선거관리규정에 "부노회장 후보 추천에 목사, 장로 회원 각각 10인 이상 추천과 당회 추천을 필요로 한다"고 규정하였을 때 자격조건은 총회 또는 국가법처럼 둘 수 있으므로 당회 추천을 후보 자격조건으로 두었다고 하여 위법하다고 할 수 없으며, 당회가 없는 경우 추천에 대한 방법에 적법성(당회장 추천으로 갈음할 수 있는지 여부)은 해당 노회에서 판단할 사항이다.[14]

③ 노회 임원선출 시 "임원을 거친 회원을 부노회장 후보로 제한한다"라는 자격 요건을 두었다고 해서 기본권 제한으로 볼 수 없다.[15]

**당회장의 부노회장 입후보 시 대리당회장 명의 추천** 노회 부노회장 입후보 시 당회 추천서를 필요로 하는 경우 본 교회 당회장이 부노회장에 입후보할 때에

---

12) 제104회기-8번.
13) 제106회기-48번.
14) 제105회기-68번.
15) 제104회기-34번, 제99회기-56번.

는 대리당회장을 세워 당회에서 결의한 후 대리당회장 명의로 추천하면 된다. [16]

**노회임원 선출과 시찰회 경유**  시찰회는 경유기관으로서 시행규정 제9조에 근거 경유를 거부하거나 실질적 심사권이 없으므로 "해 시찰회가 노회장 및 부노회장 후보를 추천하지 않으면 후보가 될 수 없다거나 후보등록을 받지 않는다"는 노회규칙은 적법하지 않다. [17]

**폐노회 시 재판국원 전원이 사임하였을 경우**  헌법해석사례집 3판 67면(노회 기소위원과 재판국원 재공천)에 의하여 노회 공천위원회가 적법하게 다시 공천하면 된다. [18]

**당선무효확인자의 재선거에서의 피선거권**  목사 부노회장 선거에서 당선되었으나 당선무효소송에서 당선이 무효확인된 경우 다시 치르게 된 재선거에서 피선거권이 있다. [19]

**노회 공천조례가 없을 경우**  현직 노회 임원에 대한 상임부서와 독립 사업기관(감사위원회, 기소위원회, 재판국)에 공천할 수 없도록 제한하는 헌법 규정은 없으므로 노회 공천조례가 없을 경우, 총회 공천조례를 준용하여 현직 노회 임원에 대하여 감사위원회, 재판국, 이대위 공천을 제한하거나, 중립성 보장을 위해 기소위원회 공천을 제한할 수는 있을 것이나, 현직 노회 임원에 대한 상임부서 공천을 제한하는 특별한 규정이 없으므로 이에 대한 사항을 노회에서 정하거나 총회 공천조례를 준용할 수 있다. [20]

참고로 총회의 경우는 공천위원회 조례 제9조에 근거 총회 회계와 부회계는 총회 정책상 각각 재정부 2년조와 재정부 3년조로 공천하고, 헌법위, 감사위, 재판국, 이대위 위원으로 총회 임원에 선출된 자에 대해서만 공천위원회가 본 회의 기간 중에 상임부서 3년조로 공천하도록 규정되어 있는 등, 총회장을 제외하고 부총회장 포함 모든 임원들이 상임부서 등에 공천된다.

---

16) 제95회기-77번.
17) 제104회기-56번.
18) 제89회기-23번.
19) 제99회기-39번.
20) 제102회기-49번.

### 노회장은 '장로 1회, 목사 3회' 조항에 의한 선출제도의 적법 여부

제1차 해석 : '장로 1회, 목사 3회' 조항에 의한 노회장 선출로 인하여 불이익을 받게 된 회원의 피선거권 제한, 침해 여부에 관하여 제2조 및 제73조에 따라 노회장과 임원의 선출에 관한 노회 규칙을 제정할 수 있으나, 그 규칙이 그리스도 정신이 정한 내용에 합당하여야 하고 또한 '장로회 각 치리회 및 산하 기간 등의 회의 규칙'(이하, '장로회 등의 회의 규칙'이라고만 함) 제3조 2항(모든 회원은 선거권, 피선거권, 발언권, 결의권을 가진다)의 규정 내용에 위배할 수 없다. ○○노회 규칙 제3장 제8조의 규정이 선거권과 피선거권을 제한하고 있다 하여도 그 제한이 합리적이라고 보여지므로 이 규정은 위헌의 소지가 없다.[21]

제2차 해석 : "임원선거는 정기노회에서 선임하되, 잠정적으로 노회장은 장로 1회, 목사 3회로 하며, 해년 목사회와 장로회로부터 추천을 받아 노회장은 부노회장이 과반수 이상 득표로 승계하는 것을 원칙으로 하고, 부노회장은 배수 추천 받아 무기명 비밀투표에 의해 과반수 이상 득표자로 하며 여타의 임원은 회장단의 추천으로 본회에서 인준하여 정한다"라는 규칙에 따라 공천하여 당선된 임원선거가 피선거권의 제한, 평등의 원칙, 기회균등의 보장 등 헌법의 기본 원리에 위배되는지 여부에 대하여 2007년 1월 10일 시행일자 헌법위원회 해석(위 제1차 해석)에 의하면 노회장과 임원의 선출에 관한 노회 규칙은 제정할 수 있으나, 그 규칙이 그리스도의 정신이 정한 내용이 합당하여야 하고 또한 장로회 등의 회의 규칙 제3조 2항 규정 내용에 위배할 수 없다고 해석한 바 있어, 금번 회기의 헌법위원회의 해석도 이와 같다. 그러나 (○○노회 규칙 제3장 제8조의 규정은 회원의 선거권과 피선거권을 제한하고 있다 하여도 그 제한이 합리적이라고 보여지므로 이 규정은 위헌의 소지가 없다)고 해석한 점에 있어서는 무엇이 합리적인지 비합리적인지의 법리적 근거 설명이 없으므로 다음과 같이 대체해석하기로 한다. 첫째, 노회의 노회원 목사와 총대 장로는 동일한 권리와 의무가 있는 회원이므로 평등의 원리와 법적 차별 대우금지의 원칙에 의거하여 피선거권을 노회의 법(성문법)으로 장로 1회, 목사 3회로 제한함은 우리 교단 헌법의 정신에 불합치하나, 관

---

21) 제91회기-12번.

행적으로 양자의 소속회가 묵계로 묵인하여 온 것은 별도의 문제이다. 둘째, 임의 친목단체인 목사회와 장로회가 우리 교단의 공식 법정기관인 노회의 장 후보의 단독 추천권을 갖고 있다는 것은 노회원 피선거권의 절대적 제한이 되므로 헌법 정신에 위반(위헌)되며, 또한 장로회 등의 회의 규칙 제3조 2항에 위반(위법)된다.[22]

헌법위원회는 '장로 1회, 목사 3회' 방식에 의한 노회장 선출제도에 대하여 2006년의 제1차 해석에서는 적법하다고 보았고, 약 1년여 후의 제2차 해석에서는 위법하다고 보았으며, 제2차 해석의 타당성을 주장하면서 다만, 관행적으로 양자의 소속회(목사회와 장로회를 의미)가 묵계로 묵인하여 온 것은 별도의 문제라고 보는 견해[23]도 있다.

결론적으로 현재 서울 강남노회 등 극소수의 노회를 제외한 거의 대부분의 노회에서 시행되고 있는 이 제도를 위법하다고 해석하면서 장기간 그대로 방치하는 것이 과연 올바른 태도인지는 의문이며, 부득이한 경우 헌법상 예외규정을 인정하는 방법 등 다각도로 연구, 검토할 필요가 있다고 사료된다.

### 제76조 노회의 개회성수

노회는 회원(시무목사와 총대장로) 각 과반수의 출석으로 개회한다.

노회의 개회요건은 회원의 과반수가 아니라 시무목사(노회원목사)의 재적 과반수와 총대장로 재적 과반수의 출석을 요한다.

통상 각 노회는 노회 임원의 선출 등 조직과 예산 등의 업무를 다루는 가을 노회와 총회에 파송할 총대를 선출하는 등의 업무를 처리하는 봄 노회의 연 2회의 정기노회를 갖는다.

회의 관련 용어의 사용에 있어 산회와 유회는 구별을 요하는 바, 산회는 회의를 정상적으로 모두 마치고 흩어지는 것을 의미하는 반면에 유회는 성원이 안 되어 회의가 성립하지 않는 경우를 뜻한다.

---

22) 제92회기-40번.
23) 이성웅, 393면.

개회시간이 되었어도 성수가 되지 못하면 한 시간을 기다리고 그래도 성수가 되지 못하면 모인 회원이 다시 모일 시간과 장소를 정하고 산회한다. 임원의 임기 만료 후에는 상회 또는 별도 수습위원회의 소집에 따라야 하며(장로회 등의 회의 규칙 제8조), 개회시간이 되어도 의장이 불참하였으면 부회장이 대행하고 부회장도 불참하였으면 회원 중 직전 회장 또는 증경회장이 그 직무를 대행한다(증경회장이 불참하였으면 참석회원 중에서 최연장자순으로 의장직을 대행한다). 단 당회는 그러하지 아니한다(위 규칙 제6조).

**긴급한 사항은 임원회의 결의 가능**  개회 성수가 되지 않아 산회한 경우, 다음 노회 개최는 임원회가 일시, 장소를 정하여 소집할 수 있으며, 목사안수식을 갖지 못한 군종후보생들의 안수식과 고시위원회를 통과한 장로의 임직식 및 마감일이 임박한 목회자후보생 고시응시자와 신학계속수업 허락청원자에 대한 노회장 추천서와 같이 긴급한 사항은 임원회의 결의로 할 수 있다.[24]

**기처리된 일반 안건에 대한 정족수 미달로 무효 주장 불가**  장로회 등의 회의 규칙 제8조 2항에 근거 별도의 규정이 없으면 개회와 속회의 정족수는 재적 과반수이고 표결 시에는 재적을 파악하여 표결하여야 하나 속회 시 이의 없이 기처리된 일반안건에 대하여는 정족수 미달을 이유로 무효를 주장할 수 없으며, 단 법규 개정에 있어서는 개별 법규에 정해진 정족수가 미달되면 무효이다(총회 규칙부 해석 참고).[25]

**수습전권위원회가 소집하는 노회의 개회 정족수**  시행규정 제33조(교회 및 노회 수습) 9항이 "노회 수습전권위원회는 필요한 경우 총회장 명의로 수습노회를 소집하여 노회장 및 임원을 선출하여 노회를 정상화시킨다"라고 규정하고 있을지라도 이 규정이 "별도의 규정이 없으면 개회와 속회의 정족수는 재적 과반수이고 표결 시에는 재적을 파악하여 표결하여야 한다"는 본 조와 장로회 등의 회의 규칙 제8조 2항에 대한 예외사유로 규정하고 있다고 볼 수는 없으므로 사고노회의 경우 수습전권위원회에 의해 소집하는 노회라 할지라도 본 조에 근거하여 시무목사

---

24) 제99회기-20번.
25) 제103회기-78번.

와 총대장로 각 과반수의 출석으로 개회하는 것이 적법하므로 총회 수습전권위원회가 전권으로 수습노회 소집에 모인 노회원 수로 개회할 수는 없다.[26]

### 제77조 노회의 직무

노회의 직무는 다음과 같다.

1. 노회는 노회 구역 안에 있는 각 지교회와 소속 기관 및 단체를 총찰한다.
2. 노회는 각 당회에서 제출한 헌의, 문의, 청원, 진정, 헌법과 헌법시행규정과 각 치리회의 규칙에 정한 것에 관한 사항을 접수 처리한다. (개정 2012.11.16)
3. 노회는 각 당회에서 제출한 행정쟁송, 소송, 상소 및 위탁재판에 관한 사항을 처리한다(고전 6 : 1-8, 딤전 5 : 19).
4. 노회는 각 당회록을 검사하며 교회 권징에 대한 문의를 해석하여 답변한다.
5. 노회는 신학생 및 신학 졸업생을 관리하며, 목사의 임직, 위임, 해임, 전임, 이명, 권징에 관한 사항을 처리한다(딤전 4 : 14, 행 13 : 2-3).
6. 노회는 지교회의 장로 선택, 임직을 허락하며 장로와 전도사의 자격 고시를 한다.
7. 노회는 지교회를 설립, 분립, 합병, 폐지하고 당회를 조직하며 목사 청빙, 전도, 교육, 재정 관리 등 일체 상황을 지도한다.
8. 노회는 본 노회에서 총회에 제출하는 청원, 헌의, 문의, 진정, 상소에 관한 사건을 상정하고 노회 상황을 보고하며 총대를 선정 파송하여 총회의 지시를 실행한다.
9. 노회는 소속 지교회와 산하기관의 부동산을 관리하고 재산 문제로 사건이 발생하면 이를 처리한다.

**판결취소 결의 불가** 정기노회에서 재판국 보고 시에 목사 면직판결을 취소하는 결의를 하는 것은 불가하다.[27]

---

26) 제102회기-31번.
27) 제93회기-17번.

**노회 폐회 후 총회 헌의절차**  "총회에 헌의할 긴급한 안건은 노회 임원회 결의 후 총회에 헌의하고 후일 노회 시에 총회에 헌의한 내용을 상세히 보고할 수 있다"는 내용을 노회규칙에 삽입하여 시행하자는 노회의 결의에 대하여 본 조 제8항과 시행규정 제16조의 6에 근거 노회 폐회 시 임원회에서 질의, 문의, 헌의 등을 총회에 할 수 있으며, 다만 노회에서 이미 결의 및 유안된 안건에 대하여는 다르게 처리할 수 없고 본 회의에서만 처리할 수 있다고 해석하였다.[28]

**노회에서 보류된 위임목사 시무사임안건**  폐노회 후 임원회와 해당 부서 연석회의에서 처리할 수 있는지에 대하여 보류는 한 노회 기간으로 봄으로 임원회에 위임사안이 아니며, 노회에서 보류된 안건은 미진안건이 아니므로 폐노회 후 임원회에서 처리할 수 없다.[29]

**노회의 청원사항 변경 가부(교회명칭 변경)**  노회가 ○○교회를 □□교회로 명칭을 변경하겠다는 청원에 대하여 "○○교회의 명칭 변경은 □□교회로 하되, 대외적으로는 ○○□□교회로 한다"고 결의한 것에 대하여 노회는 교회에서 청원한 사항에 대하여 가부만 결정할 수 있을 뿐 변경할 수는 없다고 해석하였다.[30]

**당회의 청원 없는 노회의 수습전권위원회 구성 요청**  교회가 정상적으로 운영되는 교회라면 당회의 청원이 있어야 노회가 총회에 수습전권위원회 구성을 요청하는 것이 당연하나 노회가 교회에 대하여 총회에 수습전권위원회 구성을 당회의 청원 없이 요청한 것은 교회가 아직도 분규 중에 있다고 판단했기 때문이며 그 이유는 총회 재판국에서 ○○목사에 대하여 위임목사 청빙결의 무효판결, 목사안수 결의무효 판결을 내렸으나 □□지방법원에서 무효확인 판결을 하였고 교회 대표자(위임목사, 당회장)는 ○○임을 확인하였으며, 이 판결에 대하여 총회가 □□고등법원에 항소하여 계류 중이므로 노회가 임시당회장도 파송하지 못한 상태에서 노회가 총회에 수습전권위원회 구성을 요청한 것은 노회 직무를 위반한 것이 아니다.[31]

---

28) 제102회기-11번.
29) 제89회기-42번.
30) 제98회기-121번.
31) 제97회기-44번.

**헌법위원회에 대한 질의**는 본 조 제2항에 따라 노회의 의결사항이므로 폐회 중에는 임원회의 결의를 거쳐야 하나 임원회의 결의가 없었다고 하여 그 질의에 대한 해석이 효력이 없다고 할 수 없다.[32]

**총회 재판국의 이단성 판결에 대한 노회 임원회의 판단 여부** 제88회 총회에서 통과된 헌법 조례 제40조 7항에 의거 총회 재판국이 적법하게 판결했을 경우 노회 임원회가 다른 결의를 할 수 없으나 총회 재판국이 헌법 조례 제40조 7항(현행 시행규정 제63조와 유사)에 의거하지 않고 임의로 판결했을 경우는 노회 임원회가 노회 이단사이비대책위원회로 하여금 헌법 조례 제40조 7항에 의거 적법하게 처리했을 경우에 한하여 이단성 여부를 판단할 수 있다.[33]

**총회총대의 선정에 관한 시찰회 안배 및 추천** ① 총회총대는 노회에서 선출하여야 하며, 시찰회에서 안배하는 경우 그 수는 전체 총대수의 반수를 넘지 않아야 하고,[34] ② 시찰회에서 추천되더라도 노회에서 인증을 받아야 한다.[35]

**1당회 1총대 원칙의 노회 규칙은 무효** ① "회장 및 서기는 의례히 총대가 되고 표결은 다득점순으로 한다. 단 한 당회에서 목사 1인, 장로 1인을 초과할 수 없다"는 규칙에 대하여 처음에는 총회에는 총대선출에 관한 법조문이 따로 없으므로 정치 제74조와 75조에 따라 해 노회의 규칙에 따라 할 것이라고 해석하였으나,[36] ② 그 후 1당회 1총대 원칙의 노회 규칙은 "기본권을 제한할 수 없다는 총회 헌법 정신을 위배한 것으로 상위법규에 위배되므로 노회규칙의 해당조항은 무효이며 차득표자도 총회 총대"라고 종전의 해석을 변경한 이래[37] ③ 노회 총대들이 자유의사 결정에 따라 선정한 후보를 노회가 인위적으로 제한하는 것은 투표자나 총대 대상 후보자의 기본적 권리를 침해한 것이 되므로 노회원들이 선출한 개인 득표순으로 결정하고 보고하는 것이 헌법정신이다.[38] ④ '노회에서 총회총대를 선출

---

32) 제91회기-7번.
33) 제88회기-28번.
34) 제99회기-31번, 제95회기-73번.
35) 제99회기-31번.
36) 제90회기-63번.
37) 제94회기-42번.
38) 제95회기-60번.

하는 방법은 해 노회의 규칙으로 정할 수는 있으나 상위 법규에 위배되지 않아야 하므로 총회 장로회 각 치리회 보통회의 규칙 제3조 2항 "모든 회원은 선거권, 피선거권, 발언권, 결의권을 가진다"는 규정에 의거 "총회총대는 노회에서 실시하는 총대선거에 득표순으로 하는 것이 개인의 기본권을 존중하는 준법정신이다"라고 해석하여 무효라는 일관된 태도를 유지하고 있다.[39]

**'목사가 총회총대를, 장로가 총회총대를 선출한다'는 노회규칙의 효력**  제84조에 의거 총회에서 각 노회로 배정된 숫자대로 총대(목사, 장로)를 선택할 수 있는 기본적인 권리가 있으므로 그 선택은 제한할 수 없다.[40]

**시찰에 배정된 총대 인원수에 따라 산출**  총회에서 배정한 총대 인원수에 대하여 노회는 각 시찰 세례교인수에 비례하여 총대수를 배정하고 본 노회 개회시 시찰에 배정된 총대 인원수에 따라 산출하는 방법에 대하여 노회에서 총회총대를 선출하는 방법은 노회 규칙사항으로 해 노회가 정하는 규칙에 따른다.[41]

**노회의 여성 총회총대 1인 이상 파송결의**  총회총대의 선정 및 파송은 노회가 결정할 사항으로서 총회가 그 결의로 이에 직접 관여하거나 강제할 수는 없으므로 여성총대에 관한 제102회기 총회의 결의(모든 노회가 여성총대 1인 이상 총회총대로 파송)는 의무(강제)사항이 아니라 권고사항이라고 보는 것이 타당하며, 다만, 총회의 위 결의는 교단 전체의 사정을 감안하여 가결한 것이므로 각 노회에서 이를 참고하여 총회총대를 선출하는 것이 바람직하다.[42]

**총대 후보자의 기호 부여방식**  노회 선거관리위원회가 종전 관례대로 목사총대 후보자는 전입순으로, 장로총대 후보자는 임직순으로 기호를 부여하는 것에 대하여 상위법에 위배하지 아니하는 범위 내에서 노회규칙이나 결의에 의하여 총대를 선정할 수 있다.[43]

**총회총대의 사퇴**  노회에서 선출된 총회총대가 사퇴하면 노회 임원회가 수리

---

39) 제97회기-2번.
40) 제95회기-27번, 제93회기-67번.
41) 제85회기-7번.
42) 제102회기-27번.
43) 제98회기-79번.

(반려)여부를 결정할 권한은 없고 노회(대회)가 결정해 준대로 하여야 하며, 다음 순서대로(예비후보) 총대가 되며, 원칙적으로 예비후보에게 알려야 한다.[44]

■ **시행규정 제16조의 11  유기책벌과 직무와의 관계**
1. 시무정지, 시무해임은 책벌 받은 소속 치리회와의 관계이므로 총회, 노회, 산하기관, 유관기관, 연합기관 등의 직책이나 업무에 영향을 미치지 못하며 직무를 계속 수행할 수 있고, 청빙을 받아 타 교회나 기관에서 보직에 임할 수 있다. 단, 치리회(기관)의 법리부서나 감사부서에는 직무를 계속 수행할 수 없다. (개정 2012.9.20)
2. 남은 책벌기간 동안은 책벌 내용대로 시무가 정지, 해임되고 만기가 되면 자동 해벌된 것으로 본다.

**노회 임원 중 해 당회에 장로가 사임했을 경우**  본 시행규정 제1항에 준하여 회기 동안은 계속할 수 있다.[45]

**노회장 입후보자의 자격 여부**  ○○노회는 부노회장으로 역임한 자라야 노회장에 입후보할 수 있고, 부노회장에 입후보하려면 노회 전입 10년 이상 된 자라야 한다는 규칙이 있는데, □□ 목사는 위 조건에 미달된 9년 8개월 된 상태에서 부노회장에 입후보하여 당선이 되었으나 이로 인하여 총회재판국에서 시무정지 6개월의 형을 받은바(시무정지 형을 받았기 때문에 부노회장직을 역임하지 않았음), 노회장에 입후보할 수 있는지에 대하여 "헌법시행규정 제16조의 11 1항에 의하면 시무정지는 책벌받은 소속치리회와의 관계이므로 그 밖의 기관(총회, 노회, 연합기관)의 직책이나 업무에 영향을 미치지 못하며 직무를 계속할 수 있다고 되어 있으므로 시무정지 받은 것과 부노회장의 직무수행과는 아무런 관계가 없다. 다만 노회 규칙상 10년을 입후보 자격으로 규정되어 있고, 특정 당사자가 노회에 전입한 지 9년 8개월이 사실이라면, 이는 자격미달이고 부노회장 당선은 무효가 되며,

---

44) 제94회기-60번.
45) 제95회기-37번.

부노회장을 역임한 자로 볼 수 없어 노회장 입후보는 불가하다"고 해석하였다.[46]

■ **시행규정 제87조 재판계류와 교단탈퇴**
2. 재판에 계류 중 여부와 관계없이 탈퇴한 자에 대하여는 행정적인 조치로 치리회에서 제명할 수 있으며 이 경우 명부에는 탈퇴로 인한 제명이라고 쓰며 이 제명의 효과는 재판에서 면직과 출교책벌을 병과하여 받은 것과 동일한 효력이 있다. (신설 개정 2012.9.20)

**노회 탈퇴 후 타 노회 가입한 교회 처리** 교회가 노회의 허락을 받지 않은 상황에서 교회 이름을 바꾼 후 노회 탈퇴 공고를 내고 본 교단 다른 노회에 교회를 새로 창립한 교회 형식으로 가입을 한 경우 제12조(지교회의 폐지)를 준수치 않아서 위법이다.[47]

**목회자가 청빙관계로 노회를 탈퇴한 경우의 교회 정통성** 목회자가 청빙관계로 분규가 발생하여 노회를 탈퇴했을 때, 탈퇴한 그 대열에 참여하지 않고 끝까지 잔류한 교인들이 교회를 지키다가 새로운 교역자를 청빙해서 소속 노회의 지도, 감독을 받고 있었다면, 잔류한 그 교회가 법적으로 정통성을 가진 ○○노회 소속 교회이므로 다시 새로운 교회 설립 허락이나 기존 장로는 이명청원 같은 행정행위를 할 필요가 없으므로 기 교회 설립이나 장로취임을 한 일 때문에 타인으로부터 이명청원 의무불이행이라는 위법성 시비의 대상이 될 수 없을 뿐만 아니라 그 논리 자체가 법적으로 성립될 수 없다.[48]

교단 탈퇴에 관하여는 본 조 이외에 정치 제35조(목사의 사임 및 사직), 권징 제6조(책벌의 원칙), 교단의 탈퇴 및 변경에 관하여는 정치 제14장 재산에 관한 부분에서 기술한 내용을 참고 바란다.

---

46) 제92회기-7번.
47) 제89회기-20번.
48) 제96회기-56번.

■ **시행규정 제16조의 12  정직과 직무와의 관계(신설 개정 2012.9.20)**
정직책벌을 받은 자는 정직기간 동안 모든 시무와 직원의 신분도 정지되므로 그 기간 동안 치리회(기관)의 직책이나 업무에 종사할 수 없으며 그 기간 만료 후에는 시무할 수 있다.

■ **시행규정 제16조의 13  면직 및 출교와 직무와의 관계**
면직처분을 받은 자는 직원 신분이 박탈되었으므로 치리회(기관)에서 시무할 수 없으나 출교처분은 평신도는 교인명부에서, 목사는 노회원명부에서 제명하여 교회출석과 노회출석을 금지시키는 벌이므로 소속 교회(기관), 소속 노회를 벗어나면 다른 교회와 다른 노회로 이명하여 시무할 수 있다. (개정 2012.9.20)

**증경 노회장의 면직, 출교**  노회장을 지낸 분이 면직, 출교판결을 받아 확정된 경우에 본 시행규정에 따라 노회 시 출석을 호명할 수 없고, 은퇴명부에서 삭제되어야 하며, 전 노회장 명부에는 역사적 사실이므로 기록할 수 있다.[49]

### 제78조  노회의 회집
노회는 다음의 경우에 노회장이 소집한다.
1. 정기노회는 예정한 시일과 장소에 회집하되 개회 1개월 전에 소집을 통지하여야 한다.
2. 임시노회는 각각 시무처가 다른 목사, 장로 각 3인 이상의 청원에 의하여 노회(폐회 중에는 임원회)의 결의로 소집한다. (개정 2012. 11. 16)
3. 임시노회는 10일 전에 각 회원에게 소집을 서면으로 통지하고 통지한 안건만 처리한다.
4. 노회장이 유고하여 참석치 못한 때는 부회장 또는 직전회장의 순으로 사회하여 개회하고 회무를 진행한다.

---

49) 제101회기-3번.

**성원 미달로 임시노회가 유회된 경우**  노회원의 성원 미달로 임시노회가 유회되면 동일한 안건으로 임시노회의 재소집이 가능하나, 임시노회 소집권자를 제한하고 통지된 안건만 다룰 수 있는 점 등의 입법취지로 보아 임시노회가 유회된 경우에 정기노회처럼 모인 회원이 다시 모일 시일과 장소를 정하여 유회선포를 할 수 없으며, 다시 회의를 하려면 본 조 제2항에 의하여 다시 청원 절차를 밟는 것이 타당하다는 견해가 있다.[50]

**노회장 허락 없는 부회장의 임원회의 사회 불가**  정기노회나 임시노회를 절차에 의하여 노회장이 서면으로 회의를 소집하였다면 본 조 4항에 의하여 노회장이 유고하여 참석하지 못할 때 부회장 등의 순서로 회의를 진행할 수 있으나 임원회의는 노회장의 허락 없이는 부회장의 사회로 진행할 수 없다.[51]

**제2항의 의미**  '각각 시무처가 다른 목사, 장로 각 3인 이상의 청원'이라는 의미는 목사, 장로 개인이란 의미이지 6개 당회 이상의 청원이라는 의미가 아니다.[52]

**정기노회 장소변경 요청의 정당성**  정기노회 개최장소로 결정, 공고되어 총대들에게 소집통지를 한 상태에서 그 교회 출신 장로가 부회장 후보로 등록하였을 때 경쟁자 후보로 등록한 다른 교회 장로가 공정한 선거를 해할 수 있으므로 노회장소를 변경하여 달라는 요청을 하는 것은 정당하다고 보기 어려우므로 임원회에서 진행한 노회소집절차에 문제가 없으나 공정한 선거를 위하여 변경할 수도 있다.[53]

**장로노회장의 개회예배 설교 권한**  "제22조, 제26조 및 헌법 제4편 예배와 예식, 제6장 예배와 말씀 8항에 의한다"고 결의하다.[54]

**노회 회무 시 또는 지교회 예배 및 임직식 시 장로 설교**  "제22조(항존직) 1, 2항 및 제24조(목사의 의의) 4항과 헌법위원회 제85-10차 회의록 및 예장총 제85-859호 (2001. 8. 29)에 의거한다"고 해석하였다.[55]

---

50) 이성웅, 404면.
51) 제98회기-34번.
52) 제94회기-35번.
53) 제96회기-5번.
54) 제85회기-38번.
55) 제89회기-11번.

### 제79조 노회록

노회는 노회록을 정확히 작성하여 연 1차씩 총회의 검사를 받아야 한다.

### 제80조 노회가 비치할 명부

노회가 비치할 명부는 다음과 같다.

1. 위임목사 명부
2. 담임목사 명부와 부목사 명부
3. 기관목사 명부
4. 전도목사 명부
5. 원로목사 및 공로목사 명부
6. 무임목사 명부
7. 은퇴목사 명부
8. 신학생 및 신학 졸업생 명부
9. 장로 명부
10. 전도사 명부
11. 지교회 명부(설립, 분립, 합병, 폐지 연월일을 명기할 것)
12. 책벌 및 해벌 명부
13. 목사이명 명부
14. 별세목사 명부
15. 선교사 명부
16. 비품대장

### 제81조 시찰회와 시찰위원회 (개정 2012.11.16)

1. 노회는 노회에 속한 교회들을 일정 규모로 나누어 시찰회를 조직할 수 있고 지교회를 감독하는 치리권의 협조를 위하여 시찰회원 중에서 선임된 자들로 구성되는 시찰위원회를 둔다.
2. 시찰회원에 기관목사나 전도목사를 노회의 결의로 포함할 수 있다.

시찰은 노회의 토지관할 구역을 나누어 노회의 산하 지교회에 대한 지도, 감독하는 치리권을 협조하는 것을 말하고, 시찰회는 한 시찰 내에 있는 지교회 시무목사와 다음 노회의 총대로 예정된 장로들로 구성되는 모임이다.

**기관목사와 전도목사의 시찰회원 자격 유무** 본 조 제1항의 '노회에 속한 교회들을 일정 규모로 나누어', '지교회를 감독하는 치리권의 협조를 위하여'라는 시찰 조직의 목적이 지교회와 직접적인 관계가 있는 점 등에 비추어 볼 때 총회나 노회 등에서 교육, 문서 등의 사업에 종사하는 기관목사나 국내외 연합기관이나 군대,

병원, 학원, 교도소, 산업기관에서 전도하는 전도목사는 지교회와 아무런 관계가 없으므로 원칙적으로 시찰회원, 시찰위원회의 시찰위원이 될 수 없다고 할 수 있으나 그 자격부여 여부를 각 노회에 자율적으로 맡기는 것이다.[56]

**지교회 당회장 유고 시**　지교회 당회장은 시찰장을 대리당회장으로 위임하고, 노회도 시찰장을 대리당회장으로 파송하는 것이 상례이다.[57]

**시찰회의 권한**　① 시찰회는 심사권은 있으나 치리회가 아니므로 서류가 미비되었을 경우 보완하도록 지시할 뿐 보류나 반송은 권한남용이며[58] ② 시찰회는 인사권, 헌의권 및 결의권이 없고, 경유기관이므로 총회 총대를 선출할 수 없다.[59]

**시찰위원회 중심 시찰회 운영 노회규칙**　노회는 "시찰회는 시찰구역 안에 있는 노회총대를 정회원으로 하고 시찰위원은 시찰회원 중에서 선임된 자로서 구성하되 시찰위원회는 시찰회의 시찰장, 서기, 회계를 포함하여 각 교회 목사 1인, 장로 1인으로 하도록" 하는 노회규칙에 대하여 갑설(시찰회를 경유하여 노회에 제출하는 모든 안건을 시찰회가 모여서 의논하고 결정해야 된다는 견해로 본 노회 내 일부 시찰은 시찰회에서 안건을 처리)과 을설(시찰회는 회원 전체가 모여서 시찰회 임원과 시찰위원을 선출하여 시찰위원회를 조직하고 시찰위원회에서 시찰회를 경유하는 안건을 다루어야 한다는 견해로 일부 시찰은 시찰위원회에서 처리하고 있는 실정)로 나뉘어져 시찰 간의 형평성이 결여되고 있는 점에 대하여 "본 조(시찰회와 시찰위원회)에 의거 시찰회의 결의에 따라 해야 하나, 시찰회에서 선임된 위원에 따라 처리할 수 있다"라고 해석하였다.[60]

■ **시행규정 제9조　경유(개정 2012.9.20)**
1. 경유기관은 경유를 거부할 수 없으며 의견을 첨부하여 보고할 수 있다.
2. 헌법과 헌법시행규정에서 말하는 모든 조항의 경유 때도 이와 같다.

---

56) 같은 취지, 이성웅, 408면.
57) 이성웅, 409면.
58) 제96회기-1번, 제96회기-45번.
59) 제98회기-96번, 제94회기-4번.
60) 제99회기-78번.

### 제82조 노회의 분립, 합병 및 폐지

1. 노회가 분립코자 하면 재석 회원 목사, 장로 각 3분의 2 이상의 결의로 노회명, 기관 파송 이사, 노회재산, 노회에 속한 기관, 분할구역, 구역에 속한 교회 명단을 첨부하여 총회에 청원한다.
2. 노회가 합병코자 하면 목사, 장로 각 3분의 2 이상의 결의로 총회에 청원한다.
3. 노회가 설립된 후 설립기준 미달로 2년이 경과되면 노회가 폐지된다.
4. 노회가 분립, 합병 또는 특별한 이유로 노회구역을 재조정할 필요가 있을 때에 총회는 관계 노회의 의견을 참작하여 총회가 변경을 결정한다.
5. 노회의 분립과 합병에 대한 결의는 반드시 정기노회에서 하여야 한다. (신설 개정 2012.11.16)

노회의 분립과 합병에 대한 결의는 임시노회에서는 할 수 없다(제5항).

노회 분립 시 필수적 결의사항인 노회명, 기관 파송 이사, 노회재산, 노회에 속한 기관, 분할구역, 구역에 속한 교회 명단 이외에 임의적 결의사항으로 노회의 법통, 노회 회기의 차수, 분립선언 전의 노회 임원의 임기 또는 계속 유임, 명단, 장부, 기록부, 회보, 기타 유인물 등 원본을 보관할 노회의 결정 등에 대한 합의가 있어야 할 것이다.[61]

**노회 분립과 합병 시의 결의요건의 차이** 제1항에서 노회 분립 시에는 재석회원 목사, 장로 각 3분의 2 이상의 결의를 요건으로 하는 것과는 달리 제2항에서 노회 합병 시에는 소멸되는 노회의 노회원 전체의 의사를 존중할 필요성이 있으므로 재석회원이 아니라 재적회원 목사, 장로 각 3분의 2 이상의 결의를 요건으로 한다고 보는 것이 타당하다는 견해[62]에 찬성한다.

제3항에서의 노회의 폐지의 요건이 되는 노회설립 기준은 시무목사 30인 이상, 당회 30처(조직교회) 이상, 세례교인(입교인) 3,000인 이상을 말하며, 이 중 어느

---

61) 이성웅, 410면.
62) 이성웅, 412면.

하나의 요건에 미달되면 2년 경과 후 노회는 자동으로 폐지되고, 폐지된 노회에 소속된 지교회와 목사들을 제87조 5항에 따라 적절한 방법으로 폐지된 노회의 인근 노회 등에 합병하도록 하여야 할 것이다.

**30개처 당회의 의미**   제73조에서의 30개처 당회란 당회 조직교회(완전당회)만을 의미하는 것이 아니고, 현재 30개 당회 중 당회 미조직교회(장로 1인)가 1개처 포함되어 있다고 해서 문제가 될 것이 없기에 노회분립결의는 유효하다.[63] 이는 본 해석 이후 2012년 헌법개정에서 제73조(노회의 조직) 1항의 노회요건으로 "당회 30처 이상"을 "당회 30처 이상(조직교회)"으로 개정함으로써 장로 2인 이상의 조직교회라야 한다는 견해[64]가 타당하므로 본 해석은 더 이상 유지할 수 없게 되기 때문이다.

**노회 경계분쟁**   해당 사항은 본 조 제4항에 따라 총회결의에 따른다.[65]

**분립된 교회의 교인들의 시무와 직분**   노회의 주관 하에 분립이 마무리되면 분립 전의 위임목사 직위는 분립된 교회에서 그대로 계승되고 재차의 위임식을 치르지 않아도 되며, 목사를 따라 분립된 교회의 교인들은 별도의 임명이나 취임절차 없이 분립 전 교회의 시무와 직분(장로, 집사, 권사 등)을 그대로 인정받고 계승한다.[66]

■ **시행규정 제32조 노회의 분립, 합병**
1. 헌법 정치 제82조에 의한 노회의 분립, 합병은 노회에서 결의한 후 제13호 서식에 의한 청원서를 작성하여 총회에 제출하여야 한다.
2. 노회 분립은 총회 승인을 받은 후 이 규정 제6조를 준용하여 처리한다.

---

63) 제96회기-64번.
64) 이성웅, 제411면.
65) 제91회기-57번.
66) 제99회기-95번.

## 제12장 총회

### 제83조 총회의 의의

대한예수교장로회 총회는 대한예수교장로회 최고 치리회이다.

총회를 최고 치리회라고 하는 것은 총회의 지시를 노회, 당회에서 준수하고 총회의 정책과 방침을 따라야 하며, 당회와 노회에서의 결정은 총회에서 취소, 변경될 수 있으나 총회의 결정은 최종적이며 교단 내에서는 취소, 변경되지 않는다는 의미를 가진다.

### 제84조 총회의 조직

총회는 각 노회에서 동수로 파송한 총대목사와 총대장로로 조직한다. 파송 비율은 각 노회당 목사, 장로 각 4인을 기본수로 배정하고 나머지는 무흠 입교인 비율에 따라 목사, 장로 동수로 배정하되 회원 총수는 1,500명 이내로 한다.

총회는 조직의 구성요건을 규정하고 있는 전국에 수십 개가 존재하는 노회와 달리(제73조 1항) 노회의 수, 교회의 수, 교인의 수에 관계 없이 전국에 1개만 존재하는 단체이며, 원칙적으로 임시회 없이 1년에 1회 정기회로 개최되는 회의체로서 각 노회에서 동수로 파송한 총대 목사와 총대 장로 각 750명 이내 합계 1,500명 이내로 구성한다는 것을 선언하고 있다.

총회는 노회와 달리 목사, 장로의 수를 동수로 구성하도록 한 것은 이해관계가 다른 경우도 있으므로 어느 한 쪽으로 치우치지 아니하고 상호 견제하고 협력하여 원만하게 운영되도록 하기 위함이다.

단체조직으로서의 총회는 임원으로 임기는 1년인(총회규칙 제6조) 총회장 1인, 부총회장 2인(목사부총회장 1인, 장로부총회장 1인), 서기, 부서기, 회록서기, 부회록서기, 회계, 부회계를 각 1인씩 두며(위 규칙 제5조), 이들 임원으로 임원회를 구성하여 총회에서 위임한 사건, 사항과 총회 폐회 후 제기된 총회의 제반 현안을 처리하고 총회에 보고하고, 총회 폐회 후 세계 선교사 파송 및 각 기관, 각 학교의 이사 인준을 결의하고 총회에 보고한다(위 규칙 제39조 1, 2, 3항).

또 총회에는 정치부, 규칙부, 재정부, 신학교육부, 재판국, 국내선교부, 세계선교부, 교육자원부, 사회봉사부, 군경교정선교부, 농어촌선교부의 11개의 상임부와 고시위원회, 헌법위원회, 감사위원회, 평신도위원회, 남북한선교통일위원회, 훈련원운영위원회, 이단·사이비대책위원회의 7개 상임위원회가 있어 총 17개의 상임 부서가 있다(위 규칙 제9조, 제12조).

통계위원회, 공천위원회, 절차위원회, 안내위원회, 질서관리위원회, 총대등록심사위원회, 헌의위원회, 선거관리위원회의 8개 정기위원회가 있으며(위 규칙 제15조) 그 외에 필요에 따라 위원수 9인 이하로 15개 이내의 특별위원회를 둘 수 있다(위 규칙 제17조).

제반 행정과 사업의 집행기구로 총회본부를 두며, 사무총장 1인과 총무 5인, 각 처에 직원 약간 명을 둔다(위 규칙 제27조).

본 조에 의거 노회를 탈퇴한 교회는 총회의 구성원이 될 수 없으며,[1] 국가법원으로부터 위임(담임)목사가 직무집행정지 가처분 결정을 받아 직무권한이 정지되었다면 제74조 1항을 준용하여 본안판결 확정 시까지 피선거권이 정지된다고 봄이 타당하므로 총회총대 파송은 적법하지 않다.[2]

### 제85조 총회 임원선출

총회 임원선출은 총회 임원 선거규정에 따른다. (개정 2012.11.16)

---

1) 제99회기-15번.
2) 제104회기-3번.

총회 임원 선거규정에는 대한예수교장로회총회 임원선거조례, 총회임원선거조례 시행세칙이 있다. 이에 의하면 총회장은 현직 목사 부총회장이 자동 승계하고, 목사 부총회장 유고 시 장로 부총회장이 승계하며(임원선거조례 제2조 1항), 목사 부총회장 후보는 지역 안배제에 의하여 전국을 5개 권역으로 나누어 서부지역, 서울강북지역, 중부지역, 서울강남지역, 동부지역의 순으로 추천하고, 장로 부총회장 후보는 목사 부총회장 후보와 중복되지 않도록 서울강북지역, 동부지역, 서울강남지역, 서부지역, 중부지역의 순으로 추천하며, 무기명 비밀투표를 원칙으로 하여 투표자 과반수 득표자로 부회장으로 선출하며, 기타 임원은 총회장이 추천하여 총회의 인준을 받는다(위 조례 제2조).

장로 부총회장제도는 2008년 제93회 총회 때 채택되어 2010년 제95회 총회에 처음으로 장로 부총회장이 나왔으며, 2012년 제97회 총회에서 총회장을 승계할 목사 부총회장의 유고 시 장로 부총회장이 총회장을 승계하는 규정을 두게 되었다.

총회 임원은 타 부서의 이사직 겸직이 가능하다.[3]

**장로총회장 선출 문제** 총회장은 현직 목사 부총회장이 자동 승계하고, 목사 부총회장 유고 시 장로 부총회장이 승계하도록 규정하고 있다(임원선거조례 제2조 1항). 이 문제와 관련하여 "1930년 제19회 총회에서는 '장로가 총회장은 되나 당회장은 되지 못하지만 부득이한 경우에는 당회장도 될 수 있다.'라고 결의한 바 있음을 상기할 때 장로 부총회장이 총회장을 승계하는 일은 현실적으로 거의 있을 수 없는 일이므로 실제로 장로총대의 총회장 피선거권의 사실상 박탈과 다름없으며 피선거권의 박탈은 절대로 불가하나 제한은 합리적 사유가 있으면 가하므로 6년마다 한 번씩 장로총대에게도 총회장이 될 수 있는 길을 열어 놓아야 하며, 6년 차에 장로 출신 총회장을 선출하되 목사와 경합하지 않고 지금까지 권역별 순차에 따라 장로 부총회장을 역임한 자 5인을 총회장 후보자로 하여 이들 중에서 뽑아 장로 출신 총회장을 총대의 직접선거를 통하여 선출하되, 한번 총회장 후보자에 오른 장로 부총회장은 6년 후 차기 장로 출신 총회장 선거에 후보자로 등록할 수 없

---

3) 제95회기-4번.

게 하여야 한다"는 주장[4]이 제기되고 있다.

### 제86조 총회의 개회성수

총회는 전국 노회수 과반의 참석과 회원(목사총대 및 장로총대) 각 과반수의 출석으로 개회한다. 단, 국가재난상황(감염병, 지진, 태풍, 화재 등 자연재해)으로 온라인 총회를 개최하여 장소가 다수로 분산될 경우 해당 장소에 출석한 회원(목사총대 및 장로총대)을 합계하여 전국 노회수 과반의 참석과 회원 각 과반수의 출석으로 개회한다. (개정 2022.11.17)

개회성수에 회원(목사총대 및 장로총대) 각 과반수의 출석을 요하는 점은 노회와 같으나 그 외에 총회는 노회의 상회로서 전국 노회수의 과반이 참석하여야 하는 점이 다르다.

2022년 헌법개정에서 본 조의 단서를 추가하여 국가재난상황(감염병, 지진, 태풍, 화재 등 자연재해)으로 온라인 총회를 개최할 수 있는 근거를 마련하였다.

### 제87조 총회의 직무

총회의 직무는 다음과 같다.
1. 총회는 소속 각 치리회 및 지교회와 소속 기관 및 산하 단체를 총찰한다.
2. 총회는 하급 치리회에서 합법적으로 제출한 문의, 헌의, 청원, 행정쟁송, 상고 등의 서류를 접수하여 처리한다.
3. 총회는 각 노회록을 검사한다.
4. 총회는 대한예수교장로회 헌법을 해석할 전권이 있다.
5. 총회는 노회를 설립, 분립, 합병, 폐지하며 노회의 구역을 정한다.
6. 총회는 목사 자격을 고시하고, 규칙에 의하여 다른 교파 교회와 교류하며, 교회의 분열과 갈등을 관리하고, 성결의 덕을 세우기 위하여 힘쓴다. (개정 2012.11.16)

---

4) 이성웅, 416면.

7. 총회는 신학대학을 설립하고 경영, 관리하며, 교역자를 양성한다.
8. 총회는 선교사업, 교육사업, 사회사업을 계획 실천한다.
9. 총회는 노회 재산에 대한 분규가 있을 때 처리한다.
10. 총회는 임원을 선출한다.
11. 총회는 헌법의 개정, 제반 규정의 제정 및 개정에 관한 사항을 심의 의결한다.

총회는 2023년 3월 현재 70개 노회에 9,300여 개의 지교회와 소속 기관으로 학교법인 장로회신학대학(장로회신학대학교), 학교법인 장로회호남신학(호남신학대학교), 학교법인 한일신학(한일장신대학교), 학교법인 대구동산성서학원(영남신학대학교), 학교법인 대전신학원(대전신학대학교), 학교법인 장로회부산신학원(부산장신대학교), 학교법인 광명학원(서울장신대학교) 등 7개 학교법인과 신학대학교가 있으며, 법인기관으로 한국기독공보사, 재단법인 대한예수교장로회 총회유지재단, 사회복지법인 대한예수교장로회총회 한국장로교복지재단, 재단법인 대한예수교장로회 총회연금재단, 한국장로교출판사, 실로암시각장애인복지회, 재단법인 전주예수병원유지재단, 재단법인 대구애락원 등 8개 기관이 있고(총회규칙 제21조), 산하 단체로 남선교회전국연합회와 여전도회전국연합회가 있으며, 총회가 설립하거나 인준한 대학(교), 병원, 기타 기관에 이사를 파송하고 이사취임을 승인하며(위 규칙 제22조), 정관 개정, 기본재산 변경, 해산, 해산 시 잔여재산의 처리 등에 관하여 인준한다(위 규칙 제23조).

당회록을 상회인 노회가 검사하는 것과 같이(제77조 4항), 노회록을 노회에 대한 지도, 감독권을 갖는 총회가 검사하는 것이다.

**총회의 노회구역결정권과 관련한 문제** '교회가 기존의 노회구역을 떠나 다른 노회 구역에 이전하여 그 구역을 관할하는 다른 노회에 가입을 아니하고 그전 소속 노회에 계속 잔류하고 있을 경우'를 둘러싸고 노회 간에 많은 분쟁이 발생하고 있는바, 제94회기(2009. 9-2010. 9)에 제92회기의 결의를 놓고 노회 경계에 관한 분쟁에 총회 규칙부가 다음과 같이 최종 해석을 내렸다.

○○노회 경계 위반의 교회에 관한 노회 간의 분쟁은 다음의 순서에 의한 법과 총회의 결의에 따라 해결하여야 한다.

① 제89회(2004. 9) 총회 결의에 따라 2년 이내로 해노회에 가입하여야 한다.
② 제90회(2005. 9) 총회에서 제정한 3년 특별 한시법에 의하여 접경지역의 교회는 예외를 인정하여 경계를 위반했더라도 종전 노회에 잔류할 수 있다.
③ 제92회(2007. 9) 총회 결의에 따라 3년의 적용기간이 종료하는 제93회(2008. 9) 총회 이후에 설립하는 교회부터만 제89회 총회 결의대로 적용한다.

결론 : ① 신법우선의 원칙에 의해 제89회(2004. 9) 총회의 결의는 제93회(2008. 9) 총회 폐회일 익일부터 적용한다.
② 3년 한시법은 폐지되었다.
③ 제93회(2008. 9) 총회 후 설립된 교회라도 자발적으로 해노회에 가입하는 것이 순리이고 법이다. 만일 이를 위반하더라도 총회장의 행정처분이나 행정지시로 상회 총대파송정지의 처분은 할 수 없고 다음과 같이 처리하여야 한다.

가. 관계 노회가 위반 교회의 소속 노회장을 헌법 권징 제3조 2항 위반행위의 죄과를 물어서 고소(고발)를 하여 총회 재판국의 재판을 통하여 헌법 권징 제5조 4호 ① 상회 총대파송정지의 책벌을 받게 하든가(문제가 해결될 때까지 그 노회의 전체 또는 일부의 총대 파송정지)

나. 관계 노회가 권징 제165조 치리회 간의 소송이라는 행정쟁송의 소 제기 하여 위반 교회에 대한 "치리권 있음과 행사 가함"이라는 승소판결을 받아 자기 노회로 편입시키면 된다.

④ 가장 좋은 방법은 관계되는 양 노회가 화해, 조정, 합의하도록 총회가 유도하고 거기에 판결과 동일한 효력을 부여한다.
⑤ 상회 총대파송정지는 책벌의 일종이므로 총회장이 법리상 행정처분이나 행정지시로 할 수 없고 재판에 의해서만 할 수 있는 것이다.

이 규칙부 해석에 대하여 "법리적으로 가장 타당한 해석이며 우리는 이를 노회 경계에 관해 분쟁이 있을 때 지침으로 삼아야 한다. 제89회 총회에서 결의한 것을 법으로 지키려면 소급입법 금지의 원칙에 의하여 이 결의를 하기 전에 위반한 교회에 대하여는 이 결의가 적용될 수 없고, 또한 제92회기 결의가 신법우선의 원칙에 의해 우선적으로 적용되어야 하고, 이러한 결의를 적용하더라도 이를 위반한 교회에 대하여 총회장 또는 총회 임원회나 총회 정치부에서 처리할 사항이 아니고, 당사자 간의 합의가 최우선 적용이고, 합의가 안 될 때 총회 재판국이 치리회 간의 소송으로 재판하여 처리할 문제이다"라는 의견이 제시되었다.[5]

　　**목사고시의 관장기관**　목사고시를 총회와 노회의 어느 쪽에서 관장하는 것이 적절한지에 관하여 역사적으로 혼란이 있었으나 1971년 헌법개정으로 목사의 자격에 '총회목사고시에 합격한 자'로 명기하게 되었는 바(제26조 1항 3호), 이는 총회가 전국의 목사의 수요공급을 조절하고 고시의 수준과 기준을 통일시키고 목사의 자질을 향상시키기 위하여 목사고시를 주관하는 것으로 하고, 목사의 안수, 임직은 노회가 관장하는 것으로 역할을 분담하는 것이 타당하다는 견해[6]가 있으며 적절하다고 생각한다.

### 제88조　총회의 회집 및 회원권

1. 총회는 1년 1차씩 예정한 일시와 장소에 정기로 회집한다. 단, 총회 준비 중 국가재난상황(감염병, 지진, 태풍, 화재 등 자연재해)에 의하여 예정된 장소에서 개회하기에 현저히 곤란하거나 불가능할 경우에는 예정된 장소 외에 추가로 회집된 다수의 장소에서 온라인을 통하여 총회를 할 수 있다. (개정 2022.11.17)
2. 온라인 총회 시 헌법 정치 제85조에 의한 임원선출 시 비밀투표 보장, 제86조 개회성수 준수, 회원의 발언권 표결권을 보장한다. (개정 2022.11.17)
3. 총회장은 총회 개회 2개월 전에 소집 공고를 하며 회장의 유고 시는 부회

---

5) 이성웅, 421면.
6) 이성웅, 422면.

장 혹은 직전 총회장이 개회하고 새 회장이 선임될 때까지 시무한다. 총대는 서기가 총대명부를 접수하여 출석을 확인한 후에 회원권이 성립된다. 단, 국가 재난상황(감염병, 지진, 태풍, 화재 등 자연재해)으로 온라인 총회를 해야 할 필요가 있을 경우는 소집공고일(총회개회 2개월 전)을 준수하지 않을 수 있다. (개정 2022.11.17)

2022년 헌법개정에서 본 조 제1항 단서, 제2항 및 3항 단서를 추가하여 국가재난상황으로 온라인 총회를 개최할 때의 예정된 장소를 추가하며, 온라인 총회 시의 유의할 사항과 2개월 전 소집공고에 대한 예외를 규정하였다.

**총회총대 회원권 성립 개시시점** 총회총대 회원권 성립은 개회일에 총대 출석을 확인한 후부터 개시된다.[7] 노회와 당회에는 임시회가 있으나 총회에는 정기총회만 있고 임시총회제도가 없다.

### 제89조 개회 및 폐회

총회는 기도로 개회하고 기도로 폐회한다. 폐회시간에 회장은 다음과 같이 선언하고 폐회를 한다.
"교회가 나에게 허락한 권으로 지금 총회가 폐회하는 것이 가한 줄로 알며 이 총회와 같이 조직된 총회가 다시 모월 모일에 모처에서 회집됨을 요한다."

'장로회 등의 회의 규칙' 제39조에 "모든 회의는 기도로 개회하고 기도로 폐회한다"고 규정하고 있음에도 총회의 개회 및 폐회에 관하여 헌법에서 명문으로 기도 규정을 두어 이를 강조한 것이라고 보여진다.[8]

---

7) 제105회기-37번.
8) 이성웅, 425면.

# 제13장 회의 및 기관, 단체

### 제90조 공동의회

공동의회는 다음과 같이 한다.
1. 공동의회 회원은 그 지교회 무흠 세례교인(입교인) 중 18세 이상인 자로 한다.
2. 공동의회는 당회의 결의로 당회장이 소집하되 일시, 장소, 안건을 한 주일 전에 교회에 광고한다.
3. 공동의회는 다음과 같은 경우에 당회의 결의로 소집한다.
   ① 당회가 소집할 필요가 있을 때
   ② 제직회의 청원이 있을 때
   ③ 무흠 세례교인(입교인) 3분의 1 이상의 청원이 있을 때
   ④ 상회의 지시가 있을 때
   단, 상회의 지시가 있을 때에는 당회 결의 없이도 소집할 수 있다.
4. 공동의회 개회는 회집된 회원으로 할 수 있다.
5. 공동의회의 결의사항은 다음과 같다.
   ① 당회가 제시한 사항
   ② 예산 및 결산
   ③ 직원 선거
   ④ 상회가 지시한 사항
6. 공동의회의 결의는 다른 규정에 명시된 사항이 아닌 것은 재석 과반수로 결의하고 인선은 무기명 비밀투표로 한다. 이 법에서 말하는 인선은 모두

이와 같다. (개정 2012.11.16)
7. 공동의회의 의장과 서기는 당회장과 당회 서기로 한다.

공동의회는 치리회가 아니며, 당회의 결의에 의하여 당회장이 소집할 수 있는 지교회 무흠 세례교인(입교인) 중 18세 이상인 자로 구성되는 회의기관이다.

은퇴한 직분자도 '18세 이상의 세례교인'에 해당되므로 공동의회 회원으로서 공동의회에 출석하여 결의에 참여할 수 있다.

제직회나 세례교인의 청원이 있어도 당회의 결의가 없으면 공동의회는 소집할 수 없으나 노회나 총회의 지시에 의하여 소집할 경우에는 당회의 결의가 필요 없다.

**공동의회의 일시** 예배가 있는 주일이나 수요일로 정하여야 하며, 교인이 모이기 어려운 평일로 정해서는 안 되며,[1] 공동의회에 모인 수가 너무 적어서 도저히 회의라 할 수 없을 정도일 때에는 당회의 결의를 거쳐 당회장이 유회를 선언하든가 또는 당회의 회집이 불가 또는 불능인 경우에는 모인 회원의 3분의 2 이상의 찬성으로 유회를 선포하는 것이 타당하다는 견해[2]도 있다.

**담임목사 등이 공동의회 회원인지 여부** 종전에는 "임시목사의 소속은 노회이기 때문에 지교회의 세례교인으로 볼 수가 없고 또 임시목사는 세례교인으로서 시무교회에 이명이 되지 않아 공동의회 회원이 아니므로 공동의회 투표 참여가 불가하다"고 해석하였으나,[3] 최근 "제91조 1항을 준용할 때 현재 시무하고 있는 목사인 위임목사, 담임목사, 개척지 교회의 전도목사는 시무교회의 당회장으로서 공동의회 의장을 겸직하므로 당연히 회원권이 있고, 부목사도 노회에서 파송되어 지교회 교인 자격을 겸하므로 회원권이 있다"고 해석하였다.[4]

**시무목사의 사모** 시무목사의 사모도 기본적으로 그 교회의 교인이므로 회원

---

1) 이성웅, 429면.
2) 이성웅, 432면.
3) 제91회기-43번.
4) 제106회기-39번, 제106회기-43번.

권이 있다.[5]

**공동의회 안건 광고 및 처리**  본 조 제2항에 따라 '기타 안건'으로 하여 광고되지 않은 안건을 다룰 수 없으며,[6] 공동의회는 제2항에 따라야 하나 다만 참석자 전원이 안건 상정 및 처리에 동의할 경우 안건은 추가할 수 있으나 1명이라도 반대가 있는 안건은 다룰 수 없고 새로운 안건에 대해서 다시 당회 결의 및 광고 등의 절차를 거쳐야 하고,[7] 공동의회의 일시, 장소와 마찬가지로 안건도 한 주일 전에 광고를 해야 할 사항이므로 2부 예배 광고시간에만 안건 광고를 하고 1부 예배 광고시간에는 안건 광고를 하지 않았다면 그 안건 광고는 적법하다고 할 수 없으므로 그 안건 처리는 부적법하나, 다만, 참석자 전원이 안건 상정과 처리에 이의 제기를 하지 않았다면 그 안건 처리는 적법하다.[8]

**당회장의 허락 없는 교인총회 소집**  교회가 국가법상 비법인 사단인 것은 인정하나 교회는 교회법에 따라 회의를 하여 결의하여야 하므로 당회장의 허락 없이 교인총회를 소집하여 목사를 해임하는 것은 불가하다.[9]

**당회 결의 없는 공동의회 소집 불가**  본 조 제2항에 의거 당회 결의 없이 발기인 36명이 공동의회를 소집하는 것, 소집된 공동의회에서 정관을 제정 및 통과하는 것, 총회 및 노회의 행정지도를 거부를 선언한 것, 비상대책위원회를 구성한 것은 불법이며,[10] 무흠 세례교인 3분의 1 이상의 청원이 있을 때라도 당회의 결의가 있어야만 공동의회를 소집할 수 있고,[11] 당회 결의가 없는 위임목사 청빙을 위한 공동의회 결의를 할 수 없다.[12]

**투표용지 일련번호 부여**  투표용지에 일련번호를 부여했다면 이를 교부할 때 몇 번 용지가 누구한테 갔다는 것을 전부 알 수는 없으나 부분적으로는 일부 알 수

---

5) 이성웅, 428면.
6) 제99회기-86번.
7) 제105회기-11번, 제104회기-65번, 제102회기-15번.
8) 제102회기-15번.
9) 제98회기-113번.
10) 제98회기-21번(강북제일교회 사건).
11) 제90회기-61번.
12) 제106회기-4번.

있으므로 본 조 제6항 "인선은 무기명 비밀투표로 한다"에 위반되어 위헌이다.[13]

**목사, 장로에 대한 신임 여부를 묻기 위한 공동의회 소집 가부**  제68조 4항, 제90조 2, 3항 및 헌법위원회 제88-6차 회의(총회헌법사례집 제3판 제43면)에 의거 재신임을 묻는 공동의회, 제직회, 당회를 소집할 수 없다.[14]

**예산편성과 공동의회 결의 필요 여부**  당회에서 부동산을 구입하여 교육관(건물)을 신축하고, 또 오래된 예배당을 보수하기로 결의하였는데 본 조 제5항에 따라 공동의회의 결의를 얻어야 시행할 수 있는지 여부에 관하여 "이미 예산이 편성되어 있으면 당회의 결의를 거쳐 제직회 승인만으로 시행해도 되나, 예산이 편성되어 있지 않은 경우에는 본 조 제5항 2호 및 제91조 5항 1호에 따라서 교회의 예산 및 결산권이 있는 공동의회 및 예산집행권이 있는 제직회의 각 결의로 시행한다"는 것으로 해석하였다.[15]

**코로나19 감염병으로 인한 공동의회의 소집과 관련한 해석사례**  ① 교회의 예산과 결산은 제91조 5항 2호에 근거 제직회 결의와 제90조 5항 2호에 근거 공동의회 개회는 회집된 회원으로 할 수 있음에도 불구하고, 코로나19로 공동의회를 개최하지 못하여 차기 년도 예산을 확정할 수 없다면 전년도에 준하여 지출할 수 있다. 다만 이후 공동의회 개최가 가능할 경우 신속히 공동의회를 개최하여 차기 년도(2021년) 예산을 확정 결의하고 운영하면 된다.[16]

② 국가적 재난상황인 감염병 예방 '심각' 단계 및 사회적 거리 두기 2~3단계 등 '감염병의 예방 및 관리에 관한 법률' 제49조 1항 2호에 근거 집합금지 명령이 내려진 경우에는 교회 당회, 제직회, 공동의회를 진행하기 어려울 것이나 이와 관련하여 총회 헌법 및 총회 규칙, 노회 규칙 등이 없으며 이는 누구도 예상하지 못한 초유의 재난 상황이다. 따라서 국가법과 총회 헌법 등의 취지와 목적 등을 감안할 때 각 교회 상황과 형편에 따라 헌법과 제 규정을 준용하여 온라인 당회, 제직회, 공동의회를 개최할 수 있을 것이다.

---

13) 제92회기-34번.
14) 제89회기-12번.
15) 제91회기-1번.
16) 제105회기-13번, 제104회기-33번, 국가재정법 제55조.

다만, 온라인 당회, 제직회, 공동의회의 경우 지난 제105회 온라인 총회 어려움을 감안하여 개회성수, 발언권, 표결권 확보와 인터넷 연결 불량으로 인한 발언권, 결의권에 대한 문제가 발생하지 않도록 보다 철저한 준비와 대책이 필요할 것이다. 특히 인사권에 대해서는 헌법과 제 규정에 의한 개회 및 의결 정족수에 대한 사항을 철저히 준수하여야 할 것이다.[17]

**원로장로의 지위** ① 원로목사는 은퇴를 할 때 그 교회로부터 추대를 받았다 하더라도 소속은 노회이므로 그 교회의 등록교인이라고 할 수 없으며, 공동의회 회원권은 없다.[18] ② 조기은퇴 및 원로장로 추대와 관련하여 헌법 제 규정에 따라 당회의 결의로 공동의회에 상정하여 원로장로 추대를 결의하였다면 다만, 당회록에 "원로장로 추대 결의"라는 문구 기록이 없다는 사유로 원로장로 추대를 무효로 볼 수 없다.[19]

### 제91조 제직회

제직회는 다음과 같이 한다.

1. 제직회 회원은 시무목사, 장로, 안수집사, 권사, 전도사, 집사로 한다. (개정 2022. 11. 17)
2. 제직회 소집은 다음과 같이 제직회장인 목사가 한다.
   ① 회장이 제직회 소집의 필요를 인정할 때
   ② 교회 제직 3분의 1의 요청이 있을 때
3. 제직회 소집은 일주일 전에 광고하며, 개회성수는 출석수로 하고, 결의는 과반수로 한다.
4. 제직회 회장은 당회장이 되고, 서기와 회계는 회에서 선정하며, 필요에 따라 부서를 둘 수 있다.
5. 제직회의 결의 사항은 다음과 같다. (개정 2012. 11. 16)
   ① 공동의회에서 결정한 예산 집행

---

17) 제105회기-16번.
18) 제97회기-1번.
19) 제102회기-40번.

② 재정에 관한 일반수지 예산 및 결산
③ 구제비의 수입, 지출 및 특별 헌금 취급
④ 당회가 요청한 사항
⑤ 부동산 매매

제직회는 지교회의 항존직과 임시직으로 구성되는 의결기관이면서 동시에 집행기관으로서 일반부서, 찬양대, 교회학교 등 각종 제직부서를 상설기구로 두고 있다.

제직회의 소집에는 공동의회 소집과는 달리 당회 결의가 필요 없으며, 안건 광고도 할 필요가 없다.

재정과 관련하여 당회는 재정을 감독할 권한과 책임이 있으며(제68조 5항), 제직회는 예산에 필요한 자료를 확보하여 예산안을 편성, 수립하고, 공동의회는 예산 및 결산을 확정하며, 확정된 예산안의 집행은 제직회의 소관이라고 할 수 있다.

2012년 헌법개정으로 부동산 매매가 제직회의 결의사항에 포함되었는 바, 교세가 확대되어 교회를 증축할 필요가 있어 부근에 건물부지를 확보하려고 할 때에 적정가격으로 매수하기 위하여는 이를 극비로 추진할 필요가 있으므로 제직회에서 매매에 대한 사후 추인도 가능하다고 해석할 필요성이 있다.

**제직회 사회, 광고 및 장소** ① 제직회 업무를 당회장 유고 시 당회 서기가 대행할 수 없으므로[20] ② 다시 제직회를 소집하여 결정하여야 하며,[21] ③ 임시 제직회 광고는 휴대폰으로 하면 불가하고,[22] ④ 제직회의 장소는 원칙적으로 교회에서 해야 하나, 특별한 경우에는 미리 공고된 장소(개인집 포함)에서 할 수 있다.[23]

**일반 재정이 아닌 특별한 재정지출** 해당 지출의 경우 본 조 제5항 3호에 의거 제직회의 동의를 얻어야 한다.[24]

---

20) 제93회기-15번.
21) 제98회기-32번.
22) 제98회기-32번.
23) 제98회기-84번.
24) 제96회기-76번.

**제직회의 자주 조직권**  ① 본 조 제4항은 제직회의 자주 조직권을 규정하고 있는바, 제직회 결의 없이 당회에서 기존 제직회 28부서를 7개 위원으로 개편하는 내용의 당회에서 본 조의 제직회 직무와 상충되는 결의를 하였을 경우는 제직회의 결의를 득하여야 하며,[25] 본 조 제4항에 의거 제직회에서 부서를 둘 수 있으나, 부서장 선정에 관한 건은 당회에서 선정할 수 있고[26] ② 또 제직회에서도 할 수 있다.[27]

③ 본 조 제4항에 의하여 제직회에서 필요한 부서를 둘 수 있으나 감사에 관한 건은 재정감독권이 있는 당회에 있으므로 제직회에서 특별감사위원회를 둘 수는 없으며,[28] ④ 제직회의 각 부 부장을 제직회에서 선정할 수 있으며, 본 조 제5항 2호에 의거 제직회에서 예산편성위원을 선정할 수 있다.[29]

**제직 임명절차가 잘못된 제직회의 연임청원은 무효**  연임 청원의 절차상 28명 제직 중 5명만 임명하여 5명으로 제직회를 열어 시무정지 1년의 흠결이 있는 목회자에 대하여 연임 청원한 경우에는 '제직의 임명절차의 하자가 중대하고 명백하여 무효'라 할 것이고, 잘못 임명된 제직으로 구성된 제직회에서의 연임청원 절차 역시 무효이다.[30]

**제직회에서의 교단 및 노회 탈퇴 결의는 무효**  교단 및 노회를 탈퇴하는 문제는 모든 교우에게 적용되는 중대한 일이므로 공동의회에서 결의하여야 하며, 제직회에서 결의할 수 있는 사안이 아니므로 제직회에서의 탈퇴 결의는 위법이며 무효이다.[31]

### 제92조 소속 기관 및 단체, 연합당회 및 연합제직회

각급 치리회 산하에 소속회 또는 기관 및 단체를 설치코자 하면 다음과 같

---

25) 제100회기-75번.
26) 제98회기-36번.
27) 제98회기-61번.
28) 제99회기-25번.
29) 제98회기-108번, 109번.
30) 제91회기-15번.
31) 제101회기-79번.

이 한다.
1. 소속회나 기관 및 단체를 조직코자 하면 그 치리회의 허락을 받아야 한다.
2. 소속회나 기관 및 단체의 정관은 그 치리회의 승인을 받아야 하며 전도, 교육, 사회사업 등 교회 발전을 도모하는 일을 해야 한다.
3. 소속회 또는 기관 및 단체는 그 치리회의 감독을 받으며 재정 감사를 받아야 한다. 단, 외부감사가 필요하다고 인정될 때에는 당해 치리회는 감사를 명하고 소속회, 기관, 단체는 감사를 받아야 하며 그 비용은 소속회, 기관, 단체가 부담한다.
4. 소속회 또는 기관 및 단체가 그 치리회의 결의와 명령을 실행하지 아니하면 그 소속회, 기관, 단체의 장과 이들에게 그 책임을 물어야 하며 법적 조치를 할 수 있다.
5. 노회규정에 의하여 연합당회 및 연합제직회를 조직할 수 있다.

2007년 헌법개정 시 종전에 있다가 폐지된 연합당회 및 연합제직회 제도를 부활시켜 이 제도를 둘 것인지 여부와 그 조직과 운영을 노회에 일임하였다.

**치리회 산하 임의단체 조직 및 활동** 치리회 산하에 설치하고자 하는 산하기관이나 단체가 아닌 사적인 임의단체를 조직하여 활동하는 것까지 제한할 수는 없으나 다만, 임의단체를 통해서 노회와 교회에 대하여 하는 행위가 권징사유에 해당한다고 판단된 경우 책벌할 수 있으며, 이에 대한 판단은 노회가 할 사항이다.[32]

**연합당회 및 연합제직회** 연합당회는 교육, 의료, 사회봉사 등의 연합, 공동사업의 유익을 위하여 일반적으로 각 지교회의 시무목사와 시무장로 전원으로 구성되는 조직으로서 친목단체 성격이 강하며, 연합제직회는 노회구역 안의 일정 지역 내의 지교회들이 전도, 부흥, 교회학교 운영, 사회봉사의 활성 등을 위하여 일반적으로 제직회장들(목사)과 제직회에서 파송한 대표들로 구성되는 조직이다.[33]

---

32) 제105회기-25번.
33) 이성웅, 439면.

■ 시행규정 제37조 산하기관, 유관기관, 연합기관

1. 산하기관은 헌법 정치 제92조 1항 내지 4항에 의거 소속 치리회의 허락을 받아 설립한 기관이며 정관의 승인, 감독, 재정검사, 명령을 받는 기관이다. 다음의 법인기관 및 총회 직영신학대학교는 총회 산하기관이다. (신설 개정 2018. 9. 13, 개정 2021. 9. 28)

    ① 한국기독공보사
    ② 재단법인 대한예수교장로회 총회 유지재단
    ③ 사회복지법인 대한예수교장로회 총회 한국장로교복지재단
    ④ 재단법인 대한예수교장로회 총회 연금재단
    ⑤ 한국장로교출판사
    ⑥ 실로암시각장애인복지회
    ⑦ 재단법인 예수병원 유지재단
    ⑧ 재단법인 대구애락원
    ⑨ 학교법인 장로회신학대학교 (신설 개정 2021. 9. 28)
    ⑩ 학교법인 호남신학대학교 (신설 개정 2021. 9. 28)
    ⑪ 학교법인 한일신학(한일장신대학교) (신설 개정 2021. 9. 28)
    ⑫ 학교법인 영남신학대학교 (신설 개정 2021. 9. 28)
    ⑬ 학교법인 대전신학대학교 (신설 개정 2021. 9. 28)
    ⑭ 학교법인 부산장신대학교 (신설 개정 2021. 9. 28)
    ⑮ 학교법인 광명학원(서울장신대학교) (신설 개정 2021. 9. 28)

2. 제①항 내지 ⑮항에 해당한 총회 산하기관(단체 및 총회 직영신학대학교)은 명칭변경, 해산 시의 잔여재산 귀속 처분을 할 경우에는 대한예수교장로회 '총회' 승인을 얻어야 한다. (신설 개정 2021. 9. 28)

3. 총회 산하기관인 총회 직영신학대학교는 학교를 합병(통·폐합)할 경우 대한예수교장로회 '총회' 승인을 얻어야 한다. (신설 개정 2021. 9. 28)

4. 총회 산하기관(단체)의 재산은 해당 법인기관 및 단체 이사회가 임의로 해외에 투자할 수 없고, 개인 혹은 특정 단체에게 무상증여, 보상, 분양, 증여할 수 없다. (신설 개정 2021. 9. 28)

5. 유관기관은 독립된 법인(기관)이지만 공익적 이익을 위해 총회나 노회가 이사회 구성이나 중요한 법인의 의사표시에 대해 일정한 부분의 감사권, 감독권, 승인권을 갖는 기관이다.
6. 총회의 산하기관이며 노회의 유관기관인 기관은 총회로부터는 1항, 노회로부터는 2항에 해당하는 의무를 이행하여야 한다.
7. 연합기관은 교단이나 노회에 속하거나 의무를 갖지 않으나 본 교단이나 노회에서 일정 인원이나 재정을 지원하는 기관으로서 총회(폐회 중에는 임원회)나 노회의 결의로 파송된 위원(이사)을 소환, 행정보류(재정 지원 보류 포함)할 수 있으며 1회 이상 시정을 요구하였으나 시정하지 않을 경우 총회나 노회의 참석 과반수 결의로 탈퇴할 수 있다.

2021년 헌법개정 시 총회 직영 7개 신학대학교는 총회 산하기관이라는 점을 명시하면서 제2 내지 4항을 신설하였다.

연세대학교는 본 조 제4항의 연합기관으로 볼 수 있다.[34]

---

34) 제94회기-25번.

# 제14장 재산

통상 재산이라고 하면 현금, 유가증권을 포함하는 동산, 부동산, 지적재산권 등 금전적 가치를 가지는 권리 및 의무의 총체라고 정의되지만 현금, 유가증권을 포함하는 동산은 각 지교회, 노회, 총회에서 직접 사용, 관리하므로 본 장에서 문제가 되는 것은 주로 부동산이다.

한 사람의 소유형태인 단독소유에 대하여 2인 이상의 다수인이 소유하는 공동소유의 모습에는 다수인의 소유자가 각자 지분과 처분 및 분할청구가 인정되는 '공유'와 다수인이 조합체로서 지분은 있으나 합유자 전원의 동의를 얻어야 처분과 분할이 가능한 '합유' 및 법인이 아닌 사단의 사원의 집합체로서 물건을 소유하는 '총유'의 3가지로 분류된다(민법 제262-278조).

교회의 부동산에 대한 소유권등기는 각 교회나 유지재단의 명의로 이루어지나 교회의 구성원인 교인들의 소유형태에 관하여 대법원 판례와 대부분의 학설은 개신교 지교회를 법인 아닌 사단으로 파악하고 있으므로 교회의 보유재산은 교인 전체의 총유로 보고 있다.

**총유에 관한 법률관계** 총유의 주체는 지교회로서 부동산의 총유는 지교회의 이름으로 등기하며 대표자가 신청하도록 되어 있으며(부동산등기법 제26조), 관리, 처분 등의 기능과 사용, 수익 등의 기능으로 나누어져 전자는 구성원인 교인의 총체에 속하고, 후자는 각 교인에게 속하는 점에서 다른 공동소유 형태와 구별되며, 지분이 있을 수 없다.[1]

---

1) 곽윤직, 민법총칙(박영사, 1999년), 383면.

**총유관계의 구체적 내용**  지교회의 정관 기타의 규약에 의하여 정할 수 있으나 다른 정함이 없을 때에는 ① 총유물의 관리 및 처분은 사원총회의 결의에 의하고, ② 각 사원은 정관 기타의 규약에 좇아 총유물을 사용, 수익할 수 있으며, 총유물에 관한 사원의 권리, 의무는 사원의 지위를 취득상실함으로써 취득상실된다(민법 제275조-277조).

**총유재산에 관한 소송**  법인 아닌 사단이 그 명의로 사원총회의 결의를 거쳐 하거나 또는 그 구성원 전원이 당사자가 되어 필수적 공동소송의 형태로 할 수 있을 뿐 그 사단의 구성원은 설령 그가 사단의 대표자라거나 사원총회의 결의를 거쳤다 하더라도 그 소송의 당사자가 될 수 없고, 이러한 법리는 총유재산의 보존행위로서 소를 제기하는 경우에도 마찬가지라고 판시하여 총유재산에 관한 소의 원고적격을 제한하였다.[2]

**교회분열 시의 재산귀속관계**  교회재산을 둘러싸고 일어나는 법률문제는 한 교회가 분열하여 두 교회로 나누어진 경우에 분열 당시의 교회재산이 어디에 귀속되는지에 관한 문제로서 먼저 교회의 분열을 인정할 것인지 여부와 밀접하게 관련되어 교회재산의 처리의 방향이 정하여지게 된다.

교회 분열에 관한 대법원 판례의 입장은 교회 분열을 인정한 1993년도 판결과 그 후 이를 변경하여 교회의 분열을 부정한 2006년도 판결로 크게 구별된다.

**대법원 1993. 1. 19. 선고 91다1226 전원합의체 판결**(이하, '종전 판결'이라고 함, 이미 변경되어 현재 유효하지 아니한 판결)
1. 동일교단에 소속되어 있던 교회의 일부 교인들이 종전의 소속교단에 계속 남아 있기로 하는 데 반하여 나머지 교인들이 교회의 소속교단을 변경하기로 결의하여 새로운 교단에 가입한 경우 종전교회는 새로운 교단에 소속된 교회와 잔류교인들로 이루어진 종전교단에 소속된 교회로 분열되었다.
2. 하나의 교회가 2개의 교회로 분열된 경우 교회의 장정 기타 일반적으로 승인된 규정에서 교회가 분열될 경우를 대비하여 미리 재산의 귀속에 관하여 정

---

[2] 대법원 2005.9.15. 선고2004다44971 전원합의체 판결.

하여진 바가 없으면 교회의 법률적 성질이 권리능력 없는 사단인 까닭으로 종전교회의 재산은 분열 당시 교인들의 총유에 속하고, 교인들은 각 교회활동의 목적범위 내에서 총유권의 대상인 교회재산을 사용, 수익할 수 있으므로 교회재산 총유권자의 일부인 잔류교인들로써 이루어진 교회가 다른 총유권자들로써 이루어진 교회에 대하여 교회 건물의 명도를 구할 수 없고, 교회 건물의 등기명의가 한쪽 교회의 명의로 되어 있다고 하더라도 이는 위와 같은 총유재산임을 공시하는 한에서 유효하다.
3. 종전교회가 소속한 교단 헌법에 "교단의 교리나 법규를 준행하지 않거나 이탈한 자는 재산의 사용권을 가지지 못한다"고 규정되어 있는 경우, 교회와 소속교단과의 관계는 교회의 기본적 독립성이 인정되는 범위에서 정립되어야 하고 교회의 기본재산은 특별한 사정이 없는 한 교회의 교인들이 자기들을 위하여 소유, 사용할 의사를 가진 것이라고 보아야 하며 종교자유의 원칙상 교회의 교인들이 소속교단을 탈퇴하거나 변경할 수 있으며 교회에서 탈퇴하지 않는 이상 교회구성원의 지위를 상실하는 것은 아닌 점 등에 비추어 보면 위 규정이 종전교회의 교인들이 교회 자체를 탈퇴하여 교회구성원의 지위를 상실하는 경우가 아니라 다수교인들이 소속교단을 탈퇴하고 새로운 교단에 가입하여 별개의 교회를 결성함으로써 종전교회가 2개의 교회로 분열된 경우에까지 구속력을 가진다고 할 수 없다.
4. 교회의 구성원이 계속적으로 변경되어 가는 교회의 속성에 비추어 볼 때 분열된 각 교회는 새로운 교인들을 받아들일 수 있는 것이어서 분열 이후에는 반드시 분열 당시의 교인들에 한하여서만 종전교회의 재산에 대한 사용 수익의 권한이 있는 것은 아니다.

**대법원 2006. 4. 20. 선고 2004다37775 전원합의체 판결**(이하, '변경 판결'이라고 함, 현재 효력을 가지는 판결)
1. 교인들이 집단적으로 교회를 탈퇴한 경우, 법인 아닌 사단인 교회가 2개로 분열되고 분열되기 전 교회의 재산이 분열된 각 교회의 구성원들에게 각각 총유적으로 귀속되는 형태의 '교회의 분열'을 인정할 것인지 여부(소극) 및

교인들이 교회를 탈퇴하여 그 교회 교인으로서의 지위를 상실한 경우, 종전 교회 재산의 귀속관계(잔존 교인들의 총유)

**다수의견**

우리 민법이 사단법인에 있어서 구성원의 탈퇴나 해산은 인정하지만 사단법인의 구성원들이 2개의 법인으로 나뉘어 각각 독립한 법인으로 존속하면서 종전 사단법인에게 귀속되었던 재산을 소유하는 방식의 사단법인의 분열은 인정하지 아니한다. 그 법리는 법인 아닌 사단에 대하여도 동일하게 적용되며, 법인 아닌 사단의 구성원들의 집단적 탈퇴로써 사단이 2개로 분열되고 분열되기 전 사단의 재산이 분열된 각 사단들의 구성원들에게 각각 총유적으로 귀속되는 결과를 초래하는 형태의 법인 아닌 사단의 분열은 허용되지 않는다. 교회가 법인 아닌 사단으로서 존재하는 이상, 그 법률관계를 둘러싼 분쟁을 소송적인 방법으로 해결함에 있어서는 법인 아닌 사단에 관한 민법의 일반 이론에 따라 교회의 실체를 파악하고 교회의 재산 귀속에 대하여 판단하여야 하고, 이에 따라 법인 아닌 사단의 재산관계와 그 재산에 대한 구성원의 권리 및 구성원 탈퇴, 특히 집단적인 탈퇴의 효과 등에 관한 법리는 교회에 대하여도 동일하게 적용되어야 한다. 따라서 교인들은 교회 재산을 총유의 형태로 소유하면서 사용·수익할 것인데, 일부 교인들이 교회를 탈퇴하여 그 교회 교인으로서의 지위를 상실하게 되면 탈퇴가 개별적인 것이든 집단적인 것이든 이와 더불어 종전 교회의 총유 재산의 관리처분에 관한 의결에 참가할 수 있는 지위나 그 재산에 대한 사용·수익권을 상실하고, 종전 교회는 잔존 교인들을 구성원으로 하여 실체의 동일성을 유지하면서 존속하며 종전 교회의 재산은 그 교회에 소속된 잔존 교인들의 총유로 귀속됨이 원칙이다. 그리고 교단에 소속되어 있던 지교회의 교인들의 일부가 소속 교단을 탈퇴하기로 결의한 다음 종전 교회를 나가 별도의 교회를 설립하여 별도의 대표자를 선정하고 나아가 다른 교단에 가입한 경우, 그 교회는 종전 교회에서 집단적으로 이탈한 교인들에 의하여 새로이 법인 아닌 사단의 요건을 갖추어 설립된 신설 교회라 할 것이어서, 그 교회 소속 교인들은 더 이상 종전 교회의 재산에 대한 권리를 보유할 수 없게 된다.

**별개의견**

우리 민법이 사단법인의 분열을 특별히 금지하지도 아니하였고 또 사단법인의 분열을 금지하여야 할 특별한 이유도 보이지 않으므로 사단법인의 분열은 우리 민법하에서도 허용되는 것이라고 보아야 한다. 그리고 사단법인 구성원들의 자발적 결의에 의한 사단법인의 분열이 가능하다면, 구성원들의 자발적 의사에 기인하지는 않았으나 다른 어떠한 사정으로 인하여 사단법인이 사실상 분열된 상태가 초래되어 하나의 사단으로 회복될 가능성이 없어진 경우 사단법인이 분열된 것으로 보아 법률관계를 정리하는 것 또한 굳이 허용되지 않는 것이라고 할 것은 아니다. 이와 같이 교회의 분열을 허용하는 경우에도, 교회의 분열은 하나의 교회가 별개의 각 교회로 분열함으로써 종전 교회는 소멸하여 존재하지 않게 되는 것이라는 점에서, 종전 교회에 속한 권리의무는 분열된 각 교회에 공유적 형태로 분리하여 포괄승계되는 것으로 보아야 하고(채무는 분열된 각 교회가 부진정연대의 관계로 부담하는 것으로 보아야 할 것이다), 각 교회의 공유지분 비율은 분열 당시 분열된 각 교회의 등록된 세례교인의 수에 의하여 결정되는 것이 합리적이다.

**반대의견**

교회가 본질적으로 같은 기독교 신앙을 기초로 하는 교인들의 모임인 신앙단체로서 교인들이 신앙노선의 차이에서 별도로 예배주관자를 두고 그의 인도하에 종교활동을 하거나 소속 교단을 달리 하는 집단으로 나누어진 경우에는 더 이상 신앙단체로서의 본질적 기초를 같이 할 수 없으므로 분열되었다고 평가할 수밖에 없다는 점을 직시하고 나아가 교회 재산은 대체로 소속 교인들의 헌금을 기초로 형성되므로 설령 일부 교인들이 종전 교회를 탈퇴한다고 할지라도 탈퇴한 교인들이 종전 교회 재산 형성에 기여한 이상 그 재산에 대한 총유권자로서의 지위, 즉 사용·수익권을 보장해 주어야 한다는 점에서 종전 판례가 민법상 사단법인에 관한 규정 또는 법인 아닌 사단에 관한 법리와 모순된다고 볼 수 없으며 오히려 교회 운영의 실제를 반영하고 있다. 따라서 분열 후 종전 교회의 재산에 관한 권리관계 내지 법률관계를 합리적으로 규율할 수 있는 법리를 찾아내고 발전시켜 나가는 것이 바람직하다.

2. 교회의 소속 교단 탈퇴 내지 소속 교단 변경을 위한 결의요건(의결권을 가진 교인 2/3 이상의 찬성) 및 위 결의요건을 갖추어 교회가 소속 교단을 탈퇴하거나 다른 교단으로 변경한 경우, 종전 교회 재산의 귀속관계(탈퇴한 교

회 소속 교인들의 총유)

**다수의견**

특정 교단에 가입한 지교회가 교단이 정한 헌법을 지교회 자신의 자치규범으로 받아들였다고 인정되는 경우에는 소속 교단의 변경은 실질적으로 지교회 자신의 규약에 해당하는 자치규범을 변경하는 결과를 초래하고, 만약 지교회 자신의 규약을 갖춘 경우에는 교단변경으로 인하여 지교회의 명칭이나 목적 등 지교회의 규약에 포함된 사항의 변경까지 수반하기 때문에, 소속 교단에서의 탈퇴 내지 소속 교단의 변경은 사단법인 정관변경에 준하여 의결권을 가진 교인 2/3 이상의 찬성에 의한 결의를 필요로 하고, 그 결의요건을 갖추어 소속 교단을 탈퇴하거나 다른 교단으로 변경한 경우에 종전 교회의 실체는 이와 같이 교단을 탈퇴한 교회로서 존속하고 종전 교회 재산은 위 탈퇴한 교회 소속 교인들의 총유로 귀속된다.

**별개의견**

교회가 그 소속 교단을 변경하는 것은, 신앙공동체라는 관점에서 볼 때 단순히 교회가 사단으로서의 활동목적이나 명칭을 변경하는 수준에 그치는 것이 아니라, 교회 존립의 핵심요소인 교리의 내용이나 신앙의 표현인 예배의 양식에 변경을 초래함은 물론 선교와 교회행정에 관한 공동노선과 활동체제에 근본적 변화를 일으키는 것으로서, 이는 신앙공동체인 교회의 정체성과 동일성에 중대한 영향을 미치는 것으로 평가하여야 하고, 법적인 관점에서 보더라도 교회가 소속 교단을 변경한다는 것은 교회가 종전 교단에 소속해 있으면서 단지 사단법인의 정관에 준하는 성질을 가지는 자치규범이나 그 활동목적을 변경하는 정도에 그치는 것이 아니라, 종전 교단에 소속하였던 교회의 교인들이 그 교회를 해체하고 새로운 교단에 소속된 교회를 새롭게 조직하는 데 이르는 것으로 평가하여야 할 것이므로, 교단변경의 성격을 이와 같이 평가한다면, 교회의 소속 교단의 변경에 관하여는 사단법인의 정관변경에 관한 민법 제42조 1항을 유추적용할 것이 아니라 사단법인의 해산결의에 관한 민법 제78조를 유추적용함이 옳고, 따라서 교회는 교회의 규약 등에 정하여진 적법한 소집절차를 거친 총회에서 의결권을 가진 교인 3/4 이상의 동의를 얻은 경우에 한하여 적법하게 소속 교단을 탈퇴하거나 변경할 수 있다고 보는 것이 옳다.

**변경 판결의 요지와 의의**[3]

첫째, 교회의 법률적 성질을 법인 아닌 사단으로 명확히 밝히고, 교단의 지교회에 대한 구속력의 한계를 밝히고 있다(이 점은 종전의 판결의 입장과 같다).

둘째, 사실상 분열이나 교인들의 의사의 합치에 의한 분열은 인정하지만, 교인들의 의사 일치가 없는 한 법적인 의미에서 교회 분열을 인정하지 아니하고 있다.

셋째, 교단 헌법에 교단의 탈퇴를 금지하는 규정이 있다고 하더라도 헌법상 보장되는 종교의 자유의 원칙상 교인들의 교단변경을 허용하지 않을 수 없으며, 교단변경은 교인 전체의 동의를 얻어야만 한다는 종래의 견해를 바꾸어 사단법인 정관변경에 준하여 의결권 있는 교인 3분의 2 이상의 동의를 얻어 교단변경을 할 수 있다고 하였다.

넷째, 교회의 분열을 전제로 종래 논의되어 오던 교회재산의 귀속에 대하여 교회분열을 인정하지 아니함으로 인하여 교회의 재산은 원칙적으로 기존교회와 동일성이 있는 잔류 교회 교인들의 총유로 하되, 교인 2/3 이상의 동의를 얻어 교회를 탈퇴한 경우는 탈퇴한 교인들로 구성된 교회가 기존교회와 동일성이 있다고 보아 그 교회 교인들의 총유라고 하였다.

변경 판결은 종래 논의되어 왔던 교회의 법률적 성질, 비법인사단의 법률관계, 교회 분열의 인정 여부, 교단변경과 관련하여 분열된 교회의 재산 귀속문제 등에 대하여 자세한 입장을 밝히고 나아가 교단변경결의 요건 등을 명백하게 하여 교회 분쟁에 대한 예방적 기능을 수행할 수 있게 될 것이라는 점에 의의가 있다.

### 제93조 총회의 재산

총회의 재산은 총회가 조성하는 재산과 지교회나 노회가 증여하는 재산과 직속 단체의 재산과 그 밖의 개인이나 단체가 기부하는 재산으로 한다.

■ **시행규정 제34조 재산**

1. 헌법 정치 제93~97조에 의거 총회와 노회와 당회는 상회에 헌납한 재산이나

---

3) 백현기, 267-269면.

유지재단에 편입한 재산 외의 자체 재산에 대하여는 민주주의의 기본인 사유재산제도를 인정하여 전권을 가지며 개별 치리회 명의로 등기할 수 있다.
2. 일반사립학교의 재산을 교단에 속하기 원할 경우 학교이사회 과반수의 결의서를 첨부하여 총회에 신청하고 총회(폐회 중에는 임원회) 과반수의 결의로 받을 수 있다. 또 교단에서는 이사를 3분의 1 이상 파송할 수 있다.

### 제94조 노회의 재산

노회의 재산은 노회가 조성한 재산과 지교회가 증여한 부동산 및 개인이나 단체가 헌납한 재산으로 한다. 단, 신도가 동산이나 부동산을 노회나 그 지교회에 헌납할 때는 헌납 즉시로 노회나 교회의 재산이 되는 동시에 지교회가 노회에 증여한 재산은 그 교회가 노회를 이탈할 때는 재산권이 없어진다.

### 제95조 재산의 보존(개정 2012.11.16, 2014.12.8)

재산의 보존은 다음과 같이 한다.
1. 총회의 재산은 재단법인 대한예수교장로회 총회 유지재단에 편입 보존한다.
2. 노회의 재산 중 지교회의 부동산은 그 노회가 가입한 유지재단에 편입 보존한다.
3. 증여(기부)계약서를 작성하지 않고 부동산을 유지재단에 편입한 경우는 증여(기부)로 볼 수 없고 명의신탁을 한 것이므로 명의신탁을 한 교회, 노회, 단체(이하 '명의신탁자'라 함)가 소유권 및 사용권, 수익권을 갖는다. 단, 명의신탁자가 정당한 절차를 거치지 않고 처분(매매, 가등기 설정, 전세권 설정, 저당권 설정 등)을 하려 할 경우 유지재단은 그 처분을 거부하거나 처분 권한을 제한할 수 있으며, 유지재단은 명의신탁자가 아닌 타교회, 노회, 단체, 유지재단이 명의신탁자의 잘못으로 인하여 불이익을 당하거나 배상책임을 부담하지 않도록 조치하여야 한다. (신설 개정 2019.12.19)
4. 총회 산하 7개 신학대학교가 폐쇄될 경우 그 재산은 대한예수교장로회 총

회로 귀속된다. (신설 개정 2021. 11. 29)

 2019년 헌법개정에서 제3항을 신설하여 유지재단과 교회, 노회 등과의 관계가 기본적으로 명의신탁 관계임을 선언하고 명의신탁자가 소유권 및 사용권, 수익권을 갖되 정당한 절차를 거치지 않고 처분을 하려 할 경우 유지재단은 그 처분을 거부하거나 처분 권한을 제한할 수 있는 근거를 마련함과 동시에 다른 명의신탁자들이 손실이나 불이익을 당하지 않도록 조치할 의무를 부과하였으며, 또한 2021년 헌법개정에서 제4항을 신설하여 총회 산하 7개 신학대학교 폐쇄 시 그 재산이 본 교단 총회에 귀속된다는 점을 명시하였다.

 **대표자가 없고 교인도 없는 지교회의 부동산 관리** 은퇴목사는 그 교회의 시무목사가 아니므로 대표자가 될 수 없고 대표자로서 등기한 것(시무목사 때 등기하였음)은 적법하지 않으며, 교회가 대표자가 없고 교인도 없는 경우 제95조 2항 "노회의 재산 중 지교회의 부동산은 그 노회가 가입한 유지재단에 편입 보존한다"에 근거 노회에서 관리함이 타당하다.[4]

### 제96조 재산 관리 및 용도

1. 총회 재산은 총회 재단법인 이사회로 관리케 하고 총회 운영에 사용한다.
2. 노회의 재산 중 지교회 부동산은 그 지교회의 당회로 관리케 하고, 부동산을 매각하거나 매입할 때는 제직회의 결의를 거쳐야 하며 동산은 제직회로 관리케 하되 지교회 운영에 사용케 한다. 단, 교회의 재산은 신도에게 지분권이 없다. (개정 2012. 11. 16)
3. 대한예수교장로회 교리나 법규를 준행하지 않거나 이탈한 자, 기관과 단체는 재산의 지분권 및 사용수익권도 가지지 못한다.

 헌법위원회는 경찰서의 수사협조요청으로 보내온 교회의 헌금에 관한 질의(2007. 5. 30)에 대하여 다음과 같이 회신한 바 있다.

---

[4] 제103회기-33번.

① 교인들이 낸 헌금의 소유권은 누구에게 있는지?
   교회의 재산은 교인 총회의 총유물이다.
② 목사가 교회 재정부로부터 받은 사택 구입비를 집행하면서 목사나 교인이 아닌 제3자(목사 자녀, 친지) 명의로 주택을 구입할 수 있는지?
   당회, 공동의회 및 제직회 결의가 있고 결의내용이 정당한 경우에는 교회 목사가 교회 재정부로부터 받은 사택구입비를 집행하면서 목사나 교인이 아닌 제3자(목사 자녀, 친지)명의로 구입할 수 있다.
③ 목사가 외부에서 개인적으로 그 교회 신도로부터 구제헌금을 받았을 경우, 그 헌금을 우선 교회 재정부에 입금을 해야 하는지?
   목사가 개인적으로 신도에게 구제헌금을 받았을 경우 구제와 선교헌금으로 개인적으로 사용할 수 있다.
④ 목사가 구제헌금이나 건축헌금으로 받은 돈을 구제나 건축의 목적이 아닌 다른 용도로 사용할 수 있는지?
   목사는 필요에 따라서는 선교 활동에 전용할 수 있다.
⑤ 목사가 각종 선교 활동, 각종 회의(노회, 총회) 참석, 트리니티 성경공부, 구제헌금 등의 용도로 헌금을 집행함에 있어 증빙자료(영수증, 확인서)는 어떤 방법으로 첨부해야 하며 부득이 증빙자료를 첨부하지 못할 경우 어떤 방법으로 집행근거를 남겨야 하는지?
   목사의 각종 선교 활동을 위하여 포괄적으로 편성된 예산은 목사의 재량에 맡겨 처리하고 증빙자료는 없어도 가하다.[5]

위 답변은 2007년도의 해석으로서 교회 재정의 엄격성과 투명성이 요구되고 있는 오늘날에도 타당한지에 대하여는 충분한 논의가 필요하다고 사료된다.

■ **시행규정 제6조 교회의 설립, 분립과 합병, 폐지 청원의 처리**
4. 헌법 정치 제12조 제1항에 의한 지교회의 폐지는 그 지교회의 당회와 공동의

---

[5] 제91회기-59번.

회의 결의 또는 당회가 조직되지 않았으면 제직회와 공동의회의 결의로 시찰위원회를 경유하여 노회의 허락을 받아야 한다. (개정 2012. 9. 20)
5. 전항의 경우 노회가 허락하면 노회 임원회는 3인 내지 5인으로 교회폐지조사위원회를 구성하여 폐지와 관련한 모든 재산 및 행정 처리를 확고히 처리한 후 임원회에 보고하고, 임원회의 결의로 노회장이 교회폐지를 선포한다. (신설 개정 2012. 9. 20)
6. 전항의 경우 폐지교회의 재산에 대한 교인의 총유권을 인정하지 않으며 교회의 모든 재산은 노회에 귀속시킨다. 부채가 자산을 초과할 시에는 폐지하는 그 교회의 책임으로 한다. (신설 개정 2012. 9. 20)
7. 위임(담임)목사 은퇴 및 이명으로 인한 교회의 폐지 및 합병, 또는 시무 중에라도 교회 자산(명의신탁된 자산 포함)을 매각할 경우 지교회 부동산에 대해서는 헌법 정치 제11조, 제12조 및 제77조 제9항, 헌법시행규정 제6조에 근거하여 노회의 허락을 받아야 한다. (신설 개정 2021. 9. 28)
8. 전 7항에 있어 교인이 한 명도 없거나, 혹은 당회 및 제직회가 불가능할 경우 해 노회의 교회폐지(합병)위원회의 결의와 노회의 허락을 받아야 한다. (신설 개정 2021. 9. 28)

**본 시행규정 제7항의 제96조 2항 위반 여부** "제96조 2항의 일반적 원칙을 위배하는 것이 아닌 위임(담임)목사 은퇴 및 이명으로 인한 교회의 폐지 및 합병 또는 시무 중이라도 교회폐지와 합병을 앞둔 목회자가 교회자산을 임의로 처리하는 것에 대하여 제77조 9항에 근거하여 노회가 관리하기 위한 보완적 조치이다. 따라서 상기 사유(폐지와 합병) 외에는 제96조 2항의 원칙에 따르면 된다"고 해석하였다.[6]

### 제97조 재단법인에 편입되지 않은 재산 (개정 2012.11.16)

재단법인에 편입되지 아니한 재산의 관리 및 용도는 다음과 같다.

---

[6] 제106회기-21번.

1. 지교회의 부동산은 지교회의 소유로서 교회 명의로 등기하여야 하며, 노회(폐회 중에는 임원회)의 허락을 받지 않고는 개인 명의로 등기하지 못하고, 개인 명의로 등기한 지교회 소유의 부동산은 교회 명의로 변경하여야 한다.
2. 지교회의 부동산과 동산의 관리, 처분, 사용, 지분에 관하여는 전조 제2항 및 제3항을 준용하며 대표자는 당회장으로 한다.

**지교회의 부동산 관리** 유지재단에 가입하지 않았다는 이유만으로 지교회의 재산의 관리, 처분, 사용에 관하여 (노회)임원회의 허락을 받도록 하는 것은 적법하지 않다.[7]

**지교회의 결의로 교회대표자 명의로 등기(계약) 가능** ① 본 조 및 제96조 2항에 의거 전세도 부동산으로 보아야 하며, 현행 주택임대차보호법의 보호를 받기 위하여 지교회의 결의로 교회대표자 명의로 등기(계약)할 수도 있다.[8] ② 위 해석에서 '교회대표자의 명의'라는 의미는 교회의 명칭은 표기되지 않고 단지 목사 개인의 이름으로 등기(계약)을 할 수 있다는 것을 의미하는지, 아니면 '교회명칭과 함께 교회 대표자의 이름(예컨대 00교회 대표자 목사 000)'으로 등기(계약)를 할 수 있다는 의미인지에 대하여 "현행 주택임대차보호법에 보면 '국민 주거생활의 안정을 보장함을 목적으로 한다(제1조).', 1997. 7. 11. 96다7236 (대법원)판례를 보면 '이 법은 자연인인 서민들의 주거생활의 안정을 보호하려는 취지에서 제정된 것이지, 법인을 그 보호 대상으로 삼고 있다고는 할 수 없다.[참고, 주택임대차보호법 제3조(대항력 등) 1항, 확정일자 업무편람 제3조].'에 의거 현행 주택임대차보호법의 보호를 받기 위하여 지교회의 결의로 교회대표자 명의로 등기(계약)을 할 수 있다는 것이다"라고 답변하였다.[9]

■ **시행규정 제34조 재산**
1. 헌법 정치 제93~97조에 의거 총회와 노회와 당회는 상회에 헌납한 재산이나

---

7) 제104회기-48번.
8) 제99회기-73번.
9) 제100회기-12번.

유지재단에 편입한 재산 외의 자체 재산에 대하여는 민주주의의 기본인 사유재산제도를 인정하여 전권을 가지며 개별 치리회 명의로 등기할 수 있다.
2. 일반사립학교의 재산을 교단에 속하기 원할 경우 학교이사회 과반수의 결의서를 첨부하여 총회에 신청하고 총회(폐회 중에는 임원회) 과반수의 결의로 받을 수 있다. 또 교단에서는 이사를 3분의 1 이상 파송할 수 있다.

# 제15장 선교 동역자

### 제98조 선교 동역자의 자격

총회는 효과적으로 복음을 전파하기 위하여 외국에서 파송한 선교 동역자를 받을 수 있다. 특히 의료, 교육, 기타 전문적 지식을 가진 자는 안수 받지 아니한 자라도 선교 동역자로 받을 수 있다.

선교목사는 총회에서 다른 민족에게 전도하기 위하여 외국에 파송한 목사를 의미하며 넓게는 외국에 있는 동포들에게 전도하는 목사도 포함하는 개념임에 대하여(제27조 참조) 선교 동역자는 총회가 효과적인 복음 전파를 목적으로 선교협정을 체결한 외국의 교단에서 우리나라로 파송하여 선교사역을 하는 선교사를 말하고, 의료, 교육, 기타 전문적 지식을 가진 자는 안수 받지 아니한 자도 포함된다.

### 제99조 총회와 관계된 선교 동역자

대한예수교장로회와 관계가 있는 선교 동역자는 미국 장로교회, 호주 연합교회 등 본 교단과 선교협정을 체결하고 총회의 인준을 받은 세계 동역교회에서 파송한 자를 말한다.

### 제100조 선교 동역자의 임무

선교 동역자의 임무는 다음과 같다.
1. 대한예수교장로회에 파견된 선교 동역자는 총회를 경유하여 파견 증서를 소속 노회에 제출한다.

2. 선교 동역자의 파견 증서를 받은 노회는 그 선교 동역자에게 회원권을 즉시 교부한다.
3. 안수 받지 아니한 선교 동역자는 치리회 회원이 되지 못한다.
4. 선교 동역자는 교회와 밀접한 관계가 있으므로 모든 사업을 한국교회와 협의하여야 한다.
5. 본 총회 산하에서 일하는 선교 동역자가 도덕상 범과가 있거나, 본 장로회 교회 정치, 기타 성경에 위배되는 행위가 있을 때는 노회는 심사한 후 회원권을 해제할 수 있다.

### 제101조 기타 선교 관계

그 밖에 다른 선교회도 본 총회와 관계를 맺고자 하면 총회는 신중히 검토한 후에 받아들일 수 있다.

# 제16장 헌법개정

"총회는 대한예수교장로회 헌법을 해석할 전권이 있다"는 제87조 4항 규정에 따라 총회의 헌법에 대한 유권해석 권한을 담당하는 기구로서 '헌법위원회'를 두기로 하여 시행규정 제36조에서 헌법위원회의 설치와 권한 및 운영에 관하여 규정하고 있으며, 이에 근거하여 총회의 상임위원회의 임무를 규정한 총회 규칙 제14조 2항에서 "헌법위원회는 헌법에 관한 연구와 해석과 판단을 담당한다"라고 정의하고 있다.

■ **시행규정 제36조 헌법위원회의 구성, 권한, 질의해석, 헌법개정(개정 2012. 9.20)**
1. 총회 헌법위원회는 9인(목사 5, 장로 4)으로 조직하고 위원장과 서기는 호선하며 헌법과 이 규정을 연구, 해석, 판단하고 개정안을 제안한다.
2. 헌법에 관한 질의 시 반드시 총회 상임(특별) 부서장 혹은 노회장의 공문(임원회의 결의 혹은 노회장 직권)으로 질의할 수 있으며 거부 시 부전지 혹은 내용증명(복사본)을 첨부할 경우 헌법위원회는 접수하여야 한다. 재판계류 중이나 질의 중일 때는 재판국 혹은 헌법위원회에 접수일부터 기간의 계산이 중지되고 선고나 답변서를 수령 후부터 계산되므로 재판이나 질의에 소요된 기간만큼 정해진 처리기간에서 자동 연장되는 것으로 본다.
3. 제1항의 판단이란 전항에 의한 유권해석의 질의나 판단의 요구가 있을 시에 하는 합헌과 위헌의 판단, 유효와 무효의 법리판단을 말한다. (신설 개정 2012.9.20)

4. 헌법위원회가 법리판단을 할 때 재판국의 판결에 관하여 법리판단을 할 수 있으며, 이 판단이 헌법 권징 제123조 제7항에 해당될 때 재심청구권자는 재심의 청구를 할 수 있다. (신설 개정 2012.9.20, 개정 2022.9.21)
5. 헌법(헌법시행규정 포함)과 규칙에 의하지 않고는 어떤 결의로도 헌법위원회나 규칙부에 질의 중이라는 이유로 재판절차를 중단시킬 수 없고, 총회 재판국에 계류 중이라는 이유로 헌법위원회나 규칙부의 해석절차를 중단시킬 수 없다. (신설 개정 2012.9.20)
6. 헌법해석 권한 있는 기관인 총회(폐회 중에는 헌법위원회)에서 해석한 건에 대하여 당사자나 해당 기관은 지체 없이 시행하여야 하고 총회 임원회는 즉시 질의한 기관에 통보해야 하며 통보하기 전에 이의가 있을 때는 헌법위원회에 재심의를 1회 요구할 수 있다.
7. 총회 공천위원회는 헌법위원회에 반드시 법학사 이상의 학위를 가진 자나 변호사를 1인 이상 공천하여야 하며 헌법위원회는 목사 또는 장로 중에서 3인 이내의 전문위원을 두되 법학사 이상의 학위를 소지한 자나 변호사 혹은 전임 헌법위원장 중에서 선임한다.
8. 헌법위원 공천 시 전국 5개 권역 중 1개 권역에서 2인을 초과하여 공천하지 못하며 총회 폐회 후 보선은 총회 임원회에서 한다.
9. 헌법개정안은 헌법위원회 혹은 헌법개정위원회가 총회 본회의에 상정한다. (신설 개정 2012.9.20)
10. 헌법위원회에서 제안한 헌법개정안이 상정되면 총회에서 헌법개정위원 15인 이상을 선임하여 헌법개정위원회를 구성하거나 또는 이를 총회 임원회에 위임하여 구성할 수 있다. (신설 개정 2012.9.20)
11. 헌법개정위원회는 총회에서 통과된 헌법개정안이 노회 수의를 거쳐 공포되고 헌법책 작업이 종료될 때까지 혼란을 방지하기 위하여 그 조직대로(위원 교체 없이) 계속 직무를 수행한다. (신설 개정 2012.9.20)

헌법위원회는 9인(목사 5, 장로 4)으로 조직하고 위원장과 서기는 호선하며, 반드시 회계를 두게 되어 있는 총회 재판국과는 달리 회계를 반드시 두지 않아도 좋으나 지금까지 회계를 두는 것이 보통이며, 위원으로 반드시 법학사 이상의 학위를 가진 자나 변호사를 1인 이상 공천하여야 하고, 헌법위원 공천 시 전국 5개 권역 중 1개 권역에서 2인을 초과하여 공천하지 못하며 총회 폐회 후 보선은 총회 임원회에서 한다.

목사 또는 장로 중에서 3인 이내의 전문위원을 두되 법학사 이상의 학위를 소지한 자나 변호사 혹은 전임 헌법위원장 중에서 선임한다. 재판국의 전문위원이 총대가 아니어도 위촉할 수 있는 것(시행규정 제42조)과 균형을 맞추어 헌법위원회 전문위원도 총대가 아니어도 무방하다고 본다.[1]

헌법에 대한 해석에 관한 질의는 반드시 총회 상임(특별) 부서장 혹은 노회장의 공문(임원회의 결의 혹은 노회장 직권)으로만 할 수 있으며, 목사, 장로 부원, 위원, 직원 또는 교인의 개인 자격으로 직접 질의할 권리는 없고 이들은 총회 상임(특별) 부서장 혹은 노회장에게 질의를 의뢰할 수 있을 뿐이며, 다만 질의를 의뢰하였는데도 거부 시에는 그 사유를 소명한 부전지 혹은 내용증명(복사본)을 첨부할 경우 헌법위원회는 접수한 후 유권해석하게 된다.

헌법위원회가 법리판단을 할 때 재판국의 판결에 관하여 법리판단을 할 수 있으며, 이 판단이 권징 제123조 6항에 해당되는 때에는 재심청구권자는 재심의 청구를 할 수 있다.

**노회 언권회원**  노회 언권회원도 본 시행규정 제2항에 따라 헌법위원회에 질의할 수 있다.[2]

**헌법해석 방법**  헌법해석을 함에 있어서 법해석학과 개념법학의 입장에서 첫째로 문리해석을 하며 다음으로 논리해석(확장해석, 축소해석, 반대해석, 물론해석, 보정해석, 유추해석)을 하며 입법자의 입법취지와 법 정신, 나아가서 자연법 정신을 도입하여 해석한다.[3]

**총회 임원회와의 관계**  헌법위원회는 유권해석 결과를 총회 임원회에 회부하며, 임원회는 질의한 기관에 통보하기 전에 이의가 있을 때에는 헌법위원회에 재

---

1) 같은 취지, 이성웅, 461면.
2) 제100회기-10번.
3) 제92회기-72번.

심의를 1회 요구할 수 있다. 총회 임원회는 헌법위원회의 유권해석에 대해서 재심의 요청은 할 수 있으나, 임의로 보류하거나 지연시킬 수는 없다.[4]

**헌법해석과 총회장의 행정처분에 대한 노회 반려 불가** 헌법위원회의 헌법해석과 총회장의 행정처분은 노회가 반려할 수 없으며, 이는 시행규정 제88조에 의거 책벌사항에 해당한다.[5]

**헌법위원회에 질의한 내용이 사실과 다른 경우** 헌법위원회는 질의한 내용이 진실함을 전제로 해석을 하는 것이므로 사실과 다르게 왜곡된 질의를 하였다 하더라도 헌법위원회의 해석 자체가 무효로 되는 것은 아니고,[6] 다만, 헌법위원회의 해석을 해당 사안에 그대로 적용할 수 없을 뿐이다.[7]

**헌법에 위배된 결의는 무효** 8년 전 시무장로 13명 전원의 일치로 65세에 은퇴하기로 자필서명하여 당회결의하여 장로, 안수집사, 권사들이 스스로 지켜오며 문제 없이 시행하여 오고 있는 경우 항존직원이 정년 전에 자의로 절차에 의하여 은퇴할 수 있으나 결의에 의하여 은퇴하도록 하는 것은 헌법에 위배되는 것이고, 헌법에 위배된 결의는 무효이다.[8]

**헌법위원회와 총회 재판국의 우열관계** ① 본 시행규정 제1항에 의거 헌법위원회와 총회 재판국 중 어느 부서가 더 상위기관인지에 대하여 헌법위원회는 법리판단기관이고, 재판국은 사실판단기관이므로 헌법에 의하여 구성되는 재판국, 기소위원회와 총회규칙에 의하여 조직, 구성되는 상임 부, 위원회 간에 우열이 있을 수 없다.[9]

② 헌법에 의하여 조직, 구성되는 재판국, 기소위원회와 총회규칙에 의하여 조직, 구성되는 상임 부, 위원회 간에 우열이 있을 수 없으며, 재판국도 총회규칙 제11조에 의한 9개의 상임부서 중의 하나에 불과하고, 총회 임원회는 총회규칙 제39조에 의하여 조직, 구성되지만 총회의 최고 상설 집행기관 및 총회 폐회 후의 최

---

4) 제96회기-36번.
5) 제101회기-62번.
6) 제101회기-101번, 제101회기-114번.
7) 제101회기-101번, 제98회기-49번.
8) 제101회기-101번.
9) 제99회기-63번.

고 의사결정기관인데, 헌법에는 임원회의 조직, 구성에 관한 규정이 없다고 하여 임원회를 헌법기관인 재판국의 하위기관이라고 말할 수 없으며 권징업무의 중요성을 감안하여 재판국과 기소위원회의 조직, 구성을 헌법에 규정하였을 뿐 헌법기관이라 하여 상위, 우위기관이 되는 것은 아니다.[10]

**총회 재판국과 헌법위원회 해석이 다를 경우**  총회 재판국이 상고사건을 심리, 판결함에 있어 적용할 헌법의 규정의 해석에 관하여 재판국의 견해와 헌법위원회의 해석이 다른 경우 "총회 재판국은 상고 사건 기타 헌법이 그 관할을 인정한 사건에 대하여 사실인정과 사실판단을 전제로 하여 헌법과 시행규정 기타 총회의 법규를 적용하는 기관이며, 총회 헌법위원회는 정치 제87조 4항 '총회는 대한예수교장로회 헌법을 해석할 전권이 있다.' 시행규정 제2조와 총회규칙 제12조, 제36조 1항 '……헌법과 이 규정을 연구, 해석, 판단하고 개정을 제안한다.' 및 3항 '헌법해석 권한 있는 기관인 총회(폐회 중에는 헌법위원회)에서 해석한 건에 대하여……'에 의거하여 헌법위원회가 헌법해석의 전권을 갖고 있으며, 총회 재판국뿐만 아니라 총회의 그 어느 부, 위원회나 산하기관도 헌법해석권한이 없다. 그러므로 총회 재판국은 헌법위원회의 유권해석에 따라 재판을 하여야 한다"고 해석하였다.[11]

**총회 재판국에 계류 중인 사건에 적용할 헌법규정에 관한 해석권**  ① "구 헌법조례는 2007년 6월 28일 폐기되었고 시행규정 제36조 2항에 의거 언제든지 총회 재판국 계류 중이라도 해석권을 갖고 있다"고 해석하고, 헌법위원회의 헌법해석이 해석권을 넘어 입법행위에 준하는 해석이 가능한지와 해석권의 범위를 넘은 헌법의 해석이 재판국을 기속하는지에 대하여 "시행규정 제36조 1항에 의하면 헌법위원회는 헌법과 시행규정을 연구, 해석, 판단하고 개정을 제안한다고 규정하고 있는바, 이는 단순한 해석 기능만을 의미하지 않고 판단기능까지 부여하므로 때로는 헌법위원회의 해석을 입법행위 또는 이에 준하는 행위로 오해할 수 있으나 헌법정신에 반하지 아니하는 한 헌법이나 시행규정의 개별 법조항의 입법취지를 살리기 위하여 헌법이나 이 규정을 보완할 수 있고, 보완한 해석은 해석권의

---

10) 제92회기-5번.
11) 제92회기-62번.

범위를 넘는 것이 아니므로 총회 재판국의 법적용을 위한 규범이 된다. 따라서 총회 재판국을 기속한다"고 해석하였으며,[12] ② 이와 같은 논리에 따라 총회 재판국과 헌법위원회 해석이 다른 경우에는 본 시행규정에 따라 총회 재판국을 비롯한 총회 산하 모든 부, 위원회와 기관, 단체는 헌법위원회 해석에 따라야 한다는 태도를 유지하고 있다.[13]

**본 시행규정 제4항의 개정** 2019년 헌법개정 시 종전에 권징 제123조 6항에 있던 '판결에 영향을 줄 수 있는 헌법위원회 해석이 있을 때'라는 조항을 삭제하였음에도 본 시행규정 제4항의 '헌법위원회가 법리판단을 할 때 재판국의 판결에 관하여 법리판단을 할 수 있으며, 이 판단이 헌법 권징 제123조 6항에 해당될 때 재심청구권자는 재심의 청구를 할 수 있다.'는 조항을 개정하지 않고 방치하고 있었는데, 2022년 헌법개정에서 이를 변경함으로써 재판국의 판결과 헌법위원회의 해석이 서로 배치되어 본 시행규정 제7항 '재판국이 중대하고도 명백한 법규적용의 착오를 범한 때'에 해당될 때에는 재심청구를 할 수 있도록 종전의 모순을 해소하였다.

**시행규정 제36조 3항**(2012년 헌법개정으로 현재 제36조 6항이 됨, 이하 같다) **의 합헌성** "② 유권해석이란 교단의 최고 권위있는 기관에 의한 구속력(기속력) 있는 법규의 해석방법을 말하며, 해석하는 기관에 따라 입법해석, 사법해석, 행정해석으로 구분된다. 본 교단의 경우 헌법위원회의 조직, 구성의 헌법적 근거는 제87조 4항, 권징 제123조 6항 및 시행규정 제36조 3항이며, 또한 위의 조항 및 시행규정 제2조, 제3조 2항, 제36조 1항 및 총회규칙 제14조 2항에 의하여 헌법위원회가 유권해석의 전권을 갖고 있으므로 입법해석, 사법해석, 행정해석을 할 수 있다. ③ 시행규정 제36조 3항의 의미는 헌법위원회의 헌법 유권해석은 법적구속력(기속력)을 갖는 의미를 선언한 것이며, 유권해석의 결과는 재판(사법)에 있어서 적용해야 할 규범(법적 잣대)이 되며, 행정에 있어서 집행의 기준이 된다는 의미이다. ④ 또한 시행규정은 법체계상, 법형식상 헌법의 하위 법규임에는 틀림없으

---

12) 제92회기-62번.
13) 제100회기-54번, 제98회기-101번.

나, 시행규정 제1조에 '위임된 사항과 그 집행에 필요한 사항을 규정하고 보완함으로써 타당한 법해석과 시행을 목적으로 한다'는 의미에서 실질적으로는 헌법의 위임명령 및 집행명령뿐만 아니라 헌법 자신을 보완하는 의미도 갖고 있으므로 시행규정 제36조 3항은 위헌이 아니다"라고 해석하였다.[14]

**재판국 혹은 헌법위원회의 문서 접수일의 의미**  재판국 회의나 헌법위원회의 회의의 날에 국원이나 위원의 수중에 문건이 들어온 날을 의미하는 것이 아니고 '총회에 문서가 접수된 일시를 의미한다'는 것으로 해석하여 보고한 바 있지만 이는 재판국의 사건 심리 기한과도 관계가 있으며, 또한 총회 서기 결재가 상시로 이루어지지 않는 점 등을 감안할 때 본인의 의사나 행위에 관계 없이 불이익을 당할 수 있어 재심의 요청한 건에 관하여 "총회에 문서가 접수된 일시의 의미는 총회 임원회의 서기가 결재한 일시를 의미하지 아니하고, 문서수발 업무담당 사무직원의 접수일시 또는 대법원 판례에 따라 문서가 도달하여 공지 열람의 상태에 있으면 접수된 것으로 본다"는 것으로 해석하였다.[15]

**총회의 노회장이 아닌 개인의 질의 접수의 당부**  총회가 노회장이 아닌 개인의 질의를 접수하는 것은 하부기관인 노회에 대한 월권행위로서 절차상 잘못되었다는 주장에 대하여 "헌법위원회가 재판국이나 기소위원회처럼 64개 각 노회에도 존재한다면 일응 타당한 것같이 해석이 되나 헌법위원회는 총회에만 존재하고 헌법해석 전권은 총회(폐회중에는 헌법위원회)만이 갖고 있기 때문에 하급치리회인 노회, 당회뿐만이 아니라 교단 산하 지교회에 속한 모든 교인에게 헌법위원회의 헌법해석과 법리판단은 기속력(구속력)이 미친다. 따라서 원칙적으로 노회장 또는 총회 상임(특별) 부서장이 헌법유권해석 질의권을 가지며 2차적으로 교인 개개인도 해석 질의를 위한 청원권을 갖고 있다. 다만 시행규정 제36조 2항에 총회 상임(특별) 부서장 또는 노회장의 공문으로 질의할 수 있게 한 것은 질서유지와 기관의 경유를 통한 기관장의 사실인식을 위한 것이지, 헌법유권해석 질의에 대한 전속 고유권한을 부여한 것은 아니며 개교인의 질의청원권을 박탈한 것은

---

14) 제92회기-5번.
15) 제92회기-30번.

더더욱 아니다. 그러므로 법문에 '부서장 또는 노회장이 질의할 수 있으며'가 아니고 '부서장 또는 노회장의 공문'으로 질의할 수 있게 한 것이다. 그러므로 본위원회의 절차상 하자가 없고 월권행위도 아니다"라고 답변하고, 헌법위원회가 노회장이 개인 질의를 수취거절한 사유를 확인하지 않은 것에 대하여 "헌법위원회는 재판기관이 아니므로 사실조사와 사실인정 및 사실판단을 할 권한과 의무가 없으며 헌법 또는 헌법시행규정의 질의에 대한 해석과 법리를 판단하는 권한이 있을 뿐이므로 이해관계자나 노회장에게 사실확인을 할 필요가 없다"고 답변하였다.[16]

### 제102조 정치, 권징, 예배와 예식의 개정

정치, 권징, 예배와 예식을 개정코자 하면 다음과 같이 한다.
1. 총회는 출석회원 3분의 2 이상의 결의로 개정안을 작성하여 각 노회에 수의한다.
2. 각 노회에 수의한 개정안은 노회 과반수의 가결과 투표 총수의 과반을 얻어야 한다.
3. 각 노회는 수의된 개정안의 가부 투표수를 종합하여 즉시 총회장에게 보고한다.
4. 총회장은 개정안의 투표 결과를 수합하여 가결된 결과를 즉시 공고하여 실시한다.
5. 헌법(헌법시행규정 포함)은 개정한 지 3년 이내에는 개정할 수 없다. 단, 개정한 조항에 한한다. (개정 2012.11.16)

**헌법개정의 제안자** 원칙적으로 헌법과 시행규정을 연구, 해석, 판단하는 헌법위원회이며(시행규정 제36조 1항), 헌법위원회에서 제안한 헌법개정안이 상정되면 총회에서 헌법개정위원 15인 이상을 선임, 헌법개정위원회를 구성하여 개정내용을 검토하여 차회기 총회에 상정하게 된다(시행규정 제36조 10항).

"총회의 의안은 하회의 합법적인 헌의 및 상소건, 임원회, 각 부 및 위원회의 제

---

16) 제92회기-72번.

안으로 하되 개회 1개월 전에 제출하여야 한다. 단, 긴급을 요하는 안건은 개회 후에도 제출할 수 있다."는 총회규칙 제39조 4항의 규정에 따라 노회와 총회의 임원회, 각 부 및 위원회에서 헌법개정안을 총회의 의안으로 제안할 수 있으며,[17] 총회 서기는 총회에 제출된 헌의, 문의, 청원 및 상소 등에 관한 모든 서류를 받아서 헌의위원에게 넘기고(총회규칙 제3조 3항 2호), 정기위원회인 헌의위원회는 서기에게 받은 서류를 각기 해당 위원회에 혹은 본회에 직접 제출할 것을 작성하여 총회에 보고하게 된다(총회규칙 제16조 7항).

이때 헌법위원회가 제안한 개정안은 직접 총회 본회의에 상정되지만(시행규정 제36조 9항) 노회와 총회의 임원회, 각 부 및 위원회에서 제안한 헌법개정안은 총회 서기와 헌의위원회를 거쳐서 총회 본회의에 상정되는 점에서 차이가 있다.

우리 헌법은 총회에서의 헌법개정안 심의방법에 대하여 정하고 있지 않으나 시행규정 제35조의 1 3항 규정('헌법개정안의 축조심의는 총회에서 했으므로 노회에서는 하지 않으며')으로 보아 축조심의를 하여야 함을 원칙으로 하고 있다고 해석된다.

**헌법의 개정절차**  1차적으로 총회 출석회원 3분의 2 이상의 결의로 개정안을 작성하여 각 노회에 수의하게 되는 점은 같으나, 2차적으로 노회의 수의에 있어서 정치, 권징, 예배와 예식의 개정은 노회 과반수의 가결과 투표 총수의 과반을 얻으면 족하나, 교리의 개정은 정치, 권징, 예배와 예식의 개정에 필요한 요건보다 강화하여 노회 3분의 2 이상의 가결과 각 노회에서 투표한 투표 총수의 3분의 2 이상의 가표를 얻어야만 한다.

또 3차적으로 각 노회는 수의된 개정안의 가부 투표수를 종합하여 즉시 총회장에게 보고하는 점은 같으나, 정치, 권징, 예배와 예식의 경우에는 총회장은 개정안의 투표 결과를 수합하여 가결된 결과를 즉시 공고하여 실시하게 되지만, 교리의 경우 총회장은 각 노회에서 투표한 투표수를 종합하여 다음 총회에 보고한 후 실시하게 된다.

헌법 중 교리를 제외한 정치, 권징, 예배와 예식과 시행규정은 개정한 지 3년 이

---

17) 같은 취지, 이성웅, 455면.

내에는 개정한 조항에 한하여 다시 개정할 수 없다.

**시행규정 부칙 제7조**  본 조에서 "헌법이나 이 규정의 시행유보, 효력정지 등은 헌법과 이 규정에 명시된 절차에 의한 조문의 신설 없이는 총회의 결의나 법원의 판결, 명령으로도 할 수 없다"고 규정하게 된 이유는 종전에 헌법의 개별적, 구체적 규정 하나하나를 총회 본회의 결의로 시행유보, 효력정지, 또는 헌법을 잠재하는 등 위헌적 사항을 결의하는 등의 관행을 근절하고자 하는 데 있다.[18]

**총회 헌법개정 절차**  총회에서 위임되지 않은 제28조 6항(직계비속 담임목사 청빙제한)에 대한 헌법개정이 필요하다면 이 조항은 헌법위원회에서 개정안을 제○○회 총회에 상정할 수 있다.[19]

**헌법개정일 산정 기준일**  본 조 제5항 및 시행규정 부칙 제6조에 의거 공포(제정)한 날(총회 결의일 기준이 아님)로부터 3년 이내에는 개정할 수 없고, 개정안도 상정할 수 없다.[20]

**헌법개정 범위 및 기간**  본 조 제5항에 의거 '호'를 신설 개정하였을 시 3년 이내에는 해당 '조-항-호' 모두를 개정할 수 없다.[21]

### ■ 시행규정 제35조의 1  헌법개정안의 노회수의(개정 2021.9.28)

헌법 정치 제16장 헌법개정에 의한 헌법개정안의 노회수의의 정족수는 다음과 같다.

1. 제102조 2항의 "노회 과반수의 가결"은 총회 산하 전 노회수의 과반을 말하며, 노회에서의 가결 정족수는 노회원 과반수의 출석과 투표지 제출자의 과반수이다. "투표 총수의 과반"은 전 노회에서 집계표로 보고한 수를 합계한 총수의 과반수를 말한다. 노회는 집계표로 총회에 보고한 후 30일이 경과하면 투표지를 폐기할 수 있다.
2. 제103조 2항의 "노회 3분의 2 이상의 가결"은 총회 산하 전 노회수의 3분의

---

18) 이성웅, 459면.
19) 제102회기-46번.
20) 제99회기-65번.
21) 제99회기-71번.

2 이상을 말하며, 노회에서의 가결 정족수는 노회원 과반수의 출석과 투표지 제출자의 과반수이다. "투표 총수의 3분의 2 이상"은 전 노회에서 집계표로 보고한 수를 합계한 총수의 3분의 2 이상을 말한다. 노회는 집계표로 총회에 보고한 후 30일이 경과하면 투표지를 폐기할 수 있다.
3. 헌법개정안의 축조심의는 총회에서 했으므로 노회에서는 하지 않으며 노회의 수의 방법은 각 노회의 형편에 따르고 헌법 정치 제102조 3항, 제103조 3항에 의거 총회장에게 보고하는 것은 총회에서 정한 기한 내에 노회에 제출한 투표수를 보고하는 것이다.
4. 집계는 노회에서 제출한 총 투표수를 총회(폐회 중에는 임원회)에서 하는 것이며, 헌법 정치 제102조 4항, 제103조 4항에 의거 총회장은 즉시 가결 선포 및 공고하여 실시한다. 이는 회의를 거치는 재량적 행위가 아닌 즉각 실시하는 절차적 행위이므로 총회장의 가·부결 선포 및 공고 행위는 이의신청, 행정쟁송이나 책벌의 대상이 될 수 없다.

"노회 과반수의 가결" 또는 "노회 3분의 2 이상의 가결"은 총회 산하 전 노회 수의 과반 또는 3분의 2 이상을 말하므로 현재 70개 노회를 기존하여 보면 과반수는 36개 노회, 3분의 2 이상은 47개 노회이며, 그 어느 경우나 노회에서의 가결 정족수는 노회원 과반수의 출석과 투표지 제출자의 과반수이다.

노회에서의 수의과정에서의 헌법개정안 심의방법은 각 노회의 형편에 따르게 되어 있으므로 축조심의를 할 필요는 없다.

## 제103조 교리 개정

교리(사도신경, 신조, 요리문답, 21세기 대한예수교장로회 교리문답, 웨스트민스터 신앙고백, 대한예수교장로회 신앙고백서, 21세기 대한예수교장로회 신앙고백서)의 개정절차는 다음과 같다.
1. 총회는 출석회원 3분의 2 이상의 가결로 개정안을 작성하여 각 노회에 수의한다.
2. 각 노회에 수의된 개정안은 노회 3분의 2 이상의 가결과 각 노회에서 투표

한 투표 총수의 3분의 2 이상의 가표를 얻어야 한다.
3. 각 노회는 수의된 안건의 투표 총수와 가부 투표수를 종합하여 총회장에게 보고한다.
4. 총회장은 각 노회에서 투표한 투표수를 종합하여 다음 총회에 보고 실시한다.

### 제104조 헌법 개정위원

총회는 헌법을 수정 또는 개정코자 하면 다음과 같이 한다.
1. 총회는 개정위원 15인 이상을 선정하여 개정안을 작성케 하되 목사가 과반이어야 한다.
2. 개정위원은 한 노회 총대 회원 중 2인을 선출하지 못한다.
3. 교리를 개정코자 하면 위원으로 하여금 반드시 1년간 연구케 한 후 다음 총회에 보고한다.

헌법개정위원회는 헌법에 의하여 조직된 특별위원회로서 총회규칙 제17조에서 규정하는 특별위원회와는 다르므로 15개 위원회 초과제한을 받지 않는다고 보아야 한다.

교리에 대한 헌법개정안이 제안되면 위원으로 하여금 반드시 1년간 연구하게 한 후 보고하도록 한 것은 교리의 중요성에 비추어 전문적인 연구가 필요하다고 본 것이다.

### 부칙

제1조(시행일) 이 개정헌법은 공포한 날로부터 시행한다.
제2조(헌법시행규정의 제정 및 개정) 이 헌법(정치, 권징)이 개정 공포되면 개정헌법에 따른 최초의 헌법시행규정(서식포함)에 한하여 당시 헌법개정위원회의 보고와 총회(폐회 중에는 임원회)의 결의로 제정하며 제정 공포된 이후의 개정은 총회에서 재석 3분의 2 이상의 찬성으로 개정한다.

제3조(경과 규정) 헌법조례는 이 헌법(정치, 권징)에 위배되지 않는 한 헌법시행규정이 제정될 때까지 그 효력을 지속하며 이 헌법시행규정이 제정 공포되면 그 효력을 상실한다. 단, 이미 진행 중인 사안은 개정헌법과 헌법시행규정에 위배되지 않는 한 그대로 진행하고 그 외에는 개정된 헌법과 헌법시행규정에 따른다.

제4조 본 헌법에 대해 미비한 부분은 헌법시행규정으로 보완할 수 있다. (신설 개정 2012.11.16)

2007년 5월 15일 정치 일부 개정
2012년 11월 16일 정치 일부 개정
2014년 12월 8일 정치 일부 개정
2018년 12월 20일 정치 일부 개정
2019년 12월 19일 정치 일부 개정
2021년 11월 29일 정치 일부 개정
2022년 11월 17일 정치 일부 개정

# 헌법 제3편 권징

권징편은 죄과사실을 정하여 책벌을 가하는 권징재판에 관한 것만을 규정하는 것은 아니며, 치리회장의 행정처분과 치리회의 결의를 다투는 행정쟁송과 노회에서의 총회총대 선거, 노회장 등 임원의 선거 및 총회장, 부총회장 등 임원의 선거에 관한 소송 및 치리회 간의 소송도 규정하고 있다.

  우리 교단의 권징재판제도는 국가의 형사법 체계와 매우 유사한 엄격한 절차를 도입하여 실체적 진실 발견과 인권의 존중에 대한 신뢰성을 최대한 확보한 상태에서 교인과 직원 및 각 치리회를 권고하고 징계함으로써 죄과를 미연에 방지하며 교회의 신성과 질서를 유지하고 죄과자의 회개를 촉구하여 올바른 신앙생활을 하게 함을 목적으로 하는 제도이다.

# 제1장 총칙

### 제1조 권징의 뜻

권징은 예수 그리스도께서 교회에 주신 권한을 행사하며 그 법도를 시행하는 것으로써 각 치리회가 헌법과 헌법이 위임한 제 규정 등을 위반하여 범죄한 교인과 직원 및 각 치리회를 권고하고 징계하는 것이다. (개정 2012.11.16)

### 제2조 권징의 목적

하나님의 영광과 권위를 위하여 범죄를 미연에 방지하고 교회의 신성과 질서를 유지하고 범죄자의 회개를 촉구하여 올바른 신앙생활을 하게 함을 그 목적으로 한다.

### 제3조 권징의 사유가 되는 죄과

교인, 직원, 각 치리회와 총회 산하기관 및 단체의 이사와 감사가 다음 중 하나 이상의 죄과(罪過)를 범한 때에는 재판에 의한 권징절차를 거쳐 책벌한다. (개정 2019.12.19)
1. 성경상의 계명에 대한 중대한 위반행위
2. 총회헌법 또는 제 규정(이하 헌법 또는 규정이라 한다.)에 정해진 중대한 의무위반행위
3. 예배를 방해한 행위
4. 이단적 행위와 이에 적극적으로 동조한 행위
5. 허위사실을 유포하여 교인 또는 직원의 명예를 훼손시킨 행위

6. 직권을 남용하거나 직무를 유기한 행위
7. 파렴치한 행위(성범죄 포함)로 국가 재판에 의해 금고(성범죄의 경우는 벌금) 이상의 형이 확정된 범죄행위(양심범의 경우는 제외됨) (개정 2019.12.19)
8. 재판국의 판결에 순응하지 아니하는 행위
9. 타인에게 범죄케 한 행위
10. 치리회 석상, 교회의 제직회 또는 공동의회의 석상에서 폭언, 협박, 폭행, 상해, 재물손괴 행위 (개정 2012.11.16)
11. 사건 담당직원(재판국원, 기소위원)이 사건과 관련하여 금품을 수수한 행위
12. 교회와 각 치리회 및 총회 산하기관 및 단체와 기관 사무실 내·외에서 폭언·협박·폭행·상해·재물손괴·감금·위협·업무 방해와 치리회 재판국 판결 및 치리회 지시에 대하여 불법 항의집회와 시위 등의 행위 (신설 개정 2014.12.8, 개정 2019.12.19)
13. 교회, 노회, 총회 및 총회 산하기관 및 단체와 관련된 문서를 위조·변조, 개인정보와 문서의 불법 획득 및 유출하는 행위와 각종 증명서 위조 행위 또는 이를 행사하는 행위 (신설 개정 2014.12.8, 개정 2019.12.19)
14. 교회, 노회, 총회와 총회 산하기관 및 단체의 운영에 있어서의 부정과 공금유용, 횡령, 배임 등의 재정 비리행위 (신설 개정 2014.12.8, 개정 2019.12.19)
15. 노회, 총회의 감사 위원과 총회 산하기관 및 단체의 직원 및 이사가 직무 태만 및 고의적 행위로 노회, 총회 각 상임부서, 산하기관 및 단체에 상당한 손실을 입게 한 행위 (신설 개정 2014.12.8, 개정 2019.12.19)

책벌대상이 되는 죄과에는 제1, 2, 4, 8항과 같은 순전히 교회와 신앙 또는 이와 관련한 불신앙적 행위만을 규정하고 있을 뿐만 아니라 제3, 5, 7, 10~15항과 같은 국가 형법상의 범죄 또는 이와 관련되는 경우도 포함되어 있다.

우선 그중에는 죄과사실이 지나치게 포괄적으로 규정되어 그 범위가 지나치게 넓게 해석될 소지가 있거나 또는 애매모호하거나 불확정한 개념을 사용함으로써 예측가능한 범위를 벗어나 일반 형사법의 대원칙인 죄형법정주의에 어긋난다는

비판을 면하기 어려운 경우도 예상된다.[1] 예를 들면 제1항의 '성경상의 계명' 및 제2항의 '총회 헌법 또는 제 규정(이하 헌법 또는 규정이라 한다.)'과 '중대한' 의무 위반행위, '파렴치한' 행위 등을 들 수 있으며 구체적 사안에서 자칫 자의에 흐를 가능성도 배제할 수 없다고 보여진다.

나아가 책벌의 범위가 상한선이나 하한선을 전혀 규정하지 않아 죄과의 경중에 따른 차이가 없이 모든 죄과사실에 단일, 공통되어 이 역시 죄형법정주의 원칙에 어긋난다는 비판이 제기될 수 있다. 예컨대 극단적으로는 이단적 행위는 기독 정통교단의 근본 교리를 침해하는 매우 중대한 죄과임에도 견책 정도의 가벼운 책벌만 선고하고 끝낼 수 있고, 이에 비하면 비교적 가벼운 허위사실 유포로 인한 명예훼손에 대하여도 면직, 출교까지 선고할 수 있다는 것은 양정의 균형상 쉽게 받아들이기 어려운 부분이라고 하지 않을 수 없다.[2]

또 "교단 권징법은 제3조의 죄과와 제5조의 책벌을 따로따로 규정함으로 인하여 죄형법정주의와는 거리가 멀고 죄과와 책벌 간에 상응관계가 없으므로 무슨 죄과에 무슨 책벌을 주느냐는 정말 어려운 문제이며 재판국원이 광범한 재량권을 갖고 있어 양형에 있어서 비례의 원칙이나 균형의 원칙이 훼손될 염려가 있다"라고 비판하는 견해[3]도 있다.

여기에서의 직원은 제직을 뜻한다.

**법원 판결 참고 가능**  총회 재판국의 판결은 총회 헌법 권징 규정에 의하여야 하며, 국가 법원의 판결은 총회 재판국에서 참고할 수 있다.[4]

**당회장이나 당회원의 의사를 확인하고 한 사무원의 행위**  이는 범죄행위로 볼 수 없다.[5]

**노회 사조직의 죄과에 대한 책벌가능**  가칭 대한예수교장로회 ○○교회 목사회는 사조직이며 사조직에 대한 징계조항이나 양형조항도 없으나, 다만 본 조 소

---

1) 같은 취지, 권헌서, "권징재판의 구조와 문제점," 「제2회 화해중재원 포럼」 사단법인 한국기독교화해중재원(2015.6.1.), 21면.
2) 같은 취지, 위의 논문, 21면.
3) 이성웅, 헌법권징론(한국장로교출판사, 2013년), 83면.
4) 제88회기-28번.
5) 제99회기-38번.

정의 권징의 사유가 되는 죄과를 범하였을 때에는 권징절차에 의하여 책벌할 수 있다.[6]

**장로 대표기도의 잘못**  대표기도하는 장로의 기도의 잘못으로 인하여 교인들이 소란하고 예배가 방해를 받았다면 권징의 대상인지 여부에 대하여 "예배는 예배의 처음부터 끝까지 경건한 마음으로 질서를 지켜야 하며, 하나님께 드리는 기도의 잘잘못에 대하여 인간은 판단할 수 없다"고 해석하였다.[7]

**제1항**  '성경상의 계명'의 의미는 십계명만을 뜻하는 것인지 아니면 구약성경상 나타나는 다른 계명도 포함되는지 여부 및 나아가 계명위반행위 중에서 처벌 가능한 '중대한 위반행위'의 범위의 문제가 제기된다.

이와 관련하여 '단순 거짓말'이 본 항의 '성경상의 계명 위반죄'로 처벌 가능한지 여부는 재판국에서 판단할 일이라고 해석하였다.[8]

**제2항**  '총회 헌법 또는 제 규정'의 의미와 '중대한 의무위반행위'의 범위가 어디까지인지 논란이 예상된다. 총회 헌법은 우리 교단 헌법을 의미하며, 제 규정은 반드시 총회의 규정이 아니더라도 노회, 교회의 규칙 등 명칭을 불문하고 명령 또는 금지하는 내용을 가지고 있는 각종 규정을 뜻하며, 규정위반행위이더라도 처벌 가능한 것은 '중대한 위반행위'임을 요한다.

**총회 재판에 자문위원을 참여시킨 행위의 가벌성**  총회 재판국에 전문위원 이외에 자문위원은 법적으로 허용되지 않으며, 자문위원이 판결문 작성 등에 참여할 수 없으나 법적으로 허용되지 아니한 자문위원을 재판에 참여시킨 것만으로 권징 제3조 2항 '총회헌법 또는 제 규정에 정해진 중대한 의무위반행위'에 해당한다고 할 수 없다.[9]

**총회의 결의, 총회장의 행정처분 및 행정지시를 위반·불이행한 자**  총회장은 총회 임원회의 결의에 의하여 그 시행을 권고할 수 있으며, 시행 권고를 20일 이내에 시행하지 아니하는 경우에 총회장은 총회 임원회의 결의로 10일 기간을 두

---

6) 제98회기-13번.
7) 제101회기-34번.
8) 제99회기-17번.
9) 제98회기-77번.

고 2차 경고를 할 수 있고, 2차 경고를 받고도 이를 시행하지 아니한 때에는 총회 임원회의 결의를 거쳐 위반·불이행한 그 치리회를 본 항의 죄과를 물어 총회 임원회의 서기로 하여금 총회 재판국에 고소(고발)하게 하여, 제5조 4항 소정의 상회 총대 파송정지의 책벌을 받게 할 수 있고 그 치리회장과 그 치리회의 서기에게도 그 죄과를 물어 총회 임원회의 서기로 하여금 총회 재판국에 고소(고발)하게 하여, 권징 제5조 3항의 책벌을 받게 할 수 있다(시행규정 제88조 4항).

　이와 같은 책벌은 총회 산하단체와 기관의 이사 개인이나 대표자에게도 적용된다(시행규정 제90조 1항).

　**제3항**　'예배를 방해한 행위'에 대하여 형법 제158조는 '3년 이하의 징역 또는 500만원 이하의 벌금형'에 처한다고 규정하고 있다. 여기에서의 방해의 대상이 되는 '예배의 범위'에 대하여서도 많은 논란이 예상되며 교회 내에서의 공적 예배는 물론 야외에서의 예배도 대상이 된다고 보고 있는 점도 참작이 되어야 한다.

　**예배를 방해하는 행위**　헌법 제4편(예배와 예식) 제1장(교회와 예비) 1-2. 예배 1-2-1. "기독교의 참된 예배는 하나님의 백성들이 하나님이 창조의 역사와 예수 그리스도를 통하여 구원의 역사를 이룩하신 사실을 깨닫고 감격하여 드리는 응답의 행위이다. 여기서 예배자들은 초이상의 마음과 목숨과 뜻을 다하여 경배와 찬양과 영광과 권세를 삼위일체되신 하나님께 드려야 한다"와 1-2-3 "성경 말씀의 선포와 성례전이 진행되도록 해야 한다"에 의거, "예배 인도자가 예배를 인도하는데 있어서 예배를 방해하는 모든 행위(즉 예배는 공적 예배로 주일 낮 예배, 주일 저녁 찬양예배, 수요기도회, 금요기도회, 새벽기도회, 특별집회, 연합회의 절기예배, 지교회의 구역예배를 포함하나 사적 예배인 가정예배는 포함되지 않는다. 각종 예식은 예배가 아니나 예식을 하기 전 제1부 순서로 드리는 예배는 포함되며, 예배의 정상적이고 보편적인 의식의 순서와 진행을 곤란하게 하거나 혼란에 빠지게 하는 행위로 난폭한 언어, 모욕행위, 욕설, 물리력 행사, 협박, 폭행, 소음, 악기 이용, 기물손괴를 하거나 목사를 일시 감금하여 설교를 못하게 하거나 위계, 위력, 사술로 목사를 유인하여 예배를 못드리게 하는 행위)를 말한다"고 해석하였다.[10]

---

10) 제97회기-34번.

**분쟁상태에서 담임목사 측과 장로 측이 별도로 예배를 드리는 경우**  담임목사가 제5조, 제6조 2항에 의하여 "재판에 의하여 책벌을 받지 않는 한 담임목사가 인도한 예배를 공적 예배로 인정하는 것이 타당하다"고 해석하였다.[11]

**제4항**  이단적 행위와 이에 적극적으로 동조한 행위로 처벌하기 위하여서는 최소한 총회 '이단 사이비 위원회'의 심사를 거쳐 총회에서 이단으로 승인이 된 경우에 가능하다고 보는 것이 합리적이라고 생각된다.

2007년 헌법개정 이전에는 '이단행위와 그에 동조한 행위'라고 되어 있었던 것을 처벌 대상을 이단행위에서 이단적 행위로 확대하는 대신 행위 방법은 단순 동조를 적극적으로 동조하는 행위로 축소한 결과가 되었다.

**이단적 행위의 개념**  일의적으로 규정하기 곤란하나 이단의 기준을 성부, 성자, 성령, 성경, 교회 등에 관한 전통적 가르침을 기독교 신앙의 기본교리로 하여 파당(조직된 단체 또는 무리)을 이루어 이를 부인하거나 현저히 왜곡하여 가르치는 경우를 '이단', 기독교 신앙의 기본교리에 부수된 주요한 교리를 부인하거나 현저히 왜곡하여 가르치는 경우를 '사이비'로 규정하는 한편, 파당을 이루지 않고 개인적으로 이와 같은 행동을 하는 것을 '이단성 및 사이비성'이라고 규정하여 이단과 이단성, 사이비와 사이비성을 모두 이단적 행위라고 보아야 한다는 견해[12]가 상당하다.

동조라고 함은 가담, 후원, 방조한다는 의미이므로 단순 방조자, 부화뇌동자, 관여자는 적극적 동조자로 보기는 어렵다.[13]

**제5항**  '허위사실 유포'는 형법 제313조 소정의 신용훼손죄에서 신용을 훼손하는 행위의 하나로 예시하고 있으며, 허위사실의 유포행위의 개념 안에 '불특정 또는 다수의 앞에서'라고 해석되는 '공연히'를 필요로 한다고 보아야 할 것이며, 진실한 사실로 명예를 훼손한 경우는 제외하여야 하는 것은 문언상 명백하다.

참고로 형법상 명예훼손죄는 '공연히 사실 또는 허위사실을 적시하는' 경우에 사실 또는 허위 여부에 따라 형을 나누어 규정하고 있으며 진실한 사실인 경우에

---

11) 제97회기-34번.
12) 이성웅, 62-63면.
13) 이성웅, 63면.

도 성립한다(형법 제307조).

**제6항** 직권남용은 직원이 직무를 행함에 있어서 형식적, 외형적으로는 직무집행으로 보이나 그 실질은 정당한 권한 이외의 행위를 하는 경우를 의미하며 직권의 행사에 가탁하여 실질적, 구체적으로 위법, 부당한 행위를 하는 경우를 말하며,[14] 직무유기는 직무수행을 적극적으로 거부하거나 소극적으로 직무수행을 방임 내지는 포기 등 정당한 이유 없이 그 직무를 수행하지 아니한 경우를 의미한다.[15]

참고로 형법은 직권남용은 5년 이하의 징역, 10년 이하의 자격정지 또는 1,000만 원 이하의 벌금에 처하도록 규정되어 있음(제123조)에 비하여 직무를 유기한 행위에 관하여 1년 이하의 징역이나 금고 또는 3년 이하의 자격정지에 처하도록 규정(제122조)하여 징역형과 자격정지형을 기준으로 볼 때 직권남용을 직무유기보다 무겁게 처벌하고 있음을 알 수 있다.

**직무유기 성립 여부** ① 당회가 적법한 절차에 따라 요청한 임시당회장 파송요청을 의도적으로 노회 임원회가 지연시켜 파송을 못하고 있다면 직무유기에 해당하며,[16] ② 시행규정 제67조 6항의 기소명령을 받은 기소위원회가 기소명령을 이행하지 않을 경우에 직접 재판의 절차를 이행할 수 있으므로 이를 이행하지 않았다고 해서 본 항의 '직무를 유기한 행위'에 해당하지 않는다.[17]

**직권남용 성립 여부** ① 뚜렷한 이유 없이 성도 대다수의 의견에 반하여 장로들이 담임목사의 연임을 반대한다고 하여 장로의 직권남용에 해당하지 않으며,[18] ② 헌의위원회가 결의하여 헌의하였다고 해도 목사청빙은 정치 제29조 1항, 3항, 시행규정 제16조의 1에 근거 시찰회 경유하여 정치부를 거쳐 노회에서 결의하여 승인하므로 실질적으로 심의하여 결정하여 승인하는 정치부와 노회 결의에 책임이 있으며 따라서 안건을 헌의한 헌의위원회 결의에 대하여 헌의위원장을 직무유

---

14) 김대휘, 김신, 주석 형법(제5판, 한국사법행정학회, 2017), 279면.
15) 김대휘, 김신, 263면.
16) 제100회기-52번.
17) 제101회기-59번.
18) 제100회기-39번.

기 및 직권남용으로 책벌하는 것은 중대하고도 명백한 오류이며 위법한 책벌이라고 해석하였다.[19]

**분규상태 중 재정부장의 동의 없는 회계처리**  예·결산이 재정부장의 동의 없이 공동의회에서 통과한 것은 정상적인 교회 운영상황이라면 있을 수 없는 일이나 교회가 분규상태 중에 재정부장의 동의가 없더라도 회계가 적법하게 처리한 예, 결산에 대하여 공동의회에서 적법절차에 의하여 처리하였다면 적법하다.[20]

**제7항** '금고형 이상의 형'은 형법상으로는 사형, 징역, 금고를 의미하나 사형은 여기서 문제가 되지 않으므로 징역형과 금고형을 말하며, 징역형과 금고형의 집행이 유예된 경우에도 해당된다고 보아야 하며, 다만 판결선고가 유예된 경우에는 해당이 없다고 보아야 한다. 일반 범죄의 경우에는 금고 이상의 형이 확정된 경우이나 2019년 헌법개정으로 성범죄의 경우에는 벌금 이상의 형(징역, 금고, 자격상실 및 자격정지 및 벌금형)이 확정된 경우도 포함하게 되었다.

'형이 확정'되어야 하므로 하급심 판결이 선고되었으나 아직도 재판이 계속 중에 있는 때에는 본 항에 해당되지 아니한다.

**파렴치한 행위의 의미**  외국인 상담소장인 목사가 임금체불 진정 등 법률업무와 관련하여 돈을 받은 혐의로 징역 1년 6개월에 집행유예 2년을 선고받은 경우에 대하여 "본 항을 적용할 수 있는지에 대한 판단은 목사의 행위가 파렴치한 행위(살인, 절도, 강도, 강간, 방화, 사기, 공갈, 횡령, 성범죄 등)에 해당하는 것으로 볼 것이냐에 대한 판단에 따라 권징할 수 있으며, 노회의 권징절차에 따라 함이 적법하다"는 해석[21]을 참고로 할 수 있다고 본다.

**제8항** '재판국의 판결'은 확정된 판결을 의미하며, '순응하지 아니하는 행위'의 범위가 어디까지인지는 사안에 따라 구체적으로 판단할 수밖에 없으나 판결에 불만을 품고 항의 시위를 하거나 불법 유인물을 돌리는 경우가 전형적인 사례이다.

**법원에 민, 형사 소송제기**  국가 법원에 민, 형사 소송을 제기하는 것은 국민의 기본권의 행사라고 보아야 하므로 시행규정 제74조 3항의 "당회장, 노회장, 총회

---

19) 제103회기-79번.
20) 제97회기-34번.
21) 제104회기-68번.

장의 행정행위에 대하여 본 교단 헌법과 이 규정에 의한 재판국 또는 총회특별심판위원회의 최종 확정재판을 거치지 아니하고 국가기관(경찰, 검찰, 법원)에 고소, 소제기, 가처분신청 등을 하지 못한다"는 규정에 저촉되지 않는 한 본 항에 해당하지 않는다고 보아야만 한다고 생각한다.

**제9항** 타인에게 범죄케 한 행위는 형법 제31조의 "타인을 교사하여 죄를 범하게 한 자는 죄를 실행한 자와 동일한 형으로 처벌한다"는 교사범을 뜻하므로 타인에게 범죄의 의사를 일으켜 피교사자의 범죄 실행행위가 있어야만 하며, 타인의 범죄를 도와주는 데 불과한 방조범은 제외한다고 해석하는 것이 타당하다.

**제10항** '치리회'는 당회, 노회, 총회를 뜻하며 치리회는 아니지만 교회에서 그 다음으로 중요한 회의인 제직회와 공동의회를 포함시킨 것으로 보여지며, '석상'은 현재 회의가 진행 중인 상태를 의미한다.

**포괄적 적용 제한** 본 항에 표시된 제한된 장소나 제한된 시간이 아닌 예배 전후, 기도회 등 전후, 예배당 입구, 교회 마당, 교회 부속건물, 목사 사택 입구, 교회 화장실 등에서 행하여질 때도 적용할 수 있는지 여부에 관하여 포괄적으로 적용할 수 없다고 해석하였다.[22]

**임원회의 등에 적용 가부** 총회와 노회는 본 회의뿐만 아니라 임원회, 각 부, 위원회의 회의석상, 또는 부, 위원회의 임원회까지 포함한다는 견해[23]도 있으나 '치리회 석상'이라고 분명하게 규정하고 있는 점에서 그렇게까지 확대하는 것은 의문이다.

**제11항** 재판과 관련한 사건 담당직원이 사건과 관련하여 금품을 받는 행위를 중요시하여 처벌하겠다는 것으로 재판국원, 기소위원은 하나의 예시이며, 그 외에 전문위원 및 참여한 담당직원(권징 제39조 3항 참조)도 이에 해당된다고 보는 것이 타당하다.

공무원의 뇌물죄에서와 같이 금품을 요구하거나 약속하는 것은 해당이 없으며, 증뢰죄에 대하여는 규정이 없으므로 금품을 제공한 사람은 처벌된다고 보기

---

22) 제98회기-23번.
23) 이성웅, 70면.

는 어렵다.

금품은 돈과 물품이 전형적이지만 채무변제, 금융이익의 제공, 향응의 제공 등도 포함된다고 보아야 한다.

**제12항 내지 15항**  2014년 헌법개정으로 신설된 조항이며, "교회와 각 치리회 및 총회 산하기관 및 단체와 기관"(12항), "교회, 노회, 총회 및 총회 산하기관 및 단체"(13, 14항), "노회, 총회의 감사위원과 총회 산하기관 및 단체"(15항)에서의 산하기관과 단체의 의미를 명확히 할 필요가 있다.

### ■ 시행규정 제37조 산하기관, 유관기관, 연합기관

1. 산하기관은 헌법 정치 제92조 1항 내지 4항에 의거 소속 치리회의 허락을 받아 설립한 기관이며 정관의 승인, 감독, 재정검사, 명령을 받는 기관이다. 다음의 법인기관 및 총회 직영신학대학교는 총회 산하기관이다. (신설 개정 2018. 9. 13, 개정 2021. 9. 28)

    ① 한국기독공보사
    ② 재단법인 대한예수교장로회 총회 유지재단
    ③ 사회복지법인 대한예수교장로회 총회 한국장로교복지재단
    ④ 재단법인 대한예수교장로회 총회 연금재단
    ⑤ 한국장로교출판사
    ⑥ 실로암시각장애인복지회
    ⑦ 재단법인 예수병원 유지재단
    ⑧ 재단법인 대구애락원
    ⑨ 학교법인 장로회신학대학교 (신설 개정 2021. 9. 28)
    ⑩ 학교법인 호남신학대학교 (신설 개정 2021. 9. 28)
    ⑪ 학교법인 한일신학(한일장신대학교) (신설 개정 2021. 9. 28)
    ⑫ 학교법인 영남신학대학교 (신설 개정 2021. 9. 28)
    ⑬ 학교법인 대전신학대학교 (신설 개정 2021. 9. 28)
    ⑭ 학교법인 부산장신대학교 (신설 개정 2021. 9. 28)
    ⑮ 학교법인 광명학원(서울장신대학교) (신설 개정 2021. 9. 28)

2. 제①항 내지 ⑮항에 해당한 총회 산하기관(단체 및 총회 직영신학대학교)은 명칭변경, 해산 시의 잔여재산 귀속 처분을 할 경우에는 대한예수교장로회 '총회' 승인을 얻어야 한다. (신설 개정 2021.9.28)
3. 총회 산하기관인 총회 직영신학대학교는 학교를 합병(통폐합)할 경우 대한예수교장로회 '총회' 승인을 얻어야 한다. (신설 개정 2021.9.28)
4. 총회 산하기관(단체)의 재산은 해당 법인기관 및 단체 이사회가 임의로 해외에 투자할 수 없고, 개인 혹은 특정 단체에게 무상증여, 보상, 분양, 증여할 수 없다. (신설 개정 2021.9.28)

**산하기관의 행정적 조치 가능**  총회 유지재단은 독립된 법인이나 총회의 산하기관이며, 노회가 설립한 노회 유지재단은 노회의 산하기관이므로 노회 결의와 명령을 무시하는 것에 대하여는 적법한 행정조치를 취할 수 있다.[24]

**제12항**  제10항의 치리회, 제직회 및 공동의회는 회의를 보호할 목적임에 비하여 본 항은 장소적 개념을 중시하여 '교회와 각 치리회 및 총회의 각 산하기관 및 단체와 기관의 사무실 내·외'에서의 일정한 행위를 처벌하는 것으로 해석된다. 따라서 반드시 회의 중일 것임을 요하지 않는다. 특히 장소를 묻지 않고 치리회 재판국 판결 및 치리회 지시에 대하여 불법 항의집회와 시위 등의 행위를 처벌한다.

**제13항**  문서의 '위조'는 작성권한 없는 자가 타인의 명의의 문서를 작성하는 것을 의미하고 '변조'는 이미 진정하게 성립된 타인 명의의 문서내용에 대하여 변경을 가하는 것을 말한다.

형법에서는 공문서와 사문서를 구분하여 처벌하고 있는데, 교회, 노회, 총회와 총회 산하기관 및 단체와 관련된 문서라는 표현으로 보아 공문서만 해당하는 것으로 보는 것이 타당하나, 예외적으로 교회, 노회, 총회와 총회 산하기관 및 단체의 의사 및 정책결정이나 행위에 중대한 영향을 주는 경우에는 사문서도 해당할 수 있다고 사료된다.

'개인정보와 문서의 불법 획득 및 유출하는 행위'는 그 의미가 매우 다양하여 한

---

24) 제99회기-19번.

마디로 정의하기가 어렵다.

**공동의회 회의록 거짓 보고**  대리당회장이 공동의회를 편파적으로 인도하면서 광고하지 않은 안건을 처리한 것처럼 회의를 인도하고, 공동의회 회의록을 왜곡되게 기록하여 거짓으로 노회에 보고한 것은 본 항 소정의 권징사유에 해당하는 죄과이다.[25]

**제14항**  '운영에 있어서의 부정과 공금유용, 횡령, 배임 등의 재정 비리행위'의 의미가 '운영에 있어서의 부정'과 '공금유용, 횡령, 배임 등의 재정 비리행위'의 두 개의 유형으로 나누어지는 것인지 아니면 '운영에 있어서의 부정과 공금유용, 횡령, 배임 등'이 '재정비리'의 하나의 예시로서 한 개의 유형을 의미하는지 모호하나 전자로 해석하는 것이 타당하다고 본다.

**헌금위원의 헌금절취행위**  해당 행위 역시 제14항에 따라 처벌이 가능하다고 보여진다.

**제15항**  본 항의 행위의 주체는 '노회, 총회의 감사위원과 총회 산하기관 및 단체의 직원 및 이사, 감사'에 한정되며 그 행위의 유형은 "직무 태만 및 고의적 행위로……상당한 손실을 입게 한 행위"이며 이때 '상당한'의 의미와 그 정도에 대하여는 많은 논란이 있어 왔는데, 2014년 시행규정의 개정 시에 '100만 원 이상의 재정 비리 또는 부정을 행한 죄과'라고 정의하였다(시행규정 제72조 7항 2호).

■ **시행규정 제72조 위탁재판의 청원·책벌(권징) 적용과 범위**

1~5. 는 위탁재판의 청원과 관련

6. 각 치리회나 총회 산하기관 및 단체에서의 부정이나 재정 비리 행위 당사자에 대하여 총회장 혹은 총회 산하기관 및 단체의 이사회, 치리회의 감사위원회가 결의하여 총회재판국에 고소(고발)하여 책벌할 수 있다. (신설 개정 2014.9.25, 개정 2022.9.21)

7. 책벌(권징) 적용과 범위 (신설 개정 2014.9.25)

② 헌법 권징 제3조(권징의 사유가 되는 죄과) 15항의 상당한 손실, 제5조(책

---

25) 제99회기-86번.

벌의 종류와 내용) 3항의 단서 조항의 상당한 비리나 부정, 제49조(고소기간)의 상당한 죄과 등의 범위는 100만 원 이상 재정 비리 또는 부정을 행한 죄과를 말한다.

④ 노회나 총회 직원과 총회 산하기관 및 단체의 이사나 직원으로 본 교단에 소속 교회를 출석하지 않는 자가 헌법 권징 제3조에 해당하는 죄과(부정과 재정 비리)를 범할 경우에 수도권 내의 본 교단 소속 노회(노회 직원은 근무하는 노회)에 고소·고발이나 기소의뢰를 하여 책벌을 받게 하고, 그 결과를 출석하는 교회와 소속 노회에 통지하여 처리하게 한다.

### 제4조 재판의 원칙

1. 모든 교인(직원)은 재판을 받아 자기를 방어할 권리를 가진다.
2. 재판은 3심제로 하며 제1심은 당회인 치리회에서, 제2심은 노회 상설 재판국에서, 제3심은 총회 상설 재판국에서 관장한다.
3. 재판은 성경과 헌법 또는 헌법시행규정에 의해 공정하게 행하여야 한다.
4. 재판은 고소(고발)장이 재판국에 접수된 후 4개월 이내에 끝마쳐야 한다.

제1항은 제6조 2항의 "재판을 받지 않고는 권징할 수 없다"는 규정과 같은 맥락에서 자기방어의 원리를 밝힌 것으로서 소추기관의 기소를 필요로 하는 '탄핵주의'를 전제로 우리 교단 헌법이 재판의 기본구조의 원리로 채택한 '당사자주의'를 선언한 조항이라고 볼 수 있다.

제2항은 실체적 진실을 발견하고 오판을 최대한 방지하고자 '3심제'를 채택하였다.

재판은 제1심은 치리회에서 관장한다고 하고 있으나 제23조에서 2인 내지 5인으로 구성된 당회 재판국에서 재판함이 원칙이며, 예외적으로 필요한 경우 당회 결의로 기소위원을 제외한 당회원 전원이 재판국원이 될 수 있고, 또 "당회원을 제외한 일반 교인 및 직원에 대한 소송사건에 관하여 시무정지 6개월 이하의 책벌을 과하거나 혹은 책벌하지 않을 경우에 한하여 당회원 3분의 2 이상 출석과 출석 당회원 과반수 결의로 기소 및 재판절차를 대신할 수 있도록" 되어 있다(제26조 2항).

목사는 노회 소속이므로 제1심이 노회 재판국이 되고 제2심이 총회 재판국이 되므로 3심제가 적용되지 않는 결과가 됨은 불가피한 현상이다.

제3항은 재판의 생명인 실체적 진실 발견을 위하여 필요한 재판의 공정성의 원칙을 밝힌 규정이다.

제4항은 "지연된 정의는 정의가 아니다"라는 법언에 잘 나타나 있듯이 재판 신속의 원칙을 선언한 것으로 여기서의 4개월은 권고기간이라고 보아야 할 것이고 또 재판은 제1심 재판을 의미한다고 보아야 한다.

**노회 기소위원회, 재판국 폐지 불가**   재판은 3심제로 운영하도록 규정되어 있음에 따라 권징 제16조 및 56조에 근거, 노회에 재판국 및 기소위원회를 구성하도록 되어 있으며, 이는 모든 교인들이 정당한 재판을 받아 자기를 방어하도록 하기 위함이므로 개 노회가 기소위원회와 재판국을 폐지할 수 없다.[26]

**행정소송과 권징재판은 상이**   동일한 사안이라도 행정소송과 권징재판은 상이한 것이므로 각각 재판하여 시벌할 수 있으며 행정심판에서 이미 위임목사직이 박탈된 경우에도 권징재판이 가능하다.[27]

**타 교단 죄과 피해자도 고소 가능**   우리 교단 소속이 아니더라도 우리 교단 소속 교인에 의하여 범죄 피해를 받은 자는 고소, 고발을 할 수 있고, 재판을 받을 수 있다.[28]

### 제5조 책벌의 종류와 내용

1. 책벌은 다음과 같다. (개정 2012.11.16, 2014.12.8, 2019.12.19)
   ① 견책 : 죄과를 꾸짖고 회개하게 한다.
   ② 근신 : 2개월 이상 6개월 이내의 기간 죄과에 대한 반성문을 1회 이상 소속 치리회장에게 제출하고, 행동을 삼가게 한다.
   ③ 수찬정지 : 6개월 이상 1년 이내의 기간 수찬을 정지한다.
   ④ 시무정지 : 3개월 이상 1년 이내의 기간 치리권(행정권과 권징권)을

---

[26] 제102회기-32번.
[27] 제98회기-42번.
[28] 제92회기-5번.

정지한다.
⑤ 시무해임 : 3개월 이상 1년 이내의 기간 설교권을 포함하여 교회의 모든 시무를 정지한다.
⑥ 정직 : 6개월 이상 2년 이내의 기간 직원의 신분은 보유하나 그 신분이 일시 정지되며 그 기간 모든 직무를 정지하며 동시에 수찬도 정지된다.
⑦ 상회총대파송정지 : 교회 직원과 치리회는 1~3년 이내, 노회와 총회 직원은 2~3년 이내, 총회 산하 기관·단체 이사는 3~5년 이내의 기간 상회총대파송을 정지한다.
⑧ 면직 : 직원의 신분을 박탈한다.
⑨ 출교 : 교인명부에서 제명하여 교회 출석을 금지시킨다.

2. 교인에게 과하는 벌
① 견책 ② 근신 ③ 수찬정지 ④ 출교

3. 직원(교회 항존 및 임시 직원, 노회와 총회 직원, 총회 산하기관 및 단체 이사)에게 과하는 벌
① 견책 ② 근신 ③ 수찬정지 ④ 시무정지 ⑤ 시무해임
⑥ 정직 ⑦ 면직 ⑧ 상회총대파송정지
단, 교회 직원에게는 출교를 병과(다른 벌과 함께 혹은 출교만)할 수 있고, 또한 총회 감사위원회가 고발한 자와 총회 산하기관 및 단체의 운영과 관련하여 상당한 비리나 부정을 행한 교인에게는 출교, 직원에게는 출교와 면직과 상회총대파송정지의 책벌을 병과할 수 있다.

4. 치리회에 과하는 벌
① 상회 총대 파송 정지

제3항 단서에서의 "상당한 비리나 부정을 행한 교인"에 대하여 2014년 시행규정의 개정 시에 "100만 원 이상의 재정비리 또는 부정을 행한 죄과"라고 정의하였다(시행규정 제72조 7항 2호).

'병과할 수 있다'는 책벌을 택일하거나 함께 줄 수 있다는 뜻이다.[29]

**유기 책벌과 출교 병과**  시무해임과 정직판결에는 출교까지 병과할 수 있다는 해석[30]과 같이 출교를 주형으로 선고하지 않고 다른 책벌과 병과하는 경우 모든 책벌에 출교를 병과할 수 있다는 주장도 있을 수 있으나 무기책벌인 출교를 유기책벌인 시무정지, 시무해임, 정직과 병과한다는 것은 유기의 의미가 상실되므로 무기책벌인 면직 선고 시에만 출교를 병과할 수 있다고 보는 견해[31]와 최소한 정직 이상 선고 시 출교를 병과할 수 있도록 하자는 견해[32]가 있으며, 면직 선고 시에만 출교를 병과할 수 있다고 보는 견해가 타당하다고 사료된다.

**은퇴(원로)목사도 책벌 가능**  ① 은퇴목사는 교회 소속이 아니며, 노회의 언권회원으로서 노회 소속 목사이므로 권징 제3조의 죄과가 있는 경우 책벌할 수 있고,[33] ② 은퇴(원로)목사도 면직, 출교 처분 및 재판을 할 수 있다.[34]

**목사와 장로에 대한 시무정지 책벌의 효력 범위**

**당회장의 시무정지**  ① 행정권과 권징권을 정지한다는 것이며,[35] ② 정치 제25조에서 말하는 기본적인 목회권인 말씀교훈권, 성례거행권, 교인축복권은 정지되지 않으므로 대리당회장이 임의적으로 담임목사의 설교권을 정지시킬 수 없다.[36]

**시무정지 중에 있는 목사**  ① 설교 이외의 일체의 행정행위(결혼식, 장례식 등), 축도권 행사 및 성례 집례를 행사할 수 없으나,[37] ② 당회장권만 정지되고 노회원권은 정지되지 않으므로 총회총대로 갈 수 있으며,[38] ③ 헌법 규정은 없지만 통상 관례에 따라 재판국원 및 전도사 고시와 장로 고시위원으로 참여하는 것은 적절

---

29) 제87회기-9번.
30) 제95회기-67번.
31) 이성웅, 82면.
32) 권헌서, 앞의 논문 23면.
33) 제102회기-61번, 제98회기-24번.
34) 제95회기-72번, 제94회기-41번.
35) 제91회기-20번, 제85회기-18번.
36) 제99회기-86번, 제90회기-2번.
37) 제91회기-11번.
38) 제91회기-47번.

하지 못하다고 해석하였다.<sup>39)</sup>

**시무정지 중에 있는 부목사** 목사에 준하여 설교 이외의 일체의 행위를 할 수 없으며,<sup>40)</sup> 시무처가 없는 무임상태에서도 시무정지 판결을 할 수 있다.<sup>41)</sup>

**시무정지된 장로** 정치 제39조에 따라 ① 행정권 및 권징권, ② 교회의 신령상 관계 감독권, ③ 교인 권면권, ④ 회개하지 아니한 자에 대한 당회보고권이 정지되며, 행정권으로는 일반행정, 서무권, 당회원권, 당회권, 제직회 회원권 및 제직회권, 공동의회 회원권이 정지된다고 해석하였으나,<sup>42)</sup> 본 조 제1항 4호에서 '시무정지는 3개월 이상 1년 이내의 기간 치리권(행정권과 권징권)을 정지한다'는 규정에 따라 시무정지된 장로는 정치 제39조 장로의 직무 중 ① 행정권 및 권징권만 정지된다고 보는 것이 타당하다.<sup>43)</sup>

**분병분잔 및 세례문답 참여권** 정치 제68조 1항에 규정하고 있는바, 당회원으로서 누릴 권리이므로 권징에 의한 시무정지 책벌에 의하지 않으면 정지될 수 없고, 대표기도권, 예배 안내의 권리는 당회의 기능이 아니므로 건덕상 당회의 결의만으로 제한할 수 있다고 해석하였다.<sup>44)</sup>

**정직받은 당회장** 당회장이 정직을 받았을지라도 교회의 대표자이며 다만 책벌기간 동안 대표자의 권한이 정지된다.<sup>45)</sup>

**출교받은 경우** 교인과 직원은 당해 교회의 교인 자격이 상실되며(교적부에서 삭제됨), 출교받은 목사는 소속 노회의 회원자격이 상실된다.

**보직해임은 당회의 직무사항** 선거과정에서 오해를 불러일으킬 행위로 말미암아 당회에서 선임장로, 선거관리위원장, 찬양위원장, 노인대학장의 직분에 대하여 보직 해임한 것은 본 조 제3항에 의한 책벌이 아니고 교회 감독기관인 당회의

---

39) 제91회기-51번.
40) 제91회기-20번.
41) 제99회기-62번.
42) 제92회기-61번.
43) 같은 취지, 이성웅, 78면.
44) 제92회기-61번.
45) 제93회기-62번.

직무사항으로서 적법하다.[46]

### ■ 시행규정 제72조 위탁재판의 청원·책벌(권징) 적용과 범위

1~5.는 위탁재판의 청원과 관련

6. 각 치리회나 총회 산하기관 및 단체에서의 부정이나 재정 비리 행위 당사자에 대하여 총회장 혹은 총회 산하기관 및 단체의 이사회, 치리회의 감사위원회가 결의하여 총회재판국에 고소(고발)하여 책벌할 수 있다. (신설 개정 2014.9.25, 개정 2022.9.21)

7. 책벌(권징) 적용과 범위 (신설 개정 2014.9.25)

   ① 헌법 권징 제5조(책벌의 종류와 내용) 3항에서의 직원이란, 헌법 정치 제21조(교회의 직원의 구분)의 직원뿐 아니라 노회·총회 유급 직원과 총회 산하단체와 기관의 이사를 포함한 범위를 말한다.

   ② 헌법 권징 제3조(권징의 사유가 되는 죄과) 15항의 상당한 손실, 제5조(책벌의 종류와 내용) 3항의 단서 조항의 상당한 비리나 부정, 제49조(고소기간)의 상당한 죄과 등의 범위는 100만 원 이상 재정 비리 또는 부정을 행한 죄과를 말한다.

   ③ 헌법 권징 제5조 1항 가중처벌의 불량한 죄질이란 상당한 뇌물 수수·횡령·공금 유용·배임과 성폭행 및 상습 폭행, 치리회원과 치리회 및 기관 단체의 개인 정보와 문서를 부정 유출한 죄과를 말한다.

   ④ 노회나 총회 직원과 총회 산하기관 및 단체의 이사나 직원으로 본 교단에 소속 교회를 출석하지 않는 자가 헌법 권징 제3조에 해당하는 죄과(부정과 재정 비리)를 범할 경우에 수도권 내의 본 교단 소속 노회(노회 직원은 근무하는 노회)에 고소·고발이나 기소의뢰를 하여 책벌을 받게 하고, 그 결과를 출석하는 교회와 소속 노회에 통지하여 처리하게 한다.

   ⑤ 헌법 권징 제3조의 죄과 사유로 책벌 받은 자가 3년 이내에 다시 죄를 범할 경우 누범을 적용하여 가중처벌한다.

---

46) 제102회기-39번.

⑥ 헌법 정치 제28조 6항을 위배한 해 치리회장에게는 상회총대파송정지 이상의 책벌을 할 수 있다.

⑦ 헌법시행규정 제23조(다른 교단의 목사청빙)에 있어, 구비서류가 미비하거나 자격 요건이 불비함을 알고도 청빙과 청목 및 목사고시 응시 등을 묵인하거나 조건부 승인(허락)한 경우에는 해 당회장과 노회장에게는 상회총대파송정지 이상의 책벌을 할 수 있다.

**제3항의 삭제** 본 시행규정 제3항은 2019년 헌법개정에서 삭제된 제5조 1항 8호(가중처벌)의 존속을 전제로 한 조항이므로 삭제되어야 한다.

**제4항의 보완** 본 교단에 소속 교회를 출석하지 않는 노회나 총회 직원과 총회 산하기관 및 단체의 이사나 직원의 경우에 수도권 내의 본 교단 소속 노회(노회 직원은 근무하는 노회)에 고소·고발이나 기소의뢰를 하여 책벌을 받게 하도록 규정하고 있는바, 이는 본 교단에 소속 교회를 출석하지 않지만 노회와 총회 또는 산하기관 및 단체에 소속되어 있는 이상 본 교단에서 권징할 수 있다고 보는 것이 타당하며, 따라서 본 교단 재판국은 본 교단 소속 교인에 대하여서만 재판권을 가진다는 원칙에 대한 예외를 인정하는 본 조항의 취지는 충분히 수긍이 된다. 다만, 이들에 대한 재판관할을 아무런 기준이 없이 수도권 내의 본 교단 소속 노회라고 하는 것은 수도권을 서울, 인천, 경기라고 할 때에 20개 가까운 노회 수를 감안하면 너무 막연할 뿐만 아니라 결국 본 시행규정 제6항에 따라 이들에 대한 고소(고발)권을 가지는 총회장, 혹은 총회 산하기관 및 단체의 이사회, 치리회의 감사위원회가 임의로 결정하는 노회가 재판관할권을 가진다는 결론에 도달할 수 밖에 없게 되어 불합리하다고 하지 않을 수 없다. 생각하건대, 총회와 해당 노회 및 그 산하기관과 단체의 소재지 또는 해당 당사자의 주소지를 관할하는 노회에 재판관할권을 인정하여 그 노회에 고소(고발)하도록 하는 것도 하나의 방법이 되지 않을까 사료된다.

**누범가중 제도** 제5항은 일반 형법 제35조에 규정된 누범제도(금고 이상의 형을 받아 그 집행을 종료하거나 면제를 받은 후 3년 내에 금고 이상에 해당하는 죄를 범한 자를 2배까지 가중하여 처벌하는 제도)를 도입하여 책벌받은 자가 3년 이내에 다시 죄를 범할 경우 가중처벌을 규정한 조항으로서 넓게 보아 권징 책벌을 받은 자가 일정기간 내에 재범하는 것을 방지하기 위한 제도의 하나라고 볼 수 있다.

일반 형법에서는 각 범죄별로 형의 종류와 상한과 하한이 규정되어 있어 누범의 경우 그 죄에 정한 형의 장기의 2배까지 가중한다고 규정하고 있음(형법 제35조 2항)에 대하여 모든 죄과에 단일 책벌이 규정되어 있는 우리 권징법에는 구체적으로 어떻게 가중처벌할 것인지에 대하여 아무런 규정이 없는 점이 문제이다. 형법상으로도 누범가중 처벌의 근거와 효과에 대한 회의가 일어나서 폐지론이 대두되고 있는 실정인 점을 감안할 때 범죄에 대한 형사처벌도 아닌 권징제도에서 굳이 이를 유지할 필요성이 있는지 의문이다.

### ■ 시행규정 제16조의 11  유기책벌과 직무와의 관계

1. 시무정지, 시무해임은 책벌 받은 소속 치리회와의 관계이므로 총회, 노회, 산하기관, 유관기관, 연합기관 등의 직책이나 업무에 영향을 미치지 못하며 직무를 계속 수행할 수 있고, 청빙을 받아 타 교회나 기관에서 보직에 임할 수 있다. 단, 치리회(기관)의 법리부서나 감사부서에서는 직무를 계속 수행할 수 없다. (개정 2012. 9. 20)
2. 남은 책벌기간 동안은 책벌 내용대로 시무가 정지, 해임되고 만기가 되면 자동 해벌된 것으로 본다.

법리부서는 각 치리회의 재판국, 총회와 노회의 규칙부 및 총회 헌법위원회를 말한다.

**장로 사임 시 노회 임원 회기 동안 계속**  노회 임원 중 해 당회에 장로가 사임했을 경우 본 시행규정 제1항에 준하여 회기 동안은 계속할 수 있다.[47]

**시무정지와 부노회장 직무정지관계**  '노회장은 부노회장 역임, 부노회장은 노회 전입 10년 이상 자격 요구하는 노회규칙'이 있는데, 노회 전입 9년 8개월 된 목

---

47) 제95회기-37번.

사가 부노회장에 입후보하여 당선이 되었으나 이로 인하여 총회 재판국에서 시무정지 6개월의 형을 받은 경우(시무정지 형을 받았기 때문에 부노회장직을 역임하지 않았음) 노회장에 입후보할 수 있는지에 대하여 "본 시행규정 제1항에 의하면 시무정지는 책벌받은 소속치리회와의 관계이므로 그 밖의 기관(총회, 노회, 연합기관)의 직책이나 업무에 영향을 미치지 못하며 직무를 계속할 수 있다고 되어 있으므로 시무정지 받은 것과 부노회장의 직무 수행과는 아무런 관계가 없다. 다만 노회 규칙상 10년을 입후보 자격으로 규정되어 있고, 특정 당사자가 노회에 전입한 지 9년 8개월이 사실이라면, 이는 자격미달이고, 부노회장 당선은 무효가 되며, 부노회장을 역임한 자로 볼 수 없어 노회장 입후보는 불가하다"는 것으로 해석하였다.[48]

### ■ 시행규정 제16조의 12  정직과 직무와의 관계(신설 개정 2012.9.20)

정직책벌을 받은 자는 정직기간 동안 모든 시무와 직원의 신분도 정지되므로 그 기간 동안 치리회(기관)의 직책이나 업무에 종사할 수 없으며 그 기간 만료 후에는 시무할 수 있다.

### ■ 시행규정 제16조의 13  면직 및 출교와 직무와의 관계

면직처분을 받은 자는 직원 신분이 박탈되었으므로 치리회(기관)에서 시무할 수 없으나 출교처분은 평신도는 교인명부에서, 목사는 노회원명부에서 제명하여 교회출석과 노회출석을 금지시키는 벌이므로 소속 교회(기관), 소속 노회를 벗어나면 다른 교회와 다른 노회로 이명하여 시무할 수 있다. (개정 2012.9.20)

**면직, 출교판결 받은 전 노회장**  노회장을 지낸 분이 면직 출교 판결을 받아 확정된 경우에 본 시행규정에 따라 노회 시 출석을 호명할 수 없고, 은퇴명부에서 삭제되어야 하며, 전 노회장 명부에는 역사적 사실이므로 기록할 수 있다.[49]

---

48) 제92회기-7번.
49) 제101회기-3번.

■ **시행규정 제88조 총회결의와 총회장의 행정처분의 효력(개정 2012.9.20)**
1. 총회의 결의 또는 총회장의 행정처분이나 행정지시를 위반·불이행한 자에 대하여 총회장은 총회 임원회의 결의에 의하여 그 시행을 권고할 수 있다.
2. 전항의 권고를 20일 이내에 시행하지 아니할 경우에 총회장은 총회 임원회의 결의로 10일 기간을 두고 2차 경고를 할 수 있다.
3. 전항의 2차 경고를 받고도 이를 시행하지 아니한 때에는 총회장은 총회 임원회의 결의를 거쳐 위반·불이행한 그 치리회를 헌법 권징 제3조 제2항의 죄과를 물어 총회 임원회의 서기로 하여금 총회 재판국에 고소(고발)하게 하여, 헌법 권징 제5조 4항 ① 상회 총대 파송정지의 책벌을 받게 할 수 있다.
4. 전항의 경우에 총회장은 그 치리회장과 그 치리회의 서기에게도 전항의 죄과를 물어 총회 임원회의 서기로 하여금 총회 재판국에 고소(고발)하게 하여, 헌법 권징 제5조 3항의 책벌을 받게 할 수 있다.
5. 제2항 내지 제4항의 경고나 제재방법 이외에 총회장은 총회 임원회의 결의를 거쳐 그 치리회에 다음의 행정처분을 할 수 있다.
   ① 총회가 집행 또는 주선하는 예산의 집행이나 수혜를 정지하는 처분
   ② 그 치리회에서 총회에 파송하는 총대의 전부 또는 일부에게 각 상임 부·위원회, 정기위원회의 임원, 산하기관의 이사·감사의 임직을 배제하는 처분. 단, 부총회장의 선거권·피선거권, 총회 본회의의 출석, 발언, 표결권 기타 기본권을 제한하지 못한다.

본 시행규정 제3항 및 4항은 그 문언으로 보아 "제2차 경고를 받고도 총회의 결의 또는 총회장의 행정처분이나 행정지시를 위반·불이행한 치리회 및 그 치리회장과 서기"에 대하여 그 관할 치리회(노회나 교회)에 고발하지 않고 직접 총회 재판국에 고발하게 하는 것은 조사절차를 거치지 않고 또 기소 제기도 없이 곧바로 총회 재판국에서 재판을 할 수 있다는 취지로 해석되므로 제2차 경고를 받고도 총회의 결의 또는 총회장의 행정처분이나 행정지시를 위반·불이행한 사실은 비교적 단순하고 객관적으로 명백한 사실관계이므로 조사절차와 기소절차 없이 곧바로 총회 재판국에서 재판을 할 수 있다고 이해할 수는 있다고 본다. 그러나 이러

한 제도는 3심제와 불고불리의 원칙 및 기소위원회 기소독점주의에 대한 예외를 인정하는 결과가 되므로 부득이한 경우에 극히 제한적으로 인정하여야만 한다고 생각되며, 이 문제는 매우 중대한 사항이므로 그 성격상으로 적어도 시행규정에서 논의하는 것은 적합하지 않으며 헌법 본문에서 규정할 사항이라고 사료된다.

이와 같은 문제점은 제58조의 1에서 인용한 시행규정 제72조 6항 및 7항 4호에서도 그대로 지적할 수 있다.

### ■ 시행규정 제90조 총회결의와 총회장의 행정처분 및 조치의 적용 범위(신설 개정 2015.9.17)

1. 헌법시행규정 제88조 제1항 내지 제4항은 총회 산하기관 및 단체의 이사 개인이나 대표자에게도 적용할 수 있다.
2. 전 제1항의 경우는 총회 임원회의 결의로 서기가 소속치리회에 고소, 고발할 수 있고, 소속치리회 재판국은 재판에 의해 헌법 권징 제5조 제3항 또는 제4항 ①호의 책벌을 받게 할 수 있다. (개정 2021.9.28)
3. 전 제1항, 제2항의 책벌에 대하여 1회에 한하여 총회재판국에 이의신청을 할 수 있다.
4. 헌법시행규정 제88조 제1항과 제2항, 전 제1항의 총회장의 행정처분이나 행정지 시, 행정명령의 1차는 권고, 2차는 경고를 뜻한다.
5. 총회가 파송하는 총회 산하기관 및 단체, 연합기관 등의 임원(이사, 대표)이 총회 헌법 및 헌법시행규정, 총회 규칙 및 제 규정을 위배하거나 총회 결의에 반하는 행위를 할 경우 총회 임원회의 결의로 서기가 제2항의 절차에 따라 소속치리회에 고소, 고발할 수 있고, 노회의 기소위원회가 기소를 제기하면 총회장은 총회 임원회의 결의로 판결 확정 시까지 그 당사자의 직무를 정지할 수 있다. (개정 2021.9.28)

### 제6조 책벌의 원칙(개정 2012.11.16)

1. 죄과를 범한 자(은퇴자 포함)의 책벌은 재판절차를 거쳐서 행하여야 한다.
2. 재판을 받지 않고는 권징할 수 없다.

3. 재판회 석상에서 범한 제3조 제10항의 범죄에 대하여는 별도의 고소(고발) 및 기소 없이 즉시 판결로 책벌할 수 있으며 피고인의 경우에는 본죄와 병합하여 가중처벌할 수 있다.

**제3항**  본 항은 제3조 10항에서 규정된 죄과의 장소(치리회, 제직회 및 공동의회 석상)에 포함되지 않았으나 재판국원들이 모두 현장에서 목격하고 있는 재판회 석상에서의 '폭언, 협박, 폭행, 상해, 재물손괴 행위'에 대하여는 별도의 기소절차를 생략하고 바로 재판을 할 수 있도록 한 것이다. 재판회 석상에서 위와 같은 행위를 한 사람이 피고인이 아닌 경우에는 그 사건만으로 재판을 하게 되나 피고인의 경우에는 이미 기소되어 재판 중인 사건과 병합하여 가중처벌할 수 있게 된다.

**재판 진행 중 기소 없이 즉시 책벌**  본 조에 근거 재판 중에 폭언, 협박, 폭행, 상해, 재물손괴 행위 등을 통하여 원활한 재판 진행을 방해할 경우 제7조의 재판관할에도 불구하고 별도의 기소 없이 즉시 판결로 책벌할 수 있으며, 해당 판결에 따라 시벌은 해당 노회 소속 치리회장이 해야 한다.[50]

**당회의 제명처분 결의 불가**  사회적 물의를 일으킨 장로라도 재판에 의하지 않고 당회의 결의로 제명처분할 수 없다.[51]

### ■ 시행규정 제87조 재판계류와 교단탈퇴

1. 본 교단 헌법과 이 규정에 의한 재판국의 재판에 계류 중에 있는 자(교회, 단체 포함)가 총회나 노회를 탈퇴한 경우에는 변론 없이 항존직원은 헌법 권징 제5조 제1항 제9호 면직책벌로 판결할 수 있으며 재판에 계류 중이 아닌 항존직원은 권고사직이 된 것으로 본다. (개정 2012.9.20, 2019.9.26)
2. 재판에 계류 중 여부와 관계없이 탈퇴한 자에 대하여는 행정적인 조치로 치리회에서 제명할 수 있으며 이 경우 명부에는 탈퇴로 인한 제명이라고 쓰며 이 제명의 효과는 재판에서 면직과 출교책벌을 병과하여 받은 것과 동일한

---

50) 제103회기-57번.
51) 제89회기-2번.

효력이 있다. (신설 개정 2012.9.20)

**교단, 노회 탈퇴 행위 불인정**  교단 및 노회를 탈퇴하는 행위는 본 시행규정에 근거 인정하지 않는다.[52]

**탈퇴의 의미**  본 시행규정 제2항의 '탈퇴한 자'는 '교단 총회나 노회를 탈퇴한 자'를 의미한다.[53]

**탈퇴자에 대한 제명(본 시행규정 제2항의 입법취지)**  ① 교단을 탈퇴한 사람을 법적 절차를 거쳐 소환, 심문, 처리하기도 힘들고 시일이 오래 걸리며 행정적인 절차를 시행하는데도 인적, 물적 손실이 많이 발생되므로 이를 간소화하기 위하여 교회 주보나 게시판에 공시 후 명부에서 제명하는 절차를 진행할 수 있도록 한 것이며, 교단 총회나 노회나 교회를 탈퇴한 자에게는 행정적인 조치로 각급 치리회에서 제명할 수 있고, 이 제명의 효과는 재판에서 면직과 출교 책벌을 병과하여 받은 것과 동일한 효력이 있다는 의미이며,[54] ② (교단 탈퇴자에 대하여는) 정식 권징절차를 진행할 아무런 필요나 의미가 없기 때문에 치리회의 결의로 지교회의 주보나 게시판에 공시 후 교적부에서 제명하는 절차를 진행할 수 있도록 규정한 것이다.[55]

**교단 탈퇴에 관한 정관은 불가**  교단 탈퇴에 관하여 본 조에서 규정하고 있으므로 교단 탈퇴에 관한 규정을 지교회 정관으로 정하는 것은 불가하다.[56]

**탈퇴한 교인들의 교회 설립**  교단과 노회를 탈퇴한 교인들은 동일한 장소에서 동일한 명칭으로 교회를 설립 및 노회 가입을 할 수 없다.[57]

교단 탈퇴에 관하여는 정치 제35조(목사의 사임 및 사직), 제77조(노회의 직무), 교단의 탈퇴 및 변경에 관하여는 정치 제14장 재산에 관한 부분에서 기술한 내용을 함께 참조 바란다.

---

52) 제101회기-79번, 제104회기-19번.
53) 제98회기-81번.
54) 제98회기-56번.
55) 제98회기-81번.
56) 제102회기-15번.
57) 제98회기-9번, 제97회기-73번.

# 제2장 재판국

　최근 국가제도에서 사법불신이 큰 사회적 문제가 되고 있듯이, 우리 교단에서도 재판국에 대한 불신이 팽배하여 있으며 특히 총회 재판국에 대한 불신의 정도가 '당회 재판국을 거쳐 노회 재판국까지만 재판받은 후에는 불만이 있는 당사자는 총회로 사건을 가지고 오지 말고 국가법원으로 가서 재판을 받아 보라'는 소위 총회 재판국 폐지론이 상당한 호응을 얻을 정도로 매우 심각하여 그대로 방치할 수 없는 지경에 이르렀다는 점이다.

　그러나 총회 재판국 폐지론은 노회 재판국과 당회 재판국 제도의 문제점은 그대로 둘 뿐만 아니라 노회 결의 무효확인 사건, 총회 결의 무효확인 사건, 노회장 또는 부총회장 당선무효 사건 등과 같은 노회 재판국에서 재판하기에 부적절한 사건을 노회 재판국에서 재판하게 되든지 아니면 총회 재판국의 재판도 없이 곧바로 법원으로 가지고 가서 해결하여야 하는 것으로 결과적으로 우리 교단이 자정능력과 자율적 통제능력이 없음을 스스로 인정하는 방안이라는 점에서도 바람직한, 근본적인 해결방안이 될 수는 없다.[1]

　재판국 제도의 가장 본질적인 문제는 비전문가들이 재판을 한다는 데에 있으므로 법률전문가들로서 총회 재판국을 구성하고, 이와 동시에 총회 재판국원들로 하여금 양심과 법리에 따라 독립적으로 판결할 수 있도록 그 지위를 보장해 준다면 총회와 총회 재판국의 위상은 눈에 띄게 회복될 수 있을 것이며,[2] 이 경우 단계

---

1) 같은 취지, 권헌서, 총회법리부서의 문제점과 해결방안(한국장로신문 특별기고, 2017. 9. 16.자 제1564호, 12면).
2) 권헌서, 앞의 특별기고.

적, 장기적으로 추진하여야 할 과제로서 총회 재판국에 법률전문가가 일정 수 이상 포함될 수 있도록 제도화하여야 하며, 그 숫자는 재적 과반수는 되어야 한다고 보는 견해[3]에 찬성한다.

총회에서도 이러한 요청과 비판을 수용하여 2019년 헌법개정에서 총회 재판국의 구성에 관한 제10조 2항 규정을 "2인 이상은 법학을 전공한 법학사 학위를 가진 자 중에서"를 "3인 이상은 법조인 및 총회 법리부서(규칙부는 실행위원 이상) 경력자 중"으로 변경하여 점차적으로 총회 재판국에서의 법률전문가의 비중을 높이려고 노력하고 있음을 보여 주었다.

## 제1절 통칙

### 제7조 재판국의 설치 및 재판관할

1. 총회 재판국은 총회에, 노회 재판국은 노회에, 당회 재판국은 당회에 각각 설치한다.
2. 목사에 관한 소송사건 및 장로의 노회원 또는 총회원으로서의 행위에 관련된 소송사건의 재판관할은 노회 재판국에 속한다. 일반교인 및 장로, 안수집사, 권사, 집사, 전도사에 관한 소송사건의 재판관할은 당회 재판국에 속한다. (개정 2022.11.17)
3. 치리회에 관한 소송사건의 재판관할은 차상급 치리회의 재판국에 속한다. (신설 개정 2012.11.16)

**타 노회 목사에 대한 재판권**  타 노회 목사에 대하여 다른 노회 재판국에서 재판할 수 없다.[4]

**노회원이 아니면서 산하기관 임원인 시무장로의 행위에 대한 관할**  시무장로가 현 노회원이 아닌 자로서 노회 산하기관의 임원으로서의 행위에 대한 재판관

---

3) 권헌서, 앞의 논문, 26면.
4) 제94회기-48번.

할은 장로의 소속 교회를 벗어난 총회, 노회의 산하 및 유사기관의 임원으로서의 행위이므로 노회 재판국에 있다.[5]

**노회 가입 허락 후 청목으로 시무하던 목사에 대한 관할** 노회 가입을 허락받고 청빙한 교회에서 청목으로 시무하던 목사가 중대한 실수로 고소당하여 그 고소장이 노회에 접수될 때에는 당회에서 재판하여야 하나, 당회에서 재판이 어려울 시 노회에 위탁재판을 청구하여 재판할 수 있다.[6]

**안수 결의가 취소되어 위임이 무효된 목사에 대한 관할** 총회 재판국의 행정재판에서 목사 안수 결의가 취소되어 위임목사가 무효가 되었으나 출교처분을 받지 않은 위임목사(출교가 되지 않은 이유로 해당 교회당 내부에서 목사 행세를 하며 교인들을 선동해 별도의 집회를 하고 있음)에 대한 재판관할은 헌법상으로 목사가 아니므로 당회에 있다.[7]

**총회 기소위원회 폐지 후의 관할** 총회 관련 여부와 관계없이 본 조에 근거 목사에 관한 소송사건 및 장로의 노회원 또는 총회원으로서의 행위에 관련된 소송사건의 재판관할은 노회 재판국에 속한다.[8]

### 제8조 재판국원의 제척, 기피, 회피

1. 재판국원은 다음의 경우에는 그 사건의 심리·재판에서 제척된다. (개정 2012.11.16)
    ① 국원이 피해자인 경우
    ② 국원이 피고인 또는 피해자와 친족관계에 있거나 있었던 경우
    ③ 국원이 당해 사건에 관하여 증인, 감정인이 된 경우
    ④ 국원이 고소인(고발인) 또는 피고소인(피고발인)인 경우
2. 당사자인 기소위원장과 피고인은 다음의 경우에 국원의 기피를 신청할 수 있다. (개정 2012.11.16)

---

[5] 제94회기-16번.
[6] 제99회기-8번.
[7] 제99회기-1번.
[8] 제104회기-70번.

① 전 항 각 호의 사유에 해당되는 경우
    ② 국원이 이해관계로 인하여 불공평한 재판을 할 우려가 있는 경우
 3. 고소인(고발인)은 기소위원장에게 국원의 기피신청을 요청할 수 있고, 기소위원장이 요청을 받고도 즉시 기피신청을 하지 않을 경우에는 고소인(고발인)이 직접 국원의 기피신청을 할 수 있다. (신설 개정 2012.11.16)
 4. 이 경우에 재판국은 기피신청에 대하여 기피사유가 정당하지 아니할 때에는 기각결정을 하고 재판을 진행하며, 기피사유가 정당할 때에는 당해 국원을 당해 사건의 심리·판결에서 배제시키고 재판을 진행한다.
 5. 기피신청인은 기피신청에 대한 기각결정에 불복하는 경우에는 결정서를 통보 받은 날로부터 10일 이내에 차상급 재판국에 불복 신청서를 제출하여야 한다. 불복 신청서를 받은 재판국은 불복 신청서를 받은 날로부터 50일 이내에 인용여부를 결정하여 확정된 결정서를 신청인과 당해 재판국에 통보하여야 한다.
 6. 국원이 제1항 또는 제2항의 사유에 해당하는 때에는 스스로 당해 사건의 심리·판결에서 회피할 수 있다.

 재판국원의 제척, 기피, 회피제도는 공정한 재판을 보장하여 재판에 대한 신뢰성을 확보하는 제도로서 형사 소송절차뿐만 아니라 민사, 가사, 행정 등 각종 소송절차에서 시행되고 있으며, 참고로 일반 법원에서는 법관뿐만 아니라 재판을 보조하는 법원 사무관, 서기, 통역인에게도 적용하고 있다.
 '제척'은 일정한 사유가 있을 때 담당 재판국원을 재판업무에서 배제하는 것이며, '기피'는 재판국원이 불공정한 재판을 할 우려가 있는 경우 재판 당사자(권징재판에서의 기소위원장과 피고인, 행정쟁송과 선거무효 사건에서의 원고, 피고)의 신청에 의하여 그 재판업무에서 배제하는 것이며, '회피'는 제척사유 또는 기피사유가 있을 때 재판국원이 스스로 당해 사건의 재판에서 물러날 수 있는 제도이다.
 **제척과 기피의 차이**  ① 제척은 그 사유가 있으면 당연히 재판에 관여할 수 없으나 기피는 당사자의 신청이 있어야만 하고 기피사유가 인정되어 기피인용 결정이 있어야만 재판관여가 금지된다.

② 제척은 그 사유가 있음에도 재판에 관여한 재판은 처음부터 효력을 가질 수 없고 당사자의 동의가 있더라도 효력을 가지지 못하나, 기피는 기피인용 결정 이후에 재판에 관여한 경우에만 효력이 없으며 그 이전의 소송관여는 유효하고, 당사자가 문제 삼지 아니한다면 그 재판은 유효하다.[9]

**고소인도 기피신청에 관여**  기피신청의 당사자는 재판 당사자인 기소위원장과 피고인이지만 고소인도 기소위원장을 통하여 기피신청에 관여할 수 있게 되어 있으며(제3항), 이 점은 권징재판에서 피고인에게 무죄판결, 기소기각 판결이 선고된 경우 고소인이 기소위원장을 통하여 상소할 수 있는 제도(제90조 3항)와 같은 취지로 특별히 고소인의 의사를 존중하는 제도이다.

**회피의무 유무**  불공정한 재판을 할 우려가 있는 회피사유가 있어도 '회피할 수 있다'(본 조 제6항)라고 하여 문언상으로는 재판국원이 반드시 회피하지 않아도 되는 것으로 규정하고 있으나 재판의 공정성을 보장하기 위한 본 규정의 취지로 보아 회피할 의무가 있다고 보는 것이 타당하다고 본다. 참고로 형사소송법에서는 반드시 회피하여야 할 의무가 있다고 규정하고 있다(제24조 1항).

**범죄혐의자**  제71조의 무죄 추정의 규정에 따라 본 조 제1항의 제척사유에 해당하지 않는다.[10]

**제척사유 있는 재판국원 참여 판결의 적법 여부**  재판국원이 고소인(고발인) 또는 피고소인(피고발인)인 경우 본 조에 의해 재판국원에서 제척되어야 함에도 불구하고 해당 국원이 재판에 참여하였다면 설사 그 재판국이 재적 국원 3분의 2 이상의 출석과 재적 국원 과반수의 찬성으로 의결했다 하더라도 그 판결은 본 조를 위반한 판결이다.[11]

■ **시행규정 제38조 제척·기피·회피**
1. 헌법 권징 제8조 제1항 제척사유 중 제2호의 친족은 민법 제777조 친족의 범위 ① 8촌 이내의 혈족, ② 4촌 이내의 인척, ③ 배우자로 한다.

---

9) 차용석, 백형구 등, 주석 형사소송법 1(한국사법행정학회 1997), 82면.
10) 제100회기-20번.
11) 제102회기-13번.

2. 헌법 권징 제8조 제2항에 의한 기피신청은 권징 제1호 서식에 의한다.
3. 전항의 경우 재판회 석상에서는 구두로 할 수 있으며 그 사유를 구술하고 재판국 서기나 담당직원이 기록을 함으로써 서면신청에 갈음한다.
4. 피고인의 변호인은 피고인이 명시한 의사에 반하지 아니하는 때에 한하여 재판국원에 대한 기피를 신청할 수 있으며 방법은 제2항, 제3항과 같다.
5. 기피사유는 신청한 날로부터 7일 이내에 서면으로 소명하여야 한다.
6. 기피신청이 있는 때에는 소송 진행을 정지하여야 한다. 단, 급속을 요하는 경우에는 예외로 한다.
7. 기피신청이 소송의 지연을 목적으로 함이 명백한 때에는 결정으로 이를 기각한다. 이 경우에는 소송 진행을 정지하지 아니한다.
8. 전항의 기각결정에 대하여 차상급 재판국에 불복 신청한 경우에 재판의 집행을 정지하는 효력이 없다.
9. 기피신청은 재판국원의 재적 3분의 1을 초과할 수 없다. 재적 3분의 2 이상의 출석과 출석인원 과반수의 찬성으로 결정하되 변론이나 토론 없이 무기명·비밀투표로 정한다. 기피신청된 국원은 투표할 수 없다.
10. 제척·기피·회피가 확정된 때에는 치리회(폐회 중에는 임원회)는 직권 또는 재판국의 신청에 의하여 즉시 재판국원을 보선하여 충원한다. 보선된 국원은 그 사건에 한하여 한시적으로 심판에 관여한다.

**재적 3분의 1 초과 불가의 의미**  본 시행규정 제9항에 근거 기피신청은 재적 3분의 1을 초과할 수 없으나 만약 양 당사자 합해서 재적 3분의 1을 신청할 수 없다고 하면, 한쪽이 재적 3분의 1을 신청할 경우 나머지는 신청할 수 없는 모순이 발생하므로 한쪽 당사자가 3분의 1을 초과할 수 없다고 해석해야 할 것이다.[12]

■ **시행규정 제61조  기소위원의 임기와 보선 및 제척, 기피, 회피**
3. 헌법 권징 제8조 및 이 규정 제38조의 제척, 기피, 회피는 노회 기소위원회에

---

12) 제105회기-18번.

이를 준용한다. 단, 기피신청에 대한 결정은 노회 기소위원회가 하고 기피신청의 대상은 기소위원 1인에 한한다. (신설 개정 2012.9.20)

**기소위원에 대한 기피신청**　2012년 9월 시행규정 개정에서 제8조 및 시행규정 제38조를 노회 기소위원회에 준용하도록 신설함으로써 종전의 헌법상 기소위원에 대한 기피신청제도 규정이 없으므로 기피신청은 불가하다는 해석[13]은 더 이상 유지할 수 없게 되었다.

**당회 기소위원회에 준용 여부**　본 시행규정 제3항에 의하여 노회 기소위원회에 준용되는 제척, 기피, 회피제도가 당회 기소위원에게도 인정되어야 할 필요성이 있다는 점에서 당회 기소위원회에 이를 인정하지 않을 이유가 없으므로 본 시행규정에서 당회 기소위원회에 준용한다는 규정이 없는 것을 단순히 입법의 착오라고 보아 당회 기소위원회에도 준용된다고 해석하는 것이 타당하다.

**당회 기소위원에 대한 기피신청 결정의 주체**　당회 기소위원에 대한 기피신청에 대한 결정을 노회 기소위원회가 판단한다는 견해[14](설명의 전후의 맥락으로 보아 본 시행규정이 노회 기소위원회라고 특정하고 있음을 간과하신 것으로 보여짐)도 있으나 기소위원회 준용 규정인 본 시행규정 제3항의 단서에서 "기피신청에 대한 결정은 노회 기소위원회가 하고 기피신청의 대상은 기소위원 1인에 한한다"라고 규정한 것은 노회 기소위원에 대한 기피신청에 대한 결정은 노회 기소위원회가 한다는 의미일 뿐 당회 기소위원에 대한 기피신청을 노회 기소위원회가 결정한다는 취지는 아니며, 당회 기소위원에 대한 기피신청에 대한 판단을 당회 기소위원회에서 하여야 한다고 해석하는 것이 타당하다고 사료된다.

### 제9조 상급심 재판의 기속력

상급 재판국의 재판에 있어서의 판단은 당해 사건에 관하여 하급심을 기속한다.

---

13) 제91회기-5번.
14) 이성웅, 197-198면.

본 조는 파기판결의 구속력을 선언한 규정으로서 심급제도의 본질에서 유래하며 이를 인정하는 이유는 하급심이 자기판단을 고집하여 상급심의 판단을 따르지 않을 경우 그 사건이 쌍방 사이에 끝없이 왕복하게 되어 종국적인 해결이 불가능하게 되므로 심급제도는 그 기능을 잃고 결국은 재판제도 자체도 존재 이유가 부정되기 때문이다.[15] 참고로 일반 법원의 파기판결에도 구속력을 인정하여 같은 규정을 두고 있다(법원조직법 제8조).

이 기속력은 법적 판단과 사실 판단 모두에 미치며, 파기판결을 한 상급심에도 미치나, 다만 파기판결의 구속력은 그때까지 적법하게 조사한 증거를 전제로 하므로 환송 후에 새로운 사실과 증거에 의하여 사실관계가 변경된 경우에는 미치지 않는다.

**재판 계속 중 노회를 탈퇴한 자에 대한 총회 재판국의 판결 효력**  노회 재판국으로부터 면직, 출교를 받고 총회 재판국에 상고 중인 목사가 노회를 탈퇴하였으므로 노회가 제명결의를 하였으나 총회 재판국은 노회 탈퇴를 인정하지 않고 정직 2년을 선고한 사건에서 노회의 제명조치와 총회 재판국의 판결 중 본 조에 따라 총회 재판국 판결이 구속력이 있다고 해석하였다.[16] 그러나 이 경우 면직, 출교를 선고한 노회 재판국 판결에 대하여 정직 2년을 선고한 총회 재판국의 판결이 우선한다고 할 수 있으나 탈퇴사실이 인정되는 경우라면 행정조치인 제명조치의 효력은 본 조와는 상관없이 시행규정 제87조 2항에 따라 내린 조치로서 유효하다고 보는 것이 타당하다(제6조에서 인용한 '탈퇴자에 대한 제명, 제98회기-56번 및 81번 해석'을 참고하기 바람).

## 제2절 총회 재판국

### 제10조 구성 및 자격

1. 총회 재판국은 총회총대 5년 이상 경력자 중 총회에서 선임된 15인(목사

---

15) 이재상 등, 형사소송법(박영사, 2022), 852면.
16) 제99회기-89번.

8인, 장로 7인)으로 구성한다. 다만 재판국원은 동일한 노회 파송총대 중 1인에 한하여 선임된다. (개정 2022.11.17)
2. 재판국원 15인 가운데 3인 이상은 법조인 및 총회 법리부서(규칙부는 실행위원 이상) 경력자 중 년조 상관없이 총회 임원회에서 추천한 자 중 공천위원회의 공천으로 선임하여야 한다. (개정 2019.12.19, 2022.11.17)
3. 금고 1년 이상, 시무정지 1년 이상의 책벌을 받고 종료된 지 5년이 경과되지 않은 자는 당회, 노회 및 총회의 재판국원과 기소위원이 될 수 없다. (신설 개정 2012.11.16, 개정 2019.12.19)

2019년 헌법개정에서 제2항은 "재판국원 15인 가운데 2인 이상은 법학을 전공한 법학사 학위를 가진 자 중에서"를 "3인 이상은 법조인 및 총회 법리부서(규칙부는 실행위원 이상) 경력자 중 총회 임원회에서 추천한 자 중" 공천위원회의 공천으로 선임하여야 한다로 변경하였는바, ① 법학을 전공한 법학사 학위를 가진 자를 법조인 및 총회 법리부서(규칙부는 실행위원 이상) 경력자로, ② 2인 이상을 3인 이상으로, ③ 공천위원회의 공천으로 선임하는 것을 총회 임원회에서 추천한 자 중 공천위원회 공천으로 선임하는 것으로 달라지게 되었으며 법률전문가의 비중을 높인 것이라고 할 수 있다.

또 2022년 헌법개정에서 총회 재판국원을 총회총대 5년 이상 경력자 중에서 선임하도록 하여 총회 재판국원의 자격을 강화하였으며 다만 법조인 등에 대하여는 년조에 구애받지 않도록 예외를 허용하였다.

법조인은 판사, 검사, 변호사, 법학 교수를 뜻하고, 법리부서는 제15조 1항 단서에 비추어 헌법위원회, 재판국, 규칙부의 3개 부서를 말한다.

전도목사, 기관목사에 준하여 노회 치리 행정업무와 관련이 적은 목사도 재판국원이나 기소위원으로 활동할 수 있다.[17]

---

17) 제99회기-12번.

## 제11조의 1  국원의 임기 및 보선

1. 재판국원의 임기는 3년으로 하며, 매년 총회에서 3분의 1을 개선한다.
2. 재판국원 중 결원이 생긴 때에는 총회 임원회가 보선한다. 다만, 보선된 국원의 임기는 전임자의 잔여기간으로 한다.

재판국원을 1~3년 조로 나누고 각 년조에 목사 3인, 장로 2인 합계 5인씩 배치하는 것이 원칙이나, 2년 조, 1년 조로 올라갈 총대가 노회에서 총회총대 선출에 낙선하거나 사망, 사임, 은퇴 등으로 총대자격을 상실하는 경우도 있으므로 각 년조에는 5인을 초과하거나 또는 미만일 수도 있다.

총회조직보고 완료 후에 폐회 전에 재판국원이 결원이 되면 공천위원회의 소관으로 재공천하게 되나 총회 폐회 후에 결원이 발생하면 제2항에 따라 총회 임원회가 보선하게 된다.

## 제11조의 2  재판부의 설치 및 구성(신설 개정 2015.12.8)

1. 총회 재판국에는 화해조정 분과, 권징재판 분과, 행정쟁송 분과 및 전원합의부를 둔다. (개정 2022.11.17)
2. 전원합의부는 재판국원 전원으로 구성하고 화해조정 분과, 권징재판 분과와 행정쟁송재판 분과는 각각 3인과 5인 내지 7인의 국원으로 구성한다. 화해조정 분과는 타 분과와 중복할 수 있다. (개정 2022.11.17)
3. 전원합의부는 다음의 사건을 심리한다. (개정 2021.11.29)
    ① 재판국장이 사건의 중요성과 파급효과, 사건 심리의 효율성 등을 감안하여 전원합의부에 배당한 사건

2022년 헌법개정 시 종전의 권징재판, 행정쟁송재판 분과 이외에 화해조정 분과를 설치하기로 하여 각각 3인과 5인 내지 7인의 국원으로 구성하되, 화해조정 분과는 타 분과와 중복할 수 있도록 구성인원을 조정하였다.

권징재판과 행정쟁송재판 분과를 구성할 때도 가능하면 목사 국원, 장로 국원의 비율을 존중하는 것이 바람직하다.

### 제12조 임원의 선임 및 직무

1. 재판국에 임원으로 국장과 서기 및 회계를 두며, 임원은 국원의 호선으로 선임한다.
2. 재판국장은 재판국의 일반 업무와 재판사무를 총괄 지휘·감독하고, 각 재판부에 사건을 배당하며, 재판국 서기는 재판국장의 업무를 보좌하여 재판국의 일반 업무와 전원합의부에 배당된 사건의 재판 진행 사항을 회의록으로 작성·보관하고, 회계는 재판국의 회계업무를 관장한다. (개정 2015.12.8)
3. 재판국장은 전원합의부의 재판장을 겸임하며, 재판국 서기는 전원합의부의 서기를 겸임한다. (신설 개정 2015.12.8)
4. 각 재판 분과의 임원으로 재판장과 서기를 두며, 각 분과의 임원과 분과 국원은 재판국장이 임명한다. (신설 개정 2015.12.8)
5. 화해조정 분과는 총회 재판국에 접수된 재심, 상고심 등 모든 송사의 당사자들을 대상으로 화해조정을 시도하고 이에 불응할 경우 권징재판 분과와 행정쟁송 분과 혹은 전원합의부로 이첩하여 재판절차를 진행하게 한다. (신설 개정 2022.11.17)
6. 화해조정 분과는 권징재판 분과와 행정쟁송 분과 혹은 전원합의부로 이첩 재판절차를 진행하면서 선고하기 전 2차 화해조정 분과에서 조정시도하고 화해조정에 실패하면, 권징재판 분과와 행정쟁송 분과 혹은 전원합의부에서 최종심을 선고한다. (신설 개정 2022.11.17)
7. 권징재판 분과는 배당된 권징 사건만을, 행정쟁송재판 분과는 배당된 행정쟁송 사건만을 독립적으로 심리하여 판결하되, 권징 사건을 행정쟁송 사건으로, 행정쟁송 사건을 권징 사건으로 판결할 수 없다. (신설 개정 2015.12.8)
8. 각 분과 재판장은 분과에 배당된 사건의 재판을 진행하고 그 분과의 재판을 지휘·감독한다. 단, 권징재판 분과 또는 행정쟁송재판 분과에 배당했던 사건이라 하더라도 상당한 이유가 있는 경우에는 재판국장은 이를 전원합의부로 재배당할 수 있다. (신설 개정 2015.12.8)

2022년 헌법개정에서 본 조에 제5항 및 6항을 신설, 화해조정 분과에서 총회 재판국에 접수된 재심, 상고심 등 모든 사건에 대하여 재판에 앞서 제1차 화해조정을 시도하고 화해조정 불성립의 경우에 재판절차를 진행하며, 일단 재판절차를 진행하면서도 재판 선고하기 전에 또다시 제2차 화해조정을 시도하여 화해조정에 실패한 경우에 재판을 선고하도록 함으로써 화해조정절차를 필수적 절차(화해조정전치주의)로 도입하였다. 사건의 성질상 화해조정 가능성 여부를 고려하지 않고 모든 사건에 대하여 의무적으로 그것도 두 번씩이나 화해조정을 시도하는 것이 과연 바람직한 것인지에 대하여서는 의문이며, 실제 운용의 묘를 살려 유연하고 탄력적으로 운영하여야만 할 것이라고 본다.

제3항 전단은 '재판국장은 전원합의부의 재판장을 겸임하며', 제6항 전문은 '각 분과 재판장은 분과에 배당된 사건의 재판을 진행하고 그 분과의 재판을 지휘·감독한다'라고 하여 소송절차의 질서를 유지하고 심리를 원활, 신속히 진행하기 위하여 재판국에 부여한 소송의 주재권능인 소송지휘권을 재판국을 대표하는 재판국장(전원합의부)과 각 분과 재판장(권징재판 분과, 행정쟁송재판 분과)이 행사하도록 한 규정이다.

제7항은 '권징재판 분과는 배당된 권징사건만을, 행정쟁송재판 분과는 배당된 행정쟁송사건만을 독립적으로 심리하여 판결'한다고 한 점으로 보아 권징재판 분과가 모든 권징사건을, 행정쟁송재판 분과가 모든 행정쟁송사건을 심리하는 것은 아니라 재판국장이 그 분과에 배당한 사건만 심리할 수 있다고 해석된다.

제8항은 일단 권징재판 분과 또는 행정쟁송재판 분과에 배당했던 사건이라 하더라도 상당한 이유가 있는 경우에는 재판국장은 이를 전원합의부로 재배당할 수 있다고 규정하고 있는바, 상당한 이유로는 제13조 2항에서와 같이 국원들 간의 견해 차이로 재적 국원 4분의 3 이상의 찬성을 요하는 판결 합의에 이르지 못하는 경우가 전형적인 경우이겠으나 그 이외에도 사안의 중대성으로 보아 판결의 합의에 재판국원 전체의 의견이 필요하다고 판단되는 경우 등 각 분과에서 재판함이 적당하지 아니함을 인정하는 경우를 들 수 있을 것이다.

구체적인 소송지휘권의 내용인 해명권과 질문요청권과 그 행사방법 등은 아래의 시행규정에서 규정하는 바와 같다.

■ **시행규정 제39조 해명권·질문요청권**
1. 헌법 권징 제12조 제2항 재판국장의 재판 진행에 있어서 재판국장은 소송관계를 분명하게 하기 위하여 당사자에게 사실상 또는 법규상의 사항에 대하여 질문할 수 있고 증명을 하도록 촉구할 수 있다.
2. 재판국원은 재판국장에게 알리고 제1항의 행위를 할 수 있다.
3. 당사자는 필요한 경우에 재판국장에게 상대방에 대하여 설명을 요구하여 줄 것을 요청할 수 있다.
4. 재판국장은 당사자가 간과하였음이 분명하다고 인정되는 법규상의 사항에 관하여 당사자에게 의견을 진술할 기회를 주어야 한다.

피고인은 재판정에서 '예' 또는 '아니오'로만 대답하여야 하는 것은 아니며 본 시행규정 제3항에 따라 필요한 경우에 재판국장에게 상대방에 대하여 설명을 요구하여 줄 것을 요청할 수 있고, 또 제4항에 따라 재판국장은 피고인이 간과하였음이 분명하다고 인정되는 법규상의 사항에 관하여 당사자에게 의견을 진술할 기회를 주어야 한다.[18]

■ **시행규정 제40조 소송지휘권**
헌법 권징 제12조 제2항 재판국장의 재판 지휘·감독에 있어서 재판국장은 발언을 허가하거나 그의 명령에 따르지 아니한 사람의 발언을 금지할 수 있다.

본 시행규정에 따라 재판국장의 소송지휘로 방청을 허락하지 않은 비공개 재판에서 재판국장의 소송지휘에 따라야 하며, 기소위원장 외에 기소위원은 재판을 참관할 수 있다.[19]

---

18) 제100회기-64번.
19) 제100회기-64번.

### 제13조 의결방법

1. 전원합의부의 판결 합의는 재적 국원 3분의 2 이상의 출석과 재적 국원 과반수의 찬성으로 의결한다. (개정 2015.12.8)
2. 권징재판 분과와 행정쟁송재판 분과의 판결 합의는 재적 국원 4분의 3 이상의 찬성으로 의결하며, 국원들 간의 견해 차이로 합의에 이르지 못하는 경우에는 재판국장이 이를 전원합의부로 재배당한다. (신설 개정 2015.12.8)

전원합의부는 개정(재판회의 개최)하려면 최소한 재적 국원 3분의 2에 해당하는 10인이 출석하여야 하며, 재적의 과반수인 8인이 판결 합의에 찬성하여야 한다.
 각 재판 분과에서 판결의 합의에 이르지 못한 경우 전원합의부로 재배당하는 주체는 재판국장이며, 각 분과의 재판장이 아님을 유의해야 한다.
 참고로 대법원에서는 대법관 3인 이상으로 구성된 부(보통 4인으로 구성됨)에서 먼저 사건을 심리하여 의견이 일치한 때에 한하여 그 부에서 재판할 수 있으며, 다만 명령 또는 규칙이 헌법이나 법률에 위반함을 인정하는 경우, 대법원의 종전 법규해석에 관한 판시를 변경할 필요가 있음을 인정하는 경우 및 각 부에서 재판함이 적당하지 아니함을 인정하는 경우에는 전원합의체에서 재판하게 되어 있다(법원조직법 제7조).

■ **시행규정 제41조 재판국원의 합의방법**

1. 헌법 권징 제13조 의결방법 중 책벌의 종류와 내용을 결정하는 합의에 있어서 의견이 3설 이상 분립하여 각각 재적 3분의 2 이상의 출석과 출석인원 과반수에 달하지 못하는 때에는 과반수에 달하기까지 계속 협의한다.
2. 심판의 합의는 공개하지 아니한다.

**재판국 재적 인원 기산** 제척·기피·회피가 절차에 의해 확정된 때에는 원활한 재판을 위해 시행규정 제38조 10항에 근거 재판국원을 보선하여 충원하여야 하나, 재판국원이 충원되지 않은 상태에서 재판을 할 경우 사망, 사임, 은퇴 경우는 재적 국원(15명)에서 제외되지만, 제척·기피·회피 재판국원은 제외되지 않으므로 본 조 제1항에 근거한 재적 국원(15명)의 3분의 2 이상(10명 이상)의 출석 정족수와 재적 국원(15명) 과반수의 찬성(8명 이상) 의결 정족수를 충족해야 하며, 이를 충족할 수 없는 경우에는 위 시행규정 제38조 10항에 따라 반드시 보선 충원한 후 진행해야 하며, 향후 재적수에 대한 논란을 해소하기 위해 재적수에 대한 '정수' 개념과 기피, 회피 등에 대한 재적 정족수에 포함 여부에 대한 명확한 근거 마련을 위해 헌법 개정이 필요할 것으로 보인다.[20]

### 제14조 심판사항

총회 재판국은 다음의 사건을 중심으로 심판하여 총회에 보고한다.
노회재판국의 판결에 대한 상고사건 및 이의(불복)신청 사건. 단, 권징재판 사건은 노회 재판국이 시무정지, 시무해임, 정직, 면직, 출교와 무죄판결, 기소기각판결, 기소기각결정을 선고(고지)한 사건에 한하여 심판한다. (개정 2019. 12. 19)

1. 노회 재판국의 판결에 대한 상고사건 및 이의(불복)신청사건
2. 헌법이 정하는 행정쟁송사건
3. 노회 기소위원회의 불기소 결정에 대한 재항고사건
4. 총회의 행정 처분이나 지시 혹은 명령을 2회 이상 불이행하여 고소, 고발된 사건 (신설 개정 2015. 12. 8, 개정 2021. 11. 29)
5. 기타 총회 재판국의 권한에 속한 사항

2019년 헌법개정으로 총회 재판국은 권징재판에서 시무정지, 시무해임, 정직, 면직, 출교와 무죄판결, 기소기각판결, 기소기각 결정을 선고(고지)한 사건에 한하여 심판할 권한이 있으며, 유죄판결의 경우 노회 재판국에서 견책, 근신, 수찬정지 및 상회총대파송정지와 같이 비교적 가벼운 책벌을 선고받은 경우에는 총회 재판국에 심판권이 없으므로 상고할 수 없게 되었다.

문제는 노회 재판국에서 각하판결을 한 경우에도 총회 재판국에 심판권이 없게

---

20) 제105회기-3, 4번.

되는 결과가 되어 심히 부당하며, 개정이 필요하다고 본다.

제2항은 선거 및 당선무효 사건과 행정소송 및 치리회 간의 소송에 대한 노회 재판국의 판결에 대한 상고사건을 들 수 있다.

제4항은 시행규정 제88조 및 제90조에 따른 고소, 고발로 기소된 사건을 뜻한다.

**총회 재판국이 제1심인 경우의 소송절차**  반드시 제1심 재판국과 동일한 재판절차를 거친 후에 판결을 선고하여야 하고, 위와 같은 절차를 거치지 않은 채 변론 없이 판결을 선고하였다면 이는 위법이다.[21]

**중복제소에 해당하는 사건의 처리**  이미 노회 기소위원회가 총회 재판국의 제2차 기소명령에 따라 노회 재판국에 적법하게 기소를 하여 노회 재판국에 사건이 계류 중에 있음에도 총회 재판국이 뒤늦게 "기소장에 기소사실을 직접 기재하지 않았다"는 사유로 시행규정 제67조 6항에 위배된 것으로 판단하고 직접 자판한 사건은 중복제소에 해당하므로, 설사 총회 재판국이 법리오해 등의 사유로 재판절차를 진행하여 판결선고까지 다 마쳤다 하더라도 그 판결은 위법하여 무효가 되고, 만약 아직까지 노회 재판국이 판결을 선고하지 아니한 상태라면 노회 재판국은 계속 사건을 심리하여 판결을 선고하면 된다.[22]

### 제15조 전문위원

1. 총회 재판국은 재판국의 결의로 목사 또는 장로 중에서 3인 이내의 전문위원을 두되 법학사 이상의 학위를 소지한 자나 변호사 혹은 전임 법리부서장 중에서 선임하며 회의 시 통지해야 하고 언권만 있다. 단, 총회 현 법리부서장(헌법위원장, 규칙부장)은 총회 재판국 전문위원이 될 수 없다. (개정 2012. 11. 16)
2. 전문위원은 재판절차 등에 관한 사항에 대하여 자문에 응한다.
3. 전문위원의 임기는 1년으로 하며 연임할 수 있다.

---

21) 제101회기-71번, 제99회기-14번.
22) 제101회기-71번.

**총회 재판국 자문위원 불허**  총회 재판국에 전문위원 이외에 자문위원은 법적으로 허용되지 않으며, 자문위원이 판결문 작성 등에 참여할 수 없으나 법적으로 허용되지 아니한 자문위원을 재판에 참여시킨 것만으로 권징 제3조 2항 '총회 헌법 또는 제 규정에 정해진 중대한 의무위반행위'에 해당한다고 할 수 없다.[23]

**상임 부, 위원회와 특별위원회에도 전문위원 위촉 가능**  우리 헌법상 전문위원 제도를 두고 있는 헌법위원회와 총회 재판국을 제외한 상임 부, 위원회와 15개 특별위원회에는 전문위원을 두는 특별한 규정이 없으므로 임원회에서 직접 전문위원을 위촉할 수 있으며 또는 위 각 부, 위원회에서 먼저 위촉하면 임원회의 허락사항이 된다고 보아야 할 것이다.[24]

**재판국의 전문위원은 원, 피고의 변호인 불가**  제척, 기피신청을 규정한 제8조 및 시행규정 제38조의 정신에 따라 재판국에 영향을 줄 수 있는 전문위원은 원고와 피고의 변호인이 될 수 없다.[25]

### ■ 시행규정 제42조  전문위원

헌법 권징 제15조, 제21조에 의한 총회 재판국 및 노회 재판국의 전문위원은 총회 또는 노회 총대가 아닌 자에게도 이를 위촉할 수 있다. 전문위원은 총회의 다른 부서의 직무를 겸직할 수 있다.

전문위원은 반드시 직원이어야만 하는지에 관하여는 본 시행규정에서 총대가 아닌 자도 위촉할 수 있다는 규정의 취지로 보아 직원임을 요하며 은퇴자는 시행규정 제15조 3항에 따라 전문위원이 될 수 없다고 해석된다.

---

23) 제98회기-77번.
24) 제92회기-28번.
25) 제99회기-80번.

## 제3절 노회 재판국

### 제16조 구성

1. 노회 재판국은 노회에서 선임된 재판국원 9인(목사 5인, 장로 4인)으로 구성한다. 다만 재판국원은 동일한 교회 파송총대 중 1인에 한하여 선임해야 한다. (개정 2012.11.16)
2. 재판국원 9인 가운데 1인 이상은 법학사 학위를 가진 자 중에서 선임하여야 한다. 다만, 법학사 학위 소지자가 없는 경우에는 예외로 한다.

**노회 폐회 중 재판국의 구성** 공천위원회의 공천을 받아 임원회에서 기소위원회 및 재판국을 조직할 수 있다.[26]
**노회 임원의 재판국원 겸임 불가** 노회 임원은 재판의 공정성과 중립성을 위해 재판국원이 되어서는 아니 된다.[27]
**파기환송사건 재판 시 재판국원 교체 여부** 상급 치리회의 재판국에서 파기 환송한 판결은 파기이유에 관하여 하급심에 기속력이 있으므로 파기할 때의 환송 이유에 관하여서만 심리하면 되기 때문에 새로 재판국을 구성할 필요가 없다.[28]

### 제17조 국원의 임기 및 보선

제11조 국원의 임기 및 보선의 규정은 노회 재판국에 이를 준용한다.

**책벌 없는 재판국원 전원 교체(부적법)** 제11조의 1, 제16조, 제17조에 근거하여 재판국원의 임기는 3년으로 하며, 매년 3분의 1을 개선하도록 되어 있음에도 불구하고 책벌에 의하지 않고 재판국원 전원 교체는 노회의 결의라 할지라도 적법하지 않다.[29]

---

26) 제105회기-32번.
27) 제96회기-45번, 제96회기-66번.
28) 제92회기-65번.
29) 제106회기-9번, 제104회기-41번, 제103회기-47, 48, 56번.

## 제18조 임원의 선임 및 직무

제12조 임원의 선임 및 직무의 규정은 노회 재판국에 이를 준용한다.

## 제19조 의결방법

제13조 의결방법의 규정은 노회 재판국에 이를 준용한다.

**책벌의 결정**　책벌의 종류와 내용을 결정하는 것은 재판국이 본 조 및 제13조에 의하여 법과 양심에 따라 판단할 사항이다.[30]

## 제20조 심판사항

노회 재판국은 다음의 사건을 심판한다.
1. 당회 재판국의 판결에 대한 항소사건
2. 목사에 관한 소송사건 및 장로의 노회원 또는 총회원으로서의 행위에 관련된 소송사건
3. 헌법이 정하는 행정쟁송사건
4. 당회장이 청원한 위탁재판사건
5. 당회 기소위원회의 불기소 결정에 대한 항고사건

**장로노회원의 가처분신청행위의 관할**　장로인 노회원이 노회의 위임목사 청빙승인 결의의 효력과 관련하여 가처분신청을 한 것이라면 그 가처분신청행위는 노회원으로서의 행위라고 보아야 하고 따라서 이는 본 조 제2항의 노회 재판국의 심판사항에 해당한다.[31]

## 제21조 전문위원

1. 노회 재판국은 필요한 경우에 법학사의 학위를 가진 목사 또는 장로 중에

---

30) 제102회기-13번.
31) 제98회기-55번.

서 2인 이내의 전문위원을 위촉할 수 있다.
2. 전문위원은 재판절차 등에 관한 사항에 대하여 자문에 응한다.
3. 전문위원의 임기는 1년으로 하며 연임할 수 있다.

■ **시행규정 제42조 전문위원**
헌법 권징 제15조, 제21조에 의한 총회 재판국 및 노회 재판국의 전문위원은 총회 또는 노회 총대가 아닌 자에게도 이를 위촉할 수 있다. 전문위원은 총회의 다른 부서의 직무를 겸직할 수 있다.

노회가 선임한 전문위원 또는 자문위원이 재판국원과 동석해 재판에 대해 발언을 해도 되는지에 대한 질의에 대하여 헌법위원회는 답변하지 않았으나,[32] 우선 총회 재판국에 전문위원 이외에 자문위원은 법적으로 허용되지 않으며,[33] 전문위원은 재판장의 허락을 받아 당사자에게 질문을 하거나 발언을 할 수 있다고 본다.

### 제22조 겸임금지
노회 재판국원 및 기소위원은 노회 수습위원 또는 수습전권위원을 겸임할 수 없다.

수습위원이 관여하는 분쟁사건은 장차 재판사건으로 비화할 가능성이 많으므로 재판국원 및 기소위원의 중립성과 공정성을 확보하기 위하여 아예 겸임을 금지시킨 것이다.

**재판국원의 수습전권위원 겸임 불가** 본 조의 의미는 수습전권위원의 역할은 분규교회의 원만한 수습을 위해 그 분규에 직간접으로 간여하지 않은 가장 중립적 위치에 있는 사람을 선정해야만 공정한 수습을 할 수 있다는 것이 입법정신이므로 비록 현재 재판국장이나 전문위원이 아니더라도 과거에 재판국장이나 전문

---
32) 제100회기-64번.
33) 제98회기-77번.

위원으로 재판을 담당했던 자가 수습전권위원이 되면 공정하고 원만한 수습을 기대하기 어려우므로 수습전권위원이 되어서는 안 된다.[34]

**규칙부원의 재판국원, 기소위원 겸임 불가**   규칙부장과 부원의 재판국 및 기소위원 겸임에 대해서는 별도의 규정이 없으나 규칙부가 법을 제정하고 해석하는 역할을 하는 점을 감안할 때 규칙부장과 부원의 재판국원이나 기소위원을 겸임하는 것은 바람직하지 않다.[35]

## 제4절 당회 재판국

### 제23조 구성

당회 재판국은 당회에서 선임된 재판국원 2인 내지 5인(당회장 포함)으로 구성한다. 필요한 경우 당회 결의로 기소위원을 제외한 당회원 전원이 재판국원이 될 수 있다.

당회 재판국은 고소(고발)이 있는 등 필요시에 설치되는 '임시기구'인 점에서 '상설기구'인 총회 및 노회 재판국과는 다르다(제4조 2항).

총회 재판국은 15인, 노회 재판국은 9인의 홀수로 구성하여 동수가 나와 판결 합의에 이르지 못한 경우를 예방하고 있는 점과 비교하여 당회 재판국원이 당회장을 포함하여 2인 또는 4인으로 구성하여 판결 합의에 이르지 못할 경우 해결방법이 없으므로 당회장을 포함하여 최소한 3인 또는 5인의 홀수로 구성하도록 개정할 필요가 있다고 본다(당회원 수가 적은 교회를 감안한 것으로 미루어 볼 수는 있으나 그 경우에는 위탁재판제도를 활용하여 해결할 수 있다).

**당회원 전원 재판국 설치**   당회원 수가 많은 큰 교회에서는 필요성이 적고 또 시행하기가 쉽지 않은 점에 비추어 사실상 당회원 수가 10인 전후이거나 그 이하인 교회에서 시행 가능한 제도이며 주로 사안이 중대하며 재판 결과로 인한 파급

---

34) 제97회기-52번.
35) 제105회기-64번.

력이 커서 재판국원의 선정에 어려움이 예상되는 경우에 필요하다고 보여진다.

본 조의 당회원 전원 재판국 재판과 제26조 2항의 간이재판의 관계에 대하여 기소의 존부, 재판의 대상의 차이 및 책벌의 제한 여부 등으로 볼 때 별개의 제도로 보는 것이 상당하다.

**당회 기소위원회 및 재판국 구성과 재판비용**  당회(당회원 5명)에서 집사 1명을 고발하기로 결의하고 당회 서기 1인 이름으로 당회에 고발한 경우 고발을 결의한 당회원이 기소위원이 되고 재판국을 구성할 수 있는지 여부와 재판비용 면제 여부에 대하여는 다음과 같다.

1. 치리회 임원이 아닌 당회원의 반수 이하가 개인 또는 연명으로 [고]소장을 제출하였다면 이는 당회의 결의가 당회원들 개개인의 일반적인 의사를 확인할 정도의 결의이므로 기소위원과 재판국원이 될 수 있고, 이때 재판비용을 납입하여야 한다.

2. 치리회 임원 명의로 [고]소장을 제출하거나 당회원 과반수가 연명으로 제출하였다면 이는 당회의 결의를 시행한 것으로 보아야 하며 [고]소장에 연명하지 않은 당회원이 기소위원, 재판국원이 될 수 있고, 이 경우 시행규정 제43조 5항 1호에 의거 재판비용은 면제된다.

3. 위 1, 2의 경우라 할지라도 본 조에 따라 재판국원이 2인 이상이어야 하고 제55조(당회 기소위원회의 구성)에 의거 기소위원이 1인 이상이어야 하는 바, 당회장 외에도 [고]소장에 서명(연명)하지 않은 당회원이 2인 이상이 되지 못하면 위탁재판을 청구하여야 하며, 위 1의 경우는 시행규정 제43조(재판비용) 7항에 의거 예납받은 재판비용을 차상급 치리회에 귀속시켜야 하며 위 2의 경우는 재판비용을 면제한다.

4. 제51조(고발) 2항에 따라 치리회장 명의로 [고]소장을 제출하거나 치리회장을 포함한 임원이나 당회원의 연명으로 [고]소장을 제출했을 경우에는 제24조(임원의 선임 및 직무) 1항에 따라 당회장이 소송당사자로서 재판국장이 될 수 없고, 당회원이 국장이 될 수도 없으므로 위탁재판을 청구하여야

하며 재판비용을 면제한다고 해석하였다. [36]

**임시당회장 및 대리당회장의 재판국장 가능 여부**  임시당회장은 재판국장이 될 수 있으나,[37] 대리당회장은 재판사항에 관한 결의권이 없으므로 재판국장은 불가하다. [38]

### 제24조 임원의 선임 및 직무

1. 재판국에 임원으로 국장과 서기를 두며, 국장은 당회장이 되고, 서기는 장로 중에서 국원의 호선으로 선임한다.
2. 제12조 제2항의 임원의 직무 규정은 당회 재판국에 이를 준용한다.

당회 재판국에는 총회 및 노회 재판국과 달리 첫째, 임원으로 국장과 서기만 있고 회계를 두지 않으며, 둘째, 임원 중 국장은 당회장의 당연직으로 하여 서기만 호선하게 된다. 임원의 직무는 총회 재판국의 임원의 직무를 준용한다.

### 제25조 의결방법

제13조의 의결방법 규정은 당회 재판국에 이를 준용한다.

총회 재판국의 의결방법을 당회 재판국에도 준용한다.

### 제26조 심판사항

1. 당회 재판국은 일반교인 및 장로·안수집사·권사·집사·전도사에 관한 소송사건을 심판한다. (개정 2022. 11. 17)
2. 당회원을 제외한 일반교인 및 직원에 대한 소송사건에 관하여 시무정지 6개월 이하의 책벌을 과하거나 혹은 책벌하지 않을 경우에 한하여 당회원 3분의 2 이상 출석과 출석 당회원 과반수 결의로 기소 및 재판절차를

---

36) 제94회기-55번.
37) 제99회기-60번.
38) 제91회기-5번.

대신할 수 있으며 효력은 당회 기소위원회의 결정, 당회 재판국의 판결과 동일하다. (신설 개정 2012.11.16)

담임목사와 부목사 등 목사는 노회 소속이므로 이들에 대한 사건은 노회 재판국에서 재판하여야 함은 제20조에서 본 바와 같다.

제2항은 일종의 '간이재판'과 '간이기소'를 규정한 조항이라고 보여지며, 대상은 당회원을 제외한 일반 교인 및 직원의 사건 중 비교적 가벼운 시무정지 6개월 이하의 책벌을 선고하거나 '책벌하지 않을 경우'인 무죄판결, 기소기각의 판결 또는 결정을 내릴 경우는 물론 기소를 제기하지 아니하는 결정을 하는 경우도 포함된다.

**간이기소 및 간이재판 중 위탁재판 청구 불가**  본 조에 근거 당회 결의로 기소 및 재판을 대신하기로 한 후 책벌을 논의하던 중 위탁재판을 청구할 수 없다.[39]

**시무장로와 타 교회에 다니는 장로를 함께 고소할 경우의 재판관할**  한 교회의 피해를 당한 안수집사가 본인이 다니는 교회의 시무장로와 타 교회에 다니는 장로를 함께 고소할 경우의 재판관할에 대하여 "현행 헌법 권징법에는 기소위원회의 타관송치(관할권이 없으므로 다른 당회나 노회의 기소위원회로 송치하는 제도) 제도가 없으므로 관할권이 있는 시무장로의 사건만 고소를 접수, 처리하고 타 교회에 속한 장로의 사건은 관할권이 없으므로 시행규정 제67조 1항 4호 '기소권 없음'으로 불기소처분하든가, 당회 서기가 서류를 각하(반려)하든가 선택하여 처리할 수 있다"는 것으로 해석하였다.[40] 이 경우 피해를 당한 안수집사가 타 교회 장로에 대하여 그 장로 소속의 타 교회에 고소할 수 있다고 보여진다.

---

39) 제101회기-5번.
40) 제92회기-71번.

# 제3장 일반소송절차

우리 권징재판의 실무와 관련하여 재판 관련 장비와 시설이 열악한 점을 들지 않을 수 없는바, 우선 재판국 전용 법정과 전담 직원 및 정리가 없으므로 당사자들이나 방청객이 난동을 부려도 제지할 방법이 없으며, CCTV나 녹음시설과 속기사 제도가 없는 상태에서 재판조서 특히 증인신문조서 등의 작성을 제대로 할 수가 없으므로 실질적인 증인신문을 하기도 어려운 상태가 되어 안타까운 상황에 처하여 있다고 하지 않을 수 없다.[1]

**강행규정과 임의규정**  강행규정은 공익상 절대로 준수할 규정을 의미하며, 이에 위배되면 무효를 주장할 수 있고, '책문권'(효력규정에 위배된 행위에 대하여 이의를 제기하여 그 무효를 주장하는 권리)을 포기할 수 없다. 강행규정의 예는 권징 절차법상 재판국의 구성, 재판국원의 제척, 기피, 재판관할, 소송능력, 소송제기, 재판의 선고, 소송참가의 요건, 변론공개, 불변기간의 진행에 관한 송달 등이다. 임의규정은 주로 당사자의 이익 보호를 위한 규정을 의미하며, 이에 위배되면 불이익을 받은 당사자가 책문권을 포기하는 이상 이를 무효로 할 필요가 없다. 어느 규정이 임의규정이냐는 법문상 명백한 경우가 별로 없으므로 해석으로 결정하여야 한다. 임의규정에 위배되는 행위가 있는 때에 당사자가 지체 없이 이의하지 아니하면 책문권은 상실되고 그 결과 당해 행위의 하자는 치유되는 것으로 하여 절차의 원활과 소송경제를 도모하여야 한다. 임의규정의 예는 권징 절차법상 소 제기, 소환, 송달, 구술주의 및 직접주의에 관한 규정, 소송절차의 중단 또는 중지 등

---

1) 권헌서, 앞의 논문, 37면.

의 행위, 증거조사의 방식 등에 관한 규정이다.[2]

### 제27조 당사자 능력

1. 당사자 능력이라 함은 소송의 주체가 될 수 있는 일반적인 능력으로서 원고인, 피고인이 될 수 있는 자격을 말한다.
2. 권징재판에 있어서 기소권자는 각 치리회에서 선임된 기소위원회 위원장(이하 기소위원장이라 한다.)이 되며, 기소위원회는 피고소인에 대한 죄과를 조사하고 기소여부를 결정한다.
3. 권징재판에 있어서 피고인은 고소인(고발인)으로부터 고소(고발)를 당하여 죄과를 범한 혐의로 기소위원회에 의하여 재판국에 기소된 자이다.

제1항의 '원고인'이라는 용어는 법률상 없으며, 권징재판의 경우에만 피고인이라는 용어를 사용하여야 하고, 행정쟁송 사건의 경우에는 원고와 피고를 함께 사용하여야 한다. 따라서 제1항은 "……권징사건에서의 피고인, 행정쟁송사건에서의 원고와 피고가 될 수 있는 자격을 말한다"로 정리하여야 한다.

소송의 주체라고 함은 소송을 성립시키고 발전하게 하는데 필요한 최소한의 주체를 말하고 소송의 인적 구성요소임과 동시에 소송 법률관계를 형성하는 주체를 의미하며,[3] 재판국, 기소위원장, 피고인을 들 수 있다.

### 제28조 재판비용의 예납

1. 고소인(고발인), 항소인, 상고인, 이의(불복)신청인, 재심청구인, 행정쟁송인이나 치리회는 재판비용을 예납하여야 한다.
2. 재판비용의 예납절차와 비용의 액수는 헌법시행규정으로 정한다.

'재심청구인', '행정쟁송인'은 법률적으로 사용하지 않는 부적절한 용어이므로

---

[2] 제92회기-1번.
[3] 이재상 등, 389면.

재심청구인은 제127조에서 사용하고 있는 '재심청구권자'로(참고로 형사소송법 제424조에서도 재심청구권자라고 표현하고 있음), 행정쟁송인은 '행정쟁송 제기자' 또는 '행정쟁송 청구권자'라고 표현하는 것이 옳다.

재판비용의 예납제도는 재판국의 재판에 대한 수수료, 피고인, 피의자, 재판국에서 소환한 증인, 감정인에 대한 각 송달비용, 공시, 증거조사비용 등 재판에 소요되는 비용을 고소(고발)인, 행정쟁송 제기자, 상소인, 항고인, 이의신청인, 재심청구권자 등 적극적 당사자에게 부담하게 하는 한편 고소(고발)의 남발과 상소의 오, 남용을 방지하기 위한 제도이다.

재판비용은 재판의 결과를 불문하고 반환하지 않고 그 치리회에 귀속함이 원칙이며 다만, 화해의 성립이나 고소의 취하로 실체적 판결까지 가지 않고 분쟁을 조기에 마무리하도록 유도하기 위하여 화해가 성립하여 그 효력이 발생하거나 고소의 취하로 인한 기소기각의 판결을 한 경우에는 이를 반환하게 된다.

또 치리회장과 임원의 고발, 기소의뢰, 기소위원장의 상소, 재심청구 등, 수습전권위원회의 고발, 이의신청, 교회, 노회, 총회의 감사위원회와 총회 산하단체의 고소, 고발 및 총회장의 기소의뢰 등과 같이 공무 수행으로 인한 경우에는 고소(고발)권의 남용의 위험이 거의 없으므로 재판비용을 면제하도록 규정하고 있다.

### ■ 시행규정 제43조 재판비용

1. 헌법 권징 제28조에 의한 재판비용의 예납절차는 재판을 수행할 당해 치리회에 예납하고 그 영수증 사본을 첨부하여야 한다.
2. 헌법 권징 제28조에 의한 재판비용의 예납액은 다음과 같다. (개정 2019. 9. 25, 2019. 9. 26)
   ① 고소(고발)·위탁재판의 청구·쟁송 소제기
      당회 : 금 일백만 원
      노회 : 금 이백만 원
      총회 : 금 삼백만 원
   ② 항소 노회 : 금 이백만 원
   ③ 상고 총회 : 금 삼백만 원

④ 이의(불복)신청·재심청구·항고·재항고
   당회 : 금 일백만 원
   노회 : 금 이백만 원
   총회 : 금 삼백만 원

3. 예납한 재판비용의 금액은 재판의 결과를 불문하고 반환하지 않고 그 치리회에 귀속한다. 그러나 다음의 경우에는 반환한다. (개정 2012. 9. 20)
   ① 헌법 권징 제47조의 화해의 종용에 의하여 화해가 성립하여 그 효력이 발생하거나 이 법에 의하여 화해로 간주한 때
   ② 헌법 권징 제88조 3항에 의하여 고소의 취하로 인한 기소기각의 판결을 한 때

4. 다음의 각 호의 경우에는 재판비용을 면제한다. (개정 2012. 9. 20, 2014. 9. 25, 2022. 9. 21)
   ① 헌법 권징 제51조에 의한 치리회장과 임원이 고발을 할 때
   ② 헌법 권징 제54조의 2에 의한 치리회장이 직권으로 기소의뢰를 할 때
   ③ 헌법 권징 제90조 제1항에 의하여 기소위원장이 상소를 할 때
   ④ 헌법 권징 제127조 제1항에 의하여 기소위원장이 재심청구를 할 때
   ⑤ 수습전권위원회의 결정에 대하여 재판국에 이의신청을 할 때
   ⑥ 수습전권위원회에서 고소(고발)할 때
   ⑦ 교회, 노회, 총회의 감사위원회가 치리회의 각부와 위원회 및 총회산하기관의 재정 및 행정 비리의 죄과 사실에 대하여 기소의뢰 혹은 고소·고발을 할 때
   ⑧ 총회 산하 단체와 기관 관련 100만 원 이상 재정 비리 및 부정행위 당사자에 대하여 총회 임원, 총회 산하 단체와 기관의 이사, 총회가 인정한 연금 가입자회 임원이 고소·고발을 할 경우나 총회장이나 총회 산하 단체와 기관 이사회가 기소의뢰할 때

5. 헌법 권징 제64조 및 제65조에 의하여 항고·재항고의 경우에 경유기관인 당회 기소위원회 또는 노회 기소위원회가 제64조 제1항 후단 또는 제64조 제3항 후단에 의하여 그 결정을 시정하거나, 노회 재판국 또는 총회 재판국이

헌법 권징 제65조 제1항 제2호에 의하여 기소명령을 하면 상급 치리회는 그 예납된 재판비용을 차하급 치리회에 귀속시켜야 한다.
6. 위탁재판을 청원할 경우에 당회장은 고소인(고발인)으로부터 예납 받은 재판비용의 금액을 노회에 귀속시켜야 한다. 이 경우 노회는 예납할 재판비용의 차액을 당회나 고소인(고발인)으로부터 추가 징수하지 못한다. (개정 2012. 9. 20)
7. 위 4항 ①, ②의 경우, 당회에서 다시 노회에 위탁재판의 청원을 할 시에는, 제43조 2항 ①에 해당하는 재판 비용을 예납하여야 한다. (신설 개정 2014. 9. 25)

**죄과를 추가 고소한 경우** 고소인이 고소한 사건에 대하여 죄과를 추가한 경우에는 예납금을 추가로 납부하지 않아도 된다.[4]

**기소위원회의 불기소 처분 시 재판비용 반환 여부** ① 처음에는 기소위원회에서의 불기소 처분은 재판행위라고 볼 수 없으므로 예납금은 반환해 주어야 한다고 해석하였으나[5] (기소위원회에서의 불기소 처분 시에도 고소, 고발을 상습적으로 하는 죄질이 나쁜 사람은 본 시행규정 제4항에 의거 돌려주지 않아도 된다고 해석한 사례[6]도 있다), ② 그 후 본 시행규정 제3항에 따라 반환하지 않는다고 해석을 변경하였다.[7]

**재심 재판국의 재심 개시 전의 기각 시** 재판행위가 아니므로 예납금은 반납해야 하며,[8] 재심 상고기각 결정을 하였다면 예납한 재판비용을 반환해야 하는 것이 가하다고 해석하였으나,[9] 이 경우에도 기소위원회가 불기소 처분을 결정하였을 때와 같이 본 시행규정 제3항에 따라 반환하지 않는다고 해석함이 타당하다고 본다.

---

4) 제96회기-33번.
5) 제98회기-99번, 제97회기-20번, 제96회기-32번.
6) 제95회기-8번.
7) 제103회기-45번.
8) 제98회기-5번.
9) 제98회기-100번.

**노회 기소위원회에서 증거불충분 등의 이유로 불기소 처분 결정한 경우**  이는 재판행위로 볼 수 없어 고소인에게 재판비용의 예납금 100만 원은 환급해 주어야 하나, 총회 재판국에서 노회 기소위원회가 내린 불기소 처분 결정이 타당하다는 이유로 기소를 하지 않았다면 심리 후 재항고를 기각한 것이므로 본 시행규정 제3항에 따라 고소인에게 재판비용 예납금 150만 원은 환급하지 않아도 된다고 해석하였다.[10]

**총회 재판국에 재상고한 경우의 재판비용**  총회 재판국이 파기환송한 사건을 노회 재판국이 재판한 결과에 불복하여 다시 총회 재판국에 상고한 경우 동일 건이라면 재판비용을 이중으로 납부하지 않아도 된다고 해석하였다.[11] 참고로 일반 법원에서는 이와 같은 경우에도 우리의 재판비용에 해당하는 인지대금을 납부하여야 한다.

**기소명령 시의 예납금의 귀속**  총회 재판국이 제65조 1항 2호에 의하여 노회 기소위원회에 기소명령을 하면서 '예납금 150만 원 중 100만 원은 노회에, 50만 원은 총회에 귀속한다'고 결정하여 예납금 일부를 총회로 귀속하고 일부만 노회로 귀속시킨 것은 시행규정 제43조 5항에 의거 적법하지 않다.[12]

**이의신청에 따른 예납금 납부 여부**  시행규정 제33조 14항에 따른 수습전권위원회의 결정에 문제가 있어 재판국에 이의(불복)신청을 할 때에는 사법적 행위가 아닌 행정사항이므로 일반 소송 시의 예납금은 납부하지 않아도 된다고 해석하였다.[13]

### 제29조 변론

1. 당사자는 소송에 관하여 재판국에서 변론한다.
2. 피고인 또는 피의자는 변호인을 선임하여 변호를 받을 수 있다.
3. 변호인의 선임의 경우 의뢰인은 심급마다 변호인 선임서를 재판국에 제

---

10) 제97회기-39번.
11) 제95회기-63번.
12) 제100회기-73번.
13) 제95회기-74번.

출하여야 한다.

변론은 재판국(법정)에서 당사자 양쪽이 구술에 의하여 판결의 기초가 되는 소송자료 즉 사실과 증거를 제출하는 방법으로 소송의 심리에 관여하는 행위를 말하며 구두변론이라고도 한다.

**재판의 공개 여부**  국가 헌법 제109조는 "재판의 심리와 재판은 공개한다." 제27조 3항은 "형사피고인은 상당한 이유가 없는 한 지체 없이 공개재판을 받을 권리를 가진다"고 규정하고 있는 점과 재판의 신뢰성과 투명성을 높이기 위하여 공개하는 것이 원칙이라고 생각되며 다만, 재판정의 질서유지와 성범죄, 선량한 풍속을 해치거나 기독교에 대한 혐오감을 야기할 수 있는 특별한 사건 등에 대하여 비공개로 진행할 수 있다고 판단된다.

이에 대하여 실무적으로 법정소란을 방지할 아무런 대비책도 없는 상태에서 공개재판을 할 경우 적지 않은 문제점이 야기될 수 있다는 우려 때문이나 재판을 비공개로 진행할 경우 불필요한 오해를 사는 경우가 많아지고, 판결결과에 대하여도 불신하는 경우가 많아지게 되므로 재판공개 원칙을 헌법에 명시할 필요가 있다는 견해도 있다.[14]

**공개 여부는 재판국에서 결정할 사항**  교단 헌법에는 공개재판 규정이 없으며 국가 헌법 제109조와 제27조 3항에 따라 재판은 공개를 원칙으로 하나 공개 여부는 재판국에서 결정할 사항이다.[15]

**행정소송에서도 변호인 선임 가능**  권징 제140조의 2에 따라 제3장 일반소송절차의 규정이 행정쟁송에 준용되므로 행정소송을 제기한 원고가 일반소송의 피고인처럼 변호인을 선임할 수 있다.[16]

### 제30조 변호인의 자격 등

1. 변호인은 법률 및 교회법에 관한 식견이 있는 본 교단의 직원 중에서 선임

---

14) 권헌서, 앞의 논문, 37면.
15) 제101회기-96번.
16) 제100회기-59번.

하여야 한다. (개정 2012.11.16)
2. 의뢰인은 변호인에게 실비의 여비 및 숙박료 등을 지급한다.

타 교단 출신은 변호인이 될 수 없으며 본 교단에 소속되어 있더라도 서리집사 이상의 직분을 가져야 한다.

**교회 직원이 아닌 자의 대리인 자격**  교인의 지위도 부여되지 않은 자에게 교회 분쟁 해결을 위해 위임이나 대리인으로서의 지위를 부여하는 것은 적합하지 않다.[17]

**직원임을 증명할 수 있는 서류**  제1항에서 말하는 직원임을 증명할 수 있는 서류는 교회 수첩, 직원증명(확인)서 등 객관적인 자료이나, 채택 여부는 재판국이 결정할 사항이다.[18]

**기소제기 전에 선임된 변호인**  제1심 재판국에서 변호인으로 활동할 수 있다.[19]

**변호인의 직무의 범위와 보수 지급**  변호인은 당사자와 그 밖의 관계인의 위임에 의하여 소송에 관한 행위 및 대리행위와 일반 법률 사무를 하는 것을 그 직무로 하며, 사건과 관련하여 의뢰인의 변호를 위한 자료만을 요청할 수 있고, 본 조 제2항에 따라 의뢰인은 변호인에게 실비의 여비 및 숙박료 외에 기타 등을 지급할 수 있으나 이는 당사자 간의 약정에 의한다.[20]

**변호사 자격 있는 장로**  70세가 지나면 변호인이 될 수 없으나 변호사의 자격을 가진 경우에는 70세가 지나도 변호인이 될 수 있다.[21]

**변호사 자격이 있는 경우에도 본 교단의 직원이어야만 하는지 여부**  우리 헌법에는 이에 관한 규정이 없으나 변호사법 제3조(변호사의 직무)에서 "변호사는 당사자와 그 밖의 관계인의 위임이나 국가·지방자치단체와 그 밖의 공공기관(이하 '공공기관'이라 한다)의 위촉 등에 의하여 소송에 관한 행위 및 행정처분의 청

---

17) 제100회기-44번.
18) 제100회기-64번.
19) 제100회기-64번.
20) 제102회기-7번.
21) 제98회기-115번.

구에 관한 대리행위와 일반 법률 사무를 하는 것을 그 직무로 한다"라고 규정하고 있는 점에 비추어 당사자의 위임이 있으면 변호인이 될 수 있다고 해석하는 것이 타당하다고 사료된다.

**담임목사를 고소하고 담임목사로부터 고소되어 재판 중인 당회원의 변호인 자격**
본 조에 의하여 변호인으로 선임이 가능하나 공범관계로 재판국이 판단할 경우 변호인으로 선임을 허락할 수 없다.[22]

**동일 사건 피고소인의 변호인 자격**  피고소인이 동일한 사건으로 고소된 피고소인을 변호인으로 선임할 수 있는지에 대하여 선임할 수 있으며, 단, 공범관계로 재판국이 판단할 경우 변호인으로 선임을 허락할 수 없다.[23]

**기소위원으로서 사건을 부적절하게 처리하여 사임한 목사가 같은 사건의 피고인의 변호인 자격 유무**  제26조 1항에 의거 피고인은 언제든지 본 교단의 무흠 세례교인(2012년 직원으로 개정됨) 중에서 변호인을 선정하여 변호를 받을 수 있으며, 변호인이 본 교단의 무흠 세례교인(위와 같음)인 경우 재판국이 교체하도록 조치할 수 없다고 해석하였다.[24]

**기소의뢰 결의 당시 임원의 변호인 참여**  노회장이 임원회의 결의로 소속 교회의 당회장을 기소의뢰한 사건에서 기소의뢰를 결의할 당시 임원(부노회장)이 변호인으로 참여하는 것은 위법은 아니다.[25]

■ **시행규정 제44조  변호인 선임서**
1. 헌법 권징 제29조에 의한 변호인의 선임은 심급마다 변호인과 연명 날인한 권징 제2호 서식을 재판국에 제출하여야 한다.
2. 기소제기 전의 변호인의 선임은 기소위원회에 할 수 있으며 제1심에도 그 효력이 있다.

---

22) 제90회기-55번.
23) 제89회기-40번.
24) 제85회기-23번.
25) 제101회기-47번.

### 제31조 당사자 일방의 불출석

기소위원장 또는 피고인이 변론기일에 2회 이상 출석하지 아니하거나 또는 출석하여도 변론을 하지 아니한 때에는 그 제출한 기소장, 답변서, 기타 준비서면에 기재한 사항을 진술한 것으로 보고 출석한 상대방에 대하여 변론을 명할 수 있다.

어느 일방이 제1차 및 제2차 기일에 출석하지 아니하거나, 출석하여도 변론을 하지 아니한 때에는 상대방은 제2차 기일에 변론할 수 있다는 취지이다.

**2회 이상 불출석의 의미** '2회 이상 불출석'이라는 의미는 반드시 연속하여 2회 불출석한 경우라고 엄격하게 해석할 필요는 없으며 합쳐서 2회 이상 불출석이라고 보는 것이 타당하다.[26]

기소위원장을 대리한 기소위원의 출석도 가능하다. 제68조의 불출석 사유자료를 제출하고 불출석한 경우에는 여기의 불출석에 해당하지 않는다고 보아야 한다.

**어느 일방이 출석하였으나 변론을 하지 아니한 때(출석 무변론)** 본 조는 형사사건에 유사한 권징재판에 적용되는 조항임에도 어느 일방이 출석하였으나 변론을 하지 아니한 때(출석 무변론)에도 2회 이상 요구하고 있는 점에서 불합리하다는 비판을 면할 수 없다. 왜냐하면 출석하였으나 재판지연을 목적으로 고의로 변론을 하지 않는 경우에는 구태여 출석 무변론의 경우까지 2회 기다려 당사자를 보호하여야 할 이유가 없으므로 바로 상대방에게 변론을 명하여 소송을 진행하는 것이 타당하기 때문이다.

이 조항이 민사소송에 준하여 행정쟁송에 준용이 되는 경우에는 어느 일방이 출석하였으나 변론을 하지 아니하는 때에도 2회 이상 요구하는 것은 가능한 일이다.

참고로 형사소송법에는 이와 같이 출석 무변론의 경우에도 2회 이상 요구하는 규정이 없으며, 민사소송법은 제268조(양쪽 당사자가 출석하지 아니한 경우)에서 출석 무변론 2회의 경우에 불출석한 것과 같은 효과를 부여하여 소를 취하한 것으로 보고 있다.

---

[26] 같은 취지, 이성웅, 252면.

■ **시행규정 제45조 답변서·준비서면**

1. 헌법 권징 제31조에 규정한 답변서 또는 준비서면에 관하여 피고인은 기소장 부본을 송달받은 후 제1회 재판기일 전까지 권징 제7-3호 서식에 의한 답변서를, 기소위원장은 제1회 재판기일 이후부터 권징 제7-5호 서식에 의한 준비서면을 제출할 수 있다.
2. 전항의 경우에 답변서, 기타 준비서면도 제출하지 않은 때에 재판국장은 10일의 간격을 두고 2회 이상 서면으로 답변서, 기타 준비서면의 제출을 명령할 수 있고, 이 경우에도 서면의 제출이 없고 출석하여도 변론하지 않으면 기소위원회의 경우에는 재판국이 이를 기소의 취소로 보아 기소기각의 결정을, 피고인의 경우에는 재판국이 이를 의제자백으로 보고 판결을 하여 재판을 종결할 수 있다. (신설 개정 2012.9.20)
3. 기소장 부본을 송달할 때 제1항의 취지를 피고인에게 고지하여야 한다.
4. 재판국은 답변서 또는 준비서면의 부본을 상대방에게 즉시 송달하여야 한다.

제1항에서 피고인은 제1회 재판기일 전에도 서면을 제출할 수 있으나 기소위원장은 제1회 재판기일 이후부터 비로소 준비서면을 제출할 수 있게 한 것은 "재판국의 기소위원에 대한 예단을 방지하기 위함이다"라고 설명하기도 한다.[27]

### 제32조 판결 선고기간

판결의 선고는 기소가 제기된 날로부터 당회 재판국은 60일 이내에, 노회 재판국은 90일 이내에 하여야 한다. 다만, 항소심 및 상고심에 있어서는 기록의 송부를 받은 날로부터 4개월 이내에 하여야 한다. 필요한 경우 30일의 기간을 연장할 수 있다.

노회 재판국이 제1심으로 재판하는 경우에는 본문의 90일 이내에 하여야 하며, 제2심 즉 항소심으로서 재판하는 경우는 단서에서 정한 4개월이 적용된다는 취

---

27) 이성웅, 143면.

지이다.

**기간의 효력**  기간은 분류기준에 따라 고유기간과 직무기간으로 나누는데, 고유기간은 소송당사자가 일방적으로 특히 서면에 의하여 소송행위를 하여야 할 기간을 말하며 대부분 불변기간이고 기간의 해태는 실권을 초래하지만, 직무기간은 재판국, 국장, 국원 등의 재판기관이 직무를 행할 기간을 의미하며, 이는 훈시적 기간 또는 권고적 기간에 속하는바, 본 조의 판결 선고기간은 직무기간에 속하고, 훈시적, 권고적 기간이다. [28]

**판결 선고기간**  강제규정이 아니므로 재판기간을 초과하여 재판하더라도 재판이 무효가 아니며 재판국이 재판을 계속할 수 있다. [29]

### 제33조  재판서의 기재사항

1. 재판서에는 재판을 받는 자의 성명, 연령, 직업, 직분, 주소를 기재하여야 한다.
2. 재판서에는 재판에 참여한 기소위원장 또는 기소위원의 성명과 변호인의 성명을 기재하여야 한다.
3. 재판서에는 재판국 국원이 날인하여야 한다.
4. 총회 재판국의 재판서에 소수의견 기재를 요구하는 국원이 있을 경우에는 재판서에 그 국원의 이름과 의견을 기재하여야 한다. (신설 개정 2019.12.19)

본 조에서의 재판서에는 판결문 이외에 결정문(항고 및 재항고에 대한 결정, 기피신청에 대한 결정 등)도 포함된다고 보아야 한다.

**재판 판결문에 소수의견 기재 여부**  종전에는 해당 재판국의 판단에 따른다고 해석하였는데,[30] 2019년 헌법개정에서 본 조 제4항이 신설되어 총회 재판국의 재판서에 한하여 소수의견 기재를 요구하는 국원이 있을 경우에는 반드시 그 국원의 이름과 의견을 기재하여야 한다.

---

28) 제92회기-1번, 제90회기-70번.
29) 제101회기-18번, 제99회기-49번.
30) 제97회기-54번.

신설된 제4항이 총회 재판국의 재판서에 대하여서만 규정하고 있으므로 노회 및 당회 재판국의 재판서에는 여전히 소수의견 기재 여부 문제가 남아 있는바, 제4항의 반대해석으로 노회 재판국과 당회 재판국에는 소수의견 기재는 허용되지 않는다고 보는 견해와 위 헌법위원회의 해석에 따라 해당 재판국의 판단에 맡긴 것이라고 보는 견해로 나누어질 수 있다고 예상되나 제4항을 신설하면서 위와 같은 헌법위원회의 해석이 있음에도 불구하고 총회 재판국의 경우만 규정하고 있는 점, 일반 법원의 경우 대법원의 재판에서만 대법관 의견을 표시하도록 되어 있고 하급심의 경우에는 표시하지 않고 있는 점 등을 고려하여 볼 때 노회 및 당회 재판국에는 소수의견 기재는 허용되지 않는다고 보는 견해가 타당하다고 생각한다.

### 제34조 판결의 확정

1. 당회, 노회의 재판 판결은 상소기간(판결문 접수 후 20일)이 지나면 확정된다.
2. 총회 재판의 판결은 선고한 날로 확정된다.

제1항의 '당회, 노회의 재판 판결'은 '당회, 노회의 재판국의 판결'이, 제2항의 '총회 재판의 판결'은 '총회 재판국의 판결'이 정확한 표현이다.

판결은 일단 선고되면 자기구속력이 발생하여 선고한 재판국도 오기 등을 시정하는 판결의 정정 이외에는 이를 취소하거나 바꿀 수 없으며, 당사자는 상소의 방법으로만 이를 다툴 수 있게 되어 상급심에서 변경의 가능성이 남아 있지만 확정되었다는 것은 당사자도 통상의 불복방법인 상소로 다툴 수 없는 상태에 이르게 된 것을 의미한다.

본 조는 당회, 노회의 재판국 판결은 제94조 및 제107조 소정의 상소(항소 및 상고)기간 20일 이내 상소를 하지 않으면 확정되며, 총회 재판국의 판결은 심급제도 상으로 상소로 다툴 수 없는 없으므로(재심은 심급과는 다른 별도의 특별절차임) 선고와 동시에 확정된다는 것을 선언하는 규정이다.

판결이 확정되면 통상의 불복방법에 의하여 다툴 수 없는 형식적 확정력(불가쟁적 효력)과 재판의 의사표시적 내용이 확정되어 법률관계를 확정하는 내용적 확정력(실질적 확정력)이 발생하며, 특히 유,무죄의 실체재판의 확정력을 실체적 확정력이라고 하는데, 이와 같은 실체재판이 확정되면 동일사건에 대하여 다시 심리, 판단하는 것이 허용되지 않는다는 일사부재리의 효력이 발생하게 되며, 이를 통상 기판력이라고 부른다.

**판결의 확정 및 시벌의 기산일** 본 조 제2항의 뜻은 피고인이 판결 당시 출석하여 판결내용을 직접 들었다면 그 판결선고가 확정되나 출석하지 못했다면 판결문이 본인에게 송달된 그날부터 기산일이 된다.[31]

**판결문의 효력** 판결 집행 완료 시까지 유효하다.[32]

**국가 재판과 교단 재판과의 관계** 총회 재판국의 확정판결이나 재심판결은 국가재판의 유, 무효판결에 상관없이 효력을 가진다.[33]

**국가법원의 교단 재판국의 판결에 대한 효력정지가처분의 효력** ① '총회 재판국 면직 판결 효력정지 가처분'뿐 아니라 각 노회 및 교회에서 발생하는 분쟁과 권징과 처벌에 대한 국가법원의 최종판결이 아닌 일시적인 집행정지(가처분)라고 하더라도 처분 등이나 그 집행 또는 절차의 속행으로 생길 회복하기 어려운 손해를 예방하기 위하여 긴급한 필요가 있을 때 법원이 당사자의 신청 또는 직권에 의하여 그 처분 등의 집행 또는 절차의 속행을 잠정적으로 정지하도록 결정하는 취지를 감안해야 하며, 또한 국가법 권위에 근거하여 객관적이고 전문적으로 판결한 집행정지(가처분)를 인정하지 않을 수 없고, 만약 이를 인정하지 않을 경우 결과적으로 총회, 노회, 교회에 선의의 피해자를 구제할 수 없는 선례가 될 수 있으며,[34] 국가법원 결정을 부인할 수 있는 명백한 관련 근거와 국가법원의 판결을 부인하고 총회 재판국 판결대로 집행했다가 돌이킬 수 없는 손해가 발생할 경우 총회가 보상하는 근거 규정이 있어야 할 것이다.[35]

② 총회 재판국의 목사 면직, 출교판결에 대한 국가법원에 의한 효력정지 가처

---

31) 제98회기-11번.
32) 제88회기-5번.
33) 제97회기-24번.
34) 제105회기-29번, 59번.
35) 제105회기-59번.

분 결정으로 인하여 그 이전의 모든 노회 행정과 정기노회에서 결정된 모든 사항들이 소급하여 원인무효가 되는 것은 아니다.[36]

③ 당회장 면직, 출교 처분이 확정된 이후는 당회장 결원이므로 임시당회장 파송은 적법하며, 임시당회장 파송과 합법적인 절차에 따른 부목사 청빙은 적법하고, 다만 당회장 면직, 출교 처분을 확정한 총회 재심 재판국 판결에 대하여 효력정지 결정이 있었기에 노회가 교회로 파송한 목사는 본안판결 확정 시까지 당회장 지위가 정지된다고 봄이 타당하며, 총회 재심 재판국 판결 효력정지 결정으로 면직, 출교처분이 내려진 목사가 그날부터 본안판결 확정 시까지 당회장 지위에 있으므로 당회장 사회에 의한 당회에서 노회 장로 총대를 파송함이 타당하고, 당회장실 사용은 교회가 판단할 사항이다.[37]

**교회의 주체** 총회 재판국 면직판결 효력정지 가처분이 인용된 상황에서는 목사직은 유지되며 목사 측과 반대 측 어느 특정인을 주체로 정할 수 없고 노회는 당회, 제직회, 공동의회의 결정에 따라 처리하면 된다.[38]

**총회 재판국에서 유죄판결을 선고받은 목사가 고등법원에서 승소판결을 받자 총회에서 대법원에 상고한 경우** 국가 법원의 판결이 아직 확정되지 아니하였기 때문에 "국가 법원의 판결의 효력은 우리 교단에 미치지 아니한다. 따라서 총회 재판국에서 정직 2년을 선고받은 자의 경우 대표자증명은 발부할 수 없으나, 재직증명은 발부할 수 있고", 또 "총회 재판국에서 정직 2년을 선고받았다면 그 기간 동안 예배인도와 설교는 불가하다"고 해석하였다.[39]

### 제35조 재판의 선고, 고지의 방식

1. 재판의 선고 또는 고지는 재판정에서는 재판서에 의하여야 하고, 기타의 경우에는 재판서의 등본의 송달로 한다.
2. 재판의 선고 또는 고지는 재판국장이 한다. 판결을 선고함에는 주문을 낭

---

36) 제103회기-96번.
37) 제103회기-96번, 제104회기-4번.
38) 제105회기-29번.
39) 제92회기-8번.

독하고 이유의 요지를 설명한다.

재판은 그 형식에 의하여 판결, 결정, 명령으로 분류되는바, '판결'은 소송을 그 심급에서 종결시키는 종국재판의 원칙적 형식이자 가장 중요한 재판의 형식으로서 실체재판인 유, 무죄의 판결과 형식재판인 기소기각 판결, 관할위반 판결이 있으며 선고하여야 하고, '결정'은 종국 전의 절차에 관한 재판의 원칙적 형식으로서 제8조의 기피신청에 대한 기각 결정, 제77조의 기소장 변경의 허가, 제82조의 증거조사의 방식에 관한 결정 등이 이에 해당하며 당사자에게 고지하면 되고, '명령'은 재판국이 아니라 재판국장 또는 재판국원의 재판을 말하고 종국 전의 재판으로서 제28조의 재판비용을 예납하지 않은 경우에 예납을 명령하는 것이 이에 해당한다.

판결은 선고의 방식, 결정 또는 명령은 고지하는 방식이며, 재판정에서는 재판서에 의하여야 하고, 기타의 경우에는 재판서의 등본을 송달함으로써 족하다.

**판결 선고의 우리 권징재판과 일반 형사재판에서의 차이**  우리 재판제도에서는 반드시 당사자가 출석한 상태에서 구두로 선고하여야만 하는 것은 아니며 재판서의 등본을 송달하여 고지하는 방식으로도 가능하며, 다만 판결을 선고함에는 재판국장이 주문을 낭독하고 이유의 요지를 설명하여야 함에 대하여 일반 형사재판에서는 판결은 반드시 법정에서 구두로 선고하여야만 하며 피고인이 출석하여야 하는 것이 원칙이다.

판결선고와 관련하여 우리 헌법에 선고기일 사전 통지에 대한 명확한 규정이 없는 것도 문제이며,[40] 판결의 선고가 재판서의 등본을 송달하여 고지하는 방식으로도 가능한(제35조 1항) 우리 재판제도와도 깊은 연관이 있으므로 이에 대한 충분한 검토와 연구가 필요하다고 생각된다.

■ **시행규정 제46조 재판서**
헌법 권징 제35조에 의한 재판서 중 판결문은 권징 제8-1호 서식, 결정문은 권

---

[40] 권헌서, 앞의 논문, 37면.

징 제8-3호 서식으로 한다.

### 제36조 재판 송달의 기일

재판서의 등본은 재판을 선고 또는 고지한 날로부터 10일 이내에 당사자에게 송달하여야 한다.

### 제37조 판결의 정정

1. 재판국은 판결의 내용에 오산, 오기, 기타 오류가 있는 것이 명백한 때에는 직권 또는 당사자의 신청에 의하여 정정결정을 할 수 있다.
2. 전항의 신청은 신청의 이유를 기재한 서면으로 하여야 한다.
3. 재판국은 정정할 필요가 없다고 인정한 때에는 지체 없이 결정으로 신청을 기각하여야 한다.

판결의 정정은 판결에 계산의 잘못(오산), 표현상의 기재에 잘못이 있거나(오기) 기타 당사자의 주소 또는 변호인의 표시 누락 등 이와 유사한 명백한 잘못이 있는 경우에 재판국 직권으로 또는 당사자의 신청에 의하여 이를 고치는 제도이며, 이 제도를 인정하는 이유는 이러한 간이한 절차에 의한 정정의 기회가 없다면 명백한 오류를 상소에 의하지 않고 고칠 수 없으므로 소송경제에 반할 뿐만 아니라, 확정된 경우에 시벌의 범위가 불명확하게 된 경우가 생기는 등 심한 불편이 따르게 되기 때문이다.

**정정의 대상**  판결 이유는 물론 판결 주문도 포함된다.

**판결문 통보 또는 상소한 이후에도 정정 가능**  제1항에 근거 재판국은 판결문 통보뿐만 아니라 상소한 이후에도 판결내용을 실질적으로 변경하지 않는 범위 내에서 판결서에 표현상의 잘못이나 계산의 착오 등 오류가 생겼을 경우 정정할 수 있다.[41]

---

41) 제102회기-7번.

■ **시행규정 제47조 판결정정**
1. 헌법 권징 제37조에 의한 판결정정의 결정을 하면 판결의 원본 및 정본에 부기한다.
2. 판결의 정본이 송달된 후에는 결정의 정본을 작성하여 당사자에게 송달한다.
3. 정정신청을 이유 없다고 기각하는 결정에 대하여 불복 신청할 수 없다.

### 제38조 재판서의 등본·초본의 청구

피고인, 기타의 소송관계인은 비용을 납부하고 재판서 또는 재판을 기재한 조서의 등본 및 초본의 교부를 청구할 수 있다.

**재판조서 교부 제한 부당**  본 조의 '기타 이해관계인'이 누구인지 명확하게 나와 있지 않으나 국가 형사소송법을 참고할 때 피고인 측 변호인으로 한정하는 것이나, 고소인에게 재판조서 교부를 제한하는 것은 타당하지 않다.[42]

**고소장 사본 반환 가능**  고소에 대하여 불기소 처분이 내려지자 항고하기 위하여 고소장의 반환을 요구하는 경우 원본은 반환할 수 없고 사본은 줄 수 있다.[43]

**재판조서 이외의 기록의 송달 및 열람과 복사**  본 조와 관련하여 재판조서에 대하여는 시행규정 제48조 1항이 "제39조 재판조서에 관하여 피고인은 재판조서의 열람 또는 등사를 청구할 수 있다"고 규정하고 있으나 우리 재판제도에 재판조서 이외의 기록의 송달 및 열람과 복사에 관한 규정이 없다는 점이 하나의 문제로 지적되고 있다. 실무상 당사자 일방이 제출한 서면과 증거를 상대방에게 송부해주지 않음으로써 당사자들은 상대방이 구체적으로 어떠한 주장을 하고 증거를 제출하였는지 전혀 모르는 상태에서 재판에 임하는 경우가 있어 실체적 진실발견과 신속을 생명으로 하는 재판제도의 원활한 진행을 위하여 중대한 장애로 작용하고 있다고 하지 않을 수 없다.[44] 최소한 재판기일 이전에 상대방이 제출한 서면과 증거에 대해 고지하여 변론을 준비함으로써 재판의 원활과 신속을 도모할 필

---

42) 제103회기-63번.
43) 제98회기-99번.
44) 같은 취지, 권헌서, 앞의 논문, 37면.

요성이 있다.

### 제39조 재판조서의 작성

1. 재판국은 재판조서를 작성한다.
2. 재판조서에는 다음의 사항 기타 모든 소송절차를 기재한다.
   ① 재판을 행한 일시와 재판국
   ② 재판국원, 기소위원, 피고인, 변호인의 성명
   ③ 기소사실의 진술
   ④ 증거조사를 한 때에는 증거 서류, 증거물
   ⑤ 변론의 요지
   ⑥ 피고인 또는 변호인에게 최종 진술할 기회를 준 사실과 그 진술한 사실
   ⑦ 판결, 기타의 재판을 선고 또는 고지한 사실
3. 재판조서에는 재판국장과 재판국서기 또는 참여한 담당직원이 서명날인 한다.
4. 재판조서는 재판기일 후 20일 이내에 정리하여야 한다.

재판조서는 재판의 경과를 명확하게 기록, 보존하기 위하여 작성하는 문서를 말하며, 이에 의하여 소송절차의 진행을 밝혀 절차의 안정, 명확을 기하는 동시에 상급 재판국이 원심 재판국의 판결의 잘잘못을 판단하는 데 이바지하게 된다.[45]

**재판조서의 작성의무자** 우리 권징법은 재판조서의 작성의 주체에 대한 규정은 없고, 다만 본 조 제3항에서 재판국장과 재판국 서기 또는 참여한 담당직원이 서명, 날인을 하도록 되어 있는 것으로 규정되어 있을 뿐이다. 참고로 우리 권징절차의 재판조서에 해당하는 국가 형사소송의 공판조서에는 공판기일에 참여한 법원사무관 등이 작성하고, 재판장과 참여한 법원사무관 등이 기명날인, 또는 서명하도록 되어 있다. 생각컨대, 일반 법원에서는 형사, 민사 등 모든 소송에 법원사무관 등이 참여하게 되어 있으나 우리 교단의 재판에는 이에 해당하는 담당직원이

---

[45] 이시윤, 신민사소송법 제15판(박영사, 2022년), 407면.

반드시 참여하도록 되어 있지 않은 점과 시행규정 제48조 7항에 재판조서에는 재판국장과 서기가 서명, 날인함이 원칙이라고 규정하고 있는 점을 고려하여 보면, 재판국 서기가 재판조서를 작성하여야 한다고 해석함이 상당하다.

### ■ 시행규정 제48조 재판조서

1. 헌법 권징 제39조 재판조서에 관하여 피고인은 재판조서의 열람 또는 등사를 청구할 수 있다.
2. 피고인이 재판조서를 읽지 못하는 때에는 재판조서의 낭독을 청구할 수 있다.
3. 제1항 또는 제2항의 청구에 응하지 아니한 때에는 그 재판조서는 유죄의 증거로 할 수 없다.
4. 차회의 재판기일에 있어서는 전회의 재판심리에 관한 주요사항의 요지를 조서에 의하여 고지하여야 한다. 기소위원장, 피고인 또는 변호인이 그 변경을 청구하거나 이의를 진술한 때에는 그 취지를 재판조서에 기재하여야 한다.
5. 전항의 경우에 재판국장은 그 청구 또는 이의에 대한 의견을 기재하게 할 수 있다.
6. 재판기일의 소송절차로서 재판조서에 기재된 것은 그 조서만으로써 증명한다.
7. 재판조서에는 재판국장과 서기가 서명날인함이 원칙이나 서기를 대신하여 행정업무를 보조하기 위해 참여한 담당직원이 서명날인한 경우에 담당직원은 헌법과 이 규정에 의한 책임을 지지 아니한다.

본 시행규정 제6항은 '재판조서의 배타적 증명력'을 인정한 조항이며, 이는 상소심에서 재판절차의 존부와 적법성에 관한 분쟁과 소송지연을 방지하고자 인정한 제도[46]로서 법정증거주의의 하나이며 자유심증주의에 대한 예외라고 할 수 있다.

**배타적 증명력**  재판 일시와 재판국, 재판국원, 기소위원, 피고인 등 재판 당사

---

46) 차용석, 백형구 등, 235면.

자의 출석 여부, 기소위원의 기소요지 진술 여부, 피고인 또는 변호인에게 최종진술 기회 부여 여부 등 재판기일의 재판절차에 한하여 인정되며, 피고인의 진술과 증인의 증언 내용과 같은 실체적 사항에 대해서는 인정되지 않고, 또 재판조서의 기재에 모순이 있거나 불명확한 경우에는 인정되지 않는다. 무엇보다도 재판국장과 재판국 서기 등의 서명날인이 없는 경우처럼 무효인 재판조서에는 배타적 증명력이 인정되지 아니한다.

### 제40조 재판정에서의 속기·녹취

1. 재판국장은 필요하다고 인정하는 때에 직권으로 또는 피고인, 변호인, 기소위원장의 신청에 의해 피고인, 증인 등에 대한 신문의 전부 또는 일부를 속기자로 하여금 필기하게 하거나 녹음장치를 사용하여 녹취할 수 있다.
2. 제1항의 신청에 의한 속기나 녹취에 비용을 요하는 때에는 피고인, 변호인 또는 기소위원장은 재판국이 정하는 금액을 예납하여야 한다.
3. 제1항의 신청에 의하여 속기나 녹취를 한 때에는 신청인은 실비액을 부담하고 속기록 또는 녹취록의 등본 또는 초본을 청구할 수 있다.

■ 시행규정 제49조 속기록과 녹취기록

1. 헌법 권징 제40조에 의한 속기 또는 녹취를 한 후 지체 없이 속기록을 작성하거나 녹취록을 작성하여야 한다.
2. 속기록·녹취록의 전부 또는 일부를 조서에 인용하고 소송기록에 첨부하여 조서의 일부로 하는 조치를 취하여야 한다.
3. 속기를 한 경우 속기 원본의 내용을 읽어 주게 하여 진술자에게 그 정확 여부를 묻고 내용의 증감 변경의 청구가 있으면 그 진술도 속기하여야 한다.

### 제41조 송달의 원칙

송달은 직권으로 하며, 송달을 받을 자에게 등기우편에 의하여 송달하여야 한다.

**주소지 변경을 노회에 알리지 않은 경우**  본 조에 따라 기소위원장과 재판국장은 송달받을 사람의 주소지로 등기우편에 의하여 소환장을 발송하여야 하지만, 만약 송달받을 사람이 노회원이고, 해 노회원이 노회에 주소지를 등록한 이후 그 주소지가 변경되었음에도 그 변경된 주소지를 노회에 알리지 아니하고, 이로 인하여 변경된 새로운 주소지로 소환장을 송달할 수 없게 됨에 따라, 기소위원장 또는 재판국장이 노회에 등록된 종전의 주소지로 소환장을 발송하고 이 사실을 노회 사무실 등 적당한 곳에 게시하였다면 그 소환장은 해 노회원에게 적법하게 송달된 것으로 볼 수 있다.[47]

### 제42조 기간의 계산

1. 기간의 계산에 관하여는 시로써 계산하는 것은 즉시로부터 기산하고 일, 월 또는 년으로 계산하는 것은 초일을 산입하지 아니한다.
2. 기간의 만기일이 공휴일에 해당하는 날은 기간에 산입하지 아니한다.

### 제43조 피고인의 소환

1. 재판국장은 피고인을 소환할 때에는 10일 전에 통지하여야 한다.
2. 피고인을 소환함에는 피고인의 성명, 나이, 성별, 직분, 주소, 죄과명, 출석일시, 장소를 기재하고 재판국장이 서명날인하여야 한다.

■ **시행규정 제50조 피고인 소환**

1. 헌법 권징 제43조에 의한 피고인의 소환에는 권징 제3-1호 서식에 의하여 소환장을 송달하여야 한다.
2. 피고인이 기일에 출석한다는 서면을 제출하거나 출석한 피고인에 대하여는 다음의 재판기일을 정하여 출석을 명할 때에는 소환장의 송달과 동일한 효력이 있다.

---

47) 제102회기-13번.

### 제44조 증인의 의무

1. 재판국장은 누구든지 증인으로 신문할 수 있다.
2. 재판국장에 의해 증인으로 소환된 당사자는 출두하여 증인신문에 응하여야 한다.

증인은 재판국에서 자기가 과거에 실제로 체험한 사실을 진술하는 자를 말하며, 기소위원회의 조사과정에서 진술하는 '참고인'과 특별한 지식, 경험에 속하는 법칙이나 이를 구체적 사실에 적요하여 얻은 판단을 보고하는 '감정인'과 구별되고, 단순한 의견을 진술하는 자도 증인이 아니다.

**증인적격** 증인이 될 수 있는 자격을 뜻하며, 재판국원, 기소위원, 변호인은 재판의 당사자이며 제3자가 아니므로 증인이 될 수 없다고 보는 것이 통설[48]이지만, 실체적 진실발견을 위하여서는 그 증언의 증명력은 차치하더라도 실제로 경험한 자이며 특히 유일한 증인이라면 사실을 진술하는 증인이 될 수 있다고 사료된다.

기소위원과 변호인은 증언을 한 후에도 그 직을 그대로 수행할 수 있으며, 다만 재판국원은 사임한 후 증인이 될 수 있고, 사임하지 않은 경우에는 제척사유가 되므로 당연히 직무집행에서 배제된다.

**피고인의 증인적격** 일반 형사소송법에서는 소송당사자이며 제3자가 아닐 뿐만 아니라 증인적격을 인정하게 되면 피고인에게 인정되는 진술거부권이 무의미하게 되므로 증인적격이 없다고 하는 것이 통설[49]이지만, 민사소송법상으로 당사자본인신문을 허용하고 있는 점, 영미법에서도 인정하고 있는 점과 본 조 제1항에서 "재판국장은 누구든지 증인으로 신문할 수 있다"라고 규정하고 있는 점 등을 종합하여 보면 그 증명력은 여하간에 실체적 진실 발견을 위하여 필요한 경우 피고인도 증인이 될 수 있다고 생각한다.

피고인의 증인적격을 부인하는 견해에서도 자기 사건과 실질적인 관련성이 없는 공동피고인의 경우에는 증인으로 신문할 수 있다고 한다.

---

48) 이성웅, 164면.
49) 이성웅, 164면.

본 조 제2항은 증인의 출석의무를 규정하고 있으나 형사소송법상 인정되는 과태료 처분, 감치 처분, 구인 등의 제도가 인정되지 않으므로 강제할 방법은 없으며, 사안에 따라서는 치리의 대상이 되는 경우도 생각하여 볼 수 있다.

■ **시행규정 제51조 증인적격의 제한**
치리회의 임원 또는 임원이었던 자가 그 직무에 관하여 알게 된 사실에 관하여 직무상 비밀에 속한 사항임을 신고한 때에는 치리회장의 승낙 없이는 증인으로 신문하지 못한다.

■ **시행규정 제53조 증인소환(개정 2019.9.26)**
1. 증인에 대한 소환장은 일시와 장소를 명기하여 출석할 일시 7일 이전에 통지하여야 한다.
2. 증인이 재판정에 있는 때에는 당사자가 이의를 제기하지 않을 경우 소환 절차 없이 신문할 수 있다.
3. 재판국 또는 기소위원회의 신청에 의한 증인에게는 여비의 전부 또는 일부를 지급할 수 있다.

2019년 헌법개정 시 종전에는 증인에 대한 소환장은 늦어도 24시간 이전에 송달하여야 한다는 것을 '일시와 장소를 명기하여 출석할 일시 7일 이전에 통지'하도록 개정하여 증인에 대한 소환절차를 강화하였으며, 또한 재정증인에 대하여 '당사자가 이의를 제기하지 않을 경우'에 한하여 소환 절차 없이 신문할 수 있도록 하였다.

### 제45조 증인의 선서
1. 재판국장은 증인에게 신문 전에 선서를 하게 하여야 한다. 다만, 특별한 사유가 있는 때에는 신문 후에 이를 하게 할 수 있다.
2. 선서는 선서서에 의하여야 한다. 선서서에는 "신앙양심에 따라 숨김과 보탬이 없이 사실 그대로 말하고 만일 거짓말이 있으면 책벌을 받기로 하고

이에 선서합니다."라고 기재하여야 한다.
3. 재판국장은 증인으로 하여금 선서서를 낭독하고 서명날인하게 하여야 한다.
4. 증인이 16세 미만인 자, 선서의 취지를 이해하지 못하는 자인 경우에는 선서하게 하지 아니하고 신문할 수 있다.
5. 증인이 정당한 사유 없이 선서나 증언을 거부한 때에는 절차에 따라 책벌을 받을 수 있다.

선서는 증인이 재판국에 대하여 진실을 말할 것을 맹세하는 것을 말하며, 책벌에 의한 심리적 강제에 의하여 증언의 진실성과 확실성을 담보하기 위한 제도이다. 우리의 권징법에서는 일반 국가의 소송법에서와는 달리 '신앙'양심에 따라 하는 선서이므로 하나님 앞에서의 선서라는 특별한 의미가 있다고 보아야 한다.

제4항은 선서무능력자를 규정한 것으로서 '선서의 취지를 이해하지 못하는 자'라고 함은 정신능력의 결함으로 선서의 뜻을 알지 못하는 자를 말하며, 선서무능력자에게 선서를 시키고 증언한 때에는 선서의 효력이 없으나 증언 자체의 효력이 없는 것은 아니다.

제4항에서 '신문할 수 있다'라고 되어 있는 것은 '신문하여야 한다'로 해석하여야 한다는 견해[50]도 있으나, 재판국에서 선서무능력자임을 알지 못하고 증인으로 채택하여 선서하기 전에 비로소 그와 같은 사실을 알게 되었을 경우 구태여 선서 없이 증언하게 할 필요성이 없다고 판단되면 증언 자체를 하지 않게 할 수도 있다는 점에서 동의하기 어렵다(참고로 형사소송법 제159조는 '신문하여야 한다'로 규정하고 있음).

증인은 신문받은 사항에 대하여 증언할 의무가 있으며, 증인이 주신문에서만 증언하고 반대신문에 대하여 증언을 거부한 때에는 반대신문의 기회가 없기 때문에 증거능력이 없다고 보아야 한다.[51]

---

50) 이성웅, 166면.
51) 이재상, 550면, 이성웅, 167면.

재판국장은 선서 전에 제5항에 따라 정당한 사유 없이 선서나 증언을 거부한 때에는 책벌을 받을 수 있다는 경고를 하여야 한다(시행규정 제54조 2항).

■ **시행규정 제54조 선서의 절차**
1. 증인이 선서서를 낭독하지 못하거나 서명을 하지 못하는 경우에는 재판국 서기 또는 담당직원이 이를 대행한다.
2. 재판국장은 선서할 증인에 대하여 선서 전에 헌법 권징 제45조 제5항에 따라 책벌을 받을 수 있다는 경고를 하여야 한다.
3. 선서는 기립하여 엄숙히 하여야 한다.

■ **시행규정 제52조 증언거부**
1. 교회의 항존직 또는 사회의 전문직에 종사하는 자가 또는 종사하였던 자가 그 직무상 알게 된 사실로써 타인의 비밀에 관한 것은 증언을 거부할 수 있다. 단, 본인의 승낙이 있거나 공익상 필요 있는 때에는 예외로 한다.
2. 증언을 거부하는 자는 거부사유를 소명하여야 한다.

증언거부권은 증인의무의 존재를 전제로 하여 증언의무의 이행을 거절할 수 있는 권리를 말한다.

항존직은 '목사, 장로, 안수집사, 권사'를 뜻하고, 전문직은 업무상 비밀에 대한 증언거부권을 규정한 형사소송법 제149조를 참고로 하여 '변호사, 변리사, 공증인, 공인회계사, 세무사, 대서업자, 의사, 한의사, 치과의사, 약사, 약종상, 조산사, 간호사 등의 직'을 뜻한다고 해석된다.

이는 이러한 직업인과 고객 사이의 신뢰관계를 보호하고자 함에 그 목적이 있으며, 한편 이들은 업무상 알게 된 비밀을 누설하면 형법 제317조 소정의 업무상 비밀침해죄에 해당하게 되어 처벌을 면할 수 없게 된다.

**형사책임 염려 있는 내용, 공무상 비밀에 대한 증언거부권 인정 여부** 국가 헌법 제12조 2항 후단은 '형사상 자기에게 불리한 진술을 강요당하지 않는다'고 규정하고 있는 점과 형법 제127조는 공무원 또는 공무원이었던 자가 법령에 의한 직무상 비밀을 누설한 때에 공무상 비밀 누설죄로 처벌하도록 되어 있으며, 형사소송법 제147조 및 148조에서 이들의 증언거부권을 각각 인정하고 있는 점을 감안하여 볼 때 우리 권징법에서는 이에 관하여 아무런 규정을 두고 있지는 않지만 권징절차에서도 이들 증언거부권을 인정하는 것이 상당하다.

### 제46조 증인신문의 방식

1. 증인은 신청한 기소위원장, 피고인 또는 변호인이 먼저 신문한다.
2. 재판국장 및 재판국원은 전항의 신문이 끝난 뒤에 신문할 수 있다.
3. 재판국장은 필요하다고 인정하면 전2항의 규정에도 불구하고 어느 때나 신문할 수 있으며 제1항의 신문순서를 변경할 수 있다.
4. 증인신문은 각 증인에 대하여 신문하여야 한다. 다만, 필요한 때에는 증인과 다른 증인 또는 피고인과 대질하게 할 수 있다.

제1, 2항은 신청 당사자가 하는 주신문과 반대 당사자가 하는 반대신문의 순서대로 증인을 신문하는 방식인 교호(상호)신문제도를 채택한 규정이며, 제3, 4항은 재판국장은 필요하다고 인정하면 교호신문의 원칙을 수정하여 어느 때나 증인을 신문하고 신문의 순서를 변경할 수 있다는 취지이다.

권징법에는 신문방식에 관하여 자세한 규정이 없으므로 법원에서 행하는 증인신문방법에 대하여 규정한 '형사소송규칙'을 준용하는 것이 적절하다.[52]

본 조 및 제31조에 따라 피고인이 2회 불출석까지는 피고인의 출석 없이 증인에 대하여 일방적 심문을 할 수 없다.[53]

### ■ 시행규정 제55조 증인신문 참여 통지

1. 증인신문의 시일(時日)과 장소는 기소위원장, 피고인 또는 변호인에게 미리 통지하여야 한다. 단, 참여하지 아니한다는 의사를 명시한 때에는 예외

---

52) 같은 취지, 이성웅, 172면.
53) 제91회기-5번.

로 한다.
2. 기소위원장, 피고인 또는 변호인이 증인신문에 참여하지 아니할 경우에는 재판국에 대하여 필요한 사항의 신문을 청구할 수 있다.
3. 피고인 또는 변호인의 참여 없이 증인을 신문한 경우에 피고인에게 예기하지 아니한 불이익의 증언이 진술된 때에는 반드시 그 진술내용을 피고인 또는 변호인에게 알려 주어야 한다.

■ **시행규정 제56조  증인의 재판정 외 신문**
재판국장은 증인의 연령, 직업, 건강상태, 기타의 사정을 고려하여 기소위원장, 피고인 또는 변호인의 의견을 묻고 재판정 외에 소환하거나 현재지(現在地)에서 신문할 수 있다.

■ **시행규정 제57조  증인신문사항의 서면제출 명령**
재판국장은 필요하다고 인정할 때에는 증인의 신문을 청구한 자에 대하여 신문사항을 기재한 서면의 제출을 명할 수 있다.

이는 복잡한 사건의 진행을 원활하게 하기 위한 방편이며, 재판국장의 소송지휘와 조서의 작성의 편의를 위하여 인정되는 제도이다.

■ **시행규정 제58조  증인의 인정신문**
재판국장은 증인의 성명, 나이, 직분, 직업, 주소를 물어서 증인임에 틀림없음을 확인하여야 한다.

■ **시행규정 제59조  증인의 퇴정**
신문하지 아니한 증인이 재정한 때에는 퇴정을 명하여야 한다.

신문하지 아니한 증인의 퇴정명령 여부는 재판국의 자유재량에 속하므로 퇴정시키지 않았다고 하여 증인신문이 위법인 것은 아니다.

### 제47조 화해의 종용 및 조정

재판국장은 판결 전에 당사자에게 화해를 종용할 수 있다. 이 경우 조정도 포함된다. (개정 2012.11.16)

일반 형사소송에서는 전통적으로 피해자와의 합의라는 개념이 존재하며 화해, 조정 및 중재라는 개념은 없었으나 고소(고발)전치주의가 원칙인 우리의 권징제도에서는 모든 권징사건이 고소, 고발에 의하여 절차가 개시되고 고소가 취하되면 종결되는 특수성을 지니므로 민사소송에서의 화해 및 조정제도를 활용할 필요성이 있다.

2022년 헌법개정 시 종전의 권징재판, 행정쟁송재판 분과 이외에 화해조정 분과를 설치하였으며, 화해조정 분과에서 총회 재판국에 접수된 재심, 상고심 등 모든 사건에 대하여 재판에 앞서 화해조정절차를 필수적 절차로 도입한 점에 대하여 제11조의 2와 제12조에서 기술한 바와 같다.

이와 관련하여 2008년 4월 발족된 한국기독교화해중재원이 2012년 7월부터 서울중앙지방법원의 연계형분쟁 해결기구(조기조정제도)로 선정되어 교파를 초월하여 기독교 분쟁의 해결에 일익을 담당하여 오고 있다.

근래에 와서는 범죄피해자 보호법이 제정되어(2010년) 검찰의 수사에서도 피의자와 범죄피해자 사이의 형사분쟁을 공정하고 원만하게 해결하기 위하여 당사자의 신청이나 직권으로 형사조정에 회부하여 그 결과를 고려할 수 있도록 운영하고 있다.

권징사건에서 화해조서가 작성되면 소송은 종료되며, 화해조서는 확정판결과 동일한 효력을 가지고, 상급심에서 화해가 성립되면 하급심의 판결은 당연히 그 효력을 상실한다.

■ **시행규정 제60조 고발인의 자격, 방식, 취하, 송달과 화해(개정 2012.9.20)**
5. 헌법 권징 제47조에 의한 화해의 당사자는 기소위원장과 피고인이며, 고소인(고발인)이 화해의 내용에 관하여 동의를 하여야 그 화해가 효력을 발생한다. (신설 개정 2012.9.20)

6. 화해가 성립하고 그 효력이 발생하면 재판국은 심급을 불문하고 판결로써 소송종결을 선언하여야 하고, 판결문의 주문에 "이 사건의 소송은 별도 화해조서와 같이 화해가 성립하고 그 효력이 발생하여 종료되었다."라고 기재한다. (신설 개정 2012.9.20)
7. 당사자가 합의한 내용은 화해조서를 작성하여 재판국장과 재판국 서기, 화해의 양 당사자, 그리고 고소인(고발인)이 서명 또는 기명날인하여야 한다. (신설 개정 2012.9.20)
8. 전항의 화해조서는 판결문과 동일한 효력이 있다. (신설 개정 2012.9.20)
9. 헌법 권징 제50조와 제52조에 의한 고소와 고발의 취하는 제1심 판결 선고 전에 하여야 하나, 제1심 판결 선고 후에 고소(고발)의 취하가 있는 경우 헌법 권징 제47조에 의한 화해의 종용에 의한 화해의 신청으로 보고 기소위원장과 피고인의 동의가 있으면 화해가 성립되어 그 효력을 발생하고 재판국은 심급을 불문하고 판결로써 소송종결 선언을 하여야 하고, 판결 주문에 "이 사건의 소송은 제1심 판결 선고 후 ○○년 ○○월 ○○일자로 고소(고발)의 취하를 하였으니 화해로 간주하여 종료되었다."라고 기재한다. (신설 개정 2012.9.20)
10. 전항의 경우 화해조서의 작성과 그 효력은 제7항 및 제8항과 같다. (신설 개정 2012.9.20)

화해의 당사자는 어디까지나 기소위원장과 피고인이지만 권징제도에서는 고소인(고발인)이 매우 중요한 역할을 하므로 본 시행규정 제5항에서 고소인이 화해의 내용에 관하여 동의를 하여야 그 화해가 효력을 발생하도록 하여 제7항에서 당사자가 합의한 내용은 화해조서를 작성하여 재판국장과 재판국 서기, 화해의 양 당사자, 그리고 고소인(고발인)이 서명 또는 기명날인하도록 한 것이다.

# 제4장 제1심 소송절차

## 제1절 고소 및 고발

우리 권징법은 고소, 고발(기소의뢰 포함)이 있어야만 조사절차가 개시되며 직권에 의한 조사개시를 인정하지 않는 '친고죄주의'를 채택하고 있으며, 유일한 예외는 '재판회 석상에서 범한 제3조 10항의 범죄 즉 폭언, 협박, 폭행, 상해, 재물손괴의 죄과에 대한 판결 및 가중처벌제도(제6조 3항)'이다.

당회의 결의에 의한 간이재판제도(제26조 2항)는 고소, 고발이 있음을 전제로 하므로 기소주의에 대한 예외이며, 시벌 불이행과 가중처벌제도(시행규정 제86조 3항)도 고발 또는 기소의뢰에 준하는 임원회의 결의에 의한 가중처벌의 의뢰를 전제로 한다는 점에서 기소주의에 대한 예외라고 볼 수는 있으나 친고죄주의에 대한 예외라고 보기는 어려우며, 재범과 가중시벌제도(제133조)는 고발이나 기소의뢰에 의하여 기소가 있음을 전제로 하고 있다고 해석할 때에는 친고죄주의는 물론 기소주의에 대한 예외라고 볼 수 없다.

이에 대하여 기소위원회가 직접 사건을 인지, 조사하는 것을 굳이 금지할 필요는 없어 보이고, 때로는 치리회의 질서유지를 위하여 기소위원회가 직접 조사하고 기소할 수 있도록 하는 것이 타당하다는 견해[1]도 있음을 밝혀 둔다.

---

1) 권헌서, 앞의 논문, 32면.

### 제48조 고소권자

1. 죄과로 인한 피해자는 고소할 수 있다.
2. 피해자가 사망한 때에는 그 배우자, 직계친족 또는 형제자매는 고소할 수 있다.

고소는 명확성을 요하므로 반드시 서면으로 하여야만 한다(제53조 1항).

**재판의 원칙** 모든 재판은 고소 및 고발장이 접수되어야 진행할 수 있다.[2]

**고소, 고발과 관련하여 대리 가능 여부** 우리 권징법에 명문규정이 없고 또한 소송의 남발을 예방하기 위하여 대리고소는 허용되지 않고 항상 본인이 해야 한다는 견해[3]가 있으나 우리 권징법상 이를 불허한다는 반대규정이 없는 한 본인의 위임이 있다면 대리고소를 허용하는 것이 타당하다고 본다. 참고로 국가 형사소송법에서도 이를 인정하고 있다(형사소송법 제236조).

**고소에 조건을 붙일 수 있는지** 조건부 고소는 권징절차의 확실성을 해하고 치리회의 책벌권의 행사가 지나치게 개인의 의사에 좌우되는 결과를 초래하므로 허용할 수 없다는 견해[4]도 있으나 소송의 진행에 지장을 주지 않는 범위에서 그 효력을 부정할 이유는 없다고 생각된다.[5]

**고소의 객관적, 주관적 불가분의 원칙** 일반 형사소송법에서 채택되어 있는 고소의 객관적, 주관적 불가분의 원칙을 적용하여 범죄사실의 일부에 대한 고소와 공범의 일부 사람에 대한 고소는 허용되지 않는다고 봄이 타당하다고 본다.

**자기 또는 배우자의 직계존속에 대한 고소, 고발 허용 여부** 우리 권징법에서 명문규정이 없으나 형사소송법에서 이를 허용하지 않는 점과 전통적 가정질서를 보호하고 부모에 대한 효를 강조한 성경의 규정 등으로 보아 허용되지 않는다고 봄이 타당하다는 견해[6]에 찬성한다.

---

2) 제101회기-1번.
3) 이성웅, 190면.
4) 이성웅, 189면.
5) 이재상 등, 123면.
6) 이성웅, 191면.

**고소권 유무**  담임목사가 설교 내용에서 그 교회 교인이 아닌 자(미출석자)에 대하여 허위사실로 명예훼손하였다는 이유로 고소한 경우 시행규정 제3조 4항에 근거 헌법과 시행규정의 적용대상이 되는 대한민국 국민으로서 본 교단에 소속된 자와 위 조항에서 본 교단 소속으로 인정하는 자는 고소권이 있으며, 본 교단 소속 여부는 해당 노회 기소위원회에서 판단할 사항이다.[7]

**고소, 고발인의 자격**  ① 총회 재판국에서 출교처분 당하기 전에 고소인이 노회에 고소한 사건이 기소되어 재판국에 계류 중인 사건은 그 후 출교당한 경우에도 재판을 중지하지 않고 노회 재판국에서 재판 진행할 수 있으며, 총회 재판국에서 출교처분 당한 자가 제기한 고소에 대하여 다른 사람의 범행으로 인하여 피해를 입은 자는 고소할 수 있으므로 고소인이 교인이 아니라고 하여도 조사하여 기소하면 재판하여야 한다.[8]
② 수찬정지 1년 처분기간 중에 있거나 형의 복역 중에 있는 사람도 본 조 제1항과 제51조 1항에 의거 죄과로 인한 피해자의 고소, 고발은 기본권이므로 고소, 고발이 가능하다.[9]
③ 피해자가 고소할 때 고소인의 거주에 따른 자격제한 규정이 없고 국내 거주 시 피해를 입고 외국으로 이주하였다 하더라도 피해자의 고소는 유효하다.[10]

**권징편 부칙상의 특별규정**  부칙 제3조(경과규정)에는 "행정쟁송에 해당한 사건을 총회 헌법에 의한 확정 판결이 있기 전에 국가기관에 소(고소, 고발, 법원에 소송 제기 등)를 제기하여 이 개정헌법의 공포일 현재까지 계류 중인 사건은 당초 소를 제기한 자나 그 대표자를 이 법에 의해 고소(고발, 기소의뢰)할 수 있다"라는 특별규정을 두고 있다.

■ **시행규정 제60조 고발인의 자격, 방식, 취하, 송달과 화해(개정 2012.9.20)**
2. 헌법 권징 제48조와 제51조에 의한 고소(고발)는 권징 제4-1호 서식으로 하

---

7) 제103회기-52번.
8) 제91회기-6번.
9) 제94회기-6번.
10) 제85회기-4번.

고, 치리회의 죄과로 인한 고소(고발)는 치리회를 피고소인(피고발인)으로 하되 치리회의 대표자인 치리회장의 인적 사항을 권징 제4-1호 서식에 기재한다.
3. 헌법 권징 제54조의 1에 의하여 고소(고발)장을 접수한 치리회장은 10일 이내에 피고소인(피고발인)에게도 이를 송달하여야 한다.
4. 고소(고발)의 취하는 권징 제4-2호 서식으로 한다.

일반 형사절차에서는 고소장을 피고소인에게 송달하지 않으며 오히려 피고소인이 증거를 인멸하는 경우를 예상하여 고소 내용을 숨기려고 하는 경향이 있고, 피고소인은 수사기관에 정보공개청구를 하여 비로소 그 내용을 알 수 있게 되어 있음에 비하여 우리 권징절차에서는 본 시행규정 제3항이 고소(고발)장을 접수한 치리회장은 10일 이내에 피고소인(피고발인)에게도 고소장을 송달하도록 규정하게 한 것은 피고소인도 미리 자기의 죄과혐의사실을 알고 방어방법을 준비할 필요성이 있다는 점에서 매우 적절한 조치라고 사료된다.

또 이 경우 '10일 이내'라는 기간은 재판국의 직무기간이 아니므로 훈시규정이라 볼 수 없고, 효력규정으로 판단되므로 서기부에서 반드시 준수하여야 하고 고의로 이 기간을 도과시키면 직무유기행위가 된다는 견해[11]도 있다.

### 제49조 고소기간

고소는 죄과를 범한 자를 알게 된 날로부터 2년을 경과하면 고소하지 못한다. 다만, 고소할 수 없는 불가항력의 사유가 있는 때에는 그 사유가 없어진 날로부터 기산한다. 그러나 총회 산하기관 및 단체에 대한 재정 비리 및 부정행위와 상당한 죄과에 대한 감사위원회의 고발이나 기소의뢰 기간은 원인행위 일로부터 5년으로 하며, 이에 대한 권징 제52조(고발 기간)의 경우에도 이를 준용한다. (개정 2014. 12. 8)

---

11) 이성웅, 195면.

일반 형사소송에서는 친고죄에 대하여 고소기간을 두고 친고죄 아닌 죄에 대하여는 공소시효가 완성되지 않는 한 고소기간의 제한이 없으나 우리 권징사건은 기본적으로 모두 친고죄이므로 고소기간을 정한 것은 타당하다.

여기서 죄과를 범한 자를 알게 된다고 함은 통상인의 입장에서 보아 고소할 수 있을 정도로 죄과 사실과 죄과를 범한 자를 아는 것을 의미한다.

후단의 '재정 비리 및 부정행위와 상당한 죄과'는 2014년 시행규정의 개정 시에 "100만 원 이상의 재정비리 또는 부정을 행한 죄과"라고 정의하였다(시행규정 제72조 7항 2호).

본 조 후단의 원인행위일은 사건이 발생한 날이다.[12]

### 제50조 고소의 취하

1. 고소는 제1심 판결 선고 전까지 취하할 수 있다.
2. 고소를 취하한 자는 동일한 내용에 대하여 다시 고소하지 못한다.

■ **시행규정 제60조 고발인의 자격, 방식, 취하, 송달과 화해(개정 2012.9.20)**

4. 고소(고발)의 취하는 권징 제4-2호 서식으로 한다.
9. 헌법 권징 제50조와 제52조에 의한 고소와 고발의 취하는 제1심 판결 선고 전에 하여야 하나, 제1심 판결 선고 후에 고소(고발)의 취하가 있는 경우 헌법 권징 제47조에 의한 화해의 종용에 의한 화해의 신청으로 보고 기소위원장과 피고인의 동의가 있으면 화해가 성립되어 그 효력을 발생하고 재판국은 심급을 불문하고 판결로써 소송종결 선언을 하여야 하고, 판결 주문에 "이 사건의 소송은 제1심 판결 선고 후 ○○년 ○○월 ○○일자로 고소(고발)의 취하를 하였으니 화해로 간주하여 종료되었다."라고 기재한다. (신설 개정 2012.9.20)
10. 전항의 경우 화해조서의 작성과 그 효력은 제7항 및 제8항과 같다. (신설 개정 2012.9.20)

---

12) 제101회기-40번.

대리고소가 허용된다는 견해에서는 당연히 고소취하의 대리도 허용된다는 견해를 취하게 되며, 대리고소는 허용되지 않는다는 입장에서도 고소취하의 대리는 소송의 신속을 위하여 허용함이 타당하다고 보는 견해[13]를 취하기도 한다.

고소가 취하되면 기소 전 단계에서는 불기소 처분을 하여야 하고, 기소 후에는 기소기각의 판결이 선고되어야 한다.

고소와 고발의 취하는 제1심 판결 선고 전에 하여야 하나, 제1심 판결 선고 후에 고소(고발)의 취하가 있는 경우 제47조에 의한 화해의 종용에 의한 화해의 신청으로 보고 기소위원장과 피고인의 동의가 있으면 화해가 성립되어 그 효력을 발생한다(시행규정 제60조 9항).

**기탁금 반환의 효력** 고소인이 고소장과 기탁금을 납부하고 고소장은 서기에게 보관하게 하고 기탁금만 찾아간 것은 고소를 취하한 것으로 본다.[14]

### 제51조 고발

1. 누구든지 죄과가 있다고 인정되는 때에는 증거를 첨부하여야 고발할 수 있다. (개정 2012.11.16)
2. 치리회장과 임원은 그 직무를 행함에 있어 죄과가 있다고 인정되는 자에 대하여 고발할 수 있다.

치리회장과 임원의 고발의무는 신분관계에서 부수적으로 파생되는 의무이므로 그 불이행이 있다고 바로 제3조 6호의 '직무를 유기한 행위'가 되지 않는다는 견해[15]가 있으며, 이들이 직무수행과 관련 없이 알게 된 범죄에 대하여는 고발할 의무가 없다.

제2항의 고발은 치리회장이 '그 직무를 행함에 있어 죄과가 있다고 인정되는 자'를 대상으로 하는 경우로서 제54조의 2 1항에 의한 기소의뢰는 ① 그 대상이 반드시 직무를 행함에 있어 죄과가 인정되는 자가 아니어도 되는 점, ② 반드시 당회

---

13) 이성웅, 192면.
14) 제90회기-16번.
15) 이성웅, 188면.

또는 임원회의 결의를 거쳐야만 하는 점이 서로 다르다.

■ **시행규정 제60조 고발인의 자격, 방식, 취하, 송달과 화해(개정 2012.9.20)**
1. 헌법 권징 제51조 1항의 고발인의 자격은 본 교단 소속 교인이면 누구나 가능하며 본 교단 소속 교인이 아니면 고발 시에 증인, 서증, 물증이 있어야(제출해야) 고발할 수 있다. (신설 개정 2012.9.20)
2. 헌법 권징 제48조와 제51조에 의한 고소(고발)는 권징 제4-1호 서식으로 하고, 치리회의 죄과로 인한 고소(고발)는 치리회를 피고소인(피고발인)으로 하되 치리회의 대표자인 치리회장의 인적 사항을 권징 제4-1호 서식에 기재한다.

### 제52조 고발기간과 취하(개정 2012.11.16)
1. 고발은 죄과를 범한 자를 알게 된 날로부터 1년을 경과하거나, 죄과가 있은 날로부터 2년을 경과하면 고발하지 못한다.
2. 고발은 제1심 판결 선고 전까지 취하할 수 있다.
3. 고발을 취하한 자는 동일한 내용에 대하여 다시 고발하지 못한다. 또 고발과 동일한 내용인 후고발자의 고발은 반려한다.

고발기간을 고소기간보다 짧게 하고 고소에서 인정하는 불가항력적 사유를 고려하지 않은 것은 고발자는 피해자가 아니기 때문이라고 사료된다.
**고발권 행사기간** 본 조 제1항의 두 기간 중 그 기간이 하나라도 먼저 경과한 때에는 고발권을 행사할 수 없다.[16]

### 제53조 고소 및 고발의 형식
1. 고소 및 고발은 피고소인(피고발인)의 소속 치리회장에게 서면으로 해야 한다. 단, 치리회를 고소(고발)할 때에는 차상급 치리회장에게 하여야 한

---
16) 제91회기-8번.

다. (개정 2012. 11. 16)
2. 고소장 및 고발장에는 다음 사항을 기재하고 서명날인을 하여야 한다.
   ① 고소인(고발인) 및 피고소인(피고발인)의 성명, 나이, 성별, 직분, 주소
   ② 죄과명 및 죄과 내용(때, 곳, 상황 등)
   ③ 증거명(서증, 물증 및 인증)

**판결의 적법** 본 조 제1항에서 고소는 피고소인의 소속 치리회장에게 서면으로 제출하도록 되어 있고, 제60조 1항은 기소를 함에는 기소장을 관할 재판국에 제출하도록 되어 있으므로, 고소인이 피고소인을 고소할 당시 피고소인 소속 치리회장에게 적법하게 고소장을 제출했다면 그 고소는 적법한 고소라 할 것이며, 그 이후 피고소인이 다른 노회 소속 교회로 이명했다 하더라도 이명하기 이전의 종전 치리회 재판국은 적법한 관할재판국이므로 해 재판국이 선고한 판결은 적법한 판결이다.[17]

**종전 고소사실과 동일성이 없는 추가 고소** 본 조 제1항 및 2항에 의거, 종전 고소사실과 동일성이 없는 추가 고소사실에 대하여 고소인들이 노회 기소위원회에 추가 고소장을 제출하지 아니한 채 직접 총회 재판국에 심판을 구할 수는 없다.[18]

### 제54조의 1 고소 및 고발과 조치

1. 치리회장이 고소장(고발장)을 받은 때에는 10일 이내에 이를 기소위원회에 이첩하여야 한다. (개정 2015. 12. 8)
2. 접수한 고소장(고발장)을 치리회장이 전항의 기간 내에 기소위원회에 이첩하지 않거나 반려할 경우에는 고소(고발) 당사자가 부전지를 첨부하여 기소위원회에 직접 접수할 수 있다. (신설 개정 2015. 12. 8)

---

17) 제102회기-13번.
18) 제104회기-28번.

■ **시행규정 제60조 고발인의 자격, 방식, 취하, 송달과 화해(개정 2012.9.20)**
3. 헌법 권징 제54조의 1에 의하여 고소(고발)장을 접수한 치리회장은 10일 이내에 피고소인(피고발인)에게도 이를 송달하여야 한다.

본 조와 시행규정에 의하면 치리회장이 고소장(고발장)을 받은 때에는 10일 이내에 이를 기소위원회에 이첩하여야 할 뿐만 아니라 피고소인(피고발인)에게도 10일 이내에 이를 송달하여야 한다.

이때의 '10일'이라는 기간은 재판국의 직무기간이 아니므로 훈시규정이 아니고 반드시 지켜야만 하는 효력규정이므로 고의로 이 기간을 도과하면 직무유기행위가 된다는 견해[19]가 있으며, 치리회가 당회인 경우 기소위원회가 구성되어 있지 않다면 당회의 결의에 의하여 기소위원회를 구성하여 그 기소위원회에 고소장을 송부하여야 한다.[20]

**치리회장 단독 회부** 고소, 고발, 질의, 탄원서가 노회에 접수되면 치리회장이 임원회 결의 없이 기소위원회로 넘기면 된다.[21]

### 제54조의 2 기소의뢰
1. 치리회장은 당회 또는 임원회의 결의에 따라 죄과가 있다고 인정되는 자에 대하여 직권으로 기소위원회에 기소를 의뢰할 수 있다. (개정 2015.12.8)
2. 치리회장의 기소의뢰는 고발과 동일한 효력이 있다. (신설 개정 2015.12.8)

본 조 제1항의 기소의뢰는 제51조 2항에서의 치리회장이 '그 직무를 행함에 있어' 죄과가 있다고 인정되는 자에 대하여 고발하는 경우와는 달리 직무와 관련 없이 죄과가 있다고 인정되는 자도 대상이 되며 또 반드시 당회 또는 임원회의 결의를 거쳐야만 하는 점이 다르다. 여기서의 임원회는 노회의 임원회를 의미한다.

**기소 여부는 조사 후 결정** 본 조 제1항의 "기소를 의뢰할 수 있다"는 것은 문

---

19) 이성웅, 195면.
20) 이성웅, 195면.
21) 제96회기-2번.

자 그대로 기소를 의뢰하는 것으로서 기소 여부는 기소위원회에서 조사하여 결정할 수 있다.[22]

**기소의뢰 기간**  기소위원회에 기소를 의뢰하는 경우에도 제52조 소정의 고발기간이 적용된다.[23]

■ **시행규정 제74조  행정소송의 대상범위**
3. 당회장, 노회장, 총회장의 행정행위에 대하여 본 교단 헌법과 이 규정에 의한 재판국 또는 총회특별심판위원회의 최종 확정재판을 거치지 아니하고 국가기관(경찰, 검찰, 법원)에 고소, 소제기, 가처분신청 등을 하지 못한다. (개정 2012. 9. 20)
4. 전항을 위반한 경우 행정행위를 한 치리회(폐회 중에는 임원회)의 결의로 위반한 자의 소속 치리회의 임원회에 기소의뢰할 수 있고, 기소의뢰를 받은 소속 치리회의 임원회는 반드시 기소위원회에 기소의뢰하여야 한다. (신설 개정 2012. 9. 20)

본 시행규정 제3항 및 4항은 교단 내부에서 발생한 분쟁은 1차적으로 교단 내에서 교단 헌법과 법규에 의하여 해결하는 것이 바람직하므로 2012년 9월 시행규정 개정 시에 신설한 조항으로서 치리회장의 행정행위에 대하여 본 교단 내의 확정재판을 거치지 아니하고 곧바로 국가기관에 고소, 소제기, 가처분 신청 등을 하지 못한다는 일반적인 원칙을 규정하게 된 것이다.

이와 관련하여 권징편 부칙 제3조(경과규정)에서 "행정쟁송에 해당한 사건을 총회 헌법에 의한 확정판결이 있기 전에 국가기관에 소(고소, 고발, 법원에 소송제기 등)를 제기하여 이 개정헌법의 공포일 현재까지 계류 중인 사건은 당초 소를 제기한 자나 그 대표자를 이 법에 의해 고소(고발, 기소의뢰)할 수 있다"는 규정은 본 시행규정 개정 후인 2015년 12월 8일 권징편 개정 시에 개정헌법의 공포일 당

---

22) 제98회기-5번.
23) 제98회기-24번.

시 법원에 계속 중인 사건에 한하여 이를 제기한 자에 대하여서 고소, 기소의뢰할 수 있다는 것이므로 서로 중복되거나 모순된다고 할 수 없다.

### 제54조의 3  고소(고발) 및 기소의뢰의 제한

치리회의 임원회 및 각 부서·위원회의 결의, 결정, 해석, 판결 등 업무상의 행위는 책벌 대상이 되지 아니하며, 금품수수, 직권남용, 직무유기 등 직무와 관련한 비리행위는 책벌 대상이 될 수 있다. (신설 개정 2015.12.8)

2015년 헌법개정에서 치리회인 총회, 노회, 당회의 임원회, 치리회의 각 부서와 위원회에서 직무상 내린 결의와 결정, 헌법위원회, 규칙부 등의 유권해석, 재판국의 판결 등에 대하여 일어나는 빈번한 고소, 고발을 금지하여 정당하고 소신 있는 직무행위를 보장하기 위하여 신설한 규정이며, 다만 금품수수, 직권남용, 직무유기 등 직무와 관련한 비리행위가 명백한 경우를 제외하였다.

**기소위원의 직권남용은 책벌 대상**  고소인들이 기소위원회의 결정에 대하여 기소위원장과 기소위원 1인을 직권남용죄로 고소한 경우(노회 임원회에서 기소위원 2인을 피고소인으로 간주하여 보선하기로 함) 기소위원 2인은 본 조에 따라 책벌 대상이 될 수 있다고 해석하였다.[24]

### 제55조  당회 기소위원회의 구성

1. 당회 기소위원회는 당회에서 선임된 기소위원 1인 내지 2인으로 구성한다.
2. 기소위원회에 임원으로 위원장과 서기를 두며, 임원은 위원의 호선으로 선임한다. (개정 2015.12.8)

기소위원이 1인인 경우에는 그 1인이 기소위원장과 서기의 역할을 동시에 하고, 2인의 경우에는 1인은 위원장, 나머지 1인은 서기를 맡게 되는 결과가 된다.
**제척, 기피, 회피제도의 당회 기소위원회에 준용 여부**  시행규정 제61조 3항에

---

[24] 제106회기-34번.

의하여 노회 기소위원회에 준용되는 제척, 기피, 회피제도가 당회 기소위원회에 준용한다는 규정이 없는 것을 단순히 입법의 착오라고 보아 당회 기소위원회에도 준용된다고 해석하여야 한다(자세한 내용은 제8조 주석을 참조 바람).

### 제56조 노회 기소위원회의 구성

1. 노회 기소위원회는 노회에서 선임된 기소위원 4인(목사 2인, 장로 2인)으로 구성한다.
2. 노회 기소위원 4인 가운데 1인 이상은 법학사 학위를 가진 자 중에서 선임하여야 한다. 다만, 자격자가 없는 경우에는 예외로 한다.
3. 노회 기소위원회의 임기는 노회 임원을 선출한 정기회를 기준하여 2년으로 한다. (신설 개정 2015.12.8)
4. 제55조 제2항의 규정은 노회 기소위원회에 이를 준용한다. (신설 개정 2015.12.8)

**노회원만 기소 가능** 노회 기소위원회는 해당 노회 소속 회원이 아니면 기소할 수 없다.[25]

**검찰 조사 중인 사건** 명예훼손 고소 건에 대하여 검찰에 고소되어 조사 중에 있는 경우라도 기소위원회에서 권징사건으로 다룰 수 있다.[26]

**기소위원 법학사 임용은 권고사항** 본 조 제2항에서 기소위원 중 법학사 1인 이상을 두기로 한 것은 권고사항이다.[27]

**노회 기소위원의 임기** 본 조 제3항에 근거 2년으로 하되, 시행규정 제61조 1항은 각 노회의 규칙에서 자율적으로 정하고, 노회 규칙에서 정함이 없을 때에는 1년으로 하며 노회에서 연임을 허락할 수 있도록 규정되어 있으므로 본 조 3항에서는 노회 기소위원 임기를 2년으로 정하고 있지만 임기 2년 후 연임 제한규정이 없고, 본 시행규정 제1항은 노회에서 연임을 허락할 수 있도록 규정되어 있기에 노회 기

---

25) 제93회기-38번.
26) 제98회기-32번.
27) 제98회기-32번.

소위원 임기 2년을 경과하였다고 하여도 노회(폐회 중에는 임원회)에서 연임을 허락하였다면 위법이라고 보기 어렵다.[28]

■ **시행규정 제61조  기소위원의 임기와 보선 및 제척, 기피, 회피**
1. 기소위원의 임기와 연임은 각 노회의 규칙에서 자율적으로 정하며 노회의 규칙에서 정함이 없을 때에는 1년으로 하며 노회에서 연임을 허락할 수 있다.
2. 헌법 권징 제55조에 의한 노회 기소위원회에 결원이 생긴 때에는 노회(폐회 중에는 임원회)가 보선하며 보선된 기소위원의 임기는 전임자의 잔여기간으로 한다.
3. 헌법 권징 제8조 및 이 규정 제38조의 제척, 기피, 회피는 노회 기소위원회에 이를 준용한다. 단, 기피신청에 대한 결정은 노회 기소위원회가 하고 기피신청의 대상은 기소위원 1인에 한한다. (신설 개정 2012. 9. 20)

### 제57조의 1  고소(고발)인의 조사 및 피의자 신문

1. 기소위원장은 고소(고발)인을 먼저 출석하게 하여 고소(고발) 취지 및 이유와 고소 내용과 증거 및 증빙 사실 여부를 먼저 조사한다. (신설 개정 2015. 12. 8)
2. 기소위원장은 피의자를 소환하여 신문하고자 할 때에는 10일 전에 피의자에게 통지하여야 한다.
3. 기소위원회는 피의자에 대하여 죄과(罪過)사실과 정상(情狀)에 관한 필요 사항을 신문하여야 하며 그 이익되는 사실을 진술할 기회를 주어야 한다.

우리 권징법상 피의자는 고소, 고발 및 기소가 의뢰되어 기소위원회에서 조사의 대상이 되어 있는 자를 의미한다. 참고로 형사소송법상 피의자는 수사기관에 의하여 범죄의 혐의를 받고 수사의 대상이 되어 있는 자를 말한다.
**피의자의 출석의무**  피의자가 출석할 의무는 없으며 출석을 거부할 수 있고, 출

---
[28] 제103회기-25번.

석한 후에도 언제나 퇴석할 수 있다는 견해도 있으나,[29] 우리 권징법에서 체포, 구속, 압수 등 강제수사가 뒷받침되는 일반 수사에서와는 달리 임의 조사만 인정된다고 하더라도 교단 헌법이 치리의 목적을 위하여 질서를 유지하고 정의를 구현하기 위한 권징제도를 채택하여 운영하는 이상 적어도 고소를 당하여 죄과의 혐의를 받는 자는 조사에 협조하여야 할 의무와 책임이 있다고 해석하는 것이 타당하다.

**피의자의 진술거부권 인정 여부 및 고지의무 유무** 명문의 규정이 없으나 '불리한 진술의 강요금지'를 규정한 국가 헌법 제12조 2항 후단과 형사소송법 제244조의 3에서 진술거부권을 전제로 하여 거부권의 고지를 인정하고 있는 점을 감안하여 볼 때에 권징절차에서도 이를 인정하는 것이 상당하다. 다만, 피의자의 진술거부권을 인정하는 경우에도 기소위원이 조사 전에 이를 피의자에게 고지할 의무가 있느냐와는 별개의 문제이며 명문 규정이 없는 이상 이를 인정할 필요는 없다고 사료된다.

**기소명령의 내용 적합 여부** 재항고 사건에서 총회 재판국에서 기소명령을 하면서 '하급치리회가 총회재판국의 결정문 주문대로 기소하라'고 하는 것은 본 조 3항에 의거 피의자에 대한 그 이익되는 사실을 진술할 기회를 주지 않으면 위법인 점에 비추어 적합하지 않다.[30]

**소환장 송달과 이익되는 사실 진술 기회 없는 기소, 재판은 위법** 본 조 3항은 기소위원회는 피의자에 대하여 죄과사실과 정상에 관한 필요사항을 신문하여야 하며, 그 이익되는 사실을 진술할 기회를 주도록 되어 있고, 제2항은 기소위원장은 피의자를 소환하여 신문하고자 할 때에는 10일 전에 피의자에게 통지하도록 되어 있으며, 제67조 2항은 재판기일에는 피고인을 소환하도록 되어 있고, 제74조는 재판국장은 피고인에게 그 이익되는 사실을 진술할 기회를 주도록 되어 있으며, 제43조 1항은 재판국장은 피고인을 소환할 때에는 10일 전에 통지하도록 되어 있으므로 기소위원장이나 재판국장이 피의자나 피고인에게 소환장을 송달하지도 않고, 그 이익되는 사실을 진술할 기회도 주지 않은 채 기소를 하거나 재판을 하였다면 그 기소 또는 재판은 헌법을 위반한 것이다.[31]

---

29) 이성웅, 198면.
30) 제100회기-73번.
31) 제102회기-13번.

■ **시행규정 제62조 피의자 신문**
1. 헌법 권징 제57조의 1에 의한 피의자의 출석요구서는 권징 제3-2호 서식에 의하여 작성하고 10일 전에 통지한다.
2. 기소위원장이 피의자를 신문할 때에는 먼저 그 성명, 연령, 직업, 직분, 주소를 물어 피의자임에 틀림없음을 확인하여야 한다.
3. 기소위원장은 사실을 발견함에 필요한 때에는 피의자와 다른 피의자 또는 피의자가 아닌 자와 대질하여 신문할 수 있다.
4. 피의자의 진술은 조서에 기재하여야 한다.
5. 전항의 조서는 피의자에게 열람하게 하거나 읽어 들려주어야 하며, 오기가 있고 없음을 물어 피의자가 증감·변경의 청구를 하였을 때에는 그 진술을 조서에 기재하여야 한다.
6. 피의자가 조서에 오기가 없음을 진술한 때에는 피의자로 하여금 그 조서에 간인(間印)한 후에 서명 또는 기명날인하게 한다.

기소위원회에서의 피의자 출석요구는 10일 전에 서면 통지하는 것이 원칙이나 전화, 구두, 인편에 의하여 출석을 요구할 수도 있다.

**신문조서의 서명 또는 날인 및 간인**  기소위원회에서 고소인과 피고소인을 신문한 후 신문조서에 본인의 자필서명이나 날인을 하는 것은 조서내용이 사실임을 확인하는 것이므로 반드시 본인의 서명, 날인, 간인이 있어야 한다.[32]

**진술조서 수정요구 불응**  본인의 진술과 다른 내용 확인 후 수정요구하였음에도 진술조서를 수정을 하지 않고, 더구나 본인의 기명날인도 없는 그 진술조서가 재판국에 넘겨져서 재판과정에서 이 사실을 분명히 밝혔는데도 그 진술조서를 근거로 해서 재판을 하였다면 위법이며, 공정한 재판이라고 할 수 없다.[33]

---

32) 제100회기-64번, 제100회기-80번.
33) 제96회기-7번.

### 제57조의 2  의결방법

기소위원회의 회의는 기소위원 재적 3분의 2 이상의 출석과 출석인원 과반수의 찬성으로 의결한다. 동수인 경우에는 기소된 것으로 본다.

기소위원의 수가 4인이므로 최소한 3인이 출석하여야 하며, 3인이 출석한 경우 2인이 찬성한 의견으로 결정하면 되지만 4인이 전원 출석한 경우 최소한 과반수인 3인의 의견으로 결정하며, 가부 동수이면 기소된 것으로 보므로 결과적으로 고소(고발)인의 의사를 존중하는 결과가 된다.

## 제2절 기소

기소를 독점하며 누구의 간섭도 받지 않는 기소위원회의 업무처리와 관련하여 종교단체의 특성상 기소위원들이 사랑과 은혜로써 문제를 해결하려는 경향에 따라 기소위원들이 법리에 따라 결정하기보다는 온정주의로 흐를 가능성이 상존하고 있으며 경우에 따라서는 기소위원들이 고소(고발)인 또는 피의자와의 친분관계 등으로 인하여 편향된 자세로 업무를 처리할 가능성도 있기 때문에 기소위원회의 불기소처분에 대해서는 고소인의 항고 및 재항고, 재판국의 기소명령과 재판국의 무죄 판결, 기소기각의 판결 선고 시 고소인(고발인)의 기소위원회에 대한 상소 요청과 직접 상소 등의 제재장치에도 불구하고 기소위원회의 부당하고 편향된 업무 처리를 제재하는 데에는 한계가 있다는 우려를 나타내는 견해도 있다.[34]

### 제58조의 1  기소의 제기

기소는 기소위원회가 제기하여 수행한다.

기소는 기소위원회가 고소, 고발에 의하여 시작된 조사를 마치고 재판국에 죄과사실을 특정하여 유죄의 판결을 구하는 행위를 의미하며, 형사소송법에서는 공

---

34) 권헌서, 앞의 논문, 30면.

소라고 한다.

본 조는 기소위원회 기소독점주의를 선언한 규정으로서 일반 형사소송에서 검사 기소독점주의에 대비되는 제도이다.

일반 형사소송에서는 검찰청이라는 전국적 조직이 있으므로 검사동일체 원칙이 적용되어 기소제기의 적정성, 공평성 등을 보장하고 있으나 우리 권징제도에서는 각 노회와 당회의 기소위원회는 전국적인 조직이 아니며 기소위원회 동일체 원칙이 존재할 수가 없으므로 기소제기의 적정성, 공평성 등을 보장할 방법이 없다. 그러므로 총회 차원에서 각 노회와 당회 기소위원회의 운영에 관한 실태를 파악하여 기소와 불기소의 원칙과 기준에 대하여 통일된 지침을 수립하는 것이 필요하고 바람직하다고 생각된다.

**친고죄 주의** 제54조의 2 소정의 기소의뢰가 있는 경우를 제외하면 고소, 고발 없이는 기소할 수도 없다.[35]

**불고불리의 원칙** 불고불리의 원칙상 기소 없는 재판 자체가 무효이다.[36]

**기소위원회의 기소독점주의에 대한 예외** 기소 없이 책벌할 수 있는 경우는 ① 재판회 석상에서 범한 제3조 10항의 범죄 즉 폭언, 협박, 폭행, 상해, 재물손괴의 죄과에 대한 판결 및 가중처벌(제6조 3항), ② 당회의 결의에 의한 간이재판제도(제26조 2항), ③ 시벌 불이행과 가중처벌제도(시행규정 제86조 3항)의 경우의 세 가지이다.

재범과 가중시벌제도(제133조)를 기소주의에 대한 예외의 하나로 해석하는 견해[37]도 있으나, 이 경우에는 고발이나 기소의뢰에 의하여 기소가 있음을 전제로 하고 있다고 보아야 하므로 친고죄주의는 물론 기소주의에 대한 예외라고 볼 수 없다고 보아야 한다(이 점에 대하여는 제133조에서의 기술을 참조 바람).

불고불리의 원칙 및 기소위원회 기소독점주의와 관련하여 '각 치리회나 총회 산하기관 및 단체에서의 부정이나 재정 비리 행위 당사자'에 대하여 시행규정 제72조 6항, '제2차 경고를 받고도 총회의 결의 또는 총회장의 행정처분이나 행정

---

35) 제91회기-62번.
36) 제96회기-7번.
37) 이성웅, 206면.

지시를 위반·불이행한 치리회 및 그 치리회장과 서기'에 대하여 시행규정 제88조 3항 및 4항은 문언상으로 그 관할 치리회(노회나 교회)에 고발하지 않고 직접 총회 재판국에 고발하게 하는 것은 불고불리의 원칙과 기소위원회 기소독점주의에 대한 예외를 규정한 것으로 충분히 오해를 불러일으킬 수 있는 부분이라고 생각되며 재검토가 필요하다고 본다.

### ■ 시행규정 제63조 이단적 행위와 적극적 동조행위의 기소 제한

헌법 권징 제58조에 의하여 기소위원회가 헌법 권징 제3조 제4항 이단적 행위와 이에 적극적으로 동조한 행위로 기소제기를 할 때에는 기소위원회가 총회 직영 신학대학교 해당 분야 교수 5인 이상에게 보낸 질의서 중 과반수의 이단적 행위와 이에 적극적 동조행위에 대한 인정 의견서를 첨부하여야 기소위원회가 기소할 수 있고, 그 외의 기소수행 및 재판절차는 헌법과 이 규정에 따른다.

**이단에 대한 특별사면과 선포**  본 시행규정과 관련하여 "이단사이비에 관하여 본 총회 이단사이비대책위원회가 처리해온 운영지침과 그동안의 절차는 이단사이비대책위원회에서 이단사이비 문제에 대한 결의를 한 후, 총회에 보고하여 총회 석상에서 허락을 받아야 확정됨이 현행 헌법상의 절차였는데, 100회 총회 시 구성된 총회특별사면위원회가 이단사이비에 관련한 사면(이단해지 등) 결과를 제101회 총회에서 허락을 받지 않고, 총회 전에 이단사이비에 대한 사면(해지)을 총회장이 발표하는 것은 합법적이지 않다"고 해석하였다.[38]

### ■ 시행규정 제64조 기소제기의 방식

헌법 권징 제58조의 1에 의한 기소제기는 권징 제7-1호 서식으로 하며, 헌법 권징 제62조에 의하여 기소제기를 고소인(고발인)에게 통지할 때에는 권징 제7-2호 서식으로 한다.

---

[38] 제100회기-76번.

■ **시행규정 제72조 위탁재판의 청원·책벌(권징) 적용과 범위**
   6. 각 치리회나 총회 산하기관 및 단체에서의 부정이나 재정 비리 행위 당사자에 대하여 총회장 혹은 총회 산하기관 및 단체의 이사회, 치리회의 감사위원회가 결의하여 총회 재판국에 고소(고발)하여 책벌할 수 있다. (신설 개정 2014. 9. 25, 개정 2022. 9. 21)

   **본 시행규정 제6항 개정의 의미**  제6항은 2022년 헌법개정 시 종전에는 각 치리회나 총회 산하기관 및 단체에서의 부정이나 재정 비리 행위 당사자에 대하여 "총회장 혹은 총회 산하 단체와 기관의 이사회, 치리회의 감사위원회가 결의하여 해 교회 당회장에게 기소의뢰를 요청할 시(목사의 경우는 해 노회에), 해 당회장이나 노회장은 15일 이내에 즉시 기소의뢰나 위탁재판청원을 하여야 한다"고 되어 있던 것을 "총회 재판국에 고소(고발)하여 책벌할 수 있다"로 변경하였는바, 그 문언으로 보아 종전에는 고소내용에 대하여 피고소인의 관할 기소위원회의 조사를 거쳐 기소가 제기되어 관할 재판국인 당회 또는 노회 재판국에서 재판을 하게 되는 것을 이번 개정으로 조사절차를 거치지 않고 또 기소 제기도 없이 곧바로 총회 재판국에서 재판을 할 수 있다는 취지로 해석하여야만 한다면 이는 3심제도와 기소위원회 기소독점주의의 예외를 인정하게 되는 결과를 초래하게 되므로 부당하다. 또한 같은 시행규정 제7항 4호에서 본 교단에 소속 교회를 출석하지 않는 노회나 총회 직원과 총회 산하기관 및 단체의 이사나 직원의 경우에 수도권 내의 본 교단 소속 노회(노회 직원은 근무하는 노회)에 고소·고발이나 기소의뢰를 하여 책벌을 받게 하도록 규정하고 있는 것과 또 시행규정 제90조 2항 및 5항에서 같은 총회 산하기관 및 단체의 이사 개인이나 대표자에 대하여는 소속 치리회에 고소, 고발하도록 규정하고 있는 것과 균형상 맞지 않을 뿐만 아니라 더욱이 이와 같은 3심제도와 불고불리의 원칙 및 기소위원회 기소독점주의의 예외를 인정하게 되는 문제는 매우 중대한 사항이므로 그 성격상으로 적어도 시행규정에서보다 헌법 본문에서 규정할 사항이라고 사료된다.
   이와 같은 문제점은 제5조에서 인용한 시행규정 제88조 3항 및 4항에서도 그대로 지적하여 그 부분에서 이미 언급한 바 있다.

### 제58조의 2  기소제기의 시효(신설 개정 2015.12.8)

1. 기소제기의 시효는 원인 행위일로부터 3년으로 한다.
2. 당회, 노회, 총회 및 각 치리회의 산하단체 및 기관에 대한 재정 비리나 공금 횡령 및 유용과 파렴치한 행위에 대한 기소제기의 시효는 원인 행위일로부터 6년으로 한다.

    기소제기의 시효는 죄과 사실이 발생한 날로부터 기소제기를 할 수 있는 기간을 뜻하며 그 시효기간이 경과하면 기소를 제기할 수 없게 된다. 참고로 일반 형사소송법상의 공소시효에 해당하는 개념이므로 기소시효라고 불러도 좋다고 본다.
    **고소, 고발 시효 3년 경과한 고소는 반려**   기소제기의 시효란 제척기간(어떤 종류의 권리에 일정한 존속기간을 정하여 그 기간의 경과로 권리를 소멸시키는 제도)으로 강행규정이므로 고소 및 고발 시효 3년 경과한 고소는 반려해야 하며, 원인행위일은 사건발생일을 뜻한다.[39]

### 제58조의 3  기소권자 및 피고인(신설 개정 2015.12.8)

1. 권징재판에 있어서 기소권자는 각 치리회에서 선임된 기소위원회 위원장(이하 기소위원장이라 한다.)이 되며, 기소위원회는 피고소인에 대한 죄과를 조사하고 기소여부를 결정한다.
2. 권징재판에 있어서 피고인은 고소인(고발인)으로부터 고소(고발)를 당하여 죄과를 범한 혐의로 기소위원회에 의하여 재판국에 기소된 자이다.

    피고인이라 함은 기소위원회로부터 죄과를 범한 혐의로 재판국에 기소된 자이며, 고소 또는 고발을 당하여 기소위원회의 조사를 받는 자를 뜻하는 '피의자'와 행정쟁송 사건에서의 소송을 당한 상대방인 '피고'와 구별을 요한다.
    피고인은 조사 및 기소권의 주체인 기소위원회의 기소에 대응하여 자신을 방어하는 수동적 당사자이며, 방어권의 주체로서 재판기일 변경신청권(제67조 4항),

---

[39] 제101회기-40번.

재판조서 열람등사신청권(시행규정 제48조 1항), 이익되는 사실에 대한 진술권(제74조), 최종의견진술권(제83조 2항), 증거신청권(제82조 2항), 변호인 선임권(제29조 2항)이 있으며, 재판국 구성에 관여하는 기피신청권(제8조 2항), 변론의 분리, 병합, 재개신청권(시행규정 제70조), 재판절차의 진행에 관여하는 상소권(제90조), 증거조사에 참여할 수 있는 권리(제46조)가 보장된다.

또 피고인의 임의의 진술은 피고인에게 이익이 되거나 불리한 증거가 될 수 있다는 점에서 증거방법으로서의 지위도 가지며, 소환의 객체가 된다는 점에서 절차의 대상으로서의 지위도 가지고 있게 된다.

**피고인의 진술거부권이 인정되는지 여부**  우리 권징법에는 명문의 규정이 없으나 국가 헌법 제12조 2항 후단은 "형사상 자기에게 불리한 진술을 강요당하지 않는다"고 규정하고 있는 점과 형사소송법 제283조의 2에서 진술거부권과 고지의무를 규정하고 있는 점을 감안하여 볼 때에 권징재판절차에서도 자기에게 불리한 진술에 대하여 거부권을 인정하는 것이 상당하다.

**진술거부권을 피고인에게 고지할 의무 유무**  진술거부권을 인정하는 경우에도 재판국에서 재판 전에 진술거부권을 피고인에게 고지할 의무가 있느냐와는 별개의 문제이며 고지의무를 인정하는 규정이 없는 이상 이를 인정할 필요는 없다고 사료된다.

**진술거부권의 행사의 불이익**  진술거부권을 행사하는 것이 피고인에게 불리한 간접증거가 되거나 유죄의 추정이나 심증의 근거가 되어서는 안 되며, 다만 자백을 개전의 정으로 보는 것과 같이 양형에서 고려되는 것은 허용된다고 보아야 할 것이다.

### 제59조 기소제기의 방식과 기소장(개정 2015.12.8)

1. 기소를 제기함에는 기소장을 관할 재판국에 제출하여야 한다.
2. 기소장에는 다음 사항을 기재하여야 한다.
    ① 피고인의 성명, 나이, 성별, 직분, 주소
    ② 죄과명(罪過名)
    ③ 기소사실(죄과의 사실)

④ 적용 규정

■ **시행규정 제65조 기소사실의 기재**
헌법 권징 제59조 제2항 제3호에 의한 기소사실의 기재는 범죄의 일시, 장소와 방법을 명시하여 사실을 특정할 수 있도록 하여야 한다.

기소장에는 피고인의 인적사항을 기재하여 타인과 구별할 수 있는 정도로 특정하여야 하며, 죄과명과 적용법조를 표시하여 기소 제기의 범위를 정하는 데 도움을 주게 된다.

기소사실은 죄과의 구성요건을 충족하는 구체적 사실을 말하며, 심판의 대상이 되는 사실로서 죄과의 일시, 장소와 방법을 명시하여 사실을 특정하여 피고인의 방어권 행사를 보호할 수 있어야 한다.

죄과명과 적용법조의 표시에서 제3조 소정의 죄과 중 "1. 성경상의 계명에 대한 중대한 위반행위, 2. 총회헌법 또는 제 규정(이하 헌법 또는 규정이라 한다.)에 정해진 중대한 의무위반행위"의 경우에는 '무슨 계명 위반행위 또는 헌법 몇 조 또는 무슨 규정 몇 조의 무엇에 위반한 행위' 등을 기재하고, '성경계명과 법조문을 구체적으로 명시, 기재하여야' 한다는 견해[40]가 있으며, 위 죄과가 다른 죄과와 비교하여 지나치게 포괄적이라는 비판을 감안하여 볼 때 타당하다고 생각한다.

**제60조 기소의 취소**
1. 기소는 제1심 판결의 선고 전까지 취소할 수 있다.
2. 기소취소는 이유를 기재한 서면으로 하여야 한다.

기소의 취소는 기소위원회가 제기한 기소의 전부 또는 일부를 스스로 철회하는 소송행위이며, 기소취소의 사유는 기소위원회에서 기소제기 당시부터 소송조건이 흠결되어 기소제기가 부적합한 경우 등 다양한 사유가 있을 수 있으나 주로

---
40) 이성웅, 223, 225면.

증거불충분 등으로 무죄판결이 예상되어 기소유지가 어려운 경우를 들 수 있다.

기소취소는 제1심 판결 선고 전에 가능하며, 제1심 판결에는 유, 무죄의 실체판결 뿐만 아니라 기소기각 판결과 같은 형식판결도 포함하고, 일단 제1심 판결이 선고된 후 상소되었다가 상소심의 파기로 제1심에 환송된 경우와 제1심 판결에 대한 재심소송절차에서도 기소취소를 할 수 없다.

이와 관련하여 기소위원회의 편향된 업무 처리를 방지하기 위하여 기소취소의 요건과 효과를 제한할 필요성이 있다는 견해[41]가 있다.

■ **시행규정 제66조 기소취소와 재기소**
헌법 권징 제60조 제2항에 의한 기소취소와 헌법 권징 제62조에 의한 기소취소의 통지는 권징 제7-8, 9호 서식으로 하며, 기소취소로 인하여 기소기각의 결정이 확정된 때에는 기소취소 후에 그 범죄사실에 대한 다른 중요한 증거를 발견한 경우가 아니면 다시 기소를 제기하지 못한다.

기소의 취소는 불기소처분이 아니므로 항고나 재항고의 대상이 아니며, 기소가 취소되면 재판국은 기소기각 결정을 하여야 한다(89조 1항).

기소취소 후에 기소취소 당시 존재하던 증거 이외에 유죄판결을 할 정도의 중요한 새로운 증거를 발견한 경우 이외에는 재기소를 제한한 것은 피고인의 인권보호와 법적 안정성 및 소송경제를 고려한 때문이다.

고소가 취소되면 10일 이내에 서면으로 고소인 등에게 그 취지를 통지하여야 한다(제63조 1항).

### 제61조 고소 및 고발에 의한 사건의 처리
기소위원회가 고소 및 고발에 의하여 죄과를 조사할 때에는 고소(고발)장을 치리회장으로부터 송부 받은 날로부터 30일 이내에 조사를 완료하여 기소제기 여부를 결정하여야 한다. 다만, 필요한 경우 30일의 기간연장을 할 수 있다.

---

41) 권헌서, 앞의 논문, 30면.

기소위원회는 조사를 완료한 후 죄과의 혐의가 인정되면 기소를 제기하고, 혐의가 인정되지 아니할 경우에는 불기소처분(혐의 없음)을 하는 것이 원칙이나 혐의가 인정되고 소송조건이 구비되어 있는데도 불구하고 정상을 참작하여 기소를 제기하지 않는 재량에 의한 불기소처분인 기소유예처분을 할 수 있는 제도를 '기소편의주의'라고 하는바, 본 조는 제27조 2항 및 시행규정 제67조 1항 1호와 함께 바로 이러한 원칙을 선언하고 있다고 할 수 있다. 기소유예의 결정을 하는 경우에는 경미한 사건의 경우를 제외하고 피의자를 엄중히 훈계하고 개과천선할 것을 다짐하는 서약서를 받도록 되어 있다(시행규정 제67조 2항).

불기소 처분에는 아래의 시행규정 제67조에서 보는 바와 같이 ① 기소유예, ② 혐의없음, ③ 죄가 안됨, ④ 기소권 없음, ⑤ 각하로 구별할 수 있다.

기소권의 행사가 기소위원회의 자의와 독선에 흐르는 위험을 예방하기 위한 법적 규제로서는 ① 기소여부 결정에 대한 고소인 통지 및 불기소처분 시 피의자 고지(제62조), ② 불기소처분의 이유 고소인에게 서면 통지(제63조), ③ 불기소처분에 대한 항고, 재항고제도(제64조), ④ 기소명령제도(제65조 1항 2호), ⑤ 이단적 행위에 대한 기소제한(시행규정 제63조) 등이 있다.

본 조의 기간은 준수함이 바람직하나 훈시규정 또는 임의규정이라고 봄이 타당하므로 위 기간 경과 후 기소여부를 결정했다고 해서 위법이라고 할 수 없다.[42]

**건강상의 이유로 조사연기신청을 하는 경우의 조치**  피고소인이 2차례 출석요구를 받고 양성고혈압, 합병증을 동반하지 않은 당뇨병, 식도염을 동반한 위, 식도역류병 등 건강상의 이유로 1년간 조사연기신청을 하였을 경우에도 기소위원회는 연기신청을 받아들이지 않고 본 조와 제122조 2항에 의거 60일 이내에 사건의 조사를 완료하여 기소제기 여부를 결정하여야 한다.[43]

■ **시행규정 제67조 불기소처분**
1. 헌법 권징 제61조에 의하여 기소위원회가 불기소처분의 결정을 하는 경우에

---

42) 제91회기-34번.
43) 제99회기-88번.

그 주문(主文)의 형태는 다음 각 호와 같이 한다.
① 기소유예 : 피의사실이 인정되나 정상을 참작하여 소추를 필요로 하지 않는 경우
② 혐의 없음
　가) 범죄인정 안 됨 : 피의사실이 범죄를 구성하지 아니하거나 인정되지 아니한 경우
　나) 증거 불충분 : 피의사실을 인정할 만한 충분한 증거가 없는 경우
③ 죄가 안 됨 : 피의사실이 범죄구성요건에 해당하나 헌법과 규정 또는 법리상 범죄의 성립을 조각(阻却)하는 사유가 있어 범죄를 구성하지 아니한 경우
④ 기소권 없음
　가) 피의자에 관하여 재판권이 없는 경우
　나) 동일사건에 관하여 이미 기소가 제기된 경우
　다) 고소·고발이 무효 또는 취하된 경우
　라) 피해자가 처벌을 희망하지 아니하는 의사표시를 하거나 처벌을 희망하는 의사를 철회한 경우
　마) 피의자가 사망한 경우
⑤ 각 하
　가) 고소인(고발인)의 진술이나 고소(고발)장에 의하여 위의 혐의 없음, 죄가 안 됨, 기소권 없음의 사유에 해당함이 명백한 경우
　나) 자기 또는 배우자의 직계존속을 고소·고발한 경우
　다) 고소·고발을 취하한 자가 다시 고소·고발한 경우
　라) 동일사건에 관하여 기소위원회의 불기소처분이 있는 경우(다만 새로이 중요한 증거가 발견된 경우에 고소인(고발인)이 그 사유를 소명할 때에는 그러하지 아니하다.)
　마) 고소권이 없는 자(피해자, 피해자의 사망 시 그 배우자, 직계친족, 형제자매가 아닌 자)가 고소한 경우
　바) 고소(고발)장 제출 후 고소인(고발인)이 출석요구에 불응하거나 소재

불명이 되어 고소·고발 사실에 대한 진술을 청취할 수 없는 경우
   사) 전에 고소한 사건과 유사한 사건에 대하여 상습적으로 고소·고발을 한 경우
2. 기소위원회가 기소유예의 결정을 하는 경우에는 피의자를 엄중히 훈계하고 개과천선할 것을 다짐하는 서약서를 받아야 한다. 다만 경미한 사건의 경우에는 그러하지 아니하다.
3. 헌법 권징 제62조에 의하여 고소인(고발인)에게 불기소처분결정과 그 취지를 통지할 때에는 권징 제6-1호 서식으로 한다.
4. 헌법 권징 제63조에 의하여 고소인(고발인)에게 불기소처분결정의 이유를 통지할 때에는 권징 제6-2호 서식으로 한다.
5. 헌법 권징 제64조에 의한 항고 및 재항고는 권징 제6-3, 4, 5호 서식으로 한다.

### 제62조 고소인 및 고발인에 결정통지

1. 기소위원회는 고소 및 고발된 사건에 관하여 기소를 제기하거나 제기하지 아니하는 결정, 기소의 취소를 한 때에는 그 조치한 날로부터 10일 이내에 서면으로 고소인 및 고발인에게 그 취지를 통지하여야 한다.
2. 기소위원회는 불기소의 결정을 한 때에는 피의자에게 즉시 그 취지를 통지하여야 한다.

### 제63조 고소인 및 고발인에 기소부제기 이유통지

기소위원회는 고소 및 고발 있는 사건에 관하여 죄과가 되지 않거나 증명이 되지 않는 경우 등에 있어 기소를 제기하지 아니하는 결정을 한 경우에 고소인 및 고발인의 청구가 있는 때에는 10일 이내에 고소인 및 고발인에게 그 이유를 서면으로 통지하여야 한다.

### 제64조 항고 및 재항고

1. 당회 기소위원회의 불기소처분에 대하여 불복이 있는 고소인 또는 고발인은 제62조의 규정에 의한 통지를 받은 날로부터 20일 내에 당회 기소위원회를

거쳐 서면으로 노회 재판국에 항고할 수 있다. 이 경우 당회 기소위원회는 항고가 이유 있다고 인정하는 때에는 그 결정을 시정할 수 있다.
2. 고소인 또는 고발인은 기소위원회가 제62조의 규정에 의한 통지를 아니한 경우에는 불기소한 것으로 간주하여 전항의 규정에 의한 항고를 할 수 있다.
3. 제1항 및 제2항의 항고를 기각하는 결정에 불복이 있는 항고인은 항고기각 결정 통지를 받은 날로부터 20일 내에 노회 기소위원회를 거쳐 서면으로 총회 재판국에 재항고할 수 있다. 이 경우 노회 기소위원회는 재항고가 이유 있다고 인정하는 때에는 그 결정을 시정하여야 한다.
4. 노회 기소위원회의 불기소처분 또는 불기소간주로 인하여 불복이 있을 경우에 총회 재판국에 재항고할 수 있으며, 이 경우에는 전1항 내지 전3항을 준용한다.

**'재도의 고안' 제도 채택**  본 조 제1, 3, 4항은 일반 형사소송 및 민사소송절차에서 항고가 제기되었을 때에 항고의 대상이 된 재판을 한 법원이 스스로 그 재판의 옳고 그름을 다시 검토하여 이를 경정(취소 및 변경)할 수 있는 이른바 '재도의 고안' 제도(형사소송법 제408조 1항, 민사소송법 제446조 참조)를 우리 권징절차에서 채택한 것이다.

**재판국의 결정에 대한 기소위원회의 시정은 부당**  제1항 및 4항은 당회 또는 노회 각 기소위원회의 불기소처분에 대하여 항고 또는 재항고를 하는 경우 그 결정을 한 결정기관인 당회 또는 노회 각 기소위원회에 항고 또는 재항고가 이유 있다고 인정하는 때에는 그 결정을 시정할 기회를 주는 것으로 결정기관과 시정기관이 같은 경우이므로 적절하다.

그러나 제3항이 노회 재판국의 항고기각 결정에 대한 재항고 절차에서 노회 기소위원회가 재항고가 이유 있다고 인정하는 때에는 그 결정을 시정할 수 있도록 규정한 것은 결정기관과 시정기관이 다른 경우이므로 결정기관 스스로 잘못을 시정한다는 재도의 고안 제도의 본래의 취지상으로는 물론 재판국의 재판을 기소위원회에서 변경한다는 점에서 법리상으로도 부적절하다.[44] 이 경우에는 노회 기소위원회를 거칠 것이 아니라 노회 재판국을 거쳐 노회 재판국이 스스로 재항고가 이유 있다고 인정하는 때에는 이를 시정할 수 있도록 하는 것이 타당하므로 이 부분을 개정할 필요가 있다고 사료된다.

**시정하는 방법** 제1항 및 4항의 '시정할 수 있다'는 의미는 당회 또는 노회의 각 기소위원회의 불기소처분을 취소하고 기소를 제기하는 것이며, 제3항 후문의 '노회 기소위원회는 재항고가 이유 있다고 인정하는 때에는 그 결정을 시정하여야 한다'에서의 시정한다는 의미는 당회 기소위원회에 기소명령을 내리는 것을 의미한다.

**불기소처분 후 새로운 증거 발견** 기소위원회에서 불기소처분된 사건이라도 새로운 증거가 발견되면 다시 재판할 수 있다.[45]

**기소위원 전원 교체명령의 부당** 총회 재판국이 재항고된 사건에 대하여, 기소되지 않은 재항고 사건을 직접 조사하여 자판하는 것은 적법하지 않고, 노회 임원회와 기소위원회가 함께 모의했다는 근거 없는 이유를 들어 "노회 기소위원회를 전원 교체하라"고 명령한 것은 적법하지 않다고 해석하였다.[46]

**불기소한 것으로 간주하는 경우** 본 조 제2항은 '기소위원회가 제62조의 규정에 의한 통지를 아니한 경우에는 불기소한 것으로 간주하여'라고 표현하여 문언상으로 불기소 간주는 마치 '기소를 제기하거나 제기하지 아니하는 결정, 기소의 취소를 한 때'를 전제로 하여 10일 이내에 그 취지를 통지하지 아니한 경우에 해당하는 것으로 해석하게 되어 있으나, 그 취지로 볼 때에 제62조가 아니라 제61조의 "기소위원회가 고소 및 고발에 의하여 죄과를 조사할 때에는 고소(고발)장을 치리회장으로부터 송부 받은 날로부터 30일 이내에 조사를 완료하여 기소제기 여부를 결정하여야 한다. 다만, 필요한 경우 30일의 기간연장을 할 수 있다"는 규정에 따라 최장기간 60일 내에 기소여부 결정을 하여야 함에도 불구하고 이를 하지 않았을 경우에 불기소로 간주한다는 것으로 해석하여야만 할 것이고, 제4항에 따라 노회 기소

---

44) 같은 취지, 이성웅, 215면.
45) 제101회기-50번.
46) 제100회기-82번.

위원회의 불기소 간주 역시 같이 해석하여야만 한다.[47] 그 이유는 만일 본 조 제2항의 문언 그대로 제62조의 규정에 의한 통지를 하지 않은 경우 항고를 할 수 있다고 하는 경우 기소를 제기하지 아니하는 결정을 하였다면 항고는 효력이 있으나 기소를 제기하는 결정을 하였을 경우에는 항고는 그 효력이 없기 때문이다.

**부적법한 재항고** 본 조 제4항에 의거, 노회 기소위원회가 불기소결정을 하지도 아니하고, 노회 기소위원회가 불기소한 것으로 간주할 수 있는 경우도 아닌 상태에서, 고소인들이 총회 재판국에 재항고하는 것은 부적법하다.[48]

**추가 고소사실에 대한 재항고 요건 충족 심사** 종전 고소사실과 동일성이 없는 추가 고소사실에 대하여는 종전 고소사실과는 별도로 제64조 4항의 요건을 충족했는지 여부를 판단해야 하고, 그 요건을 충족하지 아니한 추가 고소사실에 대하여는 총회 재판국은 재항고 기각결정을 하거나, 기소명령을 하거나, 직접 재판할 수 없다.[49]

### 제65조 재판국의 결정

1. 항고서 또는 재항고서와 그 기록을 수리한 노회 재판국 또는 총회 재판국은 60일 내에 다음의 구별에 의하여 결정을 하여야 한다. 재판국은 필요한 때에는 증거를 조사할 수 있다.
   ① 신청이 이유 없는 때에는 기각한다.
   ② 신청이 이유 있는 때에는 기소를 명령한다.
2. 전항 제②호의 기소명령에 대하여는 이의(불복)신청할 수 없다.
3. 당해 재판국이 제1항의 결정을 한 때에는 그 정본을 항고인 또는 재항고인, 피의자와 관할 기소위원회에 송부하여야 한다.

**부적법한 기소명령** 총회 재판국에서 재항고 사건에 대하여 노회 기소위원회로 기소명령을 하면서 "책벌의 범위 즉, 면직, 출교, 3년 이상 상회총대파송금지,

---

47) 이성웅, 215, 217면.
48) 제104회기-28번.
49) 제104회기-28번.

목사 정직 2년, 노회 기소위원회 해산 등을 결정하여 기소를 명령한 것"은 적법하지 않다.[50]

**부적법한 예납금 귀속** 총회 재판국이 제65조 1항 2호에 의하여 노회 기소위원회에 기소명령을 하면서 "예납금 150만 원 중 100만 원은 노회에, 50만 원은 총회에 귀속한다"고 결정하여 예납금 일부를 총회로 귀속하고 일부만 노회로 귀속시킨 것은 시행규정 제43조 5항에 의거 적법하지 않다.[51]

■ **시행규정 제67조 불기소처분**

6. 헌법 권징 제65조 제1항 제2호에 의한 기소명령을 받은 노회 기소위원회 또는 당회 기소위원회가 결정서의 정본을 받은 날로부터 10일 이내에 노회 재판국 또는 총회 재판국의 기소명령을 이행하지 아니한 경우에 고소인(고발인)은 1차에 한하여 노회 재판국 또는 총회 재판국에 재차 항고 또는 재항고를 할 수 있으며 재차 기소명령을 받고도 10일 이내에 노회 기소위원회 또는 당회 기소위원회가 이를 이행하지 않으면 직접 재판하여 처리한다. (개정 2012.9.20)

본 시행규정 제6항은 노회 또는 총회 재판국이 기소 없이도 재판이 가능하다는 것을 의미한다.[52]

고소인 등은 제1차 기소명령을 받은 노회 기소위원회 또는 당회 기소위원회가 10일 이내에 기소명령을 이행하지 아니하는 경우 제1차 기소명령을 내린 노회 재판국 또는 총회 재판국에 재차 항고 또는 재항고를 하여 재차 기소명령을 받고도 10일 이내에 이를 이행하지 않으면 노회 재판국 또는 총회 재판국이 직접 재판하여 처리하게 된다. 불기소 간주의 경우에도 같다.

**기소명령과 관련하여 예상하여 볼 수 있는 경우** ① 고소인이 당회 기소위원회의 불기소처분에 대하여 항고하여 노회 재판국에서 항고가 이유있다고 보아 당

---

50) 제100회기-82번.
51) 제100회기-73번.
52) 제100회기-55번.

회 기소위원회에 제1차 기소명령을 내리고 당회 기소위원회에서 기소를 제기하여 당회 재판국에서 재판을 하게 되는 경우, ② 앞의 경우 노회 재판국에서 항고가 이유 없다고 보아 항고를 기각하는 경우 고소인이 총회 재판국에 재항고하여 총회 재판국에서 재항고가 이유 있다고 보고 당회 기소위원회에 제1차 기소명령을 내리고 당회 기소위원회에서 기소를 제기하여 당회 재판국에서 재판을 하게 되는 경우, ③ 목사 등에 대한 고소사건에 대한 노회 기소위원회의 불기소처분에 대하여 항고하여 총회 재판국에서 재항고가 이유 있다고 보고 노회 기소위원회에 제1차 기소명령을 내리고 노회 기소위원회에서 기소를 제기하여 노회 재판국에서 재판을 하게 되는 경우, ④ 노회 재판국 또는 총회 재판국으로부터 제1차 기소명령을 받고도 당회 기소위원회에서 기소를 제기하지 아니하면 고소인은 제1차 기소명령을 내린 노회 또는 총회 재판국에 재차 항고 또는 재항고를 하여 노회 또는 총회 재판국에서 재차(제2차) 기소명령을 내리게 되는 경우, ⑤ 총회 재판국으로부터 제1차 기소명령을 받고도 노회 기소위원회에서 기소를 제기하지 아니하면 고소인은 총회 재판국에 재항고를 하여 총회 재판국에서 재차(제2차) 기소명령을 내리게 되는 경우, ⑥ 제2차 기소명령을 받고도 노회 기소위원회 또는 당회 기소위원회가 10일 이내에 기소를 제기하지 아니하면 제2차 기소명령을 내린 노회 재판국 또는 총회 재판국에서 직접 기소 없이 재판할 수 있게 되는 경우이다.

**기소명령 불이행 시 경유절차의 불필요** 위의 절차 진행 중 재차 항고, 재항고의 경우에는 이미 상급 재판국의 기소명령을 불이행하고 있는 이상 제64조에서 정하고 있는 당회 및 노회 기소위원회의 경유절차는 필요 없다고 해석하는 것이 타당하다.[53]

**상급재판국의 기소명령제도의 합헌성** 본 시행규정 제6항에 의하여 재판국이 직접 재판하는 것은, 재판국의 기소명령에도 불구하고 기소위원회가 재차 불기소처분을 하는 극히 제한적이고 특수한 경우에 피해자 구제의 필요성이라는 측면에서 예외적으로 허용한 제도적 장치라는 점에서, 이 제도가 기소와 재판을 나누어 규정하는 교단 헌법에 위반된다고 볼 수 없고, 재판관할을 침해하는 규정이라거

---

53) 이성웅, 218면.

나 피고인 또는 피의자의 재판받을 권리를 부당하게 제한하는 규정이라고 볼 수도 없다.[54]

**총회 재판국의 기소명령 불이행으로 인한 직접 재판요건**  ① 본 시행규정 제6항에 의거 항고, 재항고, 기소명령, 1차 기소명령 불이행, 재차 항고, 재항고, 2차 기소명령, 2차 기소명령 불이행 등 이러한 일련의 처리과정을 경료하지 아니하는 한 노회 재판국에서 재판진행 중인 사건을 총회 재판국에서 서류제출명령, 자판 등을 할 수 없다.[55]

② 본 시행규정 제6항에 의하면 노회 기소위원회가 총회 재판국으로부터 2차례에 걸쳐 기소명령을 받고도 2차례 모두 기소명령을 불이행한 경우에만 총회 재판국이 직접 재판할 수 있으므로, 만약 노회 기소위원회가 총회 재판국의 기소명령을 1차례만 받았거나 또는 총회 재판국의 기소명령을 불이행한 사실이 없다면 총회 재판국은 직접 재판할 수 없고, 이런 경우에는 설사 총회 재판국이 직접 재판절차를 진행하여 판결 선고까지 마쳤다 하더라도 그 판결은 위법하여 무효가 되고, 총회 재판국에 사건이 계류되기 이전에 이미 노회 기소위원회가 노회 재판국에 적법하게 기소를 하여 노회 재판국에 사건이 계류 중에 있다면, 총회 재판국의 해당 사건은 중복제소에 해당하므로, 설사 총회 재판국이 법리오해 등의 사유로 재판절차를 진행하여 판결 선고까지 다 마쳤다 하더라도 그 판결은 위법하여 무효가 되고, 만약 아직까지 노회 재판국이 판결을 선고하지 아니한 상태라면 노회 재판국은 계속 사건을 심리하여 판결을 선고하면 된다고 해석하였다.[56]

**총회 재판국의 기소명령 불이행으로 인한 직접 재판 시의 심리**  총회 재판국이 상고 재판국으로서 재판을 하는 경우에는 이미 하급심에서 재판절차를 거쳤기 때문에 변론 없이 판결할 수 있지만, 총회 재판국이 상고 재판국으로서 재판을 하는 것이 아니라 본 시행규정 제6항에 의거 직접 재판을 하게 된 경우에는 한 번도 하급심에서 재판절차를 거친 적이 없기 때문에, 최종 재판국이라는 이유로 변론 없이 바로 판결을 선고한다면 고소인(고발인)에게는 자신의 주장을 펴면서 증거까

---

54) 제104회기-28번.
55) 제92회기-10번.
56) 제98회기-54번.

지 제출할 수 있는 기회를 부여하면서 피고인에게는 그런 기회를 부여하지 않는 결과를 초래하게 되고, 이렇게 되면 결국 고소인(고발인)이 제출한 주장과 증거만을 근거로 판결을 선고하게 된다는 점에서 부당하고, 또한 피고인의 공정하게 재판받을 권리와 자신을 변호할 수 있는 권리를 침해하게 된다는 점에서도 부당하므로, 총회 재판국이 본 시행규정 제6항에 의거 직접 재판을 하게 된 경우에는 반드시 제1심 재판국과 동일한 재판절차를 거친 후에 판결을 선고해야 하고, 만약 총회 재판국이 제1심 재판국으로서 거쳐야 할 제반 재판절차를 거치지 않은 채 변론 없이 판결을 선고하였다면 이는 위헌이다.[57]

### 제3절 재판

#### 제66조 기소장부본의 송달

재판국은 기소의 제기가 있는 때에는 지체 없이 기소장의 부본을 제1회 재판기일 전 10일까지 피고인 및 변호인에게 송달하여야 한다.

기소장부본의 송달은 피고인에게 충분한 방어준비 기회를 주기 위한 제도로서 이를 위반한 경우에 피고인은 재판기일에서 심리를 개시할 때 이의를 제기할 수 있으나 이의신청이 없이 다음 재판기일이 지정되면 책문권의 포기로 하자가 치유된다고 보아야 하며, 이의를 받은 재판국은 기소장을 송달하고 재판기일을 변경하여야 한다.

**기소장부본 미송달** 본 조에 의거, 재판국은 기소장 부본을 제1회 재판기일 전 10일까지 피고인 및 변호인에게 송달하여야 하고, 이는 피고인의 '재판 받을 권리'를 보장하기 위한 '강행규정'이므로 피고인에게 기소장 부본을 송달하지 아니한 상태에서 피고인에 대해 재판하는 것은 제4조 1항에 규정한 '재판받을 권리'를 침해하는 것이며, 이는 헌법에 규정된 재판절차를 중대하게 위반한 것으로 볼

---

57) 제98회기-54번.

수 있다.[58]

**기소명령 이행기간의 기산일**　총회 재판국으로부터 제65조 1항 2호에 의한 기소명령을 받은 노회 기소위원회는 기소명령 결정서 정본을 받은 날로부터 10일 이내에 총회 재판국의 기소명령을 이행해야 하는데, 이때 위 10일의 기산일은 치리회인 노회가 기소명령 결정서 정본을 받은 날이 아니라 노회 기소위원회가 기소명령 결정서를 받은 날이 되므로, 만약 노회 기소위원회가 총회재판국의 기소명령 결정서 정본을 2014년 1월 3일 노회장으로부터 넘겨받아 그날로부터 10일 이내인 2014년 1월 6일에 기소했다면 그 기소는 적법하다.[59]

### 제67조  재판기일의 지정 및 변경

1. 재판국장은 재판기일을 정하여야 한다.
2. 재판기일에는 피고인을 소환하여야 한다.
3. 재판기일은 기소위원장, 변호인에게 통지하여야 한다.
4. 재판국장은 직권 또는 기소위원장, 피고인이나 변호인의 신청에 의하여 재판기일을 변경할 수 있다.

### 제68조  불출석 사유자료의 제출

재판기일에 소환 또는 통지서를 받은 자가 질병 기타 사유로 출석하지 못할 때에는 의사의 진단서, 기타의 자료를 제출하여야 한다.

### 제69조  피고인 또는 기소위원의 불출석

1. 피고인 또는 기소위원장(위임 시 기소위원)이 재판기일의 통지를 받고 제68조의 불출석 사유자료를 제출하지 않고 2회 이상 출석하지 아니한 때에는 당사자 출석 없이 바로 개정할 수 있다.
2. 재판의 선고 또는 고지만을 할 경우에는 당사자의 출석 없이도 개정할 수

---

58) 제104회기-28번.
59) 제98회기-54번.

있다.

본 조의 해석상 피고인과 기소위원장의 출석은 재판절차 진행의 요건이라 할 수 있으나 구속 등과 같이 강제로 출석시킬 방도가 없는 우리 권징체제에서는 재판기일의 통지를 받고 제68조의 불출석 사유자료를 제출하지 않고 2회 이상 출석하지 아니한 때에는 재판을 진행할 수 있도록 유연성을 부여하고 있다. 피고인의 출석은 권리이자 의무라고 할 수 있으므로 출석한 피고인은 재판국장의 허가 없이 퇴정할 수 없다고 설명되고 있다.

여기에서의 '2회 이상'이라는 의미는 연속 2회가 아니라 단속적 즉 합산하여 2회를 의미한다고 해석하여야 하므로 2회 불출석한 바로 그 기일에 재판을 진행할 수 있게 되며, 제31조 규정에 따라 재판국장은 당사자가 변론기일에 2회 이상 출석하지 아니하거나 또는 출석하여도 변론을 하지 아니한 때에는 그 제출한 기소장, 답변서, 기타 준비서면에 기재한 사항을 진술한 것으로 보고 출석한 상대방에 대하여 변론을 명할 수 있게 된다.

### 제70조 당사자의 재판기일 전의 증거제출

기소위원장, 피고인 또는 변호인은 재판기일 전에 서류나 물건을 증거로 재판국에 제출할 수 있다. (개정 2012.11.16)

### 제71조 피고인의 무죄추정

피고인은 책벌(유죄)의 판결이 확정될 때까지는 무죄로 추정된다.

무죄추정은 무고한 사람을 처벌하여서는 아니 된다는 인권보장사상에서 유래한 원칙으로서 국가 헌법 제27조 4항에서도 무죄추정 원칙을 선언하고, 형사소송법에서도 규정하고 있으며, 이 원칙이 증명의 단계에서 "의심스러울 때는 피고인의 이익으로"라는 원칙으로 작용한다.

피고인보다 전 단계에 있는 피의자에게도 무죄추정의 원칙이 적용되며, 기소기각 재판, 관할위반의 재판이 확정되면 무죄의 추정이 유지되고, 재심청구의 경우

에는 유죄판결이 확정된 경우가 명백한 이상 무죄가 추정될 수는 없다.[60]

**무죄추정 원칙의 구체적 적용**  ① 1심 재판에서 출교처분되어 2심에 항소 중인 자가 교인증명서 발부를 요구할 때 발부해야 한다.[61] ② 총회 재판국에 상고 중에 있는 경우에는 직책에 대해 제한할 수 없고 또한 단지 고소를 당했다는 이유만으로 임시당회장을 제한할 수 없다.[62] ③ 면직, 출교판결을 받아 총회 재판국에 상고 중인 노회원은 정기노회 시 노회 각 부, 위원회에 공천할 수 있으며,[63] 노회에서 증명서를 발급받을 수 있다.[64] ④ 본 조는 권징재판에 적용되므로 결의무효 소송 등 행정소송에는 적용이 없다.[65]

### 제72조 인정신문

재판국장은 피고인의 성명, 나이, 성별, 직분, 주소를 물어서 피고인임에 틀림없음을 확인하여야 한다.

인정신문은 피고인으로 출석한 사람이 기소장에 표시된 피고인과 동일인인지 여부를 확인하는 절차이다.

피고인의 진술거부권을 인정하는 명문규정이 있는 일반 형사소송법에서는 인정신문에 대하여 진술을 거부할 수 있는지 여부가 문제가 되나 진술거부권에 관한 규정이 없는 우리 권징법에서는 인정하기 어렵다고 사료된다.[66]

### 제73조 기소위원장의 모두진술

재판국장은 기소위원장으로 하여금 기소장에 의하여 기소의 요지를 진술하게 할 수 있다.

---

60) 이재상 등, 93면.
61) 제104회기-24번.
62) 제102회기-52번.
63) 제100회기-5번.
64) 제100회기-8번.
65) 제99회기-33번.
66) 반대의견, 이성웅, 263면.

기소위원장은 이때 사건의 개요와 성격을 설명하거나 앞으로의 입증계획 등을 밝히는 기회가 된다. 일반 형사절차에서는 반드시 필요한 절차이나 권징절차에서는 재판국장의 재량사항이며, 상소심에서는 모두 진술이 요구되지 아니한다.

### 제74조 피고인의 진술권

재판국장은 피고인에게 그 이익되는 사실을 진술할 기회를 주어야 한다.

기소위원장의 모두 진술과는 달리 피고인에게는 반드시 진술할 기회를 주어야 하나 피고인은 진술할 것인지 여부를 자유롭게 결정할 수 있다.

### 제75조 피고인 신문의 방식

1. 기소위원장 또는 기소위원과 변호인은 피고인에게 대하여 기소사실과 정상(情狀)에 관한 필요사항을 직접 신문할 수 있다.
2. 재판국장 및 재판국원은 전항의 신문이 끝난 뒤에 신문할 수 있다.

피고인 신문은 사건에 대하여 가장 잘 알고 있는 사람 중의 한 사람인 피고인에게 기소사실과 그 정상에 관하여 필요한 사항을 물어보고 답변하는 절차이다.

피고인에 대한 신문의 순서는 ① 기소위원장 또는 기소위원, ② 변호인, ③ 재판국장 및 재판국원의 순이다.

참고로 증인신문의 경우에는 재판국장이 필요하다고 인정하면 신문의 순서를 바꿀 수 있다(제46조 3항).

### 제76조 피해자의 진술권

1. 재판국장은 죄과로 인한 피해자의 신청이 있는 경우에는 그 피해자를 증인으로 신문할 수 있다.
2. 재판국장은 전항의 규정에 의한 신청인이 소환을 받고도 정당한 이유 없이 출석하지 아니한 때에는 그 신청을 철회한 것으로 본다.

죄과로 인한 피해자는 고소권을 행사하면 기소위원회로부터 조사를 받게 되므로 조사절차에서 진술할 기회를 가지게 되나(제57조의1 1항), 재판절차에서는 진술할 기회가 없으므로 진술하고 싶은 사항이 있을 때에는 재판국에 신청을 하면 증인으로 출석하여 진술할 수 있는 기회를 가질 수 있게 된다. 다만 피해자가 증인으로 출석하면 선서와 위증의 부담을 가질 수 있으므로 선택에 따라 증인으로서가 아니라 피해자의 자격으로 진술할 기회를 주는 것이 바람직하다고 사료된다.

참고로 일반 형사사건에서의 피해자의 진술권은 국가 헌법 제27조 5항에서 인정하며, 그 구체적 사항에 대하여는 형사소송법 제294의 2에서 규정하고 있다.

### 제77조 기소장의 변경

1. 기소위원장은 재판국의 허가를 얻어 기소장에 기재한 기소사실 또는 적용규정의 추가·철회 또는 변경을 할 수 있다. 이 경우에 재판국은 기소사실의 동일성을 해하지 아니하는 한도 내에서 허가할 수 있다.
2. 재판국은 기소사실 또는 적용규정의 추가·철회 또는 변경이 있을 때에는 그 사유를 신속히 피고인 또는 변호인에게 고지하여야 한다.

기소장의 변경은 기소위원장이 기소사실의 동일성을 해하지 아니하는 한도 내에서 재판국의 허가를 얻어 기소장에 기재한 기소사실 또는 적용규정을 추가·철회 또는 변경하는 것을 말한다(참고로 본 조는 형사소송법 제298조 1항과 3항과 같으며, 다만 제1항의 "허가할 수 있다"가 "허가하여야 한다"로 되어 있는 점만 다르다).

기소장의 변경은 기소장에 기재된 일시나 피고인의 성명 등에 명백한 오기가 있는 경우에 이를 고치는 기소장의 정정과 구별되며, 기소사실과 동일성이 있는 범위 안에서만 허용된다는 점에서 그와 같은 제한을 받지 않는 추가기소 및 기소의 일부취소와 구별된다.

여기서의 "기소사실의 동일성을 해하지 아니하는 한도 내"라고 하는 의미에 대하여 많은 학설이 나누어지고 있는바, 통설과 대법원 판례의 태도는 사실 사이에 다소의 차이가 있더라도 기본적인 점에서 동일하면 동일성을 인정하여야 한다는 견해를 전제로 하여 사실 사이에 실질적 차이가 있을 때에만 기소장 변경을 필요로 하며 그 여부는 형식적으로는 사실의 변화가 사회적, 법률적 의미를 달리하고 실질적으로 피고인의 방어권 행사에 불이익을 초래하느냐를 기준으로 판단하여야 한다는 것이다.[67]

이를 구체적으로 적용하여 보면, 구성요건이 동일한 경우에는 범죄의 일시 및 장소, 범죄의 수단과 방법, 범죄의 객체의 변경은 기소장의 변경을 필요로 하며, 구성요건이 다른 경우에도 원칙적으로 기소장의 변경을 필요로 하지만 기소사실이 축소되거나 법적 평가만 달리하는 경우에는 필요가 없게 된다.

■ **시행규정 제69조 기소장의 변경**
1. 헌법 권징 제77조에 의하여 기소위원장이 기소장을 변경하고자 하는 때에는 그 취지를 기재한 권징 제7-7호 서식에 의한 기소장 변경 허가신청서를 재판국에 제출하여야 한다.
2. 전항의 기소장 변경 허가신청서에는 피고인의 수에 상응한 부본을 첨부하여야 한다.
3. 재판국은 전항의 부본을 피고인 또는 변호인에게 즉시 송달하여야 한다.
4. 기소장의 변경이 허가된 때에는 재판국장은 재판기일에 기소위원장으로 하여금 제1항 기소장 변경 허가신청서에 의하여 기소장 변경의 요지를 진술하게 할 수 있다.
5. 재판국은 제1항의 규정에도 불구하고 피고인이 재정(在廷)하는 재판정에서는 피고인에게 이익이 되거나 피고인이 동의하는 경우 구술에 의한 기소장 변경을 허가할 수 있다.
6. 재판국은 심리의 경과에 비추어 상당하다고 인정한 때에는 기소사실 또는 적용 규정의 추가 또는 변경을 요구하여야 한다.

**재판국의 기소장 변경요구의무 유무**  제6항에서 "요구하여야 한다"라고 하여

---

67) 이재상 359~366면, 이성웅 242면.

문언상으로는 재판국이 반드시 기소장 변경을 요구하여야 하는 것으로 되어 있으나, 본 시행규정 제6항과 같은 문언을 가지는 일반 형사소송법 제298조 2항의 공소장의 변경요구에 관한 해석에서 공소의 제기와 변경은 어디까지나 검사의 권한에 속하는 것이므로 공소장 변경요구는 검사의 권한이지 의무가 되는 것은 아니라고 해석하고 있는 점[68]과 대법원 판례도 공소장 변경요구는 법원의 권한에 불과하며, 법원이 공소장 변경요구를 하지 않았다고 하여 심리미진의 위법이 있는 것은 아니라고 판시하고 있는 점[69]에 비추어 본 항의 해석에서도 재판국의 기소장 변경요구는 의무가 아니며 재량권한이라고 보는 것이 타당하다.[70]

**재판국의 기소장 변경요구 시** 기소위원회는 복종의무를 인정하여 반드시 따라야 한다고 해석하는 것이 다수설이며 타당하다고 사료된다.

**총회 재판국에서의 기소장 변경 가능 여부** 권징절차에는 총회 재판국에 상응하는 총회 기소위원회가 없기 때문에 총회 재판국에서는 기소장 변경이 원칙적으로 불가하다는 견해[71]가 있으나 권징재판의 상소심은 사후심이 아니라 속심의 성격을 가지며 총회 재판국에서의 재판에 노회 또는 당회 기소위원장이 관여하여야 하므로 상소심에서도 기소장 변경이 가능하다고 보는 것이 타당하다.

재심절차에서도 기소장 변경이 허용된다.

### 제78조 불필요한 변론 등의 제한

재판국장은 소송관계인의 진술 또는 신문이 중복된 사항이거나 그 소송에 관계 없는 사항인 때에는 소송관계인의 본질적 권리를 해하지 아니하는 한도 내에서 이를 제한할 수 있다.

본 조는 재판장의 소송지휘권을 규정하고 있다. 소송관계인에는 기소위원장, 피고인, 변호인 이외에 증인, 통역인 등이 포함되며, 신문에는 피고인, 증인, 감정

---

68) 이재상 등, 374면.
69) 대법원 2011.1.13. 선고 2010도5994 판결 등 다수.
70) 이성웅, 246면.
71) 이성웅, 247면.

인에 대한 신문 등을 뜻하고, 진술에는 피고인, 증인, 감정인의 진술뿐만 아니라 기소위원장, 변호인의 진술에도 해당하므로 기소위원장의 모두진술, 피고인의 최후진술, 변호인의 최종변론 등이 모두 포함된다.

"본질적 권리를 해하지 않는 한도 내"라는 것은 신문이나 진술의 일부를 중지시키는 것은 가능하나 예컨대, 피고인에게 증인에 대한 반대신문의 기회를 주지 않는 경우, 피고인에게 최후진술의 기회를 주지 아니한 경우 등은 본질적 권리를 해한 경우에 해당한다.

제한하는 방법은 통상 신문, 진술의 중지명령이며, 기소위원장의 모두진술, 피고인의 최후진술, 변호인의 최종변론의 경우 시간을 제한할 수 있다.

### ■ 시행규정 제70조 변론의 분리·병합·재개

재판국은 필요하다고 인정한 때에는 직권 또는 기소위원장, 피고인이나 변호인의 신청에 의하여 결정으로 변론을 분리하거나 병합할 수 있으며 종결한 변론을 재개할 수 있다.

변론의 분리는 같은 재판국에 병합된 수 개의 사건을 분리하여 별개의 절차에서 심리하는 것을 말하며, 수 인의 피고인이 있는 사건 또는 1인의 피고인에 대한 수 개의 사건에 대하여 심리를 분리하는 경우에 활용된다.

변론의 병합은 같은 재판국에 있는 수 개의 사건을 같은 절차에서 함께 심리하는 것을 말하며, 예컨대 같은 피고인에 대하여 같은 재판국에 추가기소된 경우, 수 인의 피고인이 같은 재판국에 기소제기된 사건이 관련사건인 경우이다.

변론의 재개는 변론종결 후 심리가 미진한 경우, 기소사실 또는 양형에 관한 새로운 증거가 발견된 경우, 피고인의 사망 등 새로운 사정이 발생한 경우 등에 일단 종결한 심리를 다시 속행하는 것을 말하며, 변론의 재개에 의하여 소송은 변론종결 전의 상태로 돌아가므로 증거조사, 기소장 변경 등이 허용된다.

변론의 분리와 병합 및 재개의 신청은 반드시 서면으로 하여야 하는 것은 아니고 구두로도 가능하다고 보며, 신청이 있는 경우 분리, 병합 및 재개를 하느냐 여부는 재판국의 재량에 속한다.

### 제79조 증거재판주의

사실의 인정은 증거에 의하여야 한다.

증거재판주의는 실체적 진실 발견을 이념으로 하는 권징절차에 있어서 재판국의 자의에 의한 사실인정을 허용하지 않고 반드시 증거에 의하여야 한다는 증거법의 기본원칙을 말한다.

**엄격한 증명과 자유로운 증명**  일반 형사소송법에서 범죄의 성립을 인정함에 있어서는 증거능력이 있고, 적법한 증거조사를 거친 증거에 의하여서만 증명하는 엄격한 증명과 이를 요하지 않는 증거에 의한 증명인 자유로운 증명의 대상을 명확하고 자세하게 나누고 있으나 우리 권징절차에서는 이를 엄격하게 나눌 필요성이 없다고 생각된다.

그리하여 일반적으로 기소장에 기재된 죄과사실, 책벌권의 존부에 관한 중요한 사실인 정당방위, 긴급피난, 자구행위, 심신장애의 부존재 사실 등에 대하여는 엄격한 증명을 요하고, 책벌의 양형의 기초가 되는 정상관계 사실이나 고소, 고발의 유무 등과 같은 소송법적 사실에 대하여서는 자유로운 증명으로 족하다고 본다.

다만, 통상의 지식, 경험이 있는 사람이면 의심하지 않는 공지의 사실, 재판국이 직무상 명백히 알고 있는 사실인 재판국에 현저한 사실, 어떤 전제사실이 인정되면 다른 사실을 추정하는 것이 논리적으로 합리적인 사실상 추정되는 사실은 성질에 비추어 증명이 필요 없다.

**정당한 증거 미채택**  재판국의 재판업무 수행은 제4조 1항, 3항과 본 조에 의거 재판절차의 가장 기본적인 정신인 재판의 공정성이 결여되었다든지 또한 재판과정에서 나타난 증거물은 범죄행위를 밝히는 데 결정적인 자료가 되는데도 불구하고 제시된 증거물을 채택도 하지 않고 일방적으로 상대방에게 유리한 판결을 했다면 중대한 위법성이 있다.[72]

---

72) 제97회기-25번.

### 제80조 자유심증주의
증거의 증명력은 재판국원의 자유판단에 의한다.

자유심증주의는 법정증거주의에 대립되는 개념으로서 증거의 실질적 가치를 의미하는 증거의 증명력을 적극적 또는 소극적으로 법에서 정하지 아니하고 재판국원의 자유로운 판단에 맡기는 주의를 말하며, 기소된 사실에 대하여 재판국은 증거조사의 결과와 변론 전체의 취지를 참작하여 자유로운 심증으로 사회정의와 형평의 이념에 입각하여 논리와 경험의 법칙에 따라 합리적인 의심을 할 여지가 없을 정도로 확신을 가질 수 있어야 한다.

### 제81조 당연히 증거능력 있는 서류
다음의 서류는 증거로 할 수 있다.
1. 가족관계증명서, 기본증명서 (개정 2021. 11. 29)
2. 국가 법원의 확정판결서 사본
3. 기타 특히 신용할 만한 정황에 의하여 작성된 문서

증거능력은 증거로 사용될 수 있는 법률상의 자격을 말하며, 증거의 실질적 가치를 의미하는 '증거의 증명력'과 구별된다.

본 조에 열거한 서류들은 모두 진술서에 해당하는 문서이지만 특히 공무원이 작성한 문서 등 신용성이 높고 작성자를 신문하는 것이 부적당하거나 실익이 없기 때문에 필요성이 인정되며 또 성립의 진정이 추정되는 경우에 증거능력을 인정한 것이다.

제3항의 "특히 신용할 만한 정황에 의하여 작성된 문서"는 제1, 2항에서 예시하지는 않았으나 이에 준하여 굳이 반대신문의 기회를 주지 않더라도 문제시되지 않을 정도로 고도의 신용성이 문서 자체에 의하여 보장되는 서면을 말하며,[73] 등기부 등본, 주민등록 등, 초본 등 공문서, 업무의 기계적 반복성으로 인하여 허

---

[73] 이재상 등, 709면.

위가 개입될 여지가 적은 상업장부, 항해일지 등 업무상 필요로 작성한 통상문서, 의사의 진단서, 공공기록, 공무소 작성의 각종 통계와 연감 등이 이에 해당한다.

2021년 헌법개정에서 제1항에 기재되어 있던 호적등, 초본과 주민등록 등, 초본을 가족관계증명서, 기본증명서로 변경한 것은 호적은 이미 폐지되었으며 주민등록 등, 초본은 제3항에 해당하기 때문으로 보여진다.

### 제82조 증거조사의 방식

1. 재판국장은 기소위원장, 피고인 또는 변호인에게 증거물을 제시하고 증거물이 서류인 때에는 그 요지를 알려 준다.
2. 기소위원장, 피고인 또는 변호인은 서류나 물건을 증거로 제출할 수 있고 증인, 감정인 등의 신문을 신청할 수 있다.
3. 재판국은 전항의 증거신청에 대하여 결정을 하여야 하며 또는 직권으로 증거조사를 할 수 있다.

**증거조사의 시기**   원칙적으로 피고인 신문이 끝난 후에 하여야 한다.

**증거조사의 방식**   증거물에 대한 조사방식은 제시이며, 증거서류에 대한 조사방식은 내용 요지의 고지이고 짧거나 필요한 경우 낭독할 수도 있으며 경우에 따라서는 증거서류를 제시하여 열람하게 하는 방법으로 조사할 수도 있다.

**증거결정**   재판국이 제3항의 증거신청에 대하여 결정, 즉 증거결정을 하기 전에 필요하다고 인정할 때에는 당사자의 의견을 들을 수 있으며, 증거신청을 기각하거나 증거결정을 보류하는 경우에는 증거신청인으로부터 당해 증거를 제출받아서는 아니 된다.

### ■ 시행규정 제68조 증거조사

증거조사는 피고인에 대한 신문이 종료된 후에 하여야 한다. 단, 필요한 때에는 신문 중에도 이를 할 수 있다.

### 제83조 증거조사 후의 기소위원장 및 피고인의 의견진술

1. 피고인 신문과 증거조사가 종료된 때에는 기소위원장은 사실과 규정 적용에 관하여 의견을 진술한다. 다만, 기소위원장이 재판기일에 출석하지 아니하는 때에는 기소장의 기재사항에 의하여 기소위원장의 의견진술이 있는 것으로 본다.
2. 재판국장은 기소위원장의 의견을 들은 후 피고인과 변호인에게 최종의 의견을 진술할 기회를 주어야 한다.

본 조는 당사자의 최종변론에 관한 규정으로서 기소위원장의 사실과 규정 적용에 관한 의견 진술을 '논고'라고 하며 그 내용 중 양정에 관한 의견을 '구형'이라고 하는데 재판국은 이에 기속받지 아니한다.

피고인과 변호인의 최종변론 기회는 모두에게 반드시 주어져야만 하며 최후진술의 기회가 주어지지 아니하면 위법하므로 항소이유가 될 수 있다.

최종변론이 끝이 나면 변론이 종결되어 변론을 재개하지 아니하는 경우 판결선고절차만 남게 되는 '결심' 상태가 된다.

### 제84조 책벌의 선고(개정 2021.11.29)

재판국은 피고사건에 대하여 죄과의 증명이 있는 때에는 판결로써 책벌(유죄)을 선고하여야 한다.

'피고사건'은 기소된 범죄사실과 이에 대응하는 적용법조를 의미하고, '죄과의 증명이 있는 때'란 재판국원이 죄과사실의 존재에 대하여 확신을 얻는 것을 말한다.[74]

### 제85조 책벌판결에 명시될 이유

책벌의 선고를 하는 때에는 판결이유에 죄과 될 사실, 증거의 요지와 헌법 또는 규정의 적용을 명시하여야 한다.

---

74) 이재상 등, 774면.

책벌판결에 이유의 명시를 요구하는 것은 재판국원의 자의적 재판을 억제하여 재판의 공정성을 담보하며, 당사자에게 상소 여부에 대한 자료를 제시함과 동시에 상소심의 재판 당부 심사를 용이하게 하려는 데에 그 목적이 있다.[75]

죄과 되는 사실은 행위의 주체와 객체, 행위의 결과 및 인과관계 등이다. 일시와 장소도 죄과사실을 특정하기 위하여 필요한 범위에서 명시하여야 한다.

증거의 요지는 죄과사실을 증명할 적극적 증거를 적시하면 충분하고, 인정사실에 배치되는 소극적 증거를 표시할 필요는 없으며 어떤 증거에 의하여 어떤 죄과사실을 인정하였는가를 알아볼 수 있을 정도로 당해 증거를 구체적으로, 개별적으로 표시하되 증거의 주요부분을 표시하면 된다.

헌법 또는 규정의 적용은 인정된 죄과사실에 대하여 정당한 책벌이 과하여졌는가를 알 수 있는 법적 근거를 제시하기 위한 것이며, 따라서 권징 제3조의 해당 조항과 계명 위반의 경우 성경의 어느 계명인지, 규칙위반의 경우 총회 규칙의 조항을 구체적으로 기재하여야 한다.

### 제86조 상소에 대한 고지

책벌을 선고하는 경우에는 재판국장은 피고인에게 상소할 기간과 상소할 재판국을 고지하여야 한다.

### 제87조 무죄의 판결

피고사건이 죄과로 되지 아니하거나 죄과사실의 증명이 없는 때에는 판결로써 무죄를 선고하여야 한다.

무죄판결은 기소사건에 대하여 책벌권의 부존재를 확인하는 판결이다. '죄과로 되지 아니한다'는 것은 제3조에 규정된 각 권징사유의 각 구성요건에 해당하지 않거나 해당하는 경우에도 정당행위, 정당방위, 긴급피난, 자구행위, 피해자의 승락 등에 해당하여 위법성이 조각되거나 심신상실, 강요된 행위, 기대가능성의 부존

---

75) 차용석 등, 주석 형사소송법 4, 44면.

재 등 책임성 조각사유가 있는 경우를 의미한다.

'죄과사실의 증명이 없다'는 것은 기소사실의 부존재가 증명된 경우는 물론 증거가 불충분하여 '의심스러울 때는 피고인의 이익으로'라는 원칙에 따라 재판국원이 충분한 심증을 얻을 수 없는 경우를 뜻한다.

### 제88조 기소기각의 판결

다음의 경우에는 판결로써 기소기각의 선고를 하여야 한다.
1. 피고인에 대하여 재판권이 없을 때
2. 기소가 제기된 사건에 대하여 다시 기소가 제기되었을 때
3. 고소가 취하되었을 때
4. 피해자가 사건에 대하여 처벌을 희망하지 아니하는 의사표시를 하거나 처벌을 희망하는 의사표시를 철회하였을 때
5. 기소제기의 절차가 헌법 또는 규정에 위반하여 무효인 때 (신설 개정 2012.11.16)

기소기각의 재판은 관할권이 없는 경우에 내리는 관할위반 재판(제101조 참조) 이외에 형식적 소송조건이 결여된 하자를 이유로 실체에 대한 심리를 하지 않고 소송을 종결시키는 형식재판으로서 기소기각의 판결(본 조)과 기소기각의 결정(제89조)이 있다.

제1항에서 재판권이 없다는 것은 총회 재판국은 우리 교단의 교인이 아닌 경우, 노회와 당회 재판국은 각 해당 노회나 교회의 소속이 아닌 경우를 의미하며, 제2항은 이중기소의 경우이고, 제3항은 고소, 고발로 인하여 조사가 되고 기소되어 제1심 판결이 선고되기 전에 취하된 경우이며, 제5항은 고소나 기소가 자격 또는 권한 없는 자에 의하여 행하여진 경우, 기소사실이 특정되지 아니한 때, 피고인이 특정되지 아니한 때를 예로 들 수 있다.

**제4항의 삭제 필요성** 일반 형사법에서는 고소가 있어야만 죄를 논할 수 있는 친고죄 이외에 피해자의 명시한 의사에 반하여 죄를 논할 수 없는 이른바 '반의사불벌죄'(단순 폭행죄, 명예훼손죄 등)가 있는바, '기소 이전에는 처벌을 원하는 의

사표시를 하지 않다가 기소 후 처벌을 원하지 아니하는 의사표시를 하는 경우' 또는 '기소 이전에는 처벌을 원하는 의사를 표시하였다가 뒤에 이미 있었던 처벌을 원하는 의사를 철회하는 경우'에는 친고죄에서 고소를 취하하는 경우와 같은 차원에서 공소기각의 판결을 하도록 한 것으로서(형사소송법 제327조 6호) 우리 권징법에서는 모든 권징사건은 원칙적으로 고소가 있어야만 조사가 개시되는 친고죄이며 반의사불벌죄는 없으므로 제4항과 같은 경우는 예상할 수 없다. 따라서 제4항은 형사소송법을 참고로 하는 과정에서 나온 입법의 착오라고 보여지며 삭제함이 타당하다고 사료된다.

### 제89조 기소기각의 결정

다음의 경우에는 결정으로 기소를 기각하여야 한다.
1. 기소가 취소되었거나, 기소의 취소로 보는 때 (개정 2012.11.16)
2. 치리회장이 당회 또는 임원회의 결의에 의하여 기소의뢰를 취소하였을 때
3. 피고인이 사망한 때
4. 기소장에 기재된 사실이 진실하더라도 죄과가 될 만한 사실이 포함되지 아니한 때 (신설 개정 2012.11.16)

결정으로 기소기각을 하는 경우는 제88조의 판결로 기소기각하는 경우보다 절차상의 하자가 중대하고 명백한 경우이며, 기소기각 판결에 대하여는 상소할 수 있으나 불기소 결정 이외에 일반 형사소송법에서 인정되는 결정에 대한 불복절차인 항고제도가 없는 우리 권징법에서는 기소기각 결정에 대하여는 상소할 수 없다(제93조 참조).

제1항의 '기소의 취소로 보는 때'는 시행규정 제45조 1항 및 2항에서 규정하는 바와 같이 재판국장이 준비서면 제출을 명하였는데도 기소위원회에서 준비서면을 제출하지 않거나 출석하여도 변론하지 않은 경우를 말한다.

제4항은 기소장에 기재된 사실에 죄과가 될 만한 사실이 포함되지 아니함이 명백한 경우를 의미한다.

■ **시행규정 제45조 답변서·준비서면**

1. 헌법 권징 제31조에 규정한 답변서 또는 준비서면에 관하여 피고인은 기소장 부본을 송달 받은 후 제1회 재판기일 전까지 권징 제7-3호 서식에 의한 답변서를, 기소위원장은 제1회 재판기일 이후부터 권징 제7-5호 서식에 의한 준비서면을 제출할 수 있다.
2. 전항의 경우에 답변서, 기타 준비서면도 제출하지 않은 때에 재판국장은 10일의 간격을 두고 2회 이상 서면으로 답변서, 기타 준비서면의 제출을 명령할 수 있고, 이 경우에도 서면의 제출이 없고 출석하여도 변론하지 않으면 기소위원회의 경우에는 재판국이 이를 기소의 취소로 보아 기소기각의 결정을, 피고인의 경우에는 재판국이 이를 의제자백으로 보고 판결을 하여 재판을 종결할 수 있다. (신설 개정 2012.9.20)

# 제5장 상소

상소는 확정되지 아니한 재판에 대하여 상급 재판국에 구제를 구하는 불복신청 제도이며, 제1심 재판국인 당회 재판국의 판결에 대하여 불복하여 노회 재판국에 구제를 신청하는 '항소'와 노회 재판국의 판결에 대하여 불복하여 총회 재판국에 구제를 신청하는 '상고'로 구분된다.

'재판'에 대한 불복신청이라는 점에서 기소위원회의 불기소 처분에 대한 불복신청인 '항고', '재항고'와 다르며, '확정되지 아니한' 재판에 대한 불복신청이라는 점에서 확정재판에 대한 불복신청인 재심신청과 다르다.

상소제도는 원판결의 잘못을 시정하여 불이익을 받은 당사자를 구제하는 것이 가장 중요한 기능이며, 나아가 헌법과 규칙 등의 해석을 통일하는 것이 그 부차적 기능이다.

상소의 제기에 의하여 판결의 확정과 집행이 정지되며, 소송계속은 원심을 떠나 상소심으로 옮겨지게 되어 상소장과 증거물 및 소송기록이 원심으로부터 상소심으로 송부된다(이심의 효력).

## 제1절 통칙

### 제90조 상소권자

1. 기소위원장 또는 피고인은 상소할 수 있다.
2. 피고인의 배우자, 직계친족, 형제자매 또는 변호인은 피고인을 위하여 상소할 수 있다.

3. 고소인(고발인)은 피고인이 무죄 판결, 기소기각의 판결을 받은 경우에 한하여 기소위원회에 상소 요청을 할 수 있고, 이 경우 기소위원회는 고소인(고발인)을 위하여 상소하여야 한다. (신설 개정 2012.11.16)
4. 전항의 경우에 기소위원회가 고소인(고발인)의 상소 요청을 받고도 10일 이내에 상소를 하지 않을 때에는 고소인(고발인)이 직접 상소할 수 있다. (신설 개정 2012.11.16)

기소위원장과 피고인은 고유의 상소권자로서 당연히 상소할 수 있다. 제2항의 피고인의 배우자 등은 상소대리권자로서 '피고인을 위하여' 상소할 수 있으므로 피고인의 명시한 의사에 반하여 상소할 수 없으며, 피고인의 상소권이 소멸한 후에는 상소를 제기할 수 없다고 보아야 한다.[1]

**고소인의 상소(요청)권**  고소인은 소송당사자가 아니므로 일반 형사소송법의 소송법리상으로는 상소권이 허용되지 않지만 본 조 제3항은 고소인의 의사를 최대한 존중하여 피고인이 무죄판결, 기소기각의 판결을 받은 경우에 한하여(기소기각 결정을 받은 경우는 제외됨) 고소인이 기소위원회에 상소 요청을 하여 기소위원회가 10일 이내에 상소를 하지 않을 때에는 고소인(고발인)이 직접 상소할 수 있는 권한을 인정하고 있다.

이와 관련하여 기소위원회의 편향된 업무처리를 방지하기 위하여 고소인은 모든 경우에 기소위원회에 상소 요청을 할 수 있도록 하는 것이 좋겠다는 의견도 있다.[2]

**상소여부에 대한 기소위원장 판단**  본 조항은 강행규정이나 제1항은 제3항을 전제로 하지 않고 있으며, 따라서 피고인이 무죄 판결, 기소기각의 판결을 받지 않았음에도(시무정지 6개월을 선고받은 경우임) 고소인(고발인)이 상소를 요청하였을 경우, 상소 여부에 대하여는 본 조 제1항에 근거 기소위원회가 판단하여 상소할 수 있다.[3]

---

1) 같은 취지, 이성웅, 317면.
2) 권헌서, 앞의 논문, 30면.
3) 제102회기-6번.

### 제91조 일부상소

1. 상소는 재판의 일부에 대하여 할 수 있다.
2. 일부에 대한 상소는 그 일부와 불가분의 관계에 있는 부분에 대하여도 효력이 미친다.

일부상소는 재판의 일부에 대한 상소를 말하며, 재판의 일부는 한 개의 사건의 일부를 말하는 것이 아니라 수 개의 사건이 병합되어 있는 경우의 재판의 일부를 의미한다. 제3조의 죄과사실은 각 조항별로 별개의 죄과이므로 여러 죄과사실이 기소되어 있는 경우에 일부는 유죄, 일부는 무죄판결이 선고된 경우 피고인은 유죄부분에 대하여, 기소위원장은 무죄부분에 대하여 상소할 수 있으며, 전부 무죄가 선고된 경우 기소위원장은 일부에 대하여 상소할 수 있다.

우리 권징법에서는 수 개의 죄과로 기소되어 전부 유죄의 경우에는 한 개의 책벌이 선고되거나(예를 들면, 시무정지 또는 면직) 또는 수 개의 책벌이 병합되어 선고되는 경우(면직 및 출교)가 보통이므로 이와 같이 경합죄과 전부에 대하여 한 개의 책벌이 선고된 경우에는 일부상소는 다른 부분과 논리적으로 연관성이 있거나 양형에 상호작용을 하여 판결에 영향을 받으므로 일부상소가 허용되지 않으며, 이러한 경우 제2항에 따라 일부 상소를 하더라도 전부 상소를 한 것으로 보아 그 일부와 불가분의 관계에 있는 부분에 대하여도 효력이 미친다. 이것이 기소 불가분의 원칙이라고 설명된다.

일부상소를 함에는 상소장에 일부상소를 한다는 취지를 명시하고 불복부분을 특정하여야 하며, 일부상소가 허용되면 상소가 없는 부분에 대한 재판은 확정되므로 상소심은 일부상소된 부분만 심판하면 되고, 상소가 이유 있어 상소심에서 파기 환송하는 경우에는 환송받은 하급심에서는 그 부분만 심판할 수 있게 된다.

### 제92조 상소의 포기, 취하

1. 기소위원장이나 피고인은 상소의 포기 또는 취하를 할 수 있다. 다만, 피고인 또는 피고인의 배우자 등은 면직 또는 출교가 선고된 판결에 대하여 상소한 경우에는 상소의 포기를 할 수 없다.

2. 상소의 포기 또는 취하는 서면으로 하여야 한다.
3. 상소의 포기는 원심재판국에, 상소의 취하는 상소재판국에 하여야 한다. 다만, 소송기록이 상소재판국에 송부되지 아니한 때에는 상소의 취하를 원심재판국에 할 수 있다.
4. 상소의 포기나 취하의 청구가 있는 때에는 재판국장은 지체 없이 상대방에게 그 사유를 통지하여야 한다.

상소의 포기는 상소권자가 상소 제기기간 내에 상소권의 행사를 포기한다는 의사표시를 말하며, '상소권의 불행사'와 구별된다. 상소의 취하는 일단 제기한 상소를 철회하는 것을 말한다.

**제1항의 단서의 모순**  제1항 단서에서 "피고인 또는 피고인의 배우자 등은 면직 또는 출교가 선고된 판결에 대하여 상소한 경우에는 상소의 포기를 할 수 없다"라고 규정한 것은 상소의 포기는 상소 제기기간 내에 상소권의 행사를 포기한 것을 말하므로 통상 상소를 하지 않고 포기하는 것인데, 상소한 경우에 상소를 포기할 수 없다고 하는 것은 모순된 것으로 보이고 여기의 포기가 취하를 의미하는 것으로 본다면 포기를 취하로 바꾸어야만 하고 만일 포기를 할 수 없다는 취지라면 '상소한 경우에는'을 삭제하여 "피고인 또는 피고인의 배우자 등은 면직 또는 출교가 선고된 판결에 대하여 상소의 포기를 할 수 없다"라고 하여야만 한다.

이 조항은 입법과정에서 형사소송법 제349조(상소의 포기, 취하) "검사나 피고인 또는 제339조에 규정한 자는 상소의 포기 또는 취하를 할 수 있다. 단, 피고인 또는 제341조에 규정한 자는 사형 또는 무기징역이나 무기금고가 선고된 판결에 대하여는 상소의 포기를 할 수 없다"는 규정을 참고하는 과정에서 단서의 '사형 또는 무기징역이나 무기금고가 선고된 판결'을 '면직 또는 출교가 선고된 판결'로 바꾸면서 발생한 입법의 착오라고 보여지므로 개정이 필요하다고 판단된다.

면직 또는 출교가 선고된 판결에 대한 상소의 포기는 무효이므로 상소 제기기간이 경과한 때에 그 판결이 확정된다. 이 단서 조항은 중한 책벌이 선고된 경우에는 상소포기를 억제함으로써 피고인을 보호하려는 데 그 입법이유가 있다고 보여지지만 그 실익은 의문시된다.

**상소 시 등 기소위원들과 상의 필요**  상소와 포기를 할 때에는 반드시 기소위원들과 논의한 후 결정해야 함에도 위원장 독단으로 상소포기서를 총회 재판국에 통보한 것은 위법이다.[4]

■ 시행규정 제71조 상소

1. 헌법 권징 제92조 제2항에 의한 항소·상고의 취하서 및 포기서는 권징 제9-2호 서식, 헌법 권징 제94조, 제107조에 의한 항소장·상고장은 권징 제9-1호 서식, 헌법 권징 제97조 제1항 및 제3항, 제110조에 의한 항소이유서, 상고이유서는 권징 제9-3호 서식, 답변서(항소·상고용)는 권징 제9-4호 서식으로 한다.
2. 헌법 권징 제96조 소송기록 접수와 통지에 있어서 상대방이라 함은 피항소인을 말하며 피고인이 항소하면 당회 기소위원장이 상대방(피항소인)이 되고 당회 기소위원장이 항소하면 피고인이 상대방(피항소인)이 된다. (신설 개정 2012.9.20)
3. 헌법 권징 제97조 항소이유서와 답변서 제2항과 제3항에 있어서 상대방이라 함은 전항과 같다. (신설 개정 2012.9.20)
4. 총회 산하기관 및 단체의 부정이나 비리와 감사위원회의 고소(혹은 고발, 기소의뢰) 건에 대한 항소(상고) 건은 노회 기소위원장이 출석하여 재판 시에 변론한다. (신설 개정 2014.9.25)

## 제2절 항소

항소는 제1심 판결에 대한 제2심 재판국에의 상소를 말하며, 권징법에서는 당회 재판국의 판결에 대한 노회 재판국에의 상소를 의미한다. 노회 재판국의 목사 등에 대한 판결은 제1심 판결이지만 이에 대한 총회 재판국에의 상소는 항소라고 하지 않고 상고라고 하는 것에 주의를 요한다.

---

4) 제95회기-50번.

**항소심의 재판구조**　이에 대한 입법주의에는 첫째, 항소심이 원심의 심리와 판결이 없었던 것처럼 치고 사건에 대하여 전반적으로 다시 심리하는 '복심제', 제1심의 심리를 토대로 항소심의 심리를 속행하는 '속심제', 원심에 나타난 자료에 따라 원심판결 시를 기준으로 하여 원판결의 당부를 사후적으로 심사하는 '사후심제'로 대별할 수 있는바, 우리 권징법의 항소심은 제1심의 재판에 관한 규정을 준용(제105조 1항)하도록 하여 피고인과 피해자의 진술, 증거조사 등의 사실심리를 진행하여 제1심 판결 후에 항소심 변론종결 또는 선고 시까지 발생한 사실과 증거도 항소심 판결의 자료가 되는 점(제100조 3항) 및 기소장 변경이 허용되는 등 제1심에서의 절차를 그대로 인정하는 점 등으로 보아 기본적으로 속심이라고 할 수 있으나, 한편 사후심에서 인정되는 항소이유를 제한하고(제99조), 항소인에게 항소이유서 제출 의무를 부여하며(제97조 1항), 항소이유가 없음이 명백한 때에는 항소장, 항소이유서, 기타의 소송기록에 의하여 변론 없이 판결로써 항소를 기각할 수 있게 한 점 등으로 보아 '사후심적 속심'이라고 해석하는 것이 적절하다고 사료된다.[5]

### 제93조 항소할 수 있는 판결

제1심 재판국의 판결에 대하여 불복이 있으면 차상급 재판국에 항소할 수 있다.

제1심 재판국이 당회 재판국이면 노회 재판국에, 노회 재판국이면 총회 재판국에 항소할 수 있게 된다.

### 제94조 항소의 방식 및 제기기간

1. 항소를 함에는 항소장을 원심재판국에 제출하여야 한다.
2. 항소의 제기기간은 판결문을 송부받은 날로부터 20일로 한다.

항소장에는 항소이유를 기재할 필요가 없으며, 항소이유는 항소 재판국으로부

---

[5] 같은 취지, 이성웅, 329면.

터 소송기록 접수통지서를 받은 후 20일 이내에 항소이유서를 제출할 때에 기재하면 족하며(제97조 및 제96조 참조), 항소장은 항소 재판국에 제출하는 것이 아니라 원심재판국에 제출하여야 함에 주의를 요한다.

**상소장을 원심재판국에 제출하지 않고 상급재판국에 직접 제출한 경우**  본 조 제1항 및 제107조가 항소장이나 상고장을 원심재판국에 제출하도록 규정한 이유는, 기본적으로는 항소나 상고 제기 당시까지는 아직 사건이 원심재판국에 계속 중이기 때문이고, 또 그 외에도 판결 집행 및 소송기록 송부 등 제반 문제가 관련되어 있기 때문이므로, 당사자가 상고장을 원심재판국인 노회 재판국에 제출하지 않고 총회 재판국에 직접 제출하였다면 그 상고의 제기는 부적법한 것이며, 결과적으로 상고장이 상고 제기기간 내에 원심재판국인 노회 재판국에 접수되지 아니하였다면 상고 제기기간이 도과함과 동시에 노회 재판국의 판결은 확정되었다 할 것이므로 노회 재판국의 판결이 확정된 후에 이중으로 선고된 총회 재판국의 판결은 무효가 된다.[6]

**항소장 반려**  당회 재판국의 판결에 대한 항소장을 노회에 접수할 때 노회에서 접수처 잘못을 고지하여 반려했는데도 불구하고 본인이 이행치 않아 항소기간이 경과되었다면 그 귀책사유가 본인에게 있다.[7]

### 제95조 소송기록과 증거물의 송부

원심재판국은 항소장을 받은 날로부터 10일 이내에 소송기록과 증거물을 항소재판국에 송부하여야 한다.

### 제96조 소송기록 접수와 통지

항소재판국이 기록의 송부를 받은 때에는 즉시 항소인과 상대방 또는 변호인에게 소송기록 접수사실을 통지하여야 한다.

---

6) 제98회기-55번.
7) 제96회기-59번.

### 제97조 항소이유서와 답변서

1. 항소인 또는 변호인은 전조의 통지를 받은 날로부터 20일 이내에 항소이유서를 항소재판국에 제출하여야 한다.
2. 항소이유서의 제출을 받은 항소재판국은 지체 없이 그 부본을 상대방에게 송달하여야 한다.
3. 상대방은 전항의 송달을 받은 날로부터 20일 이내에 답변서를 항소재판국에 제출하여야 한다.
4. 답변서의 제출을 받은 항소재판국은 지체 없이 그 부본을 항소인 또는 변호인에게 송달하여야 한다.

### 제98조 항소기각의 결정

항소인이나 변호인이 전조 제1항의 기간 내에 항소이유서를 제출하지 아니한 때에는 항소를 기각하여야 한다. 다만, 항소장에 항소이유의 기재가 있는 때에는 예외로 한다.

항소심 재판국은 항소인 측에서 소송기록 접수사실을 통지받고 20일 이내에 항소이유서를 제출하지 아니한 때에는 항소장에 항소이유의 기재가 있는 때를 제외하고 항소를 기각하여야 하며 이에 따라 사건은 종결된다.

한편 상대방이 전 조 제3항에 따른 답변서를 제출하지 아니하는 경우에도 직접적인 제한조치는 없으며, 다만 제1심에서 충분한 주장을 하였다고 하더라도 항소의 부당성에 대한 주장이 없거나 소홀함에서 오는 사실상의 불이익과 재판국의 심증 형성에 불리할 수 있는 위험은 감수하여야 한다.

### 제99조 항소이유

다음의 사유가 있을 경우에는 원심판결에 대한 항소이유로 할 수 있다.
1. 판결에 영향을 미친 헌법 또는 규정의 위반이 있는 때
2. 판결 재판국의 구성이 헌법 또는 규정에 위반한 때
3. 헌법 또는 규정상 그 재판에 관여하지 못할 재판국원이 그 사건의 심판

에 관여한 때
4. 판결에 이유를 붙이지 아니하거나 이유에 모순이 있는 때
5. 재심청구의 사유가 있는 때
6. 사실의 오인이 있어 판결에 영향을 미친 때
7. 책벌의 양정(量定)이 부당하다고 인정할 사유가 있는 때
8. 사건의 심리에 관여하지 아니한 자가 그 사건의 판결에 관여한 때

항소이유는 항소권자가 원판결의 하자 중에서 적법하게 항소를 제기할 수 있는 이유를 뜻하며, 통상 일정한 객관적 사유가 있으면 판결에의 영향 여부를 불문하고 항소이유가 되는 '절대적 항소이유'(제2~5, 7, 8항)와 일정한 객관적 사유의 존재가 판결에 영향을 미친 경우에 한하여 항소이유가 되는 '상대적 항소이유'(제1, 6항)로 나눌 수 있다.

'판결에 영향을 미친 때'라 함은 법령위반이나 사실오인이 없었더라면 원판결과 다른 판결이 될 개연성이 있는 경우[8]를 의미하며, 예컨대 고소가 취소되었음에도 유죄판결을 선고한 경우, 무죄판결이 확정된 사실에 대하여 다시 유죄판결을 한 경우이다.

**제1항** 헌법에는 헌법시행규칙도 포함되며, 판결내용의 실체법 위반뿐만 아니라 소송절차에서의 위반 및 헌법해석의 착오가 이에 해당되고, 규정의 위반에는 대한예수교장로회총회 임원선거조례, 장로회 각 치리회 및 산하기관 등의 회의규칙 등 총회, 노회 및 당회의 각종 규정의 위반이 포함된다.

**제2항** 재판국의 개회성수와 의결 정족수를 충족하지 못한 경우가 이에 해당한다.

**제3항** 재판국원에게 제척원인이 있거나 기피신청이 이유가 있다고 인정되었음에도 판결의 성립(합의 의결)에 관여한 경우이며, 단순히 선고에만 관여한 경우를 의미하는 것은 아니다.

**제4항** '이유를 붙이지 아니한 때'(이유불비)에는 아예 이유가 없는 경우는 물

---

[8] 차용석 외, 주석 형사소송법 제4권, 222면.

론 이유가 불충분한 경우도 포함하며, '이유에 모순이 있는 때'란 판결의 주문과 이유, 또는 이유와 이유 사이에 모순이 있는 경우를 뜻한다.

**제5항** 재심청구의 사유를 항소이유로 한 것은 재심사유가 존재함에도 불구하고 항소를 허용하지 아니하고 유죄판결의 확정을 기다려 재심을 청구하도록 한다는 것은 소송경제에 반하기 때문이다.

**제6항** 사실오인은 판결에서 인정된 사실과 객관적 사실 사이에 차이가 있는 것을 말하며, 기소사실을 오인하는 경우는 물론 책벌권의 존재와 범위에 관한 사실 예컨대 위법성조각사유인 정당방위, 책임성조각사유인 심신장애 등에 관한 사실의 오인도 포함한다. 양형의 기초사실을 오인한 경우는 본 항의 사유가 아니라 제7항의 양형부당에 관한 사유가 된다.

**제7항** 원판결의 책벌이 구체적인 사안에 비추어 너무 무겁거나 가벼운 경우를 말하며, 책벌의 종류 자체가 부당한 경우뿐만 아니라 예컨대 시무정지, 시무해임, 정직 등의 경우에 구체적 기간이 문제가 될 때에도 양정부당에 해당된다.

**제8항** 재판국원이 사건의 심리 중에 변경된 경우 심리에 전혀 관여하지 아니한 새로운 재판국원이 판결의 성립(합의 의결)에 관여한 경우이며, 단순히 선고에만 관여한 경우에는 해당이 없음은 제3항과 같다.

### 제100조 항소재판국의 심판

1. 항소재판국은 항소이유서에 포함된 사유에 관하여 심판하여야 한다.
2. 항소재판국은 전조 제1항 또는 제6항의 경우에는 항소이유서에 포함되지 아니한 경우에도 직권으로 심판할 수 있다.
3. 제1심 재판국에서 증거로 할 수 있었던 증거는 항소재판국에서도 증거로 할 수 있다.
4. 항소의 제기가 소송의 요건을 결여한 부적법한 소에 해당하는 경우(제소기간의 경과 등)에는 판결로써 각하하여야 한다.
5. 항소이유 없다고 인정한 때에는 판결로써 항소를 기각하여야 한다.
6. 항소이유가 없음이 명백한 때에는 항소장, 항소이유서, 기타의 소송기록에 의하여 변론 없이 판결로써 항소를 기각할 수 있다.

7. 항소이유 있다고 인정한 때에는 원심판결을 파기하고 다시 판결을 하여야 한다.
8. 피고인이 재판기일에 출석하지 아니한 때에는 다시 기일을 정하여야 하고 피고인이 정당한 사유 없이 다시 정한 기일에 출석하지 아니한 때에는 피고인의 출석 없이 판결을 할 수 있다. (신설 개정 2012.11.16)

**항소심의 심리**   제105조 1항에 따라 제4장 제3절 '재판에 관한 규정'(제66조~89조)이 준용되므로 인정신문, 피고인 신문, 증거신청과 결정, 당사자들의 최종변론 등이 진행된다. 다만 기소위원장의 모두진술은 불필요하며, 피고인 출석에 대하여 피고인이 재판기일에 2회 이상 정당한 사유 없이 출석하지 아니한 때에는 판결을 할 수 있게 되고(본 조 제8항), 본 조 제3항에서 제1심 증거를 항소심에서도 증거로 할 수 있다고 하여 속심 구조임을 인정하고 있다.

**직권 심판사항**   항소심은 항소이유서에 포함된 사유에 관하여 심판하는 것이 원칙이지만 제99조 소정의 항소이유 중 상대적 항소이유인 제1항 및 제6항의 판결에 영향을 미친 헌법 또는 규정의 위반 또는 사실의 오인이 있어 판결에 영향을 미친 때의 두 가지 경우에는 항소이유서에 포함되지 아니한 경우에도 직권으로 심판할 수 있게 된다.

**항소심의 종국판결**   항소 재판국은 제소기간의 경과 등 소송의 요건을 결여한 부적법한 소에 해당하는 경우에는 항소각하 판결, 항소이유가 없다고 인정한 때에는 항소기각 판결, 항소장, 항소이유서, 기타의 소송기록에 의하여 항소이유가 없음이 명백한 때에는 변론 없이 항소기각 판결(무변론 기각), 항소가 이유 있을 때에는 속심제도의 법리상 원심판결을 파기하고 다시 판결을 하는 것이 원칙이며(파기자판), 이외에도 실무상 거의 없지만 제101조 및 102조에서의 파기환송 및 파기이송판결이 있다.

**상소심에서의 기소업무 수행**   "제1심인 당회 재판국의 판결에 불복이 있어 제2심인 노회 재판국에 항소한 경우에는 제10조와 제56조 2항에 의하여 노회의 기소위원이 노회 재판국의 기소업무를 수행한다"고 해석하고, "제2심으로서의 노회 재판국의 판결에 또다시 불복이 있어 제3심인 총회 재판국에 상고한 경우에

제10조와 제56조 2항과 헌법 조례 제40조(기소의 결정) 5항에 의하여 노회 기소위원이 총회 재판국의 기소업무를 수행한다"라고 해석하였다.[9]

### 제101조 원심재판국에의 환송

기소기각 또는 관할위반의 재판이 헌법 또는 규정에 위반됨을 이유로 원심판결을 파기하는 때에는 판결로써 사건을 원심재판국에 환송하여야 한다.

재판권은 사법권을 의미하는 일반적, 추상적 권한을 뜻하는 개념임에 반하여 관할권이란 특정 재판국이 특정 사건을 재판할 수 있는 권한을 말하며, 재판권이 없는 때에는 기소기각의 판결(제88조 1항)을 하고 관할권이 없는 경우에는 관할위반의 판결을 하여야 한다.

원심재판국에서의 기소기각 또는 관할위반의 재판을 파기할 경우에는 항소 재판국에서 판결을 하지 않고 반드시 원심재판국에 사건을 돌려보내야 한다(파기환송 판결). 왜냐하면 이 경우에는 제1심에서 사건의 실체에 관하여 심리가 행하여지지 않았기 때문에 예외로 환송하도록 한 것이다.

### 제102조 관할 재판국에의 이송

관할인정이 헌법 또는 규정에 위반됨을 이유로 원심판결을 파기하는 때에는 판결로써 사건을 관할 재판국에 이송하여야 한다.

우리 권징법체제에서는 간단하게 지교회 사건은 당회 재판국, 노회 사건은 노회 재판국에 관할이 있어 일반 형사소송법체제에서와 같은 복잡한 관할제도가 없으므로 실무상 관할위반 재판이 거의 없으며, 따라서 관할위반을 전제로 하는 파기이송의 경우도 거의 없다고 할 수 있다.

---

9) 제87회기-2번.

### 제103조 불이익변경의 금지

피고인이 항소한 사건에 대하여는 원심판결의 책벌보다 중한 책벌을 선고하지 못한다.

불이익변경의 금지 원칙은 피고인이 상소 제기로 인한 중한 책벌로의 변경의 위험을 우려하여 상소 제기를 단념하는 것을 방지하고 상소권을 보장하기 위하여 피고인(또는 피고인을 위하여)만이 항소(상고)한 사건에서 상소심은 원심판결의 책벌보다 무거운 책벌을 선고하지 못한다는 원칙을 말한다.

기소위원장이 항소한 경우에는 적용이 되지 않으며, 또 불이익변경의 대상은 책벌에 한하며 죄과명이나 적용규정, 죄과사실은 해당이 없으므로 '중책벌금지의 원칙'이라고 함이 보다 정확하다.

피고인을 위하여 상소하는 경우는 제90조 2항에서 피고인의 배우자, 직계친족, 형제자매 또는 변호인이 상소하는 경우를 의미한다.

본 규정은 제105조 2항에 의하여 상고의 심판에도 준용된다.

### 제104조 판결서의 기재방식

항소재판국의 판결서에는 항소이유에 대한 판단을 기재하여야 하며 원심판결에 기재한 사실과 증거를 인용할 수 있다.

원심의 무죄판결을 파기하여 유죄판결을 선고하는 경우에는 제85조 소정의 책벌판결에 명시될 이유인 죄과되는 사실, 증거의 요지, 헌법 또는 규정의 적용을 명시하여야 하며, 원심의 유죄판결을 파기하는 경우 수 개의 항소이유 중에서 이유 있는 하나에 대하여 판단하면 족하므로 다른 나머지 이유에 대하여 판단할 필요가 없고, 이때 판결문 작성의 편의와 신속을 고려하여 원심판결에 기재되어 있는 죄과 사실과 증거의 요지를 인용할 수 있다(인용판결).

항소기각 판결을 선고하는 경우에는 항소이유에 대한 판단으로 충분하며 죄과되는 사실, 증거의 요지를 기재할 필요가 없으며, 기소위원장과 피고인 쌍방이 항소한 경우 쌍방의 항소이유 전부에 대하여 판단하여야 한다.

### 제105조 준용규정

1. 제4장 제3절 재판에 관한 규정은 본절에 특별한 규정이 없으면 항소의 심판에 이를 준용한다.
2. 제5장 제2절 항소에 관한 규정은 본절에 특별한 규정이 없으면 상고의 심판에 준용한다.

## 제3절 상고

### 제106조 상고할 수 있는 판결

제2심 재판국 판결에 대하여 불복이 있으면 총회 재판국에 상고할 수 있다.

### 제107조 상고의 방식 및 제기기간

제94조(항소의 방식 및 제기기간)를 준용한다.

**노회 관계자의 잘못과 부적법한 상고** 비록 '노회 관계자'가 '상고는 총회에 접수하는 것'이라고 말하였고 또 그 노회 관계자가 개인적으로 노회장의 직인을 찍어주었다 하더라도, 만약 그 노회 관계자가 노회의 공식 '접수인'을 상고장에 찍지도 않았고 접수대장에 상고장을 정식 등재도 하지 않았고 상고장을 노회 재판국으로 송부도 하지 않았다면 이는 적법한 상고의 제기로 볼 수 없고, 그 노회 관계자의 잘못된 행위로 인하여 부적법한 상고가 적법한 상고로 바뀔 수는 없다.[10]

### 제108조 소송기록과 증거물의 송부

제95조(소송기록과 증거물의 송부)를 준용한다.

### 제109조 소송기록 접수와 통지

제96조(소송기록 접수와 통지)를 준용한다.

---

10) 제98회기-55번.

### 제110조 상고이유서와 답변서

제97조(항소이유서와 답변서)를 준용한다.

### 제111조 상고기각의 결정

제98조(항소기각의 결정)를 준용한다.

### 제112조 상고이유

제99조(항소이유)를 준용한다.

### 제113조 상고재판국의 심판

1. 상고재판국은 상고이유서와 그 답변서에 포함된 사유에 관하여 심판한다.
2. 상고재판국은 전조 제1항 또는 제6항의 경우에는 상고이유서에 포함되지 아니한 경우에도 직권으로 심판할 수 있다.
3. 원심재판국 또는 제1심 재판국에서 증거로 할 수 있었던 증거는 상고재판국에서도 증거로 할 수 있다. (신설 개정 2012. 11. 16)
4. 상고의 제기가 소송의 요건을 결여한 부적법한 소에 해당하는 경우(제소기간의 경과 등)에는 판결로써 각하하여야 한다.
5. 상고이유 없다고 인정한 때에는 판결로써 상고를 기각하여야 한다.
6. 상고이유가 정당한 때에는 판결로써 원심판결을 파기하여야 한다.
7. 상고재판국은 필요하다고 인정하는 경우에는 당사자, 증인 및 참고인 등을 소환하여 신문할 수 있다. (개정 2012. 11. 16)
8. 상고재판국은 상고장, 상고이유서 기타의 소송기록에 의하여 변론 없이 판결할 수 있다. (신설 개정 2012. 11. 16)

**총회 재판국이 상고장 접수 시 취하여야 할 조치** 총회 재판국은 노회 재판국으로부터 소송기록과 증거물을 송부받아 이를 세밀하게 검토, 확인해 본 다음에 판결을 선고해야 하고, 만약 원심재판국이 소송기록과 증거물의 송부를 거부하거나 이의를 제기하는 등의 사유로 총회 재판국이 부득이 소송기록과 증거물 없이 재판할 수밖에 없게 된 경우라면 독자적으로 양쪽 당사자로부터 주장도 들어보고 증거를 제출할 기회도 준 후에 판결을 선고해야 하며, 만약 총회 재판국이 노회 재판국으로부터 소송기록과 증거물을 송부받지도 않고 또 그렇다고 양쪽 당사자들로부터 주장도 들어보지 않고 당사자들에게 증거를 제출할 기회도 주지 않은 채 당사자 일방이 제출한 주장과 증거만을 근거로 판결을 선고했다면 이는 위법한 것이며, 특히 총회 재판국이 피고인 측의 주장과 증거는 전혀 들어보지도 않고 검토도 해보지 않은 채 고소인(고발인)이나 기소위원장 측이 제출한 주장과 증거만을 근거로 변론 없이 판결을 선고했다면 그 판결은 피고인의 공정하게 재판받을 권리와 변호인을 선임할 권리를 침해한 것이어서 총회 헌법을 위반한 것으로 볼 수밖에 없다. [11]

### 제114조 기소기각과 환송의 판결

적법한 기소를 기각하였다는 이유로 원심판결 또는 제1심 판결을 파기하는 경우에는 판결로써 사건을 원심재판국 또는 제1심 재판국에 환송하여야 한다.

항소 재판국에서 원심재판국에서의 기소기각 또는 관할위반의 재판을 파기할 경우에는 항소 재판국에서 판결을 하지 않고 반드시 원심재판국에 사건을 돌려보내어야 한다(파기환송 판결)는 취지의 제101조와 궤를 같이한 조항으로서 3심 제도를 보장한다는 차원에서 원심재판국 또는 제1심에서 사건의 실체에 관하여 심리가 행하여지지 않았기 때문에 반드시 환송하도록 한 것이다.

### 제115조 관할인정과 이송의 판결

관할의 인정이 헌법 또는 규정에 위반됨을 이유로 원심판결 또는 제1심 판결을 파기하는 경우에는 판결로써 사건을 관할재판국에 이송하여야 한다.

---

11) 제98회기-55번.

### 제116조 관할위반과 환송의 판결(신설 개정 2012.11.16)

관할위반의 인정이 헌법 또는 규정에 위반됨을 이유로 원심판결 또는 제1심 판결을 파기하는 경우에는 판결로써 사건을 원심재판국 또는 제1심 재판국에 환송하여야 한다.

총회 재판국이 노회 재판국의 관할 인정에 대해 관할위반이라고 판단했다면 총회 재판국은 헌법 권징 제116조의 규정에 따라 마땅히 판결로써 해당 사건을 관할재판국으로 이송하여야 함에도 총회 재판국이 그와 같이 조치하지 않고 변론 없이 해당 사건을 파기 자판하였다면 이는 위법한 판결이다.[12]

### 제117조 파기자판

상고재판국은 원심판결을 파기한 경우에 그 소송기록과 원심재판국과 제1심 재판국이 조사한 증거에 의하여 판결하기 충분하다고 인정하는 때에는 피고 사건에 대하여 직접 판결할 수 있다. (개정 2012.11.16)

"판결하기 충분하다고 인정하는 때"라고 함은 더 이상 변론절차에서 심리할 필요없이 상고 재판국이 소송기록과 원심재판국과 제1심 재판국에서 조사한 증거에 의하여 사건의 결론을 내리는데에 충분하다고 인정한 때라는 뜻이다. 이때에도 제103조 소정의 불이익변경의 금지 원칙이 적용된다.

### 제118조 파기환송(신설 개정 2012.11.16)

제114조 내지 제117조(전 4개조)의 경우 외에 원심판결을 파기한 때에는 판결로써 사건을 원심재판국에 환송하여야 한다.

### 제119조 집행과 종국판결

1. 집행은 확정된 종국판결에 의하여야 한다.

---

[12] 제98회기-55번.

2. 판결의 집행은 그 재판을 한 재판국이 속한 치리회장이 판결확정 후 30일 이내에 하여야 한다.
3. 판결의 집행은 판결서의 정본을 첨부한 서면으로 한다.
4. 당회장이 판결의 집행의무를 이행하지 아니하는 경우에는 노회장이 집행하고, 노회장이 판결의 집행의무를 이행하지 아니하는 경우에는 총회장이 집행하여야 한다.

**시벌(판결의 집행)의 주체**  본 조 제2항은 시벌의 주체를 '재판을 한 재판국이 속한 치리회장'으로 규정하고 있음에 대하여 제131조에서는 '피고인 소속 치리회'라고 규정하고 있어 모순이 생기게 되며, 판결 확정 재판국이 속한 치리회장과 피고인이 속한 치리회장이 같은 경우에는 위 규정에 따라 처리하면 아무런 문제가 없으나 피고인이 재판계속 중에 타 노회로 이명을 감으로써 소속 노회가 달라진 경우에는 판결 확정 재판국이 속한 치리회장과 피고인이 속한 치리회장이 다른 경우가 발생하게 되는바, 시행규정 제86조 1항이 "제119조에 의한 판결집행을 위하여 판결이 확정된 재판국이 속한 치리회장은 피고인이 속한 치리회장에게 판결집행문으로 통보하고, 통보받은 소속 치리회장은 15일 이내에 제131조, 제132조에 의하여 시벌한다"는 취지로 규정함으로써 피고인이 속한 치리회장이 시벌의 주체임을 인정한 것으로 해석하는 것이 적절하다고 사료되며,[13] 이 문제는 시행규정으로 해결할 것이 아니라 근본적으로 본 조를 개정하여 시벌의 주체를 피고인이 속한 치리회장으로 명확히 하는 것이 바람직하다.

**재판확정 전과 후의 소속 노회가 다른 경우의 시벌의 주체**  판결이 확정된 재판국이 속한 치리회장이 판결확정 후 30일 이내에 피고인이 속한 치리회장에게 판결집행문으로 통보하고 통보받은 소속 치리회장이 시벌하며,[14] 임시 당회장도 판결을 집행할 수 있다.[15]

**판결집행의 정확한 시점**  목사가 시무정지 1개월의 책벌을 선고받아 상고하

---

13) 같은 취지, 이성웅, 87면.
14) 같은 취지, 제105회기-57번.
15) 제98회기-46번.

지 않고 2006년 6월 12일 판결이 확정되어 노회 임원회 석상에서 시무정지기간을 2006년 7월 4일~8월 3일(1개월)로 정하였을 때에는 피고인 스스로 집행했을 경우(당회를 개회하지 않음)에는 판결확정일로부터 1개월간(6.12.-7.11)이나 스스로 집행하지 않았을 경우에는(7.4-8.3) 노회가 정한 대로 한다고 해석하였다.[16]

■ **시행규정 제86조 집행과 종국판결 및 시벌**

1. 헌법 권징 제119조에 의한 판결집행을 위하여 판결이 확정된 재판국이 속한 치리회장은 판결확정 후 30일 이내에 피고인(권징사건) 또는 피고(행정쟁송사건)가 속한 치리회장에게 권징 제8-5호 서식에 의한 판결집행문으로 통보하여야 한다. 통보 받은 소속 치리회장은 통보 받은 날로부터 15일 이내에 헌법 권징 제131조, 제132조에 의하여 시벌한다.
2. 판결이 확정된 재판국이 속한 치리회와 피고인 또는 피고가 속한 치리회가 동일한 경우에는 서식에 의한 통보를 요하지 아니하며 단지 판결이 확정된 날로부터 15일 이내에 헌법 권징 제131조, 제132조에 따라 바로 시벌한다.

---

16) 제90회기-68번.

# 제6장 특별소송절차 등

제1절 위탁재판

### 제120조 위탁재판의 청원

당회장은 당회 재판국이 다음 중 하나에 해당하는 사유로 인하여 재판하기가 불능 또는 곤란한 경우에는 사건서류를 첨부하여 노회장에게 노회 재판국에서 위탁재판을 해 줄 것을 청원하여야 한다. (개정 2012.11.16)
1. 재판의 전례가 없어 재판하기가 극히 어려운 경우
2. 치리회의 분쟁 등으로 인하여 재판국의 구성이 불가능한 경우
3. 기타 치리회의 사정상 당회 재판국에서 재판하기가 심히 어려운 경우

위탁재판은 지교회에서 분쟁 또는 당회의 사정 등으로 당회 기소위원회 또는 재판국의 구성이 불가능하거나 재판하기가 현저히 곤란한 경우 등 일정한 사유가 있는 때에 당회장이 노회장에게 노회에서 재판하여 줄 것을 청원하여 노회 재판국에서 하는 재판을 말한다.

위탁재판 청원은 어디까지나 하급 치리회가 상급 치리회장에게 청원하는 것이며 재판국 간의 청원이 아니다.

**제1항** '재판의 전례가 없어 재판하기가 극히 어려운 경우'는 분쟁이 없는 상태에서도 재판의 경험과 지식이 없거나 부족하여 또는 인적 자원의 부족으로 독자적으로 재판국을 구성하여 재판업무를 수행하기가 매우 어려운 경우를 의미한다. 이 경우에는 시행규정 제72조 2항에 따라 반드시 당회의 결의를 거쳐야만 한다.

**제2항** 당회나 교회의 분쟁으로 당회 재판국의 구성 또는 당회의 회집이 불가할 때를 말한다.

**제3항** 당회장이 고소인(고발인)이 된 경우, 당회장이 피고소인(피고발인)이 된 경우, 기타 당회 또는 제직회나 공동의회의 사정상 당회 재판국에서 재판하기가 심히 어려운 경우를 말하고, 2항과 3항의 경우에는 시행규정 제72조 3항 및 4항에 따라 당회의 결의 없이 당회장이 직권으로 노회장에게 청원하면 된다.

**노회장의 위탁재판 거절 불가** 지교회로부터 적법한 위탁청원을 받은 노회장은 위탁재판을 거절하거나 반려할 수 없다고 보아야 한다.

**기소 전단계에서 위탁재판청원 가능** 고소장을 접수한 당회가 기소하지 않고 상급 치리회에 위탁재판이 가능하다.[1]

**당회장이 피고소인인 경우 위탁재판청원 필수** 당회장이 당사자이기 때문에 당회 재판국이 구성될 수 없으므로 노회에 위탁하여 재판을 하여야 한다.[2]

**당회장의 사전보고의무** 장로, 집사, 권사 등을 상대로 하여 당회가 수신인으로 된 고소장에 대하여 당회장이 본 조 및 시행규정 제3항에 의거 직권으로 노회에 청원할 수 있으나 사전에 당회에 보고하여야 한다.[3]

**당회장이 고의적으로 당회를 소집하지 않고 한 위탁재판청원은 위헌** ① 총회헌법위원회의 헌법해석, 노회의 행정지시, 당회원의 당회소집요청 등을 무시하고 고의적으로 당회를 소집하지 않아 당회가 열리지 못한 것은 당회장에게 귀책사유가 있기 때문에 당회의 분쟁이라고 할 수 없으며, 당회 회집이 가능함에도 불구하고 당회 회집을 하지 않고 당회장 직권으로 위탁재판을 청원한 것은 위헌이다.[4]

② 본 조에 의거 당회 회집이 가능함에도 불구하고 당회 회집을 하지 않고 당회장 직권으로 위탁재판을 청원한 것은 위헌이다.[5]

---

1) 제101회기-78번.
2) 제98회기-71번.
3) 제101회기-44번.
4) 제100회기-29번.
5) 제101회기-107번.

**노회에서 총회에 위탁재판청구 가부(재판국 미설치 시 포함)**  ① "헌법에는 [총회장에게] 위탁판결청원에 관한 조항이 없으므로 [본 조항에서 인정하고 있는 당회장이 노회장에게 위탁재판 청원할 수 있는 원리를 적용할 수 없고] 노회 재판국에서 처리해야 한다"고 해석하였으며,[6] ② 그 후 "노회 기소위원회에서 합법적인 절차에 의해 접수된 고소 건이 충분히 죄가 있다고 인정하여 노회 재판국에 기소를 했다면 노회 재판국은 법 절차에 따라 재판을 개시하여야 하며, 본 재판국에서 재판할 수 없는 상황이 발생했을 경우는 제121조 1항, 2항, 3항에 의거 상급심에 위탁재판을 청구할 수 있으나 타당한 이유 없이 위탁재판 청구는 할 수 없다"고 해석[7]하여 타당한 이유가 있는 경우에는 총회 재판국에 위탁재판청구를 할 수 있는 여지를 남겨두었으나, ③ 노회에서 재판국 미설치 시 총회에 위탁재판청원 가부에 대하여 노회는 제4조, 제7조, 제16조에 근거 노회 재판국을 설치해야 하고, 제56조에 근거 노회 기소위원회를 구성하여야 한다……제24조에 근거 치리회장인 당회장이 동시에 당회 재판국의 국장이 되기 때문에 이로 인하여 발생할 수 있는 사안들에 대하여 제120조 및 시행규정 제72조 규정에 따라 '위탁재판청원'을 하는 것이다. 따라서 헌법에 명시된 노회 재판국이 설치되지 않았다고 하여 총회 재판국에 위탁재판청원을 할 수 있는 것은 아니므로 해당 노회는 헌법에 규정된 노회 재판국과 기소위원회를 설치하여 모든 교인이 재판을 받아 자기를 방어할 권리를 보장하고 보호해야 한다[8]고 해석함으로써 노회는 총회에 위탁재판청구를 할 수 없다고 결론을 내렸다고 보여진다.

■ **시행규정 제72조  위탁재판의 청원·책벌(권징) 적용과 범위**
1. 헌법 권징 제120조에 의하여 당회장이 노회 재판국에 위탁재판을 청원할 때에는 권징 제10-1호 서식으로 한다.
2. 헌법 권징 제120조 1항에 의한 재판의 전례가 없어 재판하기가 극히 어려운 경우는 당회의 결의에 의하여 당회장이 위탁재판을 노회에 청원하여야 한

---
6) 제93회기-28번.
7) 제96회기-50번.
8) 제102회기-79번.

다. (신설 개정 2012.9.20)
3. 헌법 권징 제120조 2항에 의한 당회나 교회의 분쟁으로 당회 재판국의 구성 또는 당회의 회집이 불가할 때에는 당회장이 직권으로 위탁재판을 노회에 청원하여야 한다. (개정 2012.9.20)
4. 헌법 권징 제120조 3항에 의한 기타 치리회의 사정상 당회 재판국에서 재판하기가 심히 어려운 경우에도 전항과 같으며 그 경우란 다음의 각 호를 말한다. (신설 개정 2012.9.20)
   ① 당회장이 고소인(고발인)이 된 경우
   ② 당회장이 피고소인(피고발인)이 된 경우
   ③ 기타 당회 또는 제직회나 공동의회의 사정상 당회 재판국에서 재판하기가 심히 어려운 경우
5. 헌법 정치 제64조 1항에 의한 당회가 없는 미조직교회 또는 제65조에 의한 폐당회가 된 교회와 장로 2인 미달 교회와 당회가 폐지된 교회로 재판국의 구성이 불가할 때에는 제3항과 같다. (개정 2012.9.20)

본 시행규정 제5항은 당회가 없는 미조직교회(정치 제64조 1항), 폐당회 된 교회(정치 제65조), 장로 2인 미달 교회, 당회가 폐지된 교회 등 재판국의 구성이 구조상으로 불가능할 때에는 역시 제3항에 따라 당회장이 직권으로 위탁재판을 노회에 청원하도록 규정하고 있다.

### 제121조 위탁재판청원의 처리(개정 2012.11.16)

1. 위탁재판청원서를 송부 받은 노회장은 송부 받은 날로부터 20일 이내에 소속 기소위원회에 위탁재판사건서류를 송부하여야 한다.
2. 노회장으로부터 위탁재판사건서류를 송부 받은 기소위원회는 사건서류를 송부 받은 날로부터 60일 이내에 사건의 조사를 완료하여 기소제기 여부를 결정하여야 한다.

**당회장이 나중 접수된 고소장에 대하여 노회에 위탁재판청원을 한 경우**  당

회에 이미 고소장이 접수되어 권징 청구가 계류 중인 상태에서 이중으로 고소장을 접수하였을 때 당회장이 나중 접수된 고소장에 대하여 노회에 위탁재판청원을 한 경우 제52조 3항에 의거 동일한 내용의 후고발자의 고발은 반려하여야 한다.[9]

**당회 서기 날인이 없는 위탁재판청원서의 효력**  당회장 직권의 '위탁재판청원서'에 당회 서기의 날인이 없어도 시행규정 제89조 2항에 의거 치리회장의 직인이 날인되었을 경우에는 유효하다.[10]

### 제122조 준용규정(개정 2012.11.16)

제4장 제2절(기소) 제58조 내지 제63조, 제4장 제3절 재판에 관한 규정은 위탁재판에 이를 준용한다.

**위탁재판청원된 사건의 불기소 처분에 대하여 항고 가부**  본 조에서 준용하는 제4장 제2절(기소)의 조항 중에서 항고, 재항고에 관련한 제64조와 65조가 준용규정에서 빠져 있는 점과 당회에서도 재판할 수 없는 사건은 노회에서 신속히 처리하여 종결하는 것이 우선적 분쟁해결책인 점을 이유로 위탁재판청원된 사건에서는 고소인은 노회 기소위원회의 불기소 처분에 대하여 항고, 재항고할 수 없다고 해석하는 견해[11]가 있으나 의문이다. 위탁재판인지 여부의 우연한 사정에 따라 명백히 잘못된 처분에 대하여 불복하여 구제받을 기회가 원천 봉쇄된다는 것은 공정하지 못할 뿐만 아니라 본 조의 준용규정에서 조항이 빠진 것이 입법상의 착오일 가능성도 배제할 수 없으므로 이에 대하여서도 항고 및 재항고할 수 있다고 보는 것이 타당하다.

## 제2절 재심

재심은 확정된 판결에 중대한 사실오인 또는 그 오인에 의심이 있는 경우 및 중

---

9) 제101회기-44번.
10) 제101회기-40번.
11) 이성웅, 347면.

대하고 명백한 법리오해가 있을 경우 그 부당함을 시정하는 사후적 비상구제절차이므로 미확정판결에 대한 불복신청제도인 '상소'와 다르다. 재심의 청구는 책벌의 집행(시벌)을 정지하는 효력이 없으나 재심 재판국은 재심사건 판결선고 시까지 원심판결의 효력을 정지할 수 있다(시행규정 제73조 3항).

　2019년 헌법개정으로 재심제도에 중대한 변화가 있었다. 첫째, 재심청구의 대상을 개정 전에는 "책벌의 확정판결에 대하여"로 규정하여 유죄판결로 제한하여 기소위원장은 무죄판결에 대하여는 물론 유죄판결의 경우에도 양정부당을 이유로 재심청구를 할 수 없다는 해석을 할 수 있는 표현을 하고 있었으며(참고로 형사소송법 제420조에서도 "유죄의 확정판결에 대하여"라고 표현을 하고 있으며 재심청구는 피고인만이 할 수 있고 검사는 피고인의 이익을 위하여서만 할 수 있다고 해석하고 있음), 그리하여 제127조 1항의 해석에서 기소위원장은 유죄판결에 대하여서만 재심청구를 할 수 있었으므로 유죄의 선고를 받은 자를 위하여 재심청구할 수 있다고 설명하기도 하였다.[12] 그러나 개정 후에는 '확정판결에 대하여'라고 문언을 변경함으로써 기소위원장도 무죄판결과 양정부당을 이유로 재심청구를 할 수 있다는 점을 명확하게 하였다. 실무에서는 제127조(재심청구권자)에 기소위원장이 포함되어 있으므로 무죄판결에 대한 기소위원장의 재심청구도 허용하여 재심재판을 진행하여 오고 있을 뿐만 아니라 헌법위원회에서도 쌍방 재심청구에서 기소위원장의 재심청구도 인정하는 것을 전제로 불이익변경의 원칙이 적용되지 않는다고 해석한 사례[13]도 있다.

　둘째, 종전에는 재심사유의 유무를 심사하여 다시 심판할 것인가를 결정하는 절차로서 재심개시결정까지의 절차인 재심개시절차와 재심개시결정 후 다시 심판하는 절차인 재심심판절차의 2단계 구조를 취하여 재심 청구가 이유가 있을 때에는 재심개시결정을 한 후 심급에 따라 다시 심판하게 되어 있었으나 개정 후에는 재심청구가 이유 있으면 재심개시결정을 할 필요 없이 곧바로 심리하여 상고심에 규정되어 있는 제114조 내지 118조를 준용하여 판결하게 되었다.

---

12) 이성웅, 352면.
13) 제101회기-45번.

### 제123조 재심사유

확정판결에 다음 중 어느 하나의 사유가 있는 경우에는 그 확정판결에 대하여 재심의 청구를 할 수 있다. (개정 2019.12.19)

1. 원심판결의 증거 된 서류 또는 증거물이 위조 또는 변조된 것이 증명된 때
2. 원심판결의 증거 된 증언, 감정 등이 허위인 것이 증명된 때
3. 무고로 인하여 책벌의 선고를 받은 경우에 그 무고의 죄가 확정판결에 의하여 증명된 때
4. 재판에 관여한 재판국원이 그 사건에 관하여 직권남용, 뇌물수수 등 부정행위를 한 것이 증명된 때
5. 기소의 제기 또는 기소의 기초된 조사에 관여한 기소위원이 직권남용, 뇌물수수 등 부정행위를 한 것이 증명된 때
6. 판결에 영향을 미칠 중요한 사항에 관하여 판단을 누락한 때 (신설 개정 2012.11.16, 개정 2019.12.19)
7. 재판국이 중대하고도 명백한 법규적용의 착오를 범한 때 (신설 개정 2012.11.16, 개정 2019.12.19)
8. 재판국의 확정판결이 국가법원의 확정판결에 의하여 무효가 된 경우 (신설 개정 2019.12.19)

2019년 헌법개정 시 종전에 본 조 제6항에 있던 "판결에 영향을 줄 수 있는 헌법위원회 해석이 있을 때"라는 조항을 삭제하였음에도 시행규정 제36조 4항의 "헌법위원회가 법리판단을 할 때 재판국의 판결에 관하여 법리판단을 할 수 있으며, 이 판단이 헌법 권징 제123조 6항에 해당될 때 재심청구권자는 재심의 청구를 할 수 있다"는 조항을 개정하지 않고 방치하고 있었는데, 2022년 헌법개정에서 시행규정 제36조 4항을 "헌법위원회가 법리판단을 할 때 재판국의 판결에 관하여 법리판단을 할 수 있으며, 이 판단이 헌법 권징 제123조 7항에 해당될 때 재심청구권자는 재심의 청구를 할 수 있다"라고 변경함으로써 재판국의 판결과 헌법위원회의 해석이 서로 배치되어 본 시행규정 제7항 "재판국이 중대하고도 명백한 법규적용의 착오를 범한 때"에 해당될 때에는 재심청구를 할 수 있도록 종전의 모순

을 해소하였다.

**제1항** 서류에 관한 사유로서 증거된 서류는 서면의 의미와 내용이 증거가 되는 경우이며, 증거물은 서면의 존재 상태가 증거로 된 경우를 말하고 판결에서 증거의 요지로 인정된 경우라야 한다.

위조 또는 변조된 것이 "증명된 때"라 함은 그 증명이 공공기관의 증명이나 국가 법원의 확정판결에 의한 것을 말하며, 2, 4, 5항도 이와 같다(시행규정 제73조 2항).

**제2항** 증언과 감정에 관한 규정이지만 통역과 번역도 포함된다고 보아야 한다. 이들의 진술이 사실인정의 자료로 사용되어야 하며 사용되지 않은 경우는 해당이 없다.

**제3항** 무고죄(형법 제156조)는 서면뿐만 아니라 구두로 허위사실을 신고하는 경우에도 성립하므로 고소장은 물론 무고의 진술이 유죄 확정판결의 증거가 된 경우도 포함된다.

**제4항** 재판에 관여한 재판국원이 반드시 주심 재판국원이 아니어도 무방하며, 재판에 관여한 사건과 무관한 사건이나 일에 관하여 직권남용, 뇌물수수 등 부정행위를 한 것이 증명된 때에는 제외된다.

**제5항** 기소위원의 청렴성을 문제로 삼고 있다.

**제6항** 판단누락은 당사자가 주장한 중요한 사항 예컨대 위법성 또는 책임성 조각사유에 대한 주장에 대한 판단을 판결 이유에 표시하지 아니한 것을 말하며 경미한 주장에 대한 판단에 대한 누락은 해당이 없다.

**제7항** '법규적용의 착오'는 법리를 오해한 경우를 말하며, 중대하고 명백한 경우여야 하므로 경미하거나 애매모호한 법리오해의 경우에는 해당이 없다.

**제8항** 2019년 헌법개정 시 신설된 조항이며, 당사자(주로 피고인)가 재판국의 판결에 대하여 불복하여 일반 법원으로 교단 재판국 판결무효확인소송을 제기하여 무효확인 판결이 확정된 경우에 이를 재심사유로 인정하여 법원 판결과 재판국 판결의 불일치를 해소하도록 하여 법원 판결 결과를 존중하게 된 것이다.

**신헌법의 적용을 위한 재심요청**을 할 수 있다.[14]

**헌법위원회 해석을 인용하지 않는 경우** 총회 재판국이 헌법위원회 해석을 인용하지 않는 것은 위헌은 아니나 본 조 제6항의 재심사유가 될 수 있다.[15]

**행정소송도 재심청구 가능** 재심절차는 일반 소송절차에 대한 특별소송절차 중의 하나이며, 행정소송은 행정쟁송 종류 중의 하나로서, 제150조(현행 제140조의 2 1항)의 준용규정에 일반소송절차 등의 규정은 행정쟁송에 이를 준용할 수 있다고 규정하고 있으므로 일반소송절차 규정을 준용하면 당연히 그 소송절차에 대하여 특별소송절차 등에 해당하는 위탁재판, 재심, 총회특별재심의 절차도 적용된다고 판단되며 따라서 행정소송도 재심청구가 가능하다.[16]

**재재심청구 제한적 허용** 총회에 접수된 재심서류에 대한 반려 및 재심 여부에 대한 판단은 재판국에서 판단함이 적법하며 총회장이라 하여도 접수된 재심서류에 대한 반려는 재판의 독립성을 해칠 수 있는 사항이므로 적합하지 않다. 재심에 대하여 이의신청할 수 있는지 여부는 시행규정 제73조 6항에 근거 재심의 판결에 대하여 불복이 있을 경우에 권징(이하 권징) 제129조 5항에 의한 재심개시의 결정을 하기 전의 재판인 제129조 2항의 부적법 기각결정 및 3항의 이유 무 기각결정에 대하여는 불복하여 이의신청할 수 없고, 그 외에는 제5장 상소에 따라 다시 심급에 따라 상소할 수 있을 것이나, 최종심인 총회 재판국 원심판결 후 제124조 사유로 재심판결을 받고 또다시 제124조 사유로 재재심을 할 수 있다고 하면, 재심을 반복하게 되고 이로 인해 법적 안정성을 기할 수 없고, 지난 제102회기 총회 결의와 헌법개정으로 특별재심을 삭제한 총회헌법 정신 등을 종합하면 최종심인 총회재판국의 재심판결에 대한 재재심은 할 수 없다. 그러나 재재심이 불가능하다고 할 경우 억울한 피해자가 발생할 수 있으므로 예외적인 사유에 한하여 허용하는 것이 바람직하다. ① 원심판결의 증거된 서류 또는 증거물이 위조 또는 변조된 것이 증명된 때, ② 원심판결의 증거된 증언, 감정 등이 허위인 것이 증명된 때, ③ 무고로 인하여 책벌의 선고를 받은 경우에 그 무고의 죄가 확정판결에 의하여

---

14) 제99회기-35번.
15) 제103회기-14번, 제98회기-36번.
16) 제92회기-9번.

증명된 때, ④ 재판에 관여한 재판국원이 그 사건에 관하여 뇌물수수 등 부정행위를 한 것이 확정판결에 의하여 증명된 때, ⑤ 기소의 제기 또는 기소의 기초된 조사에 관여한 기소위원이 뇌물수수 등 부정행위를 한 것이 확정판결에 의하여 증명된 때에 한하여, 재재심이 가능하도록 극히 제한하는 것이 합당할 것이다. 그러나 이와 같은 사유일지라도 원심 재판국에서 상기 재재심사유에 대한 검토 및 재심개시결정(재재심)을 통해 신중하게 재재심을 판단해야 할 것이다.[17]

**재재재심청구 불허** 시행규정 제73조 6항에 근거 재심의 판결에 대하여 불복이 있을 경우에 제129조 5항에 의한 재심개시의 결정을 하기 전의 재판인 제129조 2항의 부적법 기각결정 및 3항의 이유 무 기각결정에 대하여는 불복하여 이의신청을 할 수 없고, 그 외에는 제5장 상소에 따라 다시 심급에 따라 상소할 수 있을 것이나, 최종심인 총회 재판국 원심판결 후 제124조 사유로 재심판결을 받고 또다시 제124조 사유로 재심을 할 수 있다고 하면, 재심(재재심)을 반복하게 되고 이로 인해 법적 안정성을 기할 수 없고, 지난 제102회기 총회 결의와 헌법개정으로 특별재심을 삭제한 총회 헌법 정신 등을 종합하면, 최종심인 총회 재판국의 재심판결에 대한 재심(재재심)은 할 수 없다 할 것이다. 그러나 억울한 피해자를 구제하기 위해 기해석과 같이 예외적인 사유(기존 재재심 해석 예외적인 사유 5가지)에 한하여 '재재심'까지 허락할 수 있다고 하여도 '재재심'으로 그 억울한 피해를 충분히 구제할 수 있을 것으로 판단된다. 따라서 총회 헌법 수호와 법적 안정성, 재판결과에 대한 권위를 지키기 위해 '재재재심'은 할 수 없다.[18]

■ **시행규정 제36조 헌법위원회의 구성, 권한, 질의해석, 헌법개정(개정 2012. 9.20)**

4. 헌법위원회가 법리판단을 할 때 재판국의 판결에 관하여 법리판단을 할 수 있으며, 이 판단이 헌법 권징 제123조 제7항에 해당될 때 재심청구권자는 재심의 청구를 할 수 있다. (신설 개정 2012.9.20, 개정 2022.9.21)

---

17) 제103회기-6번.
18) 제103회기-21번.

■ **시행규정 제73조 재심청구(개정 2012.9.20, 2017.9.21, 2019.9.26)**
2. 헌법 권징 제123조 재심사유 중 제1항, 제2항, 제4항, 제5항에서 "증명된 때"라 함은 그 증명이 공공기관의 증명이나 국가법원의 확정판결에 의한 것을 말한다.
3. 헌법 권징 제123조에 의한 재심의 청구는 책벌의 집행(시벌)을 정지하는 효력이 없다. 단, 재심 재판국은 재심사건 판결 선고 시까지 원심판결의 효력을 정지할 수 있다. (개정 2012.9.20, 2019.9.26)
17. 재심재판국은 재심 인용 판결을 선고할 경우 헌법 권징 제123조의 재심사유 중 어느 사유에 의하여 재심청구를 인용하였는지를 판결(결정)이유에 명시하여야 한다. 재심재판국이 이를 판결(결정)이유에 명시하지 아니하였을 경우 그 치리회장은 재판국이 그 판결문을 보정할 때까지 당사자들에게 판결문을 송부하지 아니하고 판결의 집행을 보류할 수 있다. (신설 개정 2019.9.26)

    2019년 헌법개정 시 본 시행규정 제17항을 신설하여 재심 인용판결에 반드시 어느 재심사유에 의하여 인용하는지를 명시하도록 의무화하였으며, 재심재판국이 이를 판결(결정)이유에 명시하지 아니하였을 경우 재심재판국 소속 치리회장은 재판국이 그 판결문을 보정할 때까지 당사자들에게 판결문을 송부하지 아니하고 판결의 집행을 보류할 수 권한을 부여하였다. 종전에 재심재판국에 재심 인용판결에 가장 기본적인 재심사유조차 명시하지 아니함으로써 오는 혼란과 폐해에 주의를 환기시키고 이를 방지하고자 한 것이다.

### 제124조 재심의 관할
    재심은 원심재판국이 관할한다.

    **재심 관할권이 있는 원심재판국**이라 함은 재심을 받고자 하는 확정판결을 선고한 재판국을 의미한다(시행규정 제73조 12항).
    ① 당회 재판국 판결과 노회 재판국 판결이 상소 없이 확정되었는데 그 판결에 재심사유가 있는 경우에는 당회 재판국과 노회 재판국이 재심관할권을 가지는 원

심재판국이 되며, ② 총회 재판국과 노회 재판국이 모두 파기자판하여 총회 판결과 노회 판결이 모두 확정이 되고 그 확정판결에 재심사유가 있는 경우에는 그 확정판결을 한 총회 재판국과 노회 재판국이 재심 관할권을 가지게 되고, ③ 총회 재판국이 상고기각 판결을 하여 노회 재판국의 판결이 확정된 경우와 노회 재판국이 항소기각 판결을 하여 당회 재판국의 판결이 확정된 경우 상소심(항소심, 상고심)의 상소(항소, 상고) 기각판결에 재심사유가 있는 경우에 원심재판국이라 함은 상소심(항소심, 상고심)의 재판국을 말하며, ④ 상소심(항소심, 상고심)의 상소 기각판결로 인하여 확정된 하급심의 판결에 재심사유가 있는 경우에 원심재판국이라 함은 하급심의 재판국을 말하고(시행규정 제73조 13항), ⑤ 총회 재판국의 상고기각 판결과 확정된 노회 재판국의 판결, 노회 재판국의 항소기각 판결과 확정된 당회 재판국의 판결에 모두 재심사유가 있어서 재심청구가 경합하는 경우에 원심재판국이라 함은 상소 기각판결을 한 상소심을 말하며, 이때 재심재판국은 상소심(항소심, 상고심)의 판결과 상소 기각판결로 인하여 확정된 하급심의 판결을 모두 재심 대상 판결로 간주하고 심판한다(시행규정 제73조 14항).

   본 조에 의거 재심은 원심재판국과 같은 관할이므로 총회 재판국의 상급심이 아니다.[19]

■ **시행규정 제73조 재심청구**(개정 2012.9.20, 2017.9.21, 2019.9.26)

6. 재심의 청구가 재심관할 재판국에 접수되면 원심재판국장은 현 재판국원 중 다음 각 호에 해당하는 재판국원이 있을 경우 그 명단을 10일 이내에 소속 치리회장에게 통보하고, 그 교체를 요구하여야 한다. (개정 2017.9.21)
    ① 그 사건과 관련하여 직권남용, 뇌물수수 등 부정행위를 한 사실이 확정 판결에 의하여 입증된 국원
    ② 헌법 또는 이 규정에 의하여 그 재판에 관여할 수 없는 재판국원
7. 재판국원의 교체 및 보선은 헌법 권징 제10조, 제17조, 제21조와 이 규정 제42조를 준용한다. (개정 2017.9.21)

---

[19] 제101회기-13번.

8. 재판국장으로부터 제6항의 ①, ②를 통보 받은 치리회장은 통보를 받은 날로부터 10일 이내에 보선하여야 한다. (개정 2012.9.20, 2017.9.21)
9. 교체 및 보선된 재판국원은 그 재판에 한하여 한시적으로 직무에 종사한다. (신설 개정 2012.9.20, 개정 2017.9.21)
10. 제7항의 경우 원심재판국이 당회 재판국이면 당회원의 수가 부족하여 교체, 보선을 할 수 없을 때에는 노회 재판국에 위탁재판청원을 하여야 한다. (신설 개정 2012.9.20, 개정 2017.9.21)
11. 제6항에 의한 재심 판결에 불복하여 상소한 경우에는 기존의 노회 재판국 또는 총회 재판국이 재심 판결의 상소사건을 심판한다. (신설 개정 2012.9.20, 개정 2017.9.21)
12. 헌법 권징 제124조의 재심 관할권이 있는 원심재판국이라 함은 재심을 받고자 하는 확정판결을 선고한 재판국을 의미한다. (신설 개정 2012.9.20, 개정 2017.9.21)
13. 상소심(항소심, 상고심)의 상소(항소, 상고) 기각판결에 재심사유가 있는 경우에 원심재판국이라 함은 상소심(항소심, 상고심)의 재판국을 말하며, 상소심(항소심, 상고심)의 상소 기각판결로 인하여 확정된 하급심의 판결에 재심사유가 있는 경우에 원심재판국이라 함은 하급심의 재판국을 말한다. (신설 개정 2012.9.20, 개정 2017.9.21)
14. 전항과 같은 두 개의 확정판결에 다 재심사유가 있어서 재심청구가 경합하는 경우에 원심재판국이라 함은 상소 기각판결을 한 상소심을 말하며, 이때 재심 재판국은 상소심(항소심, 상고심)의 판결과 상소 기각판결로 인하여 확정된 하급심의 판결을 모두 재심대상 판결로 간주하고 심판한다. (신설 개정 2012.9.20, 개정 2017.9.21, 2019.9.26)

### 제125조 재심의 청구절차
재심의 청구절차에는 각 심급의 소송절차에 관한 규정을 준용한다.

■ **시행규정 제73조 재심청구(개정 2012.9.20, 2017.9.21, 2019.9.26)**
1. 헌법 권징 제127조의 재심청구권자가 재심청구를 함에는 재심청구의 취지 및 재심청구의 사유를 구체적으로 기재한 권징 제10-2호 서식에 의한 재심청구서에 원심판결의 등본, 증거자료 및 증명서를 첨부하여 원심치리회에 제출하고 재심청구를 접수한 원심치리회장은 이를 접수한 날로부터 5일 이내에 원심재판국에 송부하여야 한다. 원심치리회라 함은 확정판결을 한 재판국이 소속한 치리회인 당회, 노회, 총회를 의미한다. (개정 2012.9.20, 2019.9.26)

### 제126조 재심청구의 기간

재심청구서는 그 사유가 발생한 날로부터 90일 이내에 청구하여야 한다. 단, 위 기간 내에 천재, 지변, 전쟁, 사변, 그 밖에 불가항력 또는 해외출국, 장기입원 등으로 재심의 청구를 할 수 없는 특별한 사정이 있었을 경우에는 그 사유가 해소된 날로부터 30일 이내에 청구하여야 한다. (개정 2019.12.19)

2019년 헌법개정에서 재심청구의 기간을 종전에 재심사유가 발생한 날로부터 '30일 이내'로 되어 있던 것을 '90일 이내'로 연장하였고, 위 기간 내에 청구할 수 없는 '특별한 사정'의 구체적 사유를 예시하는 것으로 변경하였다.

### 제127조 재심청구권자

다음에 해당하는 자는 재심의 청구를 할 수 있다.
1. 기소위원장 및 고소인(고발인) (개정 2019.12.19)
2. 당사자 및 그 법정대리인 (개정 2019.12.19)
3. 당사자가 사망한 경우에는 그 배우자, 직계친족 또는 형제자매 (개정 2019.12.19)

2019년 헌법개정에서 제123조의 개정으로 무죄판결에 대하여 기소위원장이 재심을 청구할 수 있게 되었음은 '제2절 재심'에서 설명한 바와 같으며 이와 같은 변경에 따라 재심청구권자에 제1항에서 기소위원장 이외에 고소인(고발인)을 포함시키고, 제2항 및 3항에서 종전의 '책벌의 선고를 받은 자'라고 한 것을 '당사자'로 변경하였는바, 재심제도가 권징재판 뿐만 아니라 행정쟁송제도에도 허용되므로 권징재판에서의 피고인 뿐만 아니라 행정쟁송에서의 원고, 피고를 모두 아우르는 개념으로 당사자라는 용어를 사용한 것으로 보여진다.

**교단 탈퇴자의 재심청구권 유무**   헌법과 이 시행규정의 적용대상은 대한민국 국민으로서 본 교단에 소속된 자와 이 법에서 본 교단 소속으로 인정하는 자로서 본 교단을 탈퇴한 자는 헌법과 이 규정이 적용되지 않으므로 재심도 청구할 수 없다.[20]

**당회장이 건강상 이유로 행정쟁송의 재심청구를 할 수 없는 경우**   본 조에 의거 당회원이나 당회 서기는 재심청구권자가 될 수 없으나 당회장이 장기간 질병으로 사물의 변별능력이나 의사의 결정능력이 없는 상태가 지속되는 경우(1년 이상)에는 본 조 제3항의 사망한 경우에 준하는 것으로 보아 당회장의 배우자, 배우자가 없으면 직계존속의 선순위자 우선, 직계존속도 없으면 형제자매의 순으로 재심청구권을 부여하여 권리구제의 길을 열어주는 것이 타당하다고 해석하였다.[21]

### 제128조 재심에 대한 심판(개정 2019.12.19)

1. 재심의 청구에 대하여 결정을 함에는 청구한 자와 상대방의 의견을 들어야 한다.
2. 재심의 청구가 헌법 또는 규정상의 방식에 위배되거나 청구권의 소멸 후인 것이 명백한 때에는 결정으로 각하하여야 한다. (개정 2012.11.16, 2019.12.19)
3. 재심의 청구가 이유 없다고 인정되는 때에는 판결로 기각하여야 하며, 재심의 청구가 이유 있다고 인정되는 때에는 제114조 내지 제118조를 준용하여 판결한다. (개정 2019.12.19)
4. 총회 재판국의 재심판결에 대하여는 누구든지 불복할 수 없으며, 총회 재

---

[20] 제103회기-35번.
[21] 제92회기-20번.

판국이 재심 인용 또는 재심 기각 판결을 선고한 경우 누구든지 다시는 총회 재판국에 재심을 청구할 수 없다. (개정 2019.12.19)

**재심재판국은 파기환송 불가**  제114조 내지 118조, 시행규정 제73조에 의거 재심재판국에서는 파기환송할 수 없고 자판하여야 한다.[22]

■ **시행규정 제73조 재심청구(개정 2012.9.20, 2017.9.21)**
5. 재심의 판결에 대하여 불복이 있을 경우에 헌법 권징 제5장 상소에 따라 다시 심급에 따라 상소할 수 있다. (개정 2012.9.20, 2019.9.26)
15. 피고인만 청구한 재심에는 원심판결의 책벌보다 중한 책벌을 선고하지 못한다. (신설 개정 2012.9.20, 2019.9.26)
16. 헌법 권징 제128조의 재심청구의 기각결정문은 권징 제8-3호 서식으로 하고, 헌법 권징 제129조의 재심의 심판 중 권징책벌사건의 판결문은 권징 제8-1호 서식으로 하고, 행정쟁송사건의 판결문은 권징 제8-2호 서식으로 한다. (신설 개정 2012.9.20, 2019.9.26)
17. 재심재판국은 재심 인용 판결을 선고할 경우 헌법 권징 제123조의 재심사유 중 어느 사유에 의하여 재심청구를 인용하였는지를 판결(결정)이유에 명시하여야 한다. 재심재판국이 이를 판결(결정)이유에 명시하지 아니하였을 경우 그 치리회장은 재판국이 그 판결문을 보정할 때까지 당사자들에게 판결문을 송부하지 아니하고 판결의 집행을 보류할 수 있다. (신설 개정 2019.9.26)

### 제129조 재심의 심판기간과 공고(개정 2019.12.19)
1. 재심 사건은 재심 재판국이 재심청구서를 접수한 날로부터 60일 이내에 선고(고지)하여야 한다. (개정 2019.12.19)
2. 재심사유에 대한 인용판결은 재적 위원 3분의 2 이상의 출석과 재적 위원 과반수의 찬성으로 의결한다. (개정 2019.12.19)

---

22) 제101회기-13번.

3. 재심 인용판결은 그 판결을 총회기관지에 게재하여 공고하여야 한다. (신설 개정 2019.12.19)

### 제130조 준용규정

제2장 제8조 재판국원의 제척, 기피, 회피 및 제3장 일반소송절차에 관한 규정은 재심에 이를 준용한다. (개정 2019.12.19)

■ **시행규정 제73조 재심청구(개정 2012.9.20, 2017.9.21)**
5. 재심의 판결에 대하여 불복이 있을 경우에 헌법 권징 제5장 상소에 따라 다시 심급에 따라 상소할 수 있다. (개정 2012.9.20, 2019.9.26)
15. 피고인만 청구한 재심에는 원심판결의 책벌보다 중한 책벌을 선고하지 못한다. (신설 개정 2012.9.20, 2019.9.26)

## 제7장 시벌 및 해벌

### 제131조 시벌 치리회

판결이 확정되면 피고인 소속 치리회가 시벌한다.

시벌은 확정판결에 나타난 책벌을 시행하는 것을 뜻한다.
**무임목사의 자동해직과 시벌 종료**  정당한 이유 없이 3년 이상 무임으로 있으면 목사직이 자동 해직되며, 해직되면 목사 신분으로 받은 시벌은 종료된다.[1]

### 제132조 시벌방법

1. 시벌은 소속 치리회 석상에서 선포하고 공시하여야 한다.
2. 시벌을 기피하고 타 처로 간 자에 대하여는 지상에 공고하여 시벌한다.
3. 소속 치리회에서 15일 이내 판결을 시벌하지 아니할 때는 차상급 치리회에서 집행한다.
4. 시벌의 기산일은 피고인이 최종 확정판결문을 송달받은 날로 한다. 단, 피고인이 최종 선고를 재판회의 석상에서 받았거나 혹은 재판국으로부터 직접 판결문을 전달(팩스) 받은 경우에는 받은 날로부터 기산한다. (신설 개정 2012. 11. 16)

유기책벌인 근신, 수찬정지, 시무정지, 시무해임, 정직은 판결이 확정되면 집

---

1) 제103회기-8번.

행력이 발생하므로 집행기관이 시벌기간을 정하는 것이 아니고, 시벌의 기산일은 본 조 제4항에 따라 피고인이 확정판결문을 송달받은 날이 되며, 최종 선고를 재판회의 석상에서 받았거나 혹은 재판국으로부터 직접 판결문을 전달(팩스) 받은 경우에는 받은 날로부터 기산하고, 소속 치리회 석상에서 선포하고 공시한다.

**시벌방법**  본인이 출석하여 판결을 받았고 또 판결문 송달을 받았는데 판결집행문이 별도로 송달되어야 시벌이 되는 것은 아니다.[2]

**판결집행과 시벌**  재판을 통해 책벌을 받았음에도 소속 치리회와 차상급 치리회에서 집행하지 않을 경우 본 조에 근거 판결이 확정되면 피고인 소속 치리회가 시벌하며, 15일 이내 판결을 시벌하지 아니할 때는 차상급 치리회에서 집행하고, 만약 피고인이 속한 치리회나 상급 치리회가 제119조, 제131조에 의하여 위 1, 2항대로 시벌을 불이행하거나 회피할 경우 시행규정 제86조에 근거 확정 판결 이후 60일이 지나면 시벌 집행과 같은 효력이 발생한다.[3]

### 제133조 가중시벌

시벌 받은 자가 회개의 증거가 없고 또 다른 범행을 자행할 때에는 재판하여 가중시벌할 수 있다.

"시벌받은 자"는 현재 시벌 중인 자뿐만 아니라 시벌받은 전력이 있는 자도 포함하는 개념이라고 해석하는 것이 상당하며, "회개의 증거가 없고"는 자신의 전에 저지른 죄과를 뉘우치고 고치는 것에 대한 적극적인 증거가 없는 경우를 의미한다.

**본 조의 성격**  시벌 중에 있는 죄과자가 또 다른 죄과를 범하면 고소를 거쳐 기소위원회가 기소하고, 재판국이 심리하여 책벌을 부과하여 처벌할 수 있는 것은 너무나 자명한 이치인데, 본 조에 가중처벌할 수 있는 규정을 두었는지에 대하여 의문을 나타내며 친고죄, 고발전치주의, 탄핵주의, 불고불리의 원칙의 예외로서 재판국이 스스로 절차를 개시하여 심리, 재판하는 특별한 의미가 있는 특별규정

---

[2] 제100회기-37번.
[3] 제103회기-24번.

이라는 견해[4]가 있다.

　그러나 우리 권징법에서 기소독점주의와 불고불리의 원칙의 예외로 해석하는 재판정 범죄에 대한 가중처벌(제6조 3항)과 시벌 불이행에 대한 가중처벌(시행규정 제86조 3항)의 경우에는 그 규정 자체에 모두 "별도의 고소(고발) 및 기소 없이 즉시로 판결로 가중처벌할 수 있다"라고 기재하고 있을 뿐만 아니라 본 조의 경우와는 비교할 수 없을 정도로 그 죄과가 고소나 기소가 없어도 바로 재판할 수 있을 만큼 명백한 경우이며, 또 당회 결의에 의한 간이재판제도(제26조 2항)에서도 "기소 및 재판절차를 대신할 수 있으며"라고 규정하고 있는 반면, 본 조와 같이 '시벌 받은 자가 회개의 증거가 없고 또 다른 범행을 자행'한 때에 고소나 기소가 없이 판결로 가중처벌할 수 있다는 기재가 없음이 명백할 뿐만 아니라 시벌 및 해벌에 관한 장에서 이를 규정하는 것은 그 자체가 의미가 없다고 할 수 없는 이상 특별규정이라고 해석하는 것은 무리라고 생각된다.

　따라서 '시벌 받은 자가 회개의 증거가 없고 또 다른 범행을 자행할 때'에는 이를 알게 된 사람의 고발이나 기소의뢰에 따라 기소위원회에서 조사하여 사실이 인정되어 기소가 있어야 한다고 해석하는 것이 타당하므로 이와 같은 절차 없이 노회 임원회의 가중처벌 요청에 의하여 바로 재판을 하는 현행 실무는 중지하는 것이 타당하다고 사료된다.

　**판결 주문에서 합의 불이행 시 가중처벌한다는 선고의 효력**　총회 재판국에서 정직 6월의 책벌을 선고한 판결이 확정된 후 재심청구를 하여 재심절차에서 재판국의 주선으로 고소인과 피고인이 확정된 정직 6월의 책벌을 취소하는 대신 합의 불이행 시 가중처벌받는 것에 대하여 화해가 성립되어 판결주문에서 "합의 불이행 시 가중처벌로 다스릴 수 있다"고 선고하여 확정된 후 피고인이 합의를 불이행하는 경우 본 조항에 근거하여 가중시벌할 수 있다고 해석하였다.[5] 참고로 실제로 이 사안에서 기소절차 없이 재판이 진행되었다.

---

4) 이성웅, 89면.
5) 제105회기-80번.

■ **시행규정 제86조 집행과 종국판결 및 시벌**
3. 피고인이 시벌을 불이행할 시는 소속 치리회(폐회 중에는 임원회)의 결의로 판결이 확정된 재판국에 가중처벌을 의뢰할 수 있고, 그 재판국은 별도의 고소(고발) 및 기소 없이 즉시 판결로 가중처벌을 할 수 있고, 이 가중처벌에 대하여 이의신청, 상소 등 불복할 수 없다. (신설 개정 2012.9.20)
4. 피고인이 속한 치리회나 상급 치리회가 권징 제119조(집행과 종국 판결), 제131조(시벌 치리회), 제132조(시벌 방법)에 의하여 위 1, 2항대로 시벌을 불이행하거나 회피할 경우 확정판결 이후 60일이 지나면 시벌 집행과 같은 효력이 발생한다. (신설 개정 2014.9.25)

**가중처벌 의뢰 절차** 피고인이 시벌을 불이행하여 가중처벌을 하기 위하여서는 본 시행규정 제3항에 근거하여 임원회의 결의가 있어야 하며, 노회에서 가중처벌 요청을 받아들이지 않는 경우 부전지를 첨부하여 판결이 확정된 재판국에 가중처벌을 의뢰할 수 있다.[6]

## 제134조 해벌과 청빙
1. 시벌 중인 자가 회개의 정이 뚜렷하면 치리회의 결의로 치리회 석상에서 자복케 한 후 해벌할 수 있다. 단, 시벌 치리회와 소속 치리회가 다른 경우 제137조를 준용한다.
2. 시벌이 집행되어 시벌기간이 만료된 자에 대하여는 해벌절차 없이 자동 해벌된 것으로 본다.
3. 시벌 중에 있는 자에 대하여도 청빙할 수는 있으나 청빙 후에도 집행을 완료해야 해벌된다.

해벌은 이미 받은 책벌을 시벌하고 있는 중에 회개의 정이 뚜렷하면 치리회의 결의로 치리회 석상에서 자복케 한 후 책벌의 시벌을 해지시켜 나머지 책벌이 면

---

6) 제102회기-38번.

제되는 협의의 해벌(제1항)과 시벌이 집행되어 시벌기간 만료로 자동적으로 그 책벌의 시벌이 해지되는 광의의 해벌(제2항) 즉 만기해벌로 나눌 수 있다.

해벌됨으로 무흠의 기간이 새로이 개시된다는 점에 의미가 있으며, 협의의 해벌은 형법상의 '가석방'과 유사하다.

### 제135조 출교의 해벌

출교 받은 교인은 해벌이 되어도 수찬정지로 2년이 경과되고 다시 치리회의 결의가 있어야 수찬정지가 해벌된다.

재판에 의한 책벌로서의 수찬정지는 6개월 이상 1년 이내의 기간임에 대하여 본 조에서의 수찬정지는 재판에 의하지 않으며, 그 기간은 2년인 점에서 재판에 의한 책벌과는 성격을 달리한다.

### 제136조 면직의 해벌

면직된 자가 해벌되어 복직되면 시무할 수 있고 시무하려 할 때에는 시무에 청빙이나 신임을 얻어야 시무할 수 있다. (개정 2012.11.16)

**목사면직과 해벌**  2012년 헌법개정 이전에는 면직된 자가 해벌되어 복직되어도 3년 이상 경과되어야 시무할 수 있었는데, 위 개정 후에는 유예기간이 없어졌으므로 면직된 자가 해벌되었을 때에는 해벌 즉시 복직하여 청빙절차에 의하여 시무할 수 있다.[7]

### 제137조 해벌 치리회

해벌은 최종 판결한 재판국이 속한 치리회의 결의 내지 승인(폐회 중에는 재판국의 승인)을 받아 그 소속 치리회장이 선포 내지 공지함으로 시행된다. (개정 2014.12.8)

---

7) 제98회기-18번.

**면직출교의 해벌청원**  해벌청원은 피고인 소속 치리회 또는 피고인 본인이 할 수 있다. 최종 판결한 재판국은 판결이 확정될 때 재판국이 소속되어 있는 치리회를 말하므로 예컨대 목사가 노회 재판국에서 면직출교의 책벌의 판결을 선고받고 상고하여 총회재판국에서 판결이 확정된 경우 소속 노회에서 제133조 1항에 의하여 해벌절차를 밟고 다시 총회 재판국이 속한 치리회인 총회의 승인을 받아야 한다.[8]

**치리회의 해벌 승인 절차**  치리회장이 해벌 승인이 났을 때 치리회 석상에서 선포하거나 치리회 홈페이지 등에 공지하며, 해벌 승인에 대한 시효는 별도 규정된 사항이 없다.[9]

---

8) 제103회기-53번.
9) 제104회기-54번.

# 제8장 행정쟁송

행정쟁송은 행정법학에서 행정상의 법률관계에 관한 분쟁이나 의문이 있는 경우 이해관계자의 쟁송의 제기에 의해 일정한 기관이 재결하는 절차를 총칭하며 그 재결기관이 행정청인 경우(행정심판)와 법원인 경우(행정소송)를 불문하는 개념이다.[1]

우리 권징법에서는 행정쟁송은 부당하게 침해된 교인의 권리와 이익을 구제하고, 치리회장의 행정행위와 치리회의 결의의 적법성을 보장하며, 각종 선거의 공명성을 유지하여 선거 및 당선의 유, 무효를 결정하는 심판절차를 말하며 이를 통하여 교단의 헌법질서를 수립하는 것을 목적으로 한다고 정의할 수 있다.

## 제1절 통칙

### 제138조 행정쟁송의 종류

행정쟁송의 종류는 다음과 같다.
1. 행정소송 : 치리회장이 행한 헌법 또는 규정에 위반한 행정행위에 대하여 제기하는 소송
2. 결의취소 등의 소송 : 치리회 회의의 소집절차 또는 의결방법이 헌법 또는 규정에 위반한 때 또는 그 결의의 내용이 헌법 및 규정에 위반한 때에 제기하는 소송

---

1) 김남진, 김연태 공저, 행정법 1(법문사, 2021년 제26판), 765면.

3. 치리회 간의 소송 : 치리회 상호 간에 있어서의 권한의 존재 및 부존재 또는 그 행사에 관한 다툼이 있을 때에 제기하는 소송
4. 선거무효소송 및 당선무효소송 : 총회총대 선거, 노회장 및 부노회장 기타 임원의 선거, 총회장 및 부총회장 기타 임원의 선거에 있어서 선거의 효력 또는 당선의 효력에 관하여 제기하는 소송

　제1항의 행정소송은 치리회장이 행한 헌법 또는 규정에 위반한 행정행위의 취소 또는 변경하는 소송인 취소소송과 치리회장이 행한 행정행위의 효력 유무를 확인하는 소송인 무효확인의 소송 및 행정행위의 존재 여부를 다투는 부존재 확인소송의 3종류로 나누어지며(제142조), 제2항의 치리회의 결의에 관한 소송은 치리회의 소집절차, 결의 방법, 그 결의의 내용이 헌법 또는 규정에 위반된다고 인정할 때에 당해 치리회원이 제기하는 결의취소 소송과 치리회의 소집절차, 결의 방법, 그 결의의 내용이 중대하고 명백하게 헌법 또는 규정에 위반된다고 인정할 때에 제기하는 결의무효확인의 소송의 2종류로 나누어진다(제153, 154조).
　제3항은 헌법과 법규의 적정한 적용을 확보하기 위하여 기관 상호 간에 인정되는 쟁송인 일종의 기관소송이고, 제4항은 선거법규의 위법한 적용을 시정하기 위하여 선거인에 대하여 소송의 제기를 허용하는 일종의 민중소송을 규정한 것이다.
　**공동의회 결의(장로선거당선 효력)에 대한 소송**　이 소송은 본 조 제4항에 규정하는 총회총대, 노회장 및 부노회장 기타 임원, 총회장 및 부총회장 기타 임원의 각 선거 또는 당선의 효력을 다투는 선거 및 당선무효소송도 아니며, 공동의회는 치리회가 아니므로 치리회장이 행한 행정행위에 대하여 제기하는 행정소송이나 치리회 결의를 대상으로 하는 결의취소 등의 소송 그 어디에도 해당되지 아니한다.[2]

### 제139조　재판국원의 제척, 기피, 회피
　제3편 제2장 제1절 제8조의 재판국원의 제척·기피·회피에 관한 규정은 이를 행정쟁송에 준용한다.

---

2) 제106회기-1번.

### 제140조의 1  행정소송과 재심(신설 개정 2012.11.16)

1. 행정쟁송의 확정판결에 제123조의 재심사유의 규정 중 하나 이상에 해당하는 사유가 있는 경우에는 그 선고를 받은 자의 이익과 관계없이 재심의 청구를 할 수 있다.
2. 행정소송의 확정판결에 의하여 권리 또는 이익의 침해를 받은 제3자는 자기에게 책임 없는 사유로 제146조 제3자의 소송참가 규정에 의하여 소송에 참가하지 못함으로써 판결의 결과에 영향을 미칠 공격 또는 방어방법을 제출하지 못한 때에는 이를 이유로 확정판결에 대하여 재심의 청구를 할 수 있다.
3. 전항에 의한 재심의 청구는 확정판결이 있음을 안 날로부터 30일 이내, 판결이 확정된 날로부터 3개월 이내에 제기하여야 한다.

제1항은 행정쟁송의 확정판결에 대하여서도 제123조의 재심사유 있는 경우에는 재심의 청구를 할 수 있음을 선언하면서 특히 '그 선고를 받은 자의 이익과 관계없이' 청구할 수 있음을 규정하고 있는바, 이는 원칙적으로 재심은 청구자가 그의 이익을 위하여 청구하는 것이지만 행정쟁송의 일방 당사자는 치리회장 또는 치리회이므로 반드시 자신의 이익을 위하여서가 아니라 상대방의 이익을 위하여서도 재심을 청구할 수 있다는 취지이다.

제2항은 제123조의 재심사유 이외에 "행정소송의 확정판결에 의하여 권리 또는 이익의 침해를 받은 제3자는 자기에게 책임 없는 사유로 제146조 제3자의 소송참가 규정에 의하여 소송에 참가하지 못함으로써 판결의 결과에 영향을 미칠 공격 또는 방어방법을 제출하지 못한 때"를 하나의 사유로 추가한 것이다.

### 제140조의 2  준용규정

1. 제3장 일반소송절차 등의 규정은 행정쟁송에 이를 준용한다. (개정 2012.11.16)
2. 제6장 특별소송절차 중 제2절 재심의 규정은 제138조의 제1항의 행정소송, 제2항의 결의취소 등의 소송, 제3항의 치리회 간의 소송에 준용한다.

그러나 제4항의 선거무효소송과 당선무효소송에는 준용하지 않는다. (신설 개정 2012.11.16)

'준용한다'는 것은 법 규정을 수정하지 않고 그대로 사용하여야 하는 '적용'과는 달리 어떤 사항을 규율하기 위하여 만들어진 법규를 그것과 유사하나 성질이 다른 사항에 대하여 필요한 약간의 수정을 가하여 적용하는 것을 말하므로 본 조에서 준용한다는 규정들 중 기소를 전제로 하는 규정과 기소위원장이라는 표현을 그대로 사용할 수는 없고, 예컨대 제31조와 제46조에서의 기소위원장은 원고, 피고인은 피고로 보아야 하는 등 권징사건에서의 용어는 행정쟁송에서의 용어로 수정을 가하여야 할 필요가 있다.

재심의 규정도 행정쟁송에 준용이 되나 신속한 확정을 요하는 선거 무효소송과 당선 무효소송에는 준용하지 않는다.

## 제2절 행정소송

### 제141조 행정소송의 대상
행정소송은 치리회장이 행한 행정행위를 대상으로 한다.

행정소송의 대상은 치리회장인 당회장, 노회장, 총회장이 행한 처분이므로 법리부서의 해석, 판결, 결정 및 치리회의 보조기관인 총회, 노회의 상임 부서의 장의 행정행위에 대하여서는 행정소송을 제기할 수 없다(시행규정 제74조 2항).

행정행위는 총회장의 총회 상회비 납부명령, 이단단체와의 접촉금지명령과 같은 명령적 행정행위, 노회의 임시당회장 및 대리당회장 파송행위, 당회장의 세례교인 선포행위 등과 같은 형성적 행정행위를 포함하는 법률행위적 행정행위와 노회장의 당선자 선포행위, 치리회의 시벌 공고와 같은 준법률적 행정행위로 크게 나누어 볼 수 있다.

**행정소송 절차** 행정소송은 권징과 같이 기소 여부를 판단하는 것이 아니므로 기소위원회를 거치지 않고 재판국에 이첩해야 하며, 원고적격 여부는 해당 치리회 재판국에서 판단하고, 시행규정 제75조 1항에 따른 절차에 따라 처리해야 하며 임원회에서 판단하여 기각 여부를 결정할 수 없다.[3]

■ **시행규정 제74조 행정소송의 대상범위**

1. 헌법 권징 제141조의 치리회장이 행한 행정행위는 당회장, 노회장, 총회장이 행한 처분을 말한다.
2. 법리부서(규칙부, 재판국, 헌법위원회 기타 심판기관 포함)의 해석, 판결, 결정에 대하여는 행정소송을 할 수 없고 노회, 총회의 상임 부·위원회와 특별위원회의 장은 그 치리회의 보조기관이므로 행정행위를 외부에 표시하더라도 행정소송의 대상이 되지 아니한다. (개정 2012.9.20)
3. 당회장, 노회장, 총회장의 행정행위에 대하여 본 교단 헌법과 이 규정에 의한 재판국 또는 총회특별심판위원회의 최종 확정재판을 거치지 아니하고 국가기관(경찰, 검찰, 법원)에 고소, 소제기, 가처분신청 등을 하지 못한다. (개정 2012.9.20)
4. 전항을 위반한 경우 행정행위를 한 치리회(폐회 중에는 임원회)의 결의로 위반한 자의 소속 치리회의 임원회에 기소의뢰할 수 있고, 기소의뢰를 받은 소속 치리회의 임원회는 반드시 기소위원회에 기소의뢰하여야 한다. (신설 개정 2012.9.20)
5. 제2항, 제3항의 공무수행으로 인해 국가기관에 피소 시, 최종 확정 때까지의 관계기관 협조, 변호사 선임 등의 소요되는 제반 조치와 비용은 소속 치리회에서 부담한다. (신설 개정 2012.9.20)

**행정행위나 처분과 관련이 없는 가처분신청** 본 시행규정 제3항과 관련하여 이탈한 교인들이 사회법원에 담임목사 직무집행정지가처분을 신청한 것은 '행정행위'나 '처분'과 관련이 없는 경우로서 위법하다 할 수 없다.[4]

---

3) 제105회기-26번.
4) 제103회기-28번.

**법원에 위임목사 철회 및 행정보류 제소**  위임목사 철회 및 행정보류를 노회원들의 투표로 결의한 것은 잘못된 것으로 이는 행정소송으로서만 할 수 있는 사항임에도 불구하고 법원에 제소한 것은 본 시행규정 제3항을 위반한 것이다.[5]

**본 시행규정 제3항 위반의 판단의 기준 시점(행위 당시)**  가처분 신청 당시 피고인의 성명이 신청인 명단에 포함되어 있었다면 이로써 피고인은 본 시행규정 제3항을 이미 위반한 것이 되고, 설사 그 후에 피고인이 가처분 신청을 취하하였다 하더라도 이미 저질러진 범죄가 무죄로 되는 것은 아니며, 이는 다만 책벌 양정시 참작 사유가 될 수 있을 뿐이다.[6]

**차기 노회장 당선선포행위는 치리회장의 행정행위에 해당**  본 시행규정 제1항에서의 '당회장, 노회장, 총회장이 행한 처분'은 당회장, 노회장, 총회장이 행한 행위 중 "법적 효력을 수반하는 치리회장의 행위"를 의미하며, 국가법의 행정처분 또는 행정행위와는 그 의미와 효력이 다르며, 정치 제32조 목사임직 선포, 제75조 노회임원선출 선포, 시행규정 제6조 교회의 설립, 분립과 합병, 폐지 청원의 처리 선포, 시행규정 제17조 위임목사 선포, 시행규정 제21조 원로목사 선포, 장로회 각 치리회 및 산하기관 등의 회의규칙 제5조에 의한 행위, 기타 노회장 및 총회장의 행정지시, 행정명령 등이 '치리회장이 행한 행정행위'에 해당하므로 현 노회장이 노회원의 투표결과 차기 노회장이 당선되었음을 선포하는 행위는 본 시행규정 제1항에 정하여진 '치리회장이 행한 행정행위'에 해당한다.[7]

### 제142조 행정소송의 종류

행정소송은 다음과 같이 구분한다.
1. 취소소송 : 치리회장이 행한 헌법 또는 규정에 위반한 행정행위의 취소 또는 변경하는 소송
2. 무효 등 확인소송 : 치리회장이 행한 행정행위의 효력 유무 또는 존재 여부를 확인하는 소송

---

5) 제98회기-123번.
6) 제98회기-55번.
7) 제103회기-65번.

본 조의 문언으로 보아 우리 권징법은 행정소송의 종류를 제1항에서 취소소송, 제2항에서 무효확인소송과 부존재확인소송을 규정하여 3종류로 나누고 있으며 이와 같은 행정소송의 종류는 행정행위의 하자의 종류와 연관이 되는바, 하자 있는 행정행위에는 행정행위의 부존재와 취소할 수 있는 행정행위와 무효인 행정행위로 설명하는 것이 보통이다.

행정행위의 부존재는 행정행위라고 볼 수 있는 외형상의 존재 자체가 없는 경우로서 예컨대 내부적으로 의사결정이 되었으나 이를 외부에 표시하지 아니한 경우, 내부적으로 의사결정이 되고 이를 외부에 표시하였으나 사후에 이를 취소, 철회한 경우 등을 말하는데 이를 확인하기 위한 소송이 행정행위 부존재확인소송이다.

**취소할 수 있는 행정행위와 무효인 행정행위의 구분방법**  많은 이론으로 나누어져 있으나, 그 하자의 정도가 중대하고 명백한 경우에는 무효이고, 그렇지 않은 하자는 취소할 수 있는 하자로 보는 것이 통설이자 대법원 판례의 입장일 뿐만 아니라 행정행위 무효 등 확인소송은 제144조 2항에서 "……치리회장의 중대하고 명백한 위법한 행정행위로 인하여 권리 또는 이익이 침해당한 자가 제기할 수 있다"고 규정하여 행정행위 취소소송의 대상과 구별하고 있고, 결의무효확인의 소에 대하여 제154조 1항에서 "치리회의 소집절차, 결의 방법, 그 결의의 내용이 중대하고 명백하게 헌법 또는 규정에 위반된다고 인정할 때"에 제기한다고 규정하여 결의취소의 소의 대상과 구분하고 있는 것으로 볼 때 행정행위 취소소송과 무효확인 소송의 대상도 역시 같은 기준에 따라 구분한다고 볼 수 있다.

이와 같이 소송의 대상을 구분하여야 할 실질적 필요성은 제147조에서 취소소송과 무효확인소송의 소 제기기간을 다르게 정하고 있기 때문이다.

나아가 구체적인 사안에서 중대하고 명백한 하자인지 구별하는 방법은 매우 어렵고 추상적인 문제여서 결국은 재판국원들이 개개의 구체적인 소송에서 그 사건에 나타난 여러 사정과 이익을 비교하여 판단하는 수밖에 없다고 사료되나 일반적으로 행정행위의 주체와 내용에 관한 하자는 무효인 행정행위로 보는 경우가 많고, 행정행위의 형식과 절차에 관한 하자는 취소할 수 있는 행정행위로 보는 경우가 많다.

■ **시행규정 제80조 행정쟁송과 소제기, 재심**
1. 헌법 권징 제142조(행정소송), 제153조(결의취소의 소), 제154조(결의무효확인의 소), 제155조(치리회 간의 소송), 제157조(선거무효소송), 제158조(당선무효소송)에 의한 행정쟁송을 제기할 때에는 권징 제5-1, 2, 3, 4호 서식에 의하여 소장을 제출하고 재판비용의 예납영수증 사본과 피고에게 송달할 부본을 첨부하여야 한다.
2. 소장이 제출되면 재판국장은 직권으로써 소장의 필요적 기재사항, 재판비용 예납영수증 사본 첨부 및 피고에게 송달할 부본 첨부 등의 여부를 심사하고, 만약 이들을 흠결할 경우 상당한 기간을 정하여 그 흠결의 보정을 명하고, 그 기간 내에 보정하지 아니하면 명령으로써 소장을 각하하여야 한다.
3. 헌법 권징 제142조에 의한 행정소송과 제153조 및 제154조에 의한 결의 취소 등의 소송과 제155조에 의한 치리회 간의 소송의 확정판결에 대하여 헌법 권징 제123조에 의한 재심청구를 할 수 있다. (신설 개정 2012.9.20)
4. 헌법 권징 제157조에 의한 선거무효소송과 제158조에 의한 당선무효소송의 확정판결에 대하여는 전항의 재심청구를 할 수 없다. (신설 개정 2012.9.20)
5. 치리회장이 헌법 권징 제6조 2항의 권징절차법정주의를 모르고 행정처분으로 책벌을 한 경우에 피해 당사자가 피해를 회복하기 위하여 일반권징사건으로 고소(고발)장을 제출한 때에 재판국은 이를 행정소송의 소제기로 보고 재판한다. (신설 개정 2012.9.20)

본 시행규정 제3항, 4항은 권징 제140조의 2 2항 규정과 중복된다.
본 시행규정 제5항은 재판을 받지 않고는 권징할 수 없음에도 불구하고(제6조 2항의 권징절차 법정주의) 치리회장이 행정처분으로 책벌을 한 것은 무효이지만 피해 당사자가 피해를 회복하기 위하여 일반 권징사건으로 고소(고발)장을 제출한 때에 재판국은 이를 행정소송의 소 제기로 보고 재판하여야 한다는 취지이다.
**재판비용 미납 상태에서 선고한 판결의 효력** 본 시행규정 제2항에 근거하여 당사자가 예납금을 회수하여 갔다면 시행규정 제67조 1항 4호 "고소, 고발이 무효 또는 취하된 경우"라고 볼 수 있으므로 소송을 각하하여야 하지만 이를 간과하고

재판을 진행하였다면 재판이 당연히 무효라고 볼 수 없고 재심사유가 될 수 있다.[8]

### 제143조 재판관할

1. 행정소송의 재판관할은 피고 소속 치리회의 차상급 치리회의 재판국이 된다.
2. 노회 재판국의 재판에 대하여는 총회 재판국에 상고할 수 있다.
3. 총회장의 처분에 대한 행정소송은 총회 각부 부장, 상임위원장으로 구성된 특별심판위원회에서 심의, 판단한다.
4. 총회특별심판위원회의 결정에 대하여 총회 임원회에 이의신청을 할 수 있고, 이 경우 총회 임원회는 총회특별심판위원회를 재구성하여 재심판하게 한다. (개정 2012.11.16)
5. 특별심판위원회의 구성, 운영에 대하여는 헌법시행규정으로 정한다.

행정소송의 재판관할은 차상급 치리회의 재판국이므로 당회장의 행정행위에 대한 행정소송은 노회 재판국이, 노회장의 행정행위에 대한 행정소송은 총회 재판국이 각 재판관할권을 가지며, 따라서 당회장의 행정행위에 대한 행정소송에 대한 상고심은 총회 재판국이 되므로 결국 2심 재판이 되며, 노회장의 행정행위에 대한 행정소송은 상고를 할 수 없는 총회 재판국의 1심(단심) 재판이 된다.

총회장의 행정행위에 대하여는 차상급 치리회의 재판국이 없으므로 부득이 총회 재판국에서 관할할 수밖에 없으나 "총회장이라는 지위의 특수성과 교단의 상징성으로 인해 총회의 상임부인 총회 재판국에 맡길 수는 없으므로"[9] 총회의 집행부서인 상임 부장, 상임 위원장으로 구성된 특별심판위원회에서 심의, 판단하게 된다.

**행정소송의 방식과 판결** 당회에 접수된 행정소송 소장을 10일 이내에 노회로 송부하지 않을 경우 본 조 제1항 및 제36조 2항에 의거 부전절차로 차상급 치리회에 제출할 수 있다.[10]

---

8) 제103회기-37번.
9) 이성웅, 390면.
10) 제99회기-30번.

■ **시행규정 제76조 총회 특별심판위원회의 구성**

1. 헌법 권징 제143조 제5항에 의한 총회 특별심판위원회는 총회의 상임 부장과 상임 위원장으로 구성한다.
2. 총회장과 각 상임 부장 또는 각 상임 위원장과의 연명으로 행한 행정행위에 관한 행정소송의 경우에는 해당하는 각 상임 부장, 각 상임 위원장은 전항의 특별심판위원이 되지 못한다.
3. 총회에 소제기가 접수된 날로부터 60일 이내에 총회 임원회는 제1항의 위원회를 구성하여 소장을 이첩하여야 한다.
4. 임원으로 위원장과 서기를 두며 임원은 위원의 호선으로 선임한다.
5. 위원에 결원이 있으면 신임 부장·위원장이 자동으로 위원이 된다.
6. 특별심판위원회의 회의는 위원 재적 3분의 2 이상의 출석과 출석인원 과반수의 찬성으로 의결한다.
7. 심판이 종결되면 위원회는 자동 해체된다.
8. 총회의 회기가 끝나면 위원회는 자동 해체되며 총회 임원회는 즉시 새로이 선임된 상임 부장과 상임 위원장으로 특별심판위원회를 신규로 구성하여 변론재개를 통하여 재판을 진행시킨다.
9. 특별심판위원회의 심판결정에 대하여 권징 제8-4호 서식에 의한 결정서를 받은 날로부터 10일 이내에 원고 또는 피고는 총회임원회에 재심판을 청구할 수 있으며, 이 경우 총회임원회는 재심판청구를 받은 날로부터 30일 이내에 특별위원장들(상임부서장 겸임자 제외)로 특별심판위원회를 새로 구성하여 다시 심판·결정하게 한다. 이 결정에 대하여는 이의신청하지 못한다. (개정 2012. 9. 20)
10. 새로 구성된 특별심판위원회는 제4항과 제6항을 준용하고 결원이 있으면 즉시 총회 임원회에서 보선하며, 재심판청구의 사건만을 처리하는 한시적 기관이다.
11. 제9항의 경우 헌법 권징 제123조의 재심사유의 제한을 받지 아니하며, 그 외에는 헌법 권징 제128조, 제129조, 제130조의 재심절차를 준용한다.

**특별심판위원회의 심판 결정**에 대하여 당사자는 결정서를 받은 날로부터 10일 이내에 총회 임원회에 재심판을 청구할 수 있으며, 이 경우 총회 임원회는 재심판 청구를 받은 날로부터 30일 이내에 특별위원장들(상임 부서장 겸임자 제외)로 특별심판위원회를 새로 구성하여 다시 심판·결정하게 된다.

이때 재심판하는 이유에는 제123조 소정의 재심사유의 제한을 받지 아니하며, 그 외에는 헌법 권징 제128조, 제129조, 제130조의 재심절차를 준용한다.

**특별위원회의 재심판 결정**에 대하여는 이의신청하지 못한다.

본 조 제4항은 총회 특별심판위원회의 결정에 대한 불복방법으로 '총회 임원회에 이의신청을 할 수 있고'라고 표현하였는데, 본 시행규정 제9항에서는 '총회 임원회에 재심판을 청구할 수 있으며'라고 하다가 '이 결정에 대하여는 이의신청하지 못한다'고 하는 등 이의신청과 재심판청구를 혼용하고 있으나 이를 재심판 청구로 통일하여 표시하는 것이 타당하다.

### 제144조 원고적격(개정 2012.11.16)

1. 취소소송은 치리회장의 위법한 행정행위로 인하여 권리 또는 이익이 침해당한 자가 제기할 수 있다. 행정행위의 효과가 기간의 경과 등으로 인하여 소멸된 뒤에도 그 행정행위의 취소로 인하여 회복되는 헌법 또는 규정상 이익이 있는 자의 경우에는 또한 같다.
2. 무효 등 확인소송은 행정행위의 효력 유무 또는 존재 여부에 대한 확인을 구하는 소송으로써 치리회장의 중대하고 명백한 위법한 행정행위로 인하여 권리 또는 이익이 침해당한 자가 제기할 수 있다.

제1항의 '권리 또는 이익'은 국가의 행정소송법에서 "취소소송은 처분의 취소를 구할 법률상 이익이 있는 자가 제기할 수 있다"고 규정하고 있는 점(제12조)에 비추어 헌법 또는 규칙상의 권리 또는 이익으로 해석함이 상당하다.

행정소송은 먼저 치리회장의 행정행위가 위법하여야 하며, 그 위법행위로 말미암아 권리 또는 이익이 침해되어야 하는데, 제1항 전문의 사례로 예컨대 당회장이 실종교인 선고의 요건이 없는데도 실종을 선고함으로써 교인의 권리가 침해된 자 본인이 당회장을 상대로 실종선고 취소의 행정소송을 제기할 수 있으며, 지교회에서 당회장이 결원되어 임시당회장 파송요청을 하였음에도 이를 정당한 이유 없이 거부한 노회장의 거부행위에 대하여 그로 인하여 이익이 침해된 지교회장로 또는 교인들이 노회장을 상대로 임시당회장 파송거부처분 취소소송을 제기하는 것을 들 수 있다.

제1항 후문의 무효 등 확인소송은 치리회장의 중대하고 명백한 위법한 행정행위가 있어야 하며, 그 위법행위로 말미암아 권리 또는 이익이 침해된 경우에 제기할 수 있다.

본 조에서의 이익을 헌법상의 권리, 이익 또는 규정상의 권리, 이익 등 법적 권리, 이익으로 엄격히 해석할 것이 아니라 교회법의 특수성으로 종교적 의미, 신앙적 의미, 때로는 경제적 이익 또는 부수적 이익으로 그 범위를 확대할 필요가 있다는 견해[11]가 있으며 타당하다고 생각한다.

**시무장로가 목사 대신 행정소송 제기 불가** 본 조에 의거 권리 또는 이익이 침해당한 목사를 대리하여 같은 교회에 시무했던 장로가 목사를 대신하여 행정소송을 제기할 수 없다.[12]

**행정심판 청구인 적격성** 타 노회 소속 목사가 타 노회와 타 노회 교회의 행정처리에 대하여 본 조 소정의 이해관계자나 당사자가 아니므로 행정소송청구는 불가하다.[13]

### 제145조 피고적격 및 경정

1. 행정소송은 그 행정행위를 행한 치리회장을 피고로 한다. 다만, 행정행위가 있은 뒤에 그 행정행위에 관계되는 권한이 다른 치리회장에게 승계된 때에는 이를 승계한 치리회장을 피고로 한다.
2. 원고가 피고를 잘못 지정한 때에는 재판국은 원고의 신청 또는 직권에 의하여 결정으로써 피고를 경정할 수 있다.

---

11) 이성웅, 392면.
12) 제99회기-42번.
13) 제90회기-26번.

3. 재판국이 전항의 규정에 의하여 피고의 경정 결정을 한 때에는 그 결정정본을 새로운 피고에게 송달하여야 한다.
4. 제2항의 규정에 의한 결정이 있은 때에는 새로운 피고에 대한 소송은 처음에 소를 제기한 때에 제기된 것으로 본다.

**치리회장 유고 시의 피고의 적격** 치리회장 유고 시 직무대행의 규정이나 통상관례에 따라 직무대행의 범위 내에서 행정소송의 피고를 세울 수 있을 것이다.[14]

### ■ 시행규정 제77조 행정소송의 피고의 경정

1. 헌법 권징 제145조 제2항에 의한 피고경정의 결정이 있은 때에는 종전의 피고에 대한 소송은 취하된 것으로 본다.
2. 행정소송이 제기된 후에 헌법 권징 제145조 제1항 단서에 해당하는 사유가 생긴 때에는 재판국은 당사자의 신청 또는 직권에 의하여 피고를 경정한다. 이 경우 종전의 피고에 대한 소송은 취하된 것으로 보며, 새로운 피고에 대한 소송은 처음에 소를 제기한 때에 제기된 것으로 본다.

## 제146조 제3자의 소송 참가

재판국은 소송의 결과에 따라 권리 또는 이익의 침해를 받을 제3자가 있는 경우에는 당사자 또는 제3자의 신청 또는 직권에 의하여 결정으로써 그 제3자를 소송에 참가시킬 수 있다.

민사소송법에는 소송결과에 이해관계가 있는 제3자가 한쪽 당사자를 돕기 위하여 참가하는 '보조참가'(민소법 제71조)와 소송목적의 전부나 일부가 자기의 권리라고 주장하거나, 소송결과에 따라 권리가 침해된다고 주장하는 제3자가 당사자의 양쪽 또는 한쪽을 상대방으로 하여 참가하는 '독립당사자참가'(민소법 제79조)도 있으나, 본 조에서 인정하는 제3자 참가는 시행규정 제78조 3항에서 "재판국이 제3자

---

14) 제103회기-16번.

의 소송참가를 결정하면 필수적 공동소송의 형태가 되며, 이 경우 공동소송인 가운데 한 사람의 소송행위는 모두의 이익을 위하여서만 효력을 가진다"라고 규정하고 있으므로 소송목적이 한쪽 당사자와 제3자에게 합일적으로 확정되어야 할 경우에 허용되는 '필요적 공동소송참가'(민소법 제83조)임을 알 수 있다.[15]

제140조의 1 2항은 제123조의 재심사유 이외에 "행정소송의 확정판결에 의하여 권리 또는 이익의 침해를 받은 제3자는 자기에게 책임 없는 사유로 제146조 제3자의 소송참가 규정에 의하여 소송에 참가하지 못함으로써 판결의 결과에 영향을 미칠 공격 또는 방어방법을 제출하지 못한 때"를 하나의 사유를 추가한 것이다.

**제3자 소송참가의 근거**  소송의 결과로 인권침해를 입을 수 있는 당사자나 또는 재산상 피해를 입을 수 있는 제3자에게 방어를 할 수 있는 기회를 줌으로써 그의 권리와 이익을 보호하기 위하여 소송내용을 상세히 알리고 소송에 참가할 수 있도록 필요한 조치를 취해야 한다는 점에 있다고 해석하였다.[16]

> ■ **시행규정 제78조 행정소송의 제3자의 소송참가**
> 1. 헌법 권징 제146조에 의한 제3자의 소송참가에 있어서 재판국이 소송참가 결정을 하고자 할 때에는 미리 당사자 및 제3자의 의견을 들어야 한다.
> 2. 재판국이 당사자 또는 제3자의 소송참가의 신청을 각하한 결정에 대하여는 불복신청을 하지 못한다.
> 3. 재판국이 제3자의 소송참가를 결정하면 필수적 공동소송의 형태가 되며, 이 경우 공동소송인 가운데 한 사람의 소송행위는 모두의 이익을 위하여서만 효력을 가진다.
> 4. 전 항의 공동소송에서 공동소송인 가운데 한 사람에 대한 상대방의 소송행위는 공동소송인 모두에게 효력이 미친다.

---

15) 같은 취지, 이성웅, 396면.
16) 제95회기-93번.

### 제147조 소의 제기 및 제기기간

1. 소의 제기는 소장을 재판국에 제출함으로써 한다.
2. 취소소송은 행정행위가 있음을 안 날로부터 60일을, 행정행위가 있은 날로부터 120일을 경과하면 이를 제기하지 못한다. 단, 정당한 사유가 있는 경우에는 그러하지 아니하며 정당한 사유에 대하여는 헌법시행규정으로 정한다. (개정 2012.11.16)
3. 무효 등 확인소송은 행정행위가 있음을 안 날로부터 2년을, 행정행위가 있은 날로부터 5년을 경과하면 이를 제기하지 못한다. 전항 단서를 준용한다. (개정 2012.11.16)

'행정행위가 있음을 안 날'은 현실적으로 행정행위가 있었음을 안 날을 뜻하지만 내심의 의사를 외부에서 알기가 어려운 현실을 감안하여 대부분의 경우 알았을 것으로 추정되는 알 수 있는 상태에 놓임으로써 충분하다고 해석된다. 즉 우편물이 등기취급의 방법으로 발송된 경우 도중에 유실되었거나 반송되었다는 특별한 사정에 대한 반증이 없는 한 수취인에게 배달되었다고 추정되어 주소지에 송달되어 알 수 있는 상태에 있다고 보며, 주보나 신문에 고시 또는 공고에 의하여 행정처분을 하는 경우에는 처분의 상대방이 현실적으로 알았는지 여부에 관계없이 고시가 효력을 발생하는 날에 알았다고 보게 된다. 다만 정당한 사유가 있는 경우에는 그러하지 아니하며 정당한 사유에 대하여는 시행규정 제79조 2항에서 "천재, 지변, 전쟁, 사변, 그 밖에 불가항력 또는 해외 출국, 장기입원 등으로 그 기간 내에 소송을 제기할 수 없는 경우"라고 규정하고 있다.

**소 제기기간의 성격**  본 조의 소의 제기기간은 강행규정이다.[17]

**공동의회 결의 없는 정관의 효력**  정관을 당회에서 제정하였으나 공동의회의 결의를 받은 적이 없었음에도 유효한지 여부에 대하여 교회의 정관(규정) 통과는 반드시 공동의회 결정사항이나, 공개된 상태에서 본 조 제3항의 기간이 경과하였

---

17) 제101회기-41번.

다면 문제삼을 수 없다고 해석하였다.[18]

■ **시행규정 제75조 행정소송의 방식과 판결**
1. 행정소송의 원고는 권징 제5-1호 서식에 의한 소장을 행정처분을 한 치리회에 접수를 시키고, 치리회장은 10일 이내에 권징 제7-4호 서식에 의한 답변서를 첨부하여 차상급 치리회에 송부하여야 하고, 차상급 치리회는 재판국에 10일 이내로 이첩하여야 한다. (개정 2012.9.20)
2. 행정소송의 소송요건을 구비하지 못한 부적법한 소에 대하여 본안 심리를 거절하는 소각하 판결을 한다.
3. 본안 심리를 하여 원고의 청구가 이유 없다 하여 원고의 주장을 배척할 경우에는 청구기각판결을 한다.
4. 본안 심리를 하여 원고의 청구가 이유 있다고 하여 원고의 청구의 전부 또는 일부를 인용할 경우에는 취소판결 또는 무효 등 확인판결을 한다.
5. 행정소송의 판결문은 권징 제8-2호 서식으로 한다.

행정행위 취소 또는 무효 등 확인 소장을 관할 재판국에 직접 제출하는 것이 아니고 행정처분을 한 치리회에 접수하여야 함에 주의하여야 한다. 소장을 접수받은 치리회장은 10일 이내에 답변서를 첨부하여 차상급 치리회에 송부하여야 하고, 차상급 치리회는 재판국에 10일 이내로 이첩하여야 한다.

■ **시행규정 제79조 취소소송의 제기기간**
1. 헌법 권징 제147조 제2항에 의한 취소소송의 제기기간은 불변기간이다.
2. 헌법 권징 제147조 제2항 단서의 정당한 사유가 있는 경우란 천재, 지변, 전쟁, 사변, 그 밖에 불가항력 또는 해외출국, 장기입원 등으로 그 기간 내에 소송을 제기할 수 없는 경우를 말한다.
3. 전항의 사유가 소멸한 날로부터 10일 이내에 소송을 제기할 수 있으며, 다만

---
[18] 제101회기-39번.

국외에서 소송 제기할 경우에는 그 기간을 30일로 한다.

### 제148조 소장의 기재사항

1. 소장에는 다음 사항을 기재하여야 한다.
    ① 원고의 이름, 직분, 주소
    ② 피고인 치리회장의 이름, 직분, 주소
    ③ 행정소송의 대상이 되는 행정행위의 내용
    ④ 행정행위가 있은 것을 안 날
    ⑤ 청구의 취지 및 원인
2. 제1항의 소장에는 원고, 선정대표자, 대리인이 기명날인하여야 한다.

행정행위가 있은 것을 안 날을 기재하게 한 것은 소 제기기간의 경과 여부를 쉽게 판단할 수 있도록 한 것으로 보인다.

청구의 취지는 원고가 어떤 종류의 판결을 요구하는지를 밝히는 판결신청이고 소의 결론 부분이다.[19] 취소소송에서는 '○○○이 □□□□년 □□월 □□일 한 △△처분을 취소한다', 무효 확인소송에서는 '○○○이 □□□□년 □□월 □□일 한 △△처분은 무효임을 확인한다'라는 것과 같다.

청구의 원인은 청구가 이유 있게 하는 구체적 사실을 말한다.

### ■ 시행규정 제81조 행정소송의 선정대표자

1. 헌법 권징 제148조 제2항의 선정대표자에 있어서 다수의 원고가 공동으로 행정소송의 소제기를 하는 때에는 청구인 중 3인 이하의 대표자를 선정할 수 있다.
2. 선정대표자는 각기 다른 원고를 위하여 그 사건에 관한 모든 행위를 할 수 있다. 다만 소의 취하는 다른 원고들의 동의를 얻어야 하며, 이 경우 동의를 얻

---

19) 이시윤, 268면.

은 사실을 서면으로 소명하여야 한다.
3. 선정대표자가 선정된 때에는 다른 원고들은 그 선정대표자를 통하여서만 그 사건에 관한 행위를 할 수 있다.
4. 대표자를 선정한 원고들은 필요하다고 인정한 때에는 과반수의 결의로 선정대표자를 해임하거나 변경할 수 있으며 이 경우에 그 사실을 지체 없이 연명날인한 서면으로 재판국에 통지하여야 한다.

선정대표자는 행정소송의 원고가 다수일 때 대표로 선정된 자를 말하며 3인 이하여야 한다. 원고 숫자가 많은 경우에 변론의 복잡, 송달사무의 번잡과 송달료의 과다 등으로 인한 폐단을 제거하기 위하여 인정되는 제도이지만 선정대표자를 선정할 것인지 여부는 임의적이므로 반드시 선정하지 않아도 무방하다.

### 제149조 청구의 변경

1. 원고는 청구의 기초에 변경이 없는 한도에서 변론의 종결까지 청구의 취지 또는 원인을 변경할 수 있다. 다만, 소송절차를 지연케 함이 현저한 경우에는 그러하지 아니하다.
2. 청구의 취지의 변경은 서면으로 신청하여야 한다.
3. 제2항의 서면은 상대방에 송달하여야 한다.
4. 재판국은 청구의 변경이 이유 없다고 인정할 때에는 직권 또는 상대방의 신청에 의하여 그 변경을 허가하지 아니할 수 있다.

청구의 변경은 소의 변경이라고도 하며, 청구의 기초에 변경이 없고 변론종결 전이며 소송절차의 현저한 지연이 없어야 허가할 수 있다.

**청구의 기초** 사건의 중심이 되는 기본적 사실관계를 의미하며, "청구의 기초에 변경이 없다"라는 것은 여러 설명이 있으나 대법원 판례는 동일한 생활사실 또는 경제적 이익에 관한 분쟁에 있어서 그 해결방법에 차이가 있는 것에 지나지 않는 경우라고 보기도 하고,[20] 간혹 신, 구 청구 사이에 절차 면에서 소송자료에 공동성이 있는 경우에는 별도의 소송을 제기하는 것보다는 소의 변경을 택하여 구자료를 이용하는 것이 훨씬 소송경제에 도움이 되는 경우라고 보기도 하며,[21] 그 어느 견해에 의하든 구체적 적용결과에는 큰 차이가 없다.

실무에서는 취소의 소를 무효확인의 소로 변경하거나 그 반대의 경우를 생각할 수 있다.

### ■ 시행규정 제82조 행정소송의 청구변경
1. 헌법 권징 제149조에 의한 청구변경 신청은 권징 제5-5호 서식에 의한다.
2. 청구변경의 불허는 변론 없이 결정으로 한다. 단, 이 결정에 대하여 불복신청하지 못한다.

### 제150조 소의 취하
소는 판결의 확정에 이르기까지 그 전부나 일부를 서면으로 취하할 수 있다.

소의 취하는 원고가 제기한 소의 전부 또는 일부를 철회하는 일방적 의사표시이며, 이에 의하여 소송 계속은 소급적으로 소멸하고, 소송은 종료된다.

행정소송에서는 제1심 판결선고 이후라도 판결이 확정되기 전에는 언제든지 소 취하가 가능하며, 권징사건에서의 기소의 취소는 제1심 판결선고 전까지만 가능한 점(제60조)과 다른 점이다.

소의 취하는 소송을 종료하는 중대한 행위이므로 이를 명확히 할 필요성이 있으므로 구두로는 할 수 없고 반드시 서면으로 하여야 하지만, 변론기일에는 재판국 앞에서의 행위이므로 구두로 할 수 있다.

원고가 소를 취하하면 소가 처음부터 계속되지 아니한 것으로 보고 재판국은 소송종결 선언의 판결을 하여야만 한다(시행규정 제84조 4항).

---

20) 대법원 1997. 4. 25. 선고 96다32133호 판결.
21) 대법원 2015. 4. 23. 선고 2014다89287호 판결.

우리 권징법에는 재소의 금지에 관한 규정이 없으나 적어도 제1심 판결 이후에 원고가 소를 취하하는 경우에는 다시는 동일한 소를 제기할 수 없다고 하는 것이 상당하다고 사료된다.[22]

### ■ 시행규정 제84조 행정소송의 소 취하

1. 소의 취하는 권징 제5-6호 서식에 의한다. 다만 변론기일에 구두로 할 수 있다.
2. 소장을 송달한 후에는 취하의 서면을 상대방에게 송달하여야 한다.
3. 변론기일에 구두로 소 취하를 한 경우에 상대방이 출석하지 아니하면 그 기일의 조서등본을 송달하여야 한다.
4. 헌법 권징 제150조에 의하여 행정소송의 원고가 소를 취하하면 소가 처음부터 계속되지 아니한 것으로 보고 재판국은 소송종결 선언의 판결을 하고 판결 주문에 "이 사건의 소송은 ○○년 ○○월 ○○일자 소 취하로 종료되었다."라고 기재한다. (개정 2012. 9. 20)

### 제151조 직권심리

재판국은 필요하다고 인정할 때에는 직권으로 증거조사를 할 수 있고, 당사자가 주장하지 아니한 사실에 대하여도 판단할 수 있다.

**행정쟁송의 심리**  제140조의 2 규정에 따라 권징 제3장 일반소송절차에 관한 규정이 준용된다. 우리의 권징절차는 형사소송절차와 유사함에 비하여 행정쟁송절차는 민사소송절차와 유사하므로 그 성질에 반하지 않는 한 민사소송의 일반 원리와 원칙을 적용하는 것이 타당하며,[23] 행정소송절차를 규율하는 행정소송법은 "행정소송에 관하여 이 법에 특별한 규정이 없는 사항에 대하여는……민사소송법 및 민사집행법을 준용한다"(행정소송법 제8조 2항)고 규정하고 있는 사실을 참고할 만하다.

---

22) 제1심 판결 전후의 구분 없이 재소금지 의견, 이성웅, 408면.
23) 같은 취지, 이성웅, 410면.

행정소송의 심리에 관하여 본 조 한 개만 두고 있으므로 일반 민사소송의 심리에 적용되는 일반원칙인 재판의 심리와 판결의 선고를 당사자 이외에 일반인이 방청할 수 있는 공개 상태에서 행하는 공개심리주의, 소송의 심리에 있어서 당사자양쪽에 평등하게 진술할 기회를 주는 쌍방심리주의, 심리에 임하여 당사자의 변론이나 증거조사를 구술로 행하는 것을 원칙으로 하는 구술심리주의, 사실과 증거의 수집과 제출의 책임을 당사자에게 맡겨 당사자가 수집하여 제출한 소송자료만을 변론에서 다루고 재판의 기초로 삼아야 하는 변론주의 등은 그 성질에 반하지 않는 한 그대로 행정소송에도 원칙적으로 적용된다고 보아야 한다.

본 조는 행정소송법 제26조와 같으며, 위의 변론주의에 대한 예외로서 직권심리주의를 규정하여 보충적으로 재판국이 필요하다고 인정할 때에 직권으로 증거조사를 할 수 있고, 당사자가 주장하지 아니한 사실에 대하여도 판단할 수 있게 한 것이다. 이는 행정쟁송은 고도의 공익적 성격을 띠는 경우가 많으므로 소송에 미숙한 당사자에게만 맡겨두는 경우 특히 소송수행능력이 평등하지 않은 때에 변론주의를 기계적, 형식적으로 관철시킨다면 실체적 진실이 왜곡되거나 그로 인하여 구체적 타당성이 없게 됨으로써 정의구현이 어려워지게 되는 경우를 방지하기 위함이다.

**직권심리주의의 한계**　총회 재판국은 본 조에 따라 당사자가 주장하지 아니한 사실에 대해서도 판단할 수 있으나 교회 내의 문제까지 이의신청 내용에 포함되어 있다 하여 판결하는 것은 적법하지 않다.[24]

### 제152조 취소판결 등의 기속력

1. 행정행위를 취소하는 확정판결은 그 사건에 관하여 당사자인 치리회장 및 그 밖의 관계 재판국 등을 기속한다.
2. 판결에 의하여 취소되는 행정행위가 당사자의 신청을 거부하는 것을 내용으로 하는 경우에는 그 행정행위를 행한 치리회장은 판결의 취지에 따라 다시 이전의 신청에 대한 행정행위를 하여야 한다.

---

24) 제101회기-46번.

취소판결 등 행정쟁송 판결도 일단 선고되면 판결의 자기구속력이 발생하여 선고한 재판국도 오기 등을 시정하는 판결의 정정 이외에는 이를 취소하거나 바꿀 수 없으며, 판결이 확정되면 통상의 불복방법에 의하여 다툴 수 없는 형식적 확정력(불가쟁적 효력)과 재판의 의사표시적 내용이 확정되어 법률관계를 확정하는 내용적 확정력(실질적 확정력)이 발생하며, 실체재판이 확정되면 동일사건에 대하여 다시 심리, 판단하는 것이 허용되지 않는다는 일사부재리의 효력이 발생하게 되며, 이를 통상 '기판력'이라고 부른다는 점은 권징재판의 확정(제34조)에서 설명한 바와 같다.

행정행위 취소판결이 확정되면 취소된 행정행위의 효력이 치리회장의 별도의 취소행위를 필요로 하지 않고 행정행위 시에 소급하여 소멸하는 효력을 가져오는 '형성력'이 발생할 뿐만 아니라 기속력이 발생하여 치리회장은 소극적으로 부작위 의무로서 동일한 사실관계 아래서 동일한 내용의 처분을 반복하여서는 아니되며(반복금지의 효력), 적극적으로 취소되는 행정행위가 당사자의 신청을 거부하는 경우에는 치리회장은 당사자의 신청이 없어도 판결의 취지에 따라 다시 이전의 신청에 대한 행정행위를 하여야 한다(원상회복 및 재처분의무 발생). 이때 반드시 원고가 신청한 내용으로 재처분하여야 하는 것은 아니며 신청을 인용하거나 다른 이유로 다시 거부할 수도 있다.

■ **시행규정 제83조 행정소송과 집행부정지 및 집행정지**
1. 행정소송의 제기는 행정행위·처분 등의 효력이나 그 집행 또는 절차의 속행에 영향을 주지 아니한다.
2. 행정소송이 제기된 경우에 행정처분 등이나 그 집행 또는 절차의 계속 집행으로 인하여 생길 회복하기 어려운 손해를 예방하기 위하여 긴급한 필요가 있다고 인정할 때에는 그 소송이 계류되고 있는 재판국은 당사자의 신청 또는 직권에 의하여 처분 등의 효력이나 그 집행 또는 절차의 속행의 전부 또는 일부의 정지(이하 집행정지라 한다.)를 결정할 수 있다. (신설 개정 2012. 9. 20)
3. 집행정지는 지교회나 치리회의 공공복리나 질서유지에 중대한 영향을 미칠

우려가 있을 때에는 허용되지 아니한다. (신설 개정 2012.9.20)
4. 제2항의 집행정지의 결정을 신청할 때에는 그 이유에 대한 소명이 있어야 한다. (신설 개정 2012.9.20)
5. 집행정지결정이 확정된 후에 그 집행정지의 사유가 없어진 때에는 당사자의 신청 또는 직권에 의한 결정으로 집행정지의 결정을 취소할 수 있다. (신설 개정 2012.9.20)

**집행부정지의 원칙** 본 시행규정 제1항은 행정소송이 제기되더라도 이미 이루어진 행정행위·처분 등의 효력이나 그 집행 또는 절차의 속행에 영향을 주지 아니한다는 집행부정지 원칙을 천명한 것으로서 행정소송의 남용을 방지하는 효과가 있다.

**집행부정지 원칙에 대한 예외** 제2항과 3항은 집행부정지 원칙에 대한 예외를 인정하여 집행을 정지할 수 있는 경우를 규정하여 적극적 요건으로 반드시 행정소송이 제기되어 있어야만 하며, 집행으로 인하여 생길 회복하기 어려운 손해 즉 사회통념 상 금전보상이나 원상회복이 불가능하다고 인정되거나 금전보상으로는 참고 견디기가 곤란한 유, 무형의 손해를 예방하기 위하여 긴급한 필요가 있어야 하고, 소극적 요건으로 집행정지로 인하여 지교회나 치리회의 공공복리나 질서유지에 중대한 영향을 미칠 우려가 없어야 하며, 본안소송인 행정행위 취소소송이 이유 없음이 명백하지 않음을 요한다. 본안소송이 이유 없음이 명백한 경우에는 집행을 정지할 필요성이 없기 때문이다.

■ **시행규정 제85조 준용규정**

제75조(행정소송의 방식과 판결) 2항에서 5항까지, 제81조(행정소송의 선정대표자), 제82조(행정소송의 청구변경), 제83조(행정소송과 집행부정지 및 집행정지), 제84조(행정소송의 소 취하)의 규정은 헌법 권징 제8장(행정쟁송)의 제3절(결의취소 등의 소송), 제4절(치리회 간의 소송), 제5절(선거무효소송과 당선무효소송)에 준용한다.

## 제3절 결의 취소 등의 소송

행정소송의 대상이 치리회장의 행정행위임에 대하여 결의 취소 등의 소송은 치리회의 결의 즉 총회의 결의, 정기 및 임시노회의 결의 및 정기 또는 임시당회의 결의를 대상으로 하는 점에서 다르다.

### 제153조 결의 취소의 소
1. 치리회의 소집 절차, 결의 방법, 그 결의의 내용이 헌법 또는 규정에 위반된다고 인정할 때에는 당해 치리회 회원은 결의의 날로부터 60일 내에 치리회장을 피고로 하여 결의 취소의 소를 치리회를 경유하여 치리회의 차상급 치리회 재판국에 제기할 수 있다.
2. 제143조, 제150조, 제151조의 규정은 제1항의 결의 취소의 소에 이를 준용한다.

결의취소소송과 결의무효확인소송이 모두 치리회 결의의 효력을 다투는 소송으로서 당해 치리회의 회원이 치리회장을 피고로 하는 점과 차상급 치리회의 재판국에 제기하는 점 및 해당 치리회를 경유하여야 하는 점에서는 같으나, 결의 취소의 소는 치리회의 소집절차, 결의방법, 그 결의의 내용에 이 헌법 또는 규정에 위반된다고 인정하는 하자가 있을 때 결의의 날로부터 60일 이내에 제기하여야만 되는 소송임에 비하여 결의무효의 소는 중대하고 명백하게 헌법 또는 규정에 위반된다고 인정되는 하자가 클 때 결의가 있음을 안 날로부터 2년 또는 결의가 있은 날로부터 5년 이내에 제기하여야 하는 점(제154조, 제147조 3항)에서 구별된다.

결의 취소의 소는 결의의 날로부터 60일 이내에 제기하여야만 한다는 점에서 행정행위가 있음을 안 날로부터 60일을, 행정행위가 있은 날로부터 120일 이내에 제기하면 되는 행정행위 취소의 소보다 소 제기기간이 짧은 점에 주의를 요하며, 그 이유는 치리회의 결의는 행정행위에 비하여 많은 사람들에게 영향을 미치는 경우가 대부분이므로 법률관계를 조기에 안정시킬 필요가 있기 때문이라고 보여진다.

**공동의회 결의 취소의 소 제기는 불인정**  공동의회는 치리회가 아니므로 공동의회 결의 취소의 소는 소 제기가 불가하다.[25]

### 제154조 결의 무효확인의 소

1. 치리회의 소집절차, 결의 방법, 그 결의의 내용이 중대하고 명백하게 헌법 또는 규정에 위반된다고 인정할 때에는 당해 치리회 회원은 치리회장을 피고로 하여 결의 무효확인의 소를 치리회를 경유하여 치리회의 차상급 치리회 재판국에 제기할 수 있다.
2. 제143조, 제147조 3항, 제150조, 제151조의 규정은 제1항의 소에 이를 준용한다. (개정 2012. 11. 16)

제2항에서 제147조 3항을 준용하고 있으므로 결의가 있음을 안 날로부터 2년 또는 결의가 있은 날로부터 5년 이내에 제기하면 되며, 소는 판결의 확정에 이르기까지 그 전부나 일부를 서면으로 취하할 수 있고(제150조 준용), 재판국은 필요하다고 인정할 때에는 직권으로 증거조사를 할 수 있으며, 당사자가 주장하지 아니한 사실에 대하여도 판단할 수 있다(제151조 준용).

## 제4절 치리회 간의 소송

소송을 주관적 소송과 객관적 소송으로 나누기도 하는데, 전자는 개인의 권리구제와 행정의 적법성 보장이라는 두 가지 목적을 추구하는 소송으로서 항고소송, 당사자 소송이 이에 해당하고, 후자는 행정의 적법성 보장을 목적으로 하는 소송으로서 기관소송과 민중소송이 이에 해당한다.

### 제155조 치리회 간의 소송

1. 치리회 상호 간에 있어서 권한의 유무 또는 그 행사에 관한 다툼이 있을

---

[25] 제92회기-73번.

때에는 당해 치리회장은 차상급 치리회 재판국에 소를 제기할 수 있다.
2. 제143조, 제150조, 제151조의 규정은 제1항의 소에 이를 준용한다.

국가 행정법학에서의 기관소송에 해당하는 치리회 간의 소송은 동종의 치리회 사이(당회와 당회, 노회와 노회)의 분쟁에 관하여 대상이 되며 이종의 치리회(당회와 노회 또는 총회, 노회와 총회) 사이에서는 인정되지 않으며, 또 치리회 상호간 권한의 유무 또는 그 행사에 관한 다툼이므로 치리회 내부의 기관과 부서 상호간의 다툼은 대상이 되지 아니한다.[26]

### 제156조 소송위원 선정

분쟁 당사자인 치리회는 각각 3인의 소송위원을 선정한다.

시행규정 제85조에서 시행규정 제81조(행정소송의 선정대표자) 규정을 제4절(치리회 간의 소송)에 준용하도록 하여 소송위원의 행위의 효력, 소송위원의 해임, 변경 등에 관하여 선정대표자에 준하여 처리하도록 한 것으로 판단된다.

소송위원이라는 용어의 의미에 대하여 정확하게 알 수 없으나 치리회 간의 소송은 원고, 피고가 모두 치리회장 1인이므로 선정당사자를 선임할 필요가 없음에도 불구하고 시행규정 제85조에서 제81조(행정소송의 선정대표자) 규정을 본 조에 준용하도록 규정한 것으로 미루어 볼 때 치리회장이 직접 소송을 수행하여야만 하는 불편을 덜어주기 위하여 소송대리인의 역할을 할 수 있는 소송위원제도를 두어 이를 활용할 수 있게 한 것으로 사료된다.

실제로 치리회 간의 소송이 거의 없는 실정이므로 본 조항의 활용도는 미미하다고 보여진다.

#### ■ 시행규정 제85조 준용규정

제75조(행정소송의 방식과 판결) 2항에서 5항까지, 제81조(행정소송의 선정대

---

26) 이성웅, 438면 이하.

표자), 제82조(행정소송의 청구변경), 제83조(행정소송과 집행부정지 및 집행정지), 제84조(행정소송의 소 취하)의 규정은 헌법 권징 제8장(행정쟁송)의 제3절(결의취소 등의 소송), 제4절(치리회 간의 소송), 제5절(선거무효소송과 당선무효소송)에 준용한다.

### 제5절 선거무효소송과 당선무효소송

선거소송은 국가 행정법학에서의 민중소송에 해당하며 선거무효소송과 당선무효소송으로 나누어지고, 우리 권징법에서 인정하는 선거소송의 대상이 되는 선거는 노회에서의 총회총대 선거, 노회장 및 부노회장 기타 임원의 선거, 총회장 및 부총회장 기타 임원의 선거에 한정되고 모두 선거의 효력 또는 당선의 효력에 관하여 헌법 또는 규정에 중대하고 명백하게 위반된다고 인정할 때 소송을 제기할 수 있다.

선거소송의 재판관할은 총회 재판국이며, 원고적격자는 선거인 또는 후보자이고, 피고 적격자는 해당 치리회의 선거를 주관한 선거관리위원장(책임자)이며, 선거일 또는 당선인 결정일부터 20일 이내에 제기하여야 한다.

### 제157조 선거무효소송

노회에서의 총회총대 선거, 노회장 및 부노회장 기타 임원의 선거, 총회장 및 부총회장 기타 임원의 선거에 있어서 선거의 효력에 관하여 헌법 또는 규정에 중대하고 명백하게 위반된다고 인정할 때에는 선거인 또는 후보자는 선거일부터 20일 이내에 주관 선거관리위원장(책임자)을 피고로 하여 총회 재판국에 선거무효의 소를 제기할 수 있다.

선거무효소송은 후보자 개인의 불법선거 혐의가 아닌, 선거일 공고절차, 선거인 명부와 투표자의 자격, 후보등록절차와 자격, 투표절차 등 선거절차의 흠을 이유로 선거 자체의 불법성을 문제 삼아 관할 선거의 전부 또는 일부의 효력을 다투는 소송을 말하며, 반드시 선거의 관리·집행에 관하여 법률에 위반한 행위가 있었음을 주장하는 것이라야 하고, 부정한 선거운동이나 선거운동 단속의 불공정 또는 개개의 선거인이 행한 부정투표 등과 같은 경우에 대해서는 당선무효소송의 대상이 되는 것은 별론으로 하더라도 선거무효소송이 인정되지 아니한다.

### 제158조 당선무효소송

노회에서의 총회총대 선거, 노회장 및 부노회장 기타 임원의 선거, 총회장 및 부총회장 기타 임원의 선거에 있어서 당선의 효력에 관하여 헌법 또는 규정에 중대하고 명백하게 위반된다고 인정할 때에는 선거인 또는 후보자는 당선인 결정일부터 20일 이내에 주관 선거관리위원장(책임자)을 피고로 하여 총회 재판국에 당선무효의 소를 제기할 수 있다.

당선무효소송은 선거 자체는 적법, 유효한 것을 전제로 당선의 효력에 관하여 제기하는 소송으로서 예를 들면 허위 학력, 경력의 공고 등 당선인의 위법행위로 인한 당선인 결정 절차상의 흠, 개표의 부정 또는 착오로 인한 득표수 정산의 흠 또는 당선인으로 된 자의 무자격, 등록일 이후의 입후보 등록 등의 흠을 이유로 당선의 무효를 주장하는 소송이다.

### 제159조 선거무효 및 당선무효의 판결 등

선거무효소송 및 당선무효소송의 소장을 접수한 총회 재판국은 선거무효 및 당선무효소송에 있어 헌법 또는 규정에 중대하고 명백하게 위반하여 선거의 결과에 영향을 미쳤다고 인정되는 확실한 증거가 있는 때에는 선거의 무효 또는 당선의 무효를 판결할 수 있다.

**재검표에 대한 결의** 노회의 총회 총대선거와 관련한 질의에 대하여 본 조에 재검표에 대한 사항은 없으나 노회 선거관리위원회의 결의로 하는 것이 원칙이며 선거관리위원회가 없는 경우 임원회에서 할 수 있다.[27]

---

27) 제103회기-30번.

### 제160조 소송의 처리

1. 선거무효소송 및 당선무효소송은 다른 쟁송에 우선하여 신속히 재판하여야 하며, 총회 재판국은 소가 제기된 날로부터 60일 이내에 이를 판결하여야 한다. 다만, 필요한 경우에 30일의 기간을 연장할 수 있다. (개정 2012.11.16)
2. 선거무효와 당선무효소송은 총회 재판국의 판결로 종결되며 재심청구를 하지 못한다. (신설 개정 2012.11.16)

재판국의 일반적 직무기간은 불변기간이 아니고 권고사항 또는 훈시규정으로 보는 것이 통설이지만 선거소송의 직무기간만은 선거 직분은 임기가 있고 직무수행이 진행되므로 후보자의 권리를 신속히 구제하여야 하고 또 선거의 효력이 집행정지되는 것이 아닌 점 등 선거소송의 특수성으로 인하여 강행규정으로 준수하여야 한다는 취지의 주장[28]에 동의한다.

선거소송은 총회 재판국의 관할이므로 판결이 선고되면 3심제도의 법리상 불복할 방법이 없으며, 신속한 종결을 위하여 재심청구를 불허하고 있다.

### 제161조 증거조사

1. 소제기자는 개표완료 후에 선거무효소송 및 당선무효소송을 제기하는 때의 증거를 보전하기 위하여 총회 재판국에 투표함, 투표지 및 투표록 등의 보전 신청을 할 수 있다.
2. 제1항의 신청을 받은 재판국은 현장에 출장하여 조서를 작성하고 적절한 보관 방법을 취하여야 한다.

통상 선거가 종료되면 투표함, 투표지 및 투표록 등의 선거 관련 서류와 장부를 일정기간 보관하는 경우도 있으나 보관에 대한 원칙이 없이 곧바로 폐기되거나 은닉되는 경우에 대비하여 선거소송의 제기자가 증거를 확보하는 방법으로 증거

---

28) 이성웅, 446면 이하.

보전의 절차를 인정한 것이다.

**증거보전의 신청자**  제1항에서 '소제기자'라고 한 표현으로 보아 선거소송을 제기한 후에 신청할 수 있고 소제기 이전에는 신청할 수 없다고 보여지나 보전신청 제도의 취지에 비추어 소제기 이전에도 신청할 수 있게 하되 일정기간 이내에 본안의 선거소송을 제기하지 아니하는 경우에는 취하한 것으로 보는 것이 바람직하다고 본다.

**증거보전의 대상**  투표함, 투표지 및 투표록은 예시에 불과하고 그 이외의 서류와 장부의 종류를 불문한다고 보아야 한다. 국가 형사소송법에서는 압수, 수색, 검증은 물론 증인신청까지 허용하고 있다.

신청인은 서면으로 신청하고 증거보전의 사유를 기재하여 이를 소명하여야 하며, 재판국은 결정이 내려지면 현장에 출장하여 증거보전조서를 작성하여야 하고, 보전 대상인 물건을 봉하여 인장을 날인하여 현상을 변경하지 못하도록 하는 등 적절한 보관 방법을 취하여야 한다.

**부칙**

제1조(시행일) 이 개정헌법은 공포한 날로부터 시행한다. (신설 개정 2012. 11. 16)

제2조(경과조치) 이 개정헌법(정치, 권징과 이에 따라 제정되는 헌법시행규정)은 이 개정헌법 시행 당시 재판국에 계류된 사건에도 적용한다. (신설 개정 2012. 11. 16)

제3조(경과규정) (신설 개정 2015. 12. 8, 개정 2021. 11. 29)

1. 총회재판국은 공포 후 즉시 권징 분과와 행정쟁송 분과의 국원을 선임하고, 제99회기에 계류 중인 사건에도 이를 적용하여 사건을 배당한다.
2. 행정쟁송에 해당한 사건을 총회 헌법에 의한 확정 판결이 있기 전에 국가기관에 소(고소, 고발, 법원에 소송 제기 등)를 제기하여 이 개정헌법의 공포일 현재까지 계류 중인 사건은 당초 소를 제기한 자나 그 대표자를 이 법에 의해 고소(고발, 기소의뢰)할 수 있다.

2007년 5월 15일 권징 전면 개정
2012년 11월 16일 권징 일부 개정
2014년 12월 8일 권징 일부 개정
2015년 12월 8일 권징 일부 개정
2017년 12월 19일 권징 일부 개정
2018년 12월 20일 권징 일부 개정
2019년 12월 19일 권징 일부 개정
2021년 11월 29일 권징 일부 개정
2022년 11월 17일 권징 일부 개정

## 주요 참고문헌

곽윤직, 『물권법 신정판』 박영사, 1999.

김남진 김연태, 『행정법 Ⅰ 제26판』 법문사, 2022.

김대휘 김신, 『주석 형법(각칙 1) 제5판』 한국사법행정학회, 2017.

백현기, 『교회관계분쟁법』 법문사, 2017.

백형구 외, 『주석 형사소송법(Ⅲ), (Ⅳ) 제3판』 한국사법행정학회, 1998.

이성웅, 『헌법권징론 개정증보판』 한국장로교출판사, 2013.

이성웅, 『헌법정치론 개정증보판』 한국장로교출판사, 2013.

이시윤, 『신민사소송법 제15판』 박영사, 2022.

이재상 외 2, 『형사소송법 제14판』 박영사, 2022.

허영, 『한국헌법론 전정 11판』 박영사, 2015.


## 기타 참고문헌

제84회기~제105회기 회의안 및 보고서(총회 홈페이지 통합자료실)

## 헌법해석사례 색인

| | |
|---|---|
| 제84회기- 6번 해석 ········ 정치 제53조 | 제88회기- 28번 해석 ········ 정치 제77조 |
| 제84회기- 9번 해석 ········ 정치 제43조 | ························· 권징 제3조 |
| 제84회기- 20번 해석 ········ 정치 제10조 | 제88회기- 29번 해석 ········ 정치 제65조 |
| 제84회기- 23번 해석 ········ 정치 제27조 | 제88회기- 30번 해석 ········ 정치 제68조 |
| 제85회기- 1번 해석 ········ 정치 제44조 | 제88회기- 32번 해석 ········ 정치 제68조 |
| 제85회기- 3번 해석 ········ 정치 제73조 | 제88회기- 39번 해석 ········ 정치 제68조 |
| 제85회기- 4번 해석 ········ 권징 제48조 | 제89회기- 2번 해석 ········ 정치 제27조 |
| 제85회기- 7번 해석 ········ 정치 제77조 | ························· 정치 제69조 |
| 제85회기- 9번 해석 ········ 정치 제28조 | ························· 권징 제6조 |
| 제85회기- 18번 해석 ········ 권징 제5조 | 제89회기- 3번 해석 ········ 정치 제63조 |
| 제85회기- 20번 해석 ········ 정치 제65조 | 제89회기- 4번 해석 ········ 정치 제67조 |
| 제85회기- 23번 해석 ········ 권징 제30조 | 제89회기- 7번 해석 ········ 정치 제74조 |
| 제85회기- 32번 해석 ········ 정치 제33조 | 제89회기- 11번 해석 ········ 정치 제78조 |
| 제85회기- 38번 해석 ········ 정치 제78조 | 제89회기- 12번 해석 ········ 정치 제90조 |
| 제86회기- 1번 해석 ········ 정치 제27조 | 제89회기- 15번 해석 ········ 정치 제27조 |
| 제86회기- 3번 해석 ········ 정치 제65조 | 제89회기- 20번 해석 ········ 정치 제77조 |
| 제86회기- 3번 해석 ········ 정치 제67조 | 제89회기- 23번 해석 ········ 정치 제75조 |
| 제86회기- 6번 해석 ········ 정치 제39조 | 제89회기- 37번 해석 ········ 정치 제1장 서문 |
| 제86회기- 8번 해석 ········ 정치 제27조 | 제89회기- 39번 해석 ········ 정치 제58조 |
| 제86회기- 9번 해석 ········ 정치 제27조 | 제89회기- 40번 해석 ········ 권징 제30조 |
| 제86회기- 13번 해석 ········ 정치 제27조 | 제89회기- 42번 해석 ········ 정치 제77조 |
| 제86회기- 18번 해석 ········ 정치 제65조 | 제90회기- 2번 해석 ········ 권징 제5조 |
| 제86회기- 19번 해석 ········ 정치 제27조 | 제90회기- 5번 해석 ········ 정치 제10조 |
| 제86회기- 20번 해석 ········ 정치 제67조 | 제90회기- 15번 해석 ········ 정치 제47조 |
| 제87회기- 2번 해석 ········ 권징 제100조 | 제90회기- 16번 해석 ········ 권징 제50조 |
| 제87회기- 9번 해석 ········ 권징 제5조 | 제90회기- 17번 해석 ········ 정치 제45조 |
| 제88회기- 5번 해석 ········ 권징 제34조 | 제90회기- 20번 해석 ········ 정치 제27조 |
| 제88회기- 10번 해석 ········ 정치 제67조 | 제90회기- 26번 해석 ········ 권징 제144조 |
| 제88회기- 14번 해석 ········ 정치 제51조 | 제90회기- 30번 해석 ········ 정치 제44조 |
| 제88회기- 14번 해석 ········ 정치 제65조 | 제90회기- 32번 해석 ········ 정치 제69조 |

| | |
|---|---|
| 제90회기- 37번 해석 ······· 정치 제67조 | 제91회기- 22번 해석 ······· 정치 제26조 |
| 제90회기- 42번 해석 ······· 정치 제28조 | 제91회기- 23번 해석 ······· 정치 제44조 |
| 제90회기- 46번 해석 ······· 정치 제47조 | 제91회기- 27번 해석 ······· 정치 제67조 |
| 제90회기- 47번 해석 ······· 정치 제11조 | 제91회기- 32번 해석 ······· 정치 제41조 |
| 제90회기- 55번 해석 ······· 권징 제30조 | 제91회기- 34번 해석 ······· 권징 제61조 |
| 제90회기- 61번 해석 ······· 정치 제90조 | 제91회기- 35번 해석 ······· 정치 제48조 |
| 제90회기- 63번 해석 ······· 정치 제77조 | 제91회기- 37번 해석 ······· 정치 제26조 |
| 제90회기- 64번 해석 ······· 정치 제41조 | 제91회기- 38번 해석 ······· 정치 제67조 |
| 제90회기- 65번 해석 ······· 정치 제35조 | 제91회기- 42번 해석 ······· 정치 제31조 |
| 제90회기- 68번 해석 ······· 권징 제119조 | 제91회기- 43번 해석 ······· 정치 제90조 |
| 제90회기- 69번 해석 ······· 정치 제28조 | 제91회기- 45번 해석 ······· 정치 제26조 |
| 제90회기- 70번 해석 ······· 권징 제32조 | 제91회기- 47번 해석 ······· 권징 제5조 |
| 제90회기- 83번 해석 ······· 정치 제74조 | 제91회기- 51번 해석 ······· 권징 제5조 |
| 제90회기- 91번 해석 ······· 정치 제74조 | 제91회기- 52번 해석 ······· 정치 제63조 |
| 제90회기- 93번 해석 ······· 정치 제67조 | 제91회기- 55번 해석 ······· 정치 제27조 |
| 제91회기- 1번 해석 ······· 정치 제90조 | 제91회기- 57번 해석 ······· 정치 제82조 |
| 제91회기- 2번 해석 ······· 정치 제41조 | 제91회기- 59번 해석 ······· 정치 제96조 |
| 제91회기- 5번 해석 ······· 권징 제8조 | 제91회기- 62번 해석 ······· 정치 제67조 |
| ······· 권징 제23조 | ······· 권징 제58조의 1 |
| ······· 권징 제46조 | 제91회기- 63번 해석 ······· 정치 제14조 |
| 제91회기- 6번 해석 ······· 권징 제48조 | 제92회기- 1번 해석 ······· 권징 제3장 서문 |
| 제91회기- 7번 해석 ······· 정치 제77조 | ······· 권징 제32조 |
| 제91회기- 8번 해석 ······· 권징 제52조 | 제92회기- 3번 해석 ······· 정치 제67조 |
| 제91회기- 9번 해석 ······· 정치 제27조 | 제92회기- 5번 해석 ······· 정치 제16장 서문 |
| ······· 정치 제65조 | ······· 권징 제4조 |
| 제91회기- 11번 해석 ······· 권징 제5조 | 제92회기- 7번 해석 ······· 정치 제77조 |
| 제91회기- 12번 해석 ······· 정치 제75조 | ······· 권징 제5조 |
| 제91회기- 15번 해석 ······· 정치 제91조 | 제92회기- 8번 해석 ······· 권징 제34조 |
| 제91회기- 18번 해석 ······· 정치 제69조 | 제92회기- 9번 해석 ······· 권징 제123조 |
| 제91회기- 20번 해석 ······· 권징 제5조 | 제92회기- 10번 해석 ······· 권징 제65조 |

| | | | |
|---|---|---|---|
| 제92회기- 11번 해석 | 정치 제42조 | 제93회기-4번 해석 | 정치 제64조 |
| 제92회기- 16번 해석 | 정치 제42조 | 제93회기-5번 해석 | 정치 제29조 |
| 제92회기- 20번 해석 | 권징 제127조 | 제93회기-7번 해석 | 정치 제42조 |
| 제92회기- 22번 해석 | 정치 제27조 | 제93회기-9번 해석 | 정치 제67조 |
| 제92회기- 27번 해석 | 정치 제11조 | 제93회기-12번 해석 | 정치 제60조 |
| 제92회기- 28번 해석 | 권징 제15 | 제93회기-15번 해석 | 정치 제22조 |
| 제92회기- 30번 해석 | 정치 제16장 서문 | | 정치 제27조 |
| 제92회기- 32번 해석 | 정치 제41조 | | 정치 제51조 |
| 제92회기-33번 해석 | 정치 제67조 | | 정치 제91조 |
| 제92회기-34번 해석 | 정치 제90조 | 제93회기-17번 해석 | 정치 제27조 |
| 제92회기-40번 해석 | 정치 제75조 | | 정치 제77조 |
| 제92회기-41번 해석 | 정치 제12조 | 제93회기-18번 해석 | 정치 제68조 |
| 제92회기-43번 해석 | 정치 제27조 | 제93회기-19번 해석 | 정치 제36조 |
| 제92회기-45번 해석 | 정치 제28조 | 제93회기-20번 해석 | 정치 제43조 |
| 제92회기-48번 해석 | 정치 제42조 | 제93회기-23번 해석 | 정치 제22조 |
| 제92회기-53번 해석 | 정치 제36조 | 제93회기-28번 해석 | 권징 제120조 |
| 제92회기-54번 해석 | 정치 제65조 | 제93회기-31번 해석 | 정치 제63조 |
| 제92회기-56번 해석 | 정치 제27조 | 제93회기-33번 해석 | 정치 제41조 |
| 제92회기-58번 해석 | 정치 제11조 | 제93회기-34번 해석 | 정치 제69조 |
| 제92회기-61번 해석 | 권징 제5조 | 제93회기-35번 해석 | 정치 제48조 |
| 제92회기-62번 해석 | 정치 제16장 서문 | 제93회기-36번 해석 | 정치 제42조 |
| 제92회기-63번 해석 | 정치 제63조 | 제93회기-37번 해석 | 정치 제27조 |
| 제92회기-64번 해석 | 정치 제28조 | 제93회기-38번 해석 | 권징 제56조 |
| 제92회기-65번 해석 | 권징 제16조 | 제93회기-39번 해석 | 정치 제14조 |
| 제92회기-67번 해석 | 정치 제43조 | 제93회기-41번 해석 | 정치 제63조 |
| 제92회기-70번 해석 | 정치 제41조 | 제93회기-45번 해석 | 정치 제10조 |
| 제92회기-71번 해석 | 권징 제26조 | 제93회기-46번 해석 | 정치 제22조 |
| 제92회기-72번 해석 | 정치 제16장 서문 | 제93회기-54번 해석 | 정치 제27조 |
| 제92회기-73번 해석 | 권징 제153조 | | 정치 제48조 |
| 제92회기-74번 해석 | 정치 제29조 | 제93회기-57번 해석 | 정치 제27조 |
| 제93회기-1번 해석 | 정치 제33조 | 제93회기-59번 해석 | 정치 제67조 |
| 제93회기-3번 해석 | 정치 제31조 | 제93회기-61번 해석 | 정치 제22조 |

| | |
|---|---|
| 제93회기-62번 해석 ········ 정치 제67조 | 제94회기-63번 해석 ········ 정치 제27조 |
| ················· 권징 제5조 | 제94회기-66번 해석 ········ 정치 제68조 |
| 제93회기-65번 해석 ········ 정치 제13조 | 제95회기-1번 해석 ········ 정치 제28조 |
| ················· 정치 제21조 | 제95회기-2번 해석 ········ 정치 제27조 |
| ················· 정치 제74조 | 제95회기-4번 해석 ········ 정치 제27조 |
| 제93회기-67번 해석 ········ 정치 제77조 | ················· 정치 제85조 |
| 제94회기-4번 해석 ········ 정치 제81조 | 제95회기-8번 해석 ········ 권징 제28조 |
| 제94회기-6번 해석 ········ 권징 제48조 | 제95회기-10번 해석 ········ 정치 제27조 |
| 제94회기-8번 해석 ········ 정치 제19조 | 제95회기-24번 해석 ········ 정치 제68조 |
| 제94회기-9번 해석 ········ 정치 제27조 | 제95회기-25번 해석 ········ 정치 제41조 |
| 제94회기-16번 해석 ········ 권징 제7조 | 제95회기-26번 해석 ········ 정치 제33조 |
| 제94회기-17번 해석 ········ 정치 제44조 | 제95회기-27번 해석 ········ 정치 제77조 |
| 제94회기-19번 해석 ········ 정치 제41조 | 제95회기-28번 해석 ········ 정치 제37조 |
| ················· 정치 제68조 | 제95회기-29번 해석 ········ 정치 제40조 |
| 제94회기-21번 해석 ········ 정치 제27조 | 제95회기-30번 해석 ········ 정치 제14조 |
| 제94회기-23번 해석 ········ 정치 제41조 | 제95회기-34번 해석 ········ 정치 제67조 |
| 제94회기-25번 해석 ········ 정치 제92조 | 제95회기-37번 해석 ········ 정치 제77조 |
| 제94회기-28번 해석 ········ 정치 제26조 | ················· 권징 제5조 |
| 제94회기-30번 해석 ········ 정치 제22조 | 제95회기-38번 해석 ········ 정치 제33조 |
| 제94회기-31번 해석 ········ 정치 제42조 | 제95회기-39번 해석 ········ 정치 제63조 |
| 제94회기-35번 해석 ········ 정치 제78조 | 제95회기-42번 해석 ········ 정치 제60조 |
| 제94회기-37번 해석 ········ 정치 제27조 | 제95회기-44번 해석 ········ 정치 제68조 |
| 제94회기-41번 해석 ········ 권징 제5조 | 제95회기-45번 해석 ········ 정치 제64조 |
| 제94회기-42번 해석 ········ 정치 제77조 | ················· 정치 제74조 |
| 제94회기-45번 해석 ········ 정치 제27조 | 제95회기-46번 해석 ········ 정치 제67조 |
| 제94회기-47번 해석 ········ 정치 제33조 | 제95회기-50번 해석 ········ 권징 제92조 |
| 제94회기-48번 해석 ········ 권징 제7조 | 제95회기-60번 해석 ········ 정치 제77조 |
| 제94회기-51번 해석 ········ 정치 제35조 | 제95회기-61번 해석 ········ 정치 제68조 |
| 제94회기-53번 해석 ········ 정치 제68조 | 제95회기-63번 해석 ········ 권징 제28조 |
| 제94회기-55번 해석 ········ 권징 제23조 | 제95회기-65번 해석 ········ 정치 제40조 |
| 제94회기-58번 해석 ········ 정치 제27조 | 제95회기-67번 해석 ········ 권징 제5조 |
| 제94회기-60번 해석 ········ 정치 제77조 | 제95회기-69번 해석 ········ 정치 제9조 |

제95회기-72번 해석 ········ 권징 제5조
제95회기-73번 해석 ········ 정치 제77조
제95회기-74번 해석 ········ 권징 제28조
제95회기-76번 해석 ········ 정치 제19조
제95회기-77번 해석 ········ 정치 제75조
제95회기-93번 해석 ········ 권징 제146조
제96회기-1번 해석 ········ 정치 제67조
························ 정치 제81조
제96회기-2번 해석 ········ 정치 제26조
························ 정치 제43조
························ 권징 제54조의 1
제96회기-3번 해석 ········ 정치 제44조
제96회기-5번 해석 ········ 정치 제78조
제96회기-6번 해석 ········ 정치 제41조
제96회기-7번 해석 ········ 권징 제57조의 1
························ 권징 제58조의 1
제96회기-11번 해석 ········ 정치 제41조
제96회기-12번 해석 ········ 정치 제1장 서문
제96회기-12번 해석 ········ 정치 제74조
제96회기-14번 해석 ········ 정치 제43조
제96회기-16번 해석 ········ 정치 제67조
제96회기-32번 해석 ········ 권징 제28조
제96회기-33번 해석 ········ 권징 제28조
제96회기-34번 해석 ········ 정치 제27조
························ 정치 제35조
제96회기-35번 해석 ········ 정치 제63조
제96회기-36번 해석 ········ 정치 제16장 서문
제96회기-37번 해석 ········ 정치 제63조
제96회기-39번 해석 ········ 정치 제27조
제96회기-41번 해석 ········ 정치 제41조
제96회기-42번 해석 ········ 정치 제27조
제96회기-44번 해석 ········ 정치 제22조

제96회기-45번 해석 ········ 정치 제81조
························ 권징 제16조
제96회기-46번 해석 ········ 정치 제27조
제96회기-48번 해석 ········ 정치 제63조
제96회기-50번 해석 ········ 권징 제120조
제96회기-53번 해석 ········ 정치 제10조
제96회기-54번 해석 ········ 정치 제63조
제96회기-56번 해석 ········ 정치 제77조
제96회기-57번 해석 ········ 정치 제47조
제96회기-59번 해석 ········ 권징 제94조
제96회기-63번 해석 ········ 정치 제68조
제96회기-64번 해석 ········ 정치 제73조
························ 정치 제82조
제96회기-66번 해석 ········ 권징 제16조
제96회기-73번 해석 ········ 정치 제64조
제96회기-76번 해석 ········ 정치 제25조
························ 정치 제91조
제97회기-1번 해석 ········ 정치 제90조
제97회기-2번 해석 ········ 정치 제77조
제97회기-6번 해석 ········ 정치 제67조
제97회기-9번 해석 ········ 정치 제1장 서문
························ 정치 제63조
제97회기-10번 해석 ········ 정치 제47조
제97회기-11번 해석 ········ 정치 제47조
제97회기-15번 해석 ········ 정치 제68조
제97회기-17번 해석 ········ 정치 제31조
제97회기-20번 해석 ········ 정치 제27조
························ 권징 제28조
제97회기-21번 해석 ········ 정치 제43조
제97회기-22번 해석 ········ 정치 제43조
제97회기-24번 해석 ········ 정치 제9조
························ 권징 제34조

| | |
|---|---|
| 제97회기-25번 해석 ······· 권징 제79조 | 제98회기-17번 해석 ······· 정치 제63조 |
| 제97회기-26번 해석 ······· 정치 제41조 | 제98회기-18번 해석 ······· 권징 제136조 |
| 제97회기-32번 해석 ······· 정치 제41조 | 제98회기-19번 해석 ······· 정치 제41조 |
| 제97회기-34번 해석 ······· 권징 제3조 | 제98회기-21번 해석 ······· 정치 제90조 |
| 제97회기-36번 해석 ······· 정치 제63조 | 제98회기-22번 해석 ······· 정치 제41조 |
| 제97회기-37번 해석 ······· 정치 제35조 | 제98회기-23번 해석 ······· 정치 제1장 서문 |
| 제97회기-39번 해석 ······· 권징 제28조 | ·························· 권징 제3조 |
| 제97회기-43번 해석 ······· 정치 제67조 | 제98회기-24번 해석 ······· 권징 제5조 |
| 제97회기-44번 해석 ······· 정치 제77조 | ·························· 권징 제54조의 2 |
| 제97회기-46번 해석 ······· 정치 제32조 | 제98회기-27번 해석 ······· 정치 제27조 |
| 제97회기-48번 해석 ······· 정치 제47조 | 제98회기-28번 해석 ······· 정치 제46조 |
| 제97회기-49번 해석 ······· 정치 제41조 | 제98회기-29번 해석 ······· 정치 제27조 |
| 제97회기-52번 해석 ······· 권징 제22조 | ·························· 정치 제67조 |
| 제97회기-54번 해석 ······· 권징 제33조 | 제98회기-31번 해석 ······· 정치 제27조 |
| 제97회기-55번 해석 ······· 정치 제41조 | 제98회기-32번 해석 ······· 정치 제91조 |
| 제97회기-61번 해석 ······· 정치 제27조 | ·························· 권징 제56조 |
| 제97회기-68번 해석 ······· 정치 제11조 | 제98회기-34번 해석 ······· 정치 제78조 |
| 제97회기-70번 해석 ······· 정치 제63조 | 제98회기-35번 해석 ······· 정치 제29조 |
| 제97회기-73번 해석 ······· 권징 제6조 | 제98회기-36번 해석 ······· 정치 제91조 |
| 제97회기-74번 해석 ······· 정치 제29조 | 제98회기-36번 해석 ······· 권징 제123조 |
| 제98회기-1번 해석 ······· 정치 제63조 | 제98회기-40번 해석 ······· 정치 제67조 |
| 제98회기-2번 해석 ······· 정치 제32조 | 제98회기-42번 해석 ······· 권징 제4조 |
| 제98회기-5번 해석 ······· 정치 제65조 | 제98회기-43번 해석 ······· 정치 제31조 |
| ·························· 권징 제28조 | 제98회기-44번 해석 ······· 정치 제26조 |
| ·························· 권징 제54조의 2 | 제98회기-45번 해석 ······· 정치 제27조 |
| 제98회기-6번 해석 ······· 정치 제67조 | 제98회기-46번 해석 ······· 권징 제119조 |
| 제98회기-7번 해석 ······· 정치 제27조 | 제98회기-47번 해석 ······· 정치 제19조 |
| 제98회기-9번 해석 ······· 정치 제10조 | 제98회기-49번 해석 ······· 정치 제16장 서문 |
| 제98회기-9번 해석 ······· 권징 제6조 | 제98회기-50번 해석 ······· 정치 제43조 |
| 제98회기-11번 해석 ······· 권징 제34조 | 제98회기-51번 해석 ······· 정치 제16조 |
| 제98회기-13번 해석 ······· 권징 제3조 | 제98회기-54번 해석 ······· 권징 제65조 |
| 제98회기-15번 해석 ······· 정치 제42조 | ·························· 권징 제66조 |

| | |
|---|---|
| 제98회기-55번 해석 ········ 권징 제20조 | ················· 권징 제38조 |
| ················· 권징 제94조 | 제98회기-100번 해석 ····· 권징 제28조 |
| ················· 권징 제107조 | 제98회기-101번 해석 ····· 정치 제16장 서문 |
| ················· 권징 제113조 | 제98회기-105번 해석 ····· 정치 제67조 |
| ················· 권징 제116조 | 제98회기-106번 해석 ····· 정치 제67조 |
| ················· 권징 제141조 | 제98회기-108번 해석 ····· 정치 제91조 |
| 제98회기-56번 해석 ········ 권징 제6조 | 제98회기-109번 해석 ····· 정치 제91조 |
| 제98회기-59번 해석 ········ 정치 제63조 | 제98회기-110번 해석 ····· 정치 제28조 |
| 제98회기-60번 해석 ········ 정치 제33조 | 제98회기-113번 해석 ····· 정치 제90조 |
| 제98회기-61번 해석 ········ 정치 제91조 | 제98회기-115번 해석 ····· 권징 제30조 |
| 제98회기-62번 해석 ········ 정치 제17조 | 제98회기-116번 해석 ····· 정치 제22조 |
| 제98회기-70번 해석 ········ 정치 제67조 | 제98회기-117번 해석 ····· 정치 제31조 |
| 제98회기-71번 해석 ········ 권징 제120조 | 제98회기-121번 해석 ····· 정치 제77조 |
| 제98회기-72번 해석 ········ 정치 제67조 | 제98회기-123번 해석 ····· 정치 제22조 |
| 제98회기-73번 해석 ········ 정치 제43조 | ················· 권징 제141조 |
| 제98회기-74번 해석 ········ 정치 제10조 | 제98회기-124번 해석 ····· 정치 제41조 |
| 제98회기-75번 해석 ········ 정치 제19조 | 제98회기-127번 해석 ····· 정치 제1장 서문 |
| 제98회기-77번 해석 ········ 권징 제3조 | 제99회기-1번 해석 ········ 권징 제7조 |
| ················· 권징 제15조 | 제99회기-2번 해석 ········ 정치 제25조 |
| ················· 권징 제21조 | 제99회기-2번 해석 ········ 정치 제63조 |
| 제98회기-79번 해석 ········ 정치 제77조 | 제99회기-3번 해석 ········ 정치 제21조 |
| 제98회기-80번 해석 ········ 정치 제32조 | 제99회기-4번 해석 ········ 정치 제21조 |
| 제98회기-81번 해석 ········ 권징 제6조 | 제99회기-5번 해석 ········ 정치 제67조 |
| 제98회기-83번 해석 ········ 정치 제10조 | 제99회기-6번 해석 ········ 정치 제27조 |
| ················· 정치 제17조 | ················· 정치 제65조 |
| 제98회기-84번 해석 ········ 정치 제91조 | 제99회기-8번 해석 ········ 권징 제7조 |
| 제98회기-85번 해석 ········ 정치 제28조 | 제99회기-11번 해석 ······ 정치 제68조 |
| 제98회기-91번 해석 ········ 정치 제10조 | 제99회기-12번 해석 ······ 권징 제10조 |
| 제98회기-95번 해석 ········ 정치 제63조 | 제99회기-14번 해석 ······ 권징 제14조 |
| 제98회기-96번 해석 ········ 정치 제81조 | 제99회기-15번 해석 ······ 정치 제84조 |
| 제98회기-97번 해석 ········ 정치 제22조 | 제99회기-17번 해석 ······ 권징 제3조 |
| 제98회기-99번 해석 ········ 권징 제28조 | 제99회기-19번 해석 ······ 권징 제3조 |

헌법해석사례 색인  441

| 제99회기-20번 해석 ········ 정치 제76조 | 제99회기-71번 해석 ········ 정치 제102조 |
| 제99회기-25번 해석 ········ 정치 제43조 | 제99회기-73번 해석 ········ 정치 제97조 |
| ·························· 정치 제91조 | 제99회기-76번 해석 ········ 정치 제41조 |
| 제99회기-27번 해석 ········ 정치 제27조 | 제99회기-78번 해석 ········ 정치 제81조 |
| 제99회기-29번 해석 ········ 정치 제41조 | 제99회기-80번 해석 ········ 권징 제15조 |
| 제99회기-30번 해석 ········ 권징 제143조 | 제99회기-81번 해석 ········ 정치 제22조 |
| 제99회기-31번 해석 ········ 정치 제77조 | 제99회기-83번 해석 ········ 정치 제63조 |
| 제99회기-33번 해석 ········ 권징 제71조 | 제99회기-84번 해석 ········ 정치 제28조 |
| 제99회기-34번 해석 ········ 정치 제28조 | 제99회기-85번 해석 ········ 정치 제35조 |
| ·························· 정치 제41조 | 제99회기-86번 해석 ········ 정치 제35조 |
| 제99회기-35번 해석 ········ 정치 제41조 | ·························· 정치 제63조 |
| ·························· 권징 제123조 | ·························· 정치 제90조 |
| 제99회기-38번 해석 ········ 권징 제3조 | ·························· 권징 제3조 |
| 제99회기-39번 해석 ········ 정치 제75조 | ·························· 권징 제5조 |
| 제99회기-42번 해석 ········ 정치 제67조 | 제99회기-88번 해석 ········ 권징 제61조 |
| ·························· 권징 제144조 | 제99회기-89번 해석 ········ 권징 제9조 |
| 제99회기-43번 해석 ········ 정치 제67조 | 제99회기-91번 해석 ········ 정치 제17조 |
| 제99회기-47번 해석 ········ 정치 제70조 | 제99회기-95번 해석 ········ 정치 제82조 |
| 제99회기-49번 해석 ········ 권징 제32조 | 제99회기-97번 해석 ········ 정치 제63조 |
| 제99회기-53번 해석 ········ 정치 제67조 | 제100회기-1번 해석 ········ 정치 제28조 |
| 제99회기-55번 해석 ········ 정치 제41조 | 제100회기-4번 해석 ········ 정치 제41조 |
| 제99회기-56번 해석 ········ 정치 제75조 | 제100회기-5번 해석 ········ 권징 제71조 |
| 제99회기-57번 해석 ········ 정치 제48조 | 제100회기-8번 해석 ········ 권징 제71조 |
| 제99회기-60번 해석 ········ 권징 제23조 | 제100회기-10번 해석 ········ 정치 제16장 서문 |
| 제99회기-61번 해석 ········ 정치 제27조 | 제100회기-12번 해석 ········ 정치 제97조 |
| 제99회기-62번 해석 ········ 권징 제5조 | 제100회기-13번 해석 ········ 정치 제41조 |
| 제99회기-63번 해석 ········ 정치 제28조 | 제100회기-14번 해석 ········ 정치 제74조 |
| ·························· 정치 제16장 서문 | 제100회기-15번 해석 ········ 정치 제22조 |
| 제99회기-64번 해석 ········ 정치 제27조 | 제100회기-17번 해석 ········ 정치 제40조 |
| 제99회기-65번 해석 ········ 정치 제102조 | ·························· 정치 제67조 |
| 제99회기-66번 해석 ········ 정치 제67조 | 제100회기-20번 해석 ········ 권징 제8조 |
| 제99회기-70번 해석 ········ 정치 제35조 | 제100회기-24번 해석 ········ 정치 제29조 |

| | |
|---|---|
| 제100회기-29번 해석 ······ 권징 제120조 | ····················· 권징 제65조 |
| 제100회기-31번 해석 ······ 정치 제26조 | 제100회기-74번 해석 ······ 정치 제43조 |
| 제100회기-32번 해석 ······ 정치 제41조 | 제100회기-75번 해석 ······ 정치 제67조 |
| 제100회기-33번 해석 ······ 정치 제26조 | ····················· 정치 제91조 |
| 제100회기-34번 해석 ······ 정치 제26조 | 제100회기-76번 해석 ······ 권징 제58조의 1 |
| 제100회기-37번 해석 ······ 권징 제132조 | 제100회기-80번 해석 ······ 권징 제57조의 1 |
| 제100회기-39번 해석 ······ 권징 제3조 | 제100회기-81번 해석 ······ 정치 제10조 |
| 제100회기-43번 해석 ······ 정치 제63조 | 제100회기-82번 해석 ······ 권징 제64조 |
| 제100회기-44번 해석 ······ 정치 제17조 | ····················· 권징 제65조 |
| ····················· 권징 제30조 | 제101회기-1번 해석 ······ 권징 제48조 |
| 제100회기-49번 해석 ······ 정치 제64조 | 제101회기-3번 해석 ······ 정치 제77조 |
| 제100회기-50번 해석 ······ 정치 제44조 | 제101회기-3번 해석 ······ 권징 제5조 |
| 제100회기-52번 해석 ······ 권징 제3조 | 제101회기-5번 해석 ······ 권징 제26조 |
| 제100회기-53번 해석 ······ 정치 제19조 | 제101회기-6번 해석 ······ 정치 제74조 |
| ····················· 정치 제68조 | 제101회기-8번 해석 ······ 정치 제1장 서문 |
| 제100회기-54번 해석 ······ 정치 제16장 서문 | 제101회기-9번 해석 ······ 정치 제63조 |
| 제100회기-55번 해석 ······ 권징 제65조 | 제101회기-10번 해석 ······ 정치 제26조 |
| 제100회기-59번 해석 ······ 권징 제29조 | 제101회기-11번 해석 ······ 정치 제66조 |
| 제100회기-61번 해석 ······ 정치 제63조 | 제101회기-13번 해석 ······ 권징 제124조 |
| 제100회기-62번 해석 ······ 정치 제27조 | ····················· 권징 제128조 |
| ····················· 정치 제67조 | 제101회기-18번 해석 ······ 권징 제32조 |
| 제100회기-64번 해석 ······ 권징 제12조 | 제101회기-19번 해석 ······ 정치 제36조 |
| ····················· 권징 제21조 | 제101회기-23번 해석 ······ 정치 제27조 |
| ····················· 권징 제30조 | 제101회기-24번 해석 ······ 정치 제32조 |
| ····················· 권징 제57조의 1 | 제101회기-34번 해석 ······ 정치 제40조 |
| 제100회기-65번 해석 ······ 정치 제49조 | ····················· 권징 제3조 |
| 제100회기-67번 해석 ······ 정치 제49조 | 제101회기-35번 해석 ······ 정치 제27조 |
| 제100회기-69번 해석 ······ 정치 제67조 | ····················· 정치 제28조 |
| 제100회기-70번 해석 ······ 정치 제27조 | 제101회기-38번 해석 ······ 정치 제68조 |
| 제100회기-71번 해석 ······ 정치 제44조 | 제101회기-39번 해석 ······ 권징 제147조 |
| 제100회기-73번 해석 ······ 권징 제28조 | 제101회기-40번 해석 ······ 권징 제49조 |
| ····················· 권징 제57조의 1 | ····················· 권징 제58조의 2 |

헌법해석사례 색인 **443**

·························· 권징 제121조
제101회기-41번 해석 ······· 권징 제147조
제101회기-43번 해석 ······· 정치 제30조
제101회기-44번 해석 ······· 권징 제120조
·························· 권징 제121조
제101회기-46번 해석 ······· 정치 제63조
·························· 권징 제151조
제101회기-47번 해석 ······· 권징 제30조
제101회기-49번 해석 ······· 정치 제67조
제101회기-50번 해석 ······· 권징 제64조
제101회기-51번 해석 ······· 정치 제63조
제101회기-56번 해석 ······· 정치 제27조
제101회기-57번 해석 ······· 정치 제32조
제101회기-59번 해석 ······· 권징 제3조
제101회기-62번 해석 ······· 정치 제16장 서문
제101회기-71번 해석 ······· 권징 제14조
제101회기-73번 해석 ······· 정치 제10조
제101회기-76번 해석 ······· 정치 제27조
제101회기-77번 해석 ······· 정치 제41조
제101회기-78번 해석 ······· 권징 제120조
제101회기-79번 해석 ······· 정치 제91조
·························· 권징 제6조
제101회기-91번 해석 ······· 정치 제43조
제101회기-95번 해석 ······· 정치 제28조
제101회기-96번 해석 ······· 권징 제29조
제101회기-101번 해석 ······ 정치 제22조
·························· 정치 제16장 서문
제101회기-102번 해석 ······ 정치 제45조
제101회기-105번 해석 ······ 정치 제40조
·························· 정치 제41조
제101회기-106번 해석 ······ 정치 제27조
제101회기-107번 해석 ······ 권징 제120조

제101회기-108번 해석 ······ 정치 제22조
제101회기-114번 해석 ······ 정치 제16장 서문
제101회기-117번 해석 ······ 정치 제63조
제101회기-118번 해석 ······ 정치 제27조
제102회기-1번 해석 ········ 정치 제27조
제102회기-3번 해석 ········ 정치 제28조
제102회기-4번 해석 ········ 정치 제28조
제102회기-5번 해석 ········ 정치 제28조
제102회기-6번 해석 ········ 권징 제90조
제102회기-7번 해석 ········ 권징 제30조
·························· 권징 제37조
제102회기-8번 해석 ········ 정치 제67조
제102회기-11번 해석 ······· 정치 제77조
제102회기-13번 해석 ······· 권징 제8조
·························· 권징 제19조
·························· 권징 제41조
·························· 권징 제53조
·························· 권징 제57조의 1
제102회기-15번 해석 ······· 정치 제1장 서문
·························· 정치 제90조
·························· 권징 제6조
제102회기-17번 해석 ······· 정치 제41조
제102회기-18번 해석 ······· 정치 제67조
제102회기-19번 해석 ······· 정치 제28조
제102회기-24번 해석 ······· 정치 제27조
제102회기-25번 해석 ······· 정치 제44조
제102회기-27번 해석 ······· 정치 제16조
·························· 정치 제77조
제102회기-28번 해석 ······· 정치 제22조
제102회기-30번 해석 ······· 정치 제42조
제102회기-31번 해석 ······· 정치 제76조
제102회기-32번 해석 ······· 권징 제4조

제102회기-33번 해석 ······ 정치 제64조
제102회기-36번 해석 ······ 정치 제27조
제102회기-38번 해석 ······ 권징 제133조
제102회기-39번 해석 ······ 정치 제44조
·························· 권징 제5조
제102회기-40번 해석 ······ 정치 제90조
제102회기-42번 해석 ······ 정치 제36조
제102회기-43번 해석 ······ 정치 제41조
제102회기-44번 해석 ······ 정치 제28조
제102회기-46번 해석 ······ 정치 제102조
제102회기-48번 해석 ······ 정치 제64조
제102회기-49번 해석 ······ 정치 제75조
제102회기-52번 해석 ······ 권징 제71조
제102회기-61번 해석 ······ 권징 제5조
제102회기-62번 해석 ······ 정치 제64조
제102회기-64번 해석 ······ 정치 제42조
제102회기-65번 해석 ······ 정치 제68조
제102회기-69번 해석 ······ 정치 제46조
제102회기-77번 해석 ······ 정치 제69조
제102회기-79번 해석 ······ 권징 제120조
제102회기-83번 해석 ······ 정치 제63조
·························· 정치 제74조
제103회기-1번 해석 ······ 정치 제74조
제103회기-6번 해석 ······ 정치 제35조
·························· 권징 제123조
제103회기-8번 해석 ······ 권징 제131조
제103회기-9번 해석 ······ 정치 제41조
제103회기-13번 해석 ······ 정치 제41조
제103회기-14번 해석 ······ 권징 제123조
제103회기-16번 해석 ······ 권징 제145조
제103회기-18번 해석 ······ 정치 제28조
제103회기-21번 해석 ······ 권징 제123조

제103회기-24번 해석 ······ 권징 제132조
제103회기-25번 해석 ······ 권징 제56조
제103회기-28번 해석 ······ 정치 제19조
·························· 정치 제27조
·························· 권징 제141조
제103회기-30번 해석 ······ 권징 제159조
제103회기-31번 해석 ······ 정치 제63조
제103회기-32번 해석 ······ 정치 제64조
제103회기-33번 해석 ······ 정치 제95조
제103회기-34번 해석 ······ 정치 제27조
제103회기-35번 해석 ······ 정치 제1장 서문
·························· 권징 제127조
제103회기-36번 해석 ······ 정치 제27조
제103회기-37번 해석 ······ 권징 제142조
제103회기-40번 해석 ······ 정치 제63조
제103회기-42번 해석 ······ 정치 제27조
제103회기-43번 해석 ······ 정치 제27조
제103회기-45번 해석 ······ 권징 제28조
제103회기-47번 해석 ······ 권징 제17조
제103회기-48번 해석 ······ 권징 제17조
제103회기-49번 해석 ······ 정치 제27조
제103회기-52번 해석 ······ 권징 제48조
제103회기-53번 해석 ······ 권징 제137조
제103회기-55번 해석 ······ 정치 제67조
제103회기-56번 해석 ······ 권징 제17조
제103회기-57번 해석 ······ 권징 제6조
제103회기-59번 해석 ······ 정치 제41조
제103회기-63번 해석 ······ 권징 제38조
제103회기-65번 해석 ······ 권징 제141조
제103회기-66번 해석 ······ 정치 제25조
제103회기-70번 해석 ······ 정치 제67조
제103회기-71번 해석 ······ 정치 제67조

| | | | |
|---|---|---|---|
| 제103회기-72번 해석 | 정치 제22조 | 제104회기-24번 해석 | 권징 제71조 |
| 제103회기-76번 해석 | 정치 제10조 | 제104회기-27번 해석 | 정치 제32조 |
| | 정치 제12조 | 제104회기-28번 해석 | 권징 제53조 |
| | 정치 제27조 | | 권징 제64조 |
| 제103회기-78번 해석 | 정치 제76조 | | 권징 제65조 |
| 제103회기-79번 해석 | 정치 제28조 | | 권징 제66조 |
| | 권징 제3조 | 제104회기-29번 해석 | 정치 제28조 |
| 제103회기-80번 해석 | 정치 제11조 | 제104회기-32번 해석 | 정치 제27조 |
| 제103회기-81번 해석 | 정치 제22조 | 제104회기-33번 해석 | 정치 제90조 |
| 제103회기-86번 해석 | 정치 제10조 | 제104회기-34번 해석 | 정치 제75조 |
| 제103회기-87번 해석 | 정치 제41조 | 제104회기-35번 해석 | 정치 제27조 |
| 제103회기-90번 해석 | 정치 제17조 | 제104회기-37번 해석 | 정치 제42조 |
| | 정치 제40조 | 제104회기-38번 해석 | 정치 제31조 |
| | 정치 제55조 | 제104회기-40번 해석 | 정치 제33조 |
| 제103회기-96번 해석 | 권징 제34조 | 제104회기-41번 해석 | 권징 제17조 |
| 제103회기-99번 해석 | 정치 제28조 | 제104회기-42번 해석 | 정치 제67조 |
| 제103회기-100번 해석 | 정치 제31조 | 제104회기-43번 해석 | 정치 제19조 |
| 제104회기-1번 해석 | 정치 제27조 | 제104회기-48번 해석 | 정치 제97조 |
| | 정치 제65조 | 제104회기-54번 해석 | 권징 제137조 |
| 제104회기-2번 해석 | 정치 제66조 | 제104회기-55번 해석 | 정치 제27조 |
| 제104회기-3번 해석 | 정치 제84조 | 제104회기-56번 해석 | 정치 제75조 |
| 제104회기-4번 해석 | 정치 제27조 | 제104회기-65번 해석 | 정치 제63조 |
| | 정치 제28조 | | 정치 제90조 |
| | 권징 제34조 | 제104회기-68번 해석 | 권징 제3조 |
| 제104회기-8번 해석 | 정치 제74조 | 제104회기-70번 해석 | 권징 제7조 |
| 제104회기-9번 해석 | 정치 제67조 | 제105회기-3번 해석 | 권징 제13조 |
| 제104회기-11번 해석 | 정치 제10조 | 제105회기-4번 해석 | 권징 제13조 |
| 제104회기-12번 해석 | 정치 제20조 | 제105회기-6번 해석 | 정치 제64조 |
| 제104회기-16번 해석 | 정치 제33조 | 제105회기-8번 해석 | 정치 제26조 |
| 제104회기-19번 해석 | 권징 제6조 | 제105회기-9번 해석 | 정치 제22조 |
| 제104회기-22번 해석 | 정치 제28조 | 제105회기-11번 해석 | 정치 제63조 |
| 제104회기-23번 해석 | 정치 제22조 | | 정치 제90조 |

| | |
|---|---|
| 제105회기-12번 해석 ······ 정치 제63조 | 제105회기-59번 해석 ······ 권징 제34조 |
| 제105회기-13번 해석 ······ 정치 제90조 | 제105회기-61번 해석 ······ 정치 제26조 |
| 제105회기-14번 해석 ······ 정치 제27조 | 제105회기-62번 해석 ······ 정치 제31조 |
| ·························· 정치 제49조 | 제105회기-64번 해석 ······ 권징 제22조 |
| 제105회기-15번 해석 ······ 정치 제67조 | 제105회기-68번 해석 ······ 정치 제75조 |
| 제105회기-16번 해석 ······ 정치 제90조 | 제105회기-69번 해석 ······ 정치 제27조 |
| 제105회기-17번 해석 ······ 정치 제28조 | 제105회기-72번 해석 ······ 정치 제22조 |
| 제105회기-18번 해석 ······ 권징 제8조 | 제105회기-74번 해석 ······ 정치 제67조 |
| 제105회기-21번 해석 ······ 정치 제63조 | 제105회기-80번 해석 ······ 권징 제133조 |
| 제105회기-22번 해석 ······ 정치 제28조 | 제105회기-81번 해석 ······ 정치 제68조 |
| 제105회기-23번 해석 ······ 정치 제28조 | 제105회기-82번 해석 ······ 정치 제27조 |
| 제105회기-25번 해석 ······ 정치 제92조 | 제106회기-1번 해석 ······ 정치 제42조 |
| 제105회기-26번 해석 ······ 권징 제141조 | ·························· 권징 제138조 |
| 제105회기-28번 해석 ······ 정치 제65조 | 제106회기-2번 해석 ······ 정치 제74조 |
| 제105회기-29번 해석 ······ 권징 제34조 | 제106회기-3번 해석 ······ 정치 제27조 |
| 제105회기-30번 해석 ······ 정치 제41조 | 제106회기-4번 해석 ······ 정치 제90조 |
| 제105회기-32번 해석 ······ 권징 제16조 | 제106회기-6번 해석 ······ 정치 제37조 |
| 제105회기-33번 해석 ······ 정치 제1장 서문 | 제106회기-9번 해석 ······ 권징 제17조 |
| ·························· 정치 제22조 | 제106회기-10번 해석 ······ 정치 제27조 |
| 제105회기-35번 해석 ······ 정치 제27조 | 제106회기-12번 해석 ······ 정치 제41조 |
| 제105회기-37번 해석 ······ 정치 제88조 | 제106회기-13번 해석 ······ 정치 제27조 |
| 제105회기-42번 해석 ······ 정치 제22조 | 제106회기-14번 해석 ······ 정치 제63조 |
| 제105회기-43번 해석 ······ 정치 제63조 | 제106회기-16번 해석 ······ 정치 제14조 |
| 제105회기-46번 해석 ······ 정치 제41조 | ·························· 정치 제16조 |
| 제105회기-48번 해석 ······ 정치 제27조 | 제106회기-21번 해석 ······ 정치 제96조 |
| 제105회기-50번 해석 ······ 정치 제27조 | 제106회기-22번 해석 ······ 정치 제19조 |
| 제105회기-51번 해석 ······ 정치 제67조 | 제106회기-23번 해석 ······ 정치 제10조 |
| 제105회기-52번 해석 ······ 정치 제17조 | 제106회기-31번 해석 ······ 정치 제17조 |
| 제105회기-53번 해석 ······ 정치 제27조 | 제106회기-32번 해석 ······ 정치 제27조 |
| 제105회기-55번 해석 ······ 정치 제73조 | 제106회기-33번 해석 ······ 정치 제10조 |
| 제105회기-56번 해석 ······ 정치 제27조 | 제106회기-34번 해석 ······ 권징 제54조의 3 |
| 제105회기-57번 해석 ······ 권징 제119조 | 제106회기-35번 해석 ······ 정치 제22조 |

제106회기-36번 해석 ······ 정치 제41조
제106회기-39번 해석 ······ 정치 제12조
·························· 정치 제64조
·························· 정치 제90조
제106회기-41번 해석 ······ 정치 제67조
제106회기-43번 해석 ······ 정치 제90조
제106회기-44번 해석 ······ 정치 제27조
제106회기-47번 해석 ······ 정치 제65조
제106회기-48번 해석 ······ 정치 제75조
제106회기-52번 해석 ······ 정치 제35조
제106회기-57번 해석 ······ 정치 제12조

## 주석 교단헌법(정치·권징편)

초판발행   2023년 9월 19일

지은이   조건호
펴낸이   박창원
발행처   한국장로교출판사
주   소   03128 / 서울시 종로구 대학로3길 29, 신관 4층(연지동, 총회창립100주년기념관)
편집국   (02) 741-4381 / 팩스 741-7886
영업국   (031) 944-4340 / 팩스 944-2623
홈페이지   www.pckbook.co.kr
인스타그램   pckbook_insta          카카오채널 한국장로교출판사
등   록   No. 1-84(1951. 8. 3.)

ISBN 978-89-398-4484-1
값 45,000원

※ 이 출판물은 저작권법에 의해 보호를 받는 저작물이므로 무단전재와 무단복제를 할 수 없습니다.

Commentaries
on the Constitution of the PCK